工业和信息化普通高等教育“十三五”规划教材立项项目

21世纪高等院校经济管理类规划教材

证券投资学

（第2版）

□ 陈文汉 主编

人民邮电出版社
北京

图书在版编目（CIP）数据

证券投资学 / 陈文汉主编. -- 2版. -- 北京 : 人民邮电出版社, 2019.1（2022.1重印）
21世纪高等院校经济管理类规划教材
ISBN 978-7-115-49517-4

Ⅰ. ①证… Ⅱ. ①陈… Ⅲ. ①证券投资－高等学校－教材 Ⅳ. ①F830.91

中国版本图书馆CIP数据核字(2018)第228017号

内 容 提 要

编写本书的目的是为读者学习证券投资知识提供一本易学、易懂、实用、适用的教材。本书主要内容包括证券投资概述、证券投资工具、证券市场概述、证券发行市场、证券流通市场、证券投资基本分析、证券投资技术分析、证券投资的收益和风险、证券投资操作策略。

本书提供多媒体课件、电子教案、教学大纲、实训资料、视频案例、习题答案和模拟试卷等配套资料，索取方式见"更新勘误表和配套资料索取示意图"，遇到困难可通过QQ（602983359）联系编辑。

本书可作为普通高等院校经济管理类相关课程教材，也可作为相关人员学习证券投资知识的参考书。

◆ 主　　编　陈文汉
　责任编辑　万国清
　责任印制　焦志炜

◆ 人民邮电出版社出版发行　　北京市丰台区成寿寺路 11 号
　邮编　100164　　电子邮件　315@ptpress.com.cn
　网址　http://www.ptpress.com.cn
　北京市艺辉印刷有限公司印刷

◆ 开本：787×1092　1/16
　印张：15.5　　　　2019 年 1 月第 2 版
　字数：374 千字　　　2022 年 1 月北京第 9 次印刷

定价：49.80 元

读者服务热线：(010) 81055256　印装质量热线：(010) 81055316
反盗版热线：(010) 81055315
广告经营许可证：京东市监广登字 20170147 号

第 2 版前言

本书自 2013 年出版以来，很多高校将其作为教材或指定参考书，同时也受到了社会各界的关注和肯定。大家在使用过程中，提出了很多宝贵的建议。为了使本书常用常新，不断完善和提高，便于教学，特对本书进行了修订。本次修订在原有框架和主体内容的基础上主要进行了以下几项改进。

（1）调整了部分章节内容的顺序，对部分章节内容进行重新编排和补充；删除了部分章节，如将原第三章中的金融衍生工具并入第二章证券投资工具；将原第六章证券中介机构、第七章证券市场监管进行凝练后并入新的第三章证券市场概述；等等。

（2）更新了每章的课前阅读以及文中的部分案例，更新了综合练习的相关内容。

（3）对于 2013 年以来，我国证券市场在相关政策、制度、金融产品设计等方面的变化，做了相应的修改与补充。

（4）采纳了一些师生的建议，各章增加了多项选择题和实训题。

（5）对第 1 版中已经发现的错误做了更正。

（6）利用二维码拓展读者的学习范围，使学习更加立体化。

本书提供多媒体课件、电子教案、教学大纲、实训资料、视频案例、习题答案和模拟试卷等配套资料，索取方式见“更新勘误表和配套资料索取示意图”，遇到困难可通过 QQ（602983359）联系编辑。

本次修订作者听取了部分高校师生的建议，参考和借鉴了不少学者的论著、教材等文献，在此对大家表示诚挚的谢意。

编　者

cwhan2008@163.com

第 1 版前言

随着我国经济的快速发展，居民个人财富日益增长，中等收入的居民和家庭数量不断增加。如何使财富保值、增值，成为大家普遍关心的问题。在通货膨胀成为长期趋势的今天，金融市场迅猛发展，呈现出金融产品多样化、投资决策复杂化、家庭理财综合化等特点。证券投资是很多人投资理财的首选，而证券投资有很强的技术性，学习这方面的知识和操作技巧显得非常迫切和必要。

本书以证券投资为主题，全面阐述了现代投资的理论、原理与内在机制。本书在以下几个方面独具特色：

1. 学习目标明确。每章均设置学习目标，使读者明确学习目的和所需要掌握的知识和能力。

2. 课前阅读贴切受用。每章均设课前阅读，然后引导出正文，课前阅读的讨论不仅可以引导学生运用所学知识探讨现实问题，而且还提供了分析方法与思路。

3. 各种栏目资料联系实际。各章中都有一些与教材内容相关、与证券市场密切联系的小栏目，可使读者的学习更贴近证券市场实际，把所学理论与实际结合起来，学以致用。

4. 前沿内容与时俱进。本书在吸收最新证券投资理论的基础上，紧跟我国证券市场的发展，如对我国创业板市场、沪深 300 指数基金、沪深 300 股指期货、证券市场融资融券业务的开展及退市制度的最新变化等都进行了探讨。

本书由陈文汉负责拟订编写大纲和写作规划，并进行统稿。主要撰写人员分工如下：陈文汉编写第一章至第四章、第八章；周明华编写第五章、第十章，刘成群编写第七章、第九章，王坤震编写第六章、第十一章。

由于水平有限，书中还有许多不足之处，敬请广大读者批评指正。

编　者

cwhan2008@163.com

目　录

第一章　证券投资概述

学习目标

通过本章的学习，读者应掌握证券和有价证券、投资和证券投资的相关概念及类别划分，掌握证券投资学的研究对象、内容体系和研究任务。本章的学习主要为以后各章的学习提供必要的基础知识和总体上的学习指导。

课前阅读

投资理财渠道多

2016 年年初，中国股市不时传出投资者亏损和被套的消息。面对股市长期的量价低迷，房市也不再是买房必赚的境况，一些人开始跟风炒矿、炒药材、炒艺术品，还有一些人投资了自认为安全的 P2P 网贷和线下高利贷。不过，等到年底一计算，很多人发现自己的投资大幅亏损，甚至难以翻身。由许多投资者的惨痛经历可知，要想实现持久的投资盈利，还真不是件容易的事儿。

当你听说笼罩着美好光环的“高收益”金融产品时（这些金融产品有的甚至投入很少，似乎可以以小博大），你的第一反应是怀疑还是相信呢，是分析观望还是抓紧参与呢？

如果你手有余钱，是选择将其投资于自己更加熟悉，也更容易理解的金融产品，还是另有其他选择呢？在投资任何领域或理财产品之前，该如何了解其中的风险呢？要不要借助于专业的理财服务渠道，如基金、券商、信托公司、第三方理财机构呢？在选择渠道时，对于这些机构的专业性、中立性、客观性又该如何考量呢？

启示：有句话说得好，理财有道。这里的意思是说要让财富升值，首先要理财，你不理财，财也不理你；其次还要会理财，就是要懂理财的门道。投资理财是我们每个人都应该学习的学问。要学会投资理财，还得搞清楚什么是投资、如何投资等问题。通过这一章的学习，我们将帮助读者弄懂这些问题。

第一节　证券与有价证券

一、证券与有价证券的概念

证券是商品经济和社会化大生产发展的产物。一般来说，证券是指用以证明或设定权利的书面凭证，它表明证券持有人或第三者有权取得该证券拥有的特定权益，或证明其曾经发生过的行为。

证券按其性质不同可分为证据证券、凭证证券以及有价证券。

证据证券主要是指单纯地证明事实的文件，主要有信用证等其他书面文件等。由于这类证券只能证明某项事实，因此有的学者认为它只是一种证书而非证券。

凭证证券是指认定持证人是某种私权的合法权利者，证明持证人所履行的义务有效的文件，如存款单、借据、收据及大额定期存单就属于这一类。

有价证券（valuable papers）是指标有票面金额，用于证明持有人或该证券的指定的特定主体对特定财产拥有所有权或债权的凭证。这类证券本身没有价值，但由于它代表着一定量的财产权利，持有者可凭以直接取得一定量的商品、货币，或是取得利息、股息等收入，因而可以在证券市场上买卖和流通，客观上具有了交易价格。影响有价证券价格的因素很多，主要是预期收入和市场利率，因此，有价证券价格实际上是资本化了的收入。

二、有价证券的分类

（一）广义的有价证券

广义的有价证券包括商品证券、货币证券和资本证券。

商品证券是证明持券人有商品所有权或使用权的凭证，取得这种证券就等于取得这种商品的所有权，持券者对这种证券所代表的商品所有权受法律保护。属于商品证券的有提货单、运货单、仓库栈单等。

货币证券是指本身能使持券人或第三者取得货币索取权的有价证券，货币证券主要包括两大类：一类是商业证券，主要包括商业汇票和商业本票；另一类是银行证券，主要包括银行汇票、银行本票和支票。由于这类证券流动性强，其功能近似货币，故称为货币证券。

资本证券是指由金融投资或与金融投资有直接联系的活动而产生的证券。持券人对发行人有一定的收入请求权，主要包括股票、债券及其衍生品如权证、可转换债券等。

（二）狭义的有价证券

资本证券是有价证券的主要形式，狭义的有价证券即指资本证券。在日常生活中，人们通常把狭义的有价证券——资本证券直接称为有价证券乃至证券，本书即在此种意义上使用这一概念。

> **边学边练**
>
> 请阅读《关于公布2018年记账式附息国债储蓄国债　第一季度国债发行计划的通知》，看自己是否能看懂文内的专业术语，并重点关注其中有哪些国债品种和其付息方式。

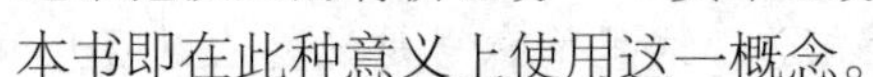

有价证券可以从不同角度、按不同标准进行分类。

1．按证券发行主体的不同分类

有价证券按发行主体的不同可分为政府证券、政府机构证券和公司证券。

政府证券通常是由中央政府或地方政府发行的债券。中央政府债券也称国债，通常由一国财政部发行。地方政府债券由地方政府发行，以地方税或其他收入偿还。政府机构证券是由经批准的政府机构发行的证券，我国目前尚不允许政府机构发行债券。公司证券是公司为筹措资金而发行的有价证券，公司证券包括的范围比较广泛，有股票、公司债券及商业票据等。此外，在公司债券中，通常将银行及非银行金融机构发行的证券称为金融证券，其中金融债券尤为常见。

2. 按证券是否在证券交易所挂牌交易分类

有价证券按是否在证券交易所挂牌交易可分为上市证券和非上市证券。

上市证券又称挂牌证券，是指经证券主管机关批准，并向证券交易所注册登记，允许在交易所内公开买卖的证券。

非上市证券也称非挂牌证券、场外证券，指未申请上市或不符合在证券交易所挂牌交易条件的证券。例如，企业发行的内部债券等。

3. 按证券收益的固定与否分类

有价证券按收益的固定与否可分为固定收益证券和变动收益证券。

固定收益证券是指持券人可以在特定的时间内取得固定的收益并预先知道取得收益的金额和时间，如固定利率债券、优先股股票等。

变动收益证券是指因客观条件的变化其收益也随之变化的证券，如普通股，其股利收益事先不确定，而是随公司税后利润的多少来确定，又如浮动利率债券也属此类证券。

一般来说，变动收益证券比固定收益证券的收益高、风险大，但是在通货膨胀条件下，固定收益证券的风险要比变动收益证券大得多。

4. 按证券发行地域或国家的不同分类

有价证券按发行地域或国家的不同可分为国内证券和国际证券。

国内证券是由一国国内的金融机构、公司企业等经济组织或该国政府在国内资本市场上以本国货币为面值所发行的证券。

国际证券则是由一国政府、金融机构、企业或国际经济机构在国际证券市场上以其他国家的货币为面值而发行的证券，包括国际债券和国际股票两大类。

5. 按证券募集方式的不同分类

有价证券按募集方式的不同可分为公募证券和私募证券。

公募证券是指发行人通过中介机构向不特定的社会公众投资者公开发行的证券，其审批较严格并采取公示制度。

私募证券是指向少数特定的投资者发行的证券，其审查条件相对较松，投资者也较少，不采取公示制度。私募证券的投资者多为与发行者有特定关系的机构投资者，也有发行公司、企业的内部职工。

> 拓展阅读
>
> 请阅读《什么是扬基债券？什么是武士债券？什么是龙债券？》一文，并就这三种债券的发行人、发行对象与同学进行交流。思考一下，发行这类债券的目的何在？
>
> 

6. 按证券所代表的权利性质的不同分类

有价证券按所代表的权利性质的不同可分为基础证券和金融衍生证券两大类。

股票、债券和基金[①]都属于基础证券，它们是最活跃的投资工具，是证券市场的主要交易对象，也是证券理论和实务研究的重点。金融衍生证券是指由基础证券派生出来的证券交易品种，主要有金融期货与期权、可转换债券、存托凭证、认股权证等。

三、有价证券的特征

有价证券具有以下基本特征。

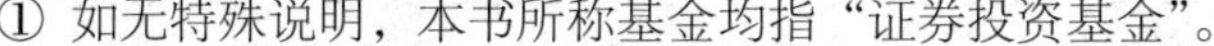

① 如无特殊说明，本书所称基金均指“证券投资基金”。

（1）产权性，是指有价证券记载着权利人的财产权内容，代表着一定的财产所有权，拥有证券就意味着享有财产的占有、使用、收益和处分的权利。在现代经济社会里，财产权利和证券已密不可分，两者融合为一体，从而实现了权利的证券化。虽然证券持有人并不实际占有财产，但可以通过持有证券，在法律上拥有有关财产的所有权或债权。

（2）收益性，是指持有证券本身可以获得一定数额的收益，这是投资者转让资本使用权的回报。证券代表的是对一定数额的某种特定资产的所有权或债权，而资产是一种特殊的价值，它要在社会经济运行中不断运动，不断增值，最终形成高于原始投入价值的价值。由于这种资产的所有权或债权属于证券投资者，投资者持有证券也就同时拥有取得这部分资产增值收益的权利，因而证券本身具有收益性。

（3）流动性，又称变现性，是指证券持有人可按自己的需要灵活地转让证券以换取现金。流动性是证券的生命力所在。证券的流动是通过承兑、贴现、交易实现的。证券流动性的强弱，受证券期限、利率水平及计息方式、信用度、知名度、市场便利程度等多种因素的制约。

（4）风险性，是指证券持有者面临预期投资收益不能实现，甚至本金也受到损失的可能。这是由证券的期限性和未来经济状况的不确定性所致。在现有的社会生产条件下，未来经济的发展变化有些是投资者可以预测的，有些则无法预测，因此，投资者难以确定他所持有的证券将来能否取得收益和能获得多少收益，从而就使持有证券具有风险。

（5）期限性。债券一般有明确的还本付息期限，以满足不同投资者和筹资者对融资期限以及与此相关的收益率需求。债券的期限具有法律的约束力，是对双方的融资权权益的保护。股票没有期限，可视为无期证券。

第二节　投资与证券投资

一、投资

所谓投资，就是经济主体为获得预期经济利益，预先垫付一定量的货币、实物或无形资产等资源，用以购买金融资产或实物资产实现增值的行为和过程。投资过程包括资金投入、资产增值、收回资金三个阶段。对任何经济社会和经济人而言，持续不断地进行投资是保持经济利益持续增长必不可少的前提条件，可以从以下几个方面来认识投资。

（1）投资是现在支出一定价值的经济活动。从当前来看，现在投资就要支付一定的资金；从长远来看，投资就是为了获取未来的报酬而现在采取的付出资金的经济行为。

（2）投资具有时间性。也就是说，现在付出的价值只能到未来的时间才能收回，而且未来的时间越长，未来收益的不确定性就越大，从而风险就越大。

（3）投资具有一定的风险性。风险就是指未来收益的不确定性。当前投入的价值是确定的，但是，未来可能获取的收益却是不确定的，这种未来收益的不确定性就是风险。

投资是一个多层次、多侧面、多角度、内容极其丰富的概念，因而可按许多方式进行归纳和分类。

（1）按投资对象的不同可划分为实物投资和金融投资。实物投资就是投资主体为获取未来收益和经营某种事业，预先垫付货币或其他资源，以形成实物资产的经济行为。实物投资可分为稀有资产投资、固定资产投资和流动资产投资。其中稀有资产投资是一种分门别类的，专业性、技术性很强的传统投资方式，具有很强的操作性、实用性，也是很受大众喜爱的一种投资方式。稀有资产投资包括贵金属、宝石、文物古董、书画、邮票和其他艺术品投资。金融投资就是投资主体为获取预期收益，预先垫付货币以形成金融资产，并借以获取收益的经济行为。金融投资包括股票投资、债券投资、期货投资等有价证券投资和投资主体在银行的储蓄行为。把钱送存银行，也能使投资主体获得一定的未来收益，因而也是一种金融投资。

（2）按投资方式的不同可划分为直接投资和间接投资。直接投资是指投资主体将资金直接投入社会再生产的过程，从事创造和实现商品价值的活动。例如开办企业、公司，购买房产等，从直接生产经营活动中获取经济利益。间接投资是指投资者置身于生产经营活动之外，将资金委托给他人使用，投资者坐收其利并到期收回本金。购买证券即属于间接投资。

（3）按投资期限的不同可划分为短期投资和长期投资。一般来说，投资时间在 1 年（含）以下的为短期投资，1 年以上的为长期投资。严格说，1～5 年为中期投资，5 年以上才是真正意义上的长期投资。选择短期投资还是中、长期投资，是件很重要的事，它直接关系到投资者的收益、资金周转速度和机会成本等问题。短期投资和长期投资相比，收益率较低，但其风险相对较小，资金周转快，也许会从再投资中获取新的收益。另外，长期投资和短期投资是可以互相转化的。如购买股票虽然是一种长期投资，无偿还期，但股票持有者可以在二级市场进行短线操作，卖出股票，这又变成了短期投资。

此外，按投资主体的不同可划分为个人投资、企业投资、政府投资和外国投资。其中，个人投资与企业投资合称为民间投资，与政府投资相对应。

拓展阅读

投资的“72 法则”

所谓的“72 法则”，就是以 1%的复利来计息，经过 72 年以后，你的本金就会变成原来的一倍。简单地说，“72 法则”就是用 72 去除以年复合收益率，就能算得本金翻一番所需要的时间。例如，年复合收益率是 9%，那么本金翻一番需要的时间就是 8 年（72÷9=8）。同样的道理，假如年复合收益率是 12%，则每 6 年本金就可以翻一番（72÷12=6）。如果年复合收益率是 18%，则每 4 年本金可以翻一番（72÷18=4）。

一个聪明的投资者在活用“72 法则”的时候，会先预测投资效果，即在先算出各个投资品种的收益率之后，才决定投资哪个品种。举例来说，你现在拥有 20 万元，如果想在 5 年内将它变成 80 万元，那么依据“72 法则”，就一定要选择年复合收益率为 28.8%的投资品种。投资 20 万元时，只有当复合收益率为 28.8%时，经过 2.5 年，20 万元就会变成 40 万元，再经过 2.5 年，就会变成 80 万元。总而言之，就像我们在上面看到的一样，投资的时间越早，并且每年的追加投资都采取复利投资的方式，就会收获得巨大的投资回报。

二、证券投资

所谓证券投资，是指个人或法人对有价值证券的购买行为，这种行为会使投资者在证券持有期内获得与其所承担的风险相对称的收益。

在现代社会中，证券投资是发达国家最重要和基本的投资方式，是动员筹集和再分配资金的重要渠道。证券投资可使社会上的闲散货币转化为投资资金，可使储蓄转化为投资，对促进社会资金合理流动、促进经济增长有重要作用。

（一）证券投资的构成

1. 证券投资主体

证券投资主体，是指进入证券市场进行证券买卖的各类投资者。它包括四类：一是个人，包括其家庭；二是政府，包括中央政府和地方政府；三是企业，包括各种以营利为目的的工商企业；四是金融机构，主要是商业银行、保险公司、证券公司及各种基金组织等。前面一类称为个人投资者，后面三类合称为机构投资者。证券投资过程实际上是证券投资主体一系列投资活动的综合，而不同类别投资者的投资行为有较大的差别。这些差别主要是因各自的资金来源与规模、投资理念、动机和目的等因素不同而造成的。

2. 证券投资客体

证券投资客体，即证券投资的对象或标的。证券投资客体是有价证券，主要包括股票、债券、基金以及其他衍生金融工具等投资对象。投资客体对可利用的投资机会的种类、投资方式、投资的回报有决定性的作用。首先，对于不同种类的证券，由于其发行者、合约条款、税收待遇等不一样，因而投资所产生的回报也不尽相同。其次，不同种类证券的发行和流通方式一般也不同，投资程序有繁有简，投资技术有难有易，从而要求采取不同的投资方式。例如，国内股票和国外股票在投资程序和投资技术等方面大不一样。再次，不同种类的证券所要求的初始投资额有多有少，有些有价证券只对部分投资者发行，如国外投资者持有中国国内证券会受到严格的管制，使得每一位证券投资者可能面对不同的投资机会。没有投资客体，投资只能是纸上谈兵。

> **音视空间**
>
> 资本市场是一个逐利的市场，但也有很多骗局。投资者应不断学习证券投资知识，识别骗局、防范投资风险。推荐观看《资本的故事》第一季第十九集片段。看看我们应从哪些方面学习知识，以防止上当受骗。
>
> 

3. 证券投资环境

投资环境是指不受投资主体控制的除投资主、客体以外的其他影响投资的因素，包括经济周期、金融市场环境、政府行为等。宏观经济环境运行会对投资的效果产生全局性影响。经济繁荣时期投资回报水平普遍上升；经济萧条时期投资回报水平普遍降低；经济周期更替则会使投资回报水平波动性加大。

金融市场环境在证券投资中起着十分重要的作用。首先，金融市场的价格直接决定买入证券的成本和卖出证券的收入；其次，金融市场提供投资决策所需要的投资信息和实现金融投资的各种交易机制，对投资决策成本和交易成本起着关键性作用；再次，金融市场提供的融资机会会影响投资资金的来源。政府行为会直接影响金融市场和投资者行为，税收会直接减少投资者的最终收益，通货膨胀则会影响投资的真实收益，而行业结构、市场状况会影响相关的投资绩效。

（二）证券投资的准备

证券投资的目的是证券投资净额效用（即收益带来的正效用减去风险带来的负效用）最

大化，因此，收益最大化和风险最小化是证券投资的两大目标。但证券投资收益与风险呈正相关性，收益高，风险大；收益低，风险小。一定的收益总是伴随着一定的风险，要想取得较好的投资效果，实现理想的投资目标，关键是投资者的决策水平，而拥有较高的决策水平就必须在投资前做必要的准备。

1. 学习证券投资的基本知识

在证券市场上，投资者为了培养自身的投资能力，必须掌握必要的证券投资知识，这是从事证券投资的重要前提，没有知识的投资行为只能是盲目的、投机性的。证券投资知识包括证券的种类、各种证券的性质、不同证券的特点与收益、证券市场的结构和运行特征、证券的基本分析和技术分析、有关的法律法规和交易制度等。只有掌握了一定的证券投资知识，才能在复杂多变的证券投资中具备投资辨析能力，增强投资的主动性，形成理性化的具有自我价值判断和选择的投资行为，这对于投资者规避投资风险、提高风险防范能力等都有非常重要的意义。

2. 熟悉证券投资基本程序

证券投资是一种复杂的投资活动，要求投资者必须十分熟悉投资的程序，了解投资过程的每一个环节并严格遵循。证券投资程序大致可以分为准备、了解、分析和决策等几个阶段，严格来说，投资完成后还要评估投资方案，根据环境变化及时调整投资策略。

> **网络学习指南**
> 东方财富网官网“学校频道”栏目内有实战技巧、技术分析、政策法规、基金学校、外汇学校等，可供课外学习时参考。

（1）准备阶段。投资的前提是需要预先筹集资金。在投资之前，必须确定能否筹集到一定数量的资金，然后才能考虑如何投资、投在何处等问题。就个人投资者来说，其资金来源主要是自身的积蓄，也包括继承的遗产、亲友的馈赠、产业的变卖、保险的赔偿金等其他资金来源。投资者须先根据个人收入及家庭支出编制家庭预算，然后计算能有多少节余，制订出投资计划。机构投资者的资金来源因性质不同而异，如商业银行的资金主要来源于客户存款、自有资金和盈利收入，保险机构的资金主要来自保险费收入，社会团体机构的资金主要是可支配的资金等。

（2）了解阶段。了解阶段主要包括以下几方面：首先，应熟悉投资中的收益与风险。投资的主要目的是获得收益，但也必须承担相应的风险。正视风险与收益的关系，树立正确的风险意识，要求投资者根据自身的风险承受能力，决定拟投入多少资金、选择何种投资对象。其次，应了解投资对象的性质。投资对象的种类繁多，就有价证券而言，就有债券、股票等形式。各种证券因其性质、时间长短、有无担保等的不同，收益与风险的大小都有差异，而且收益的支付方式，风险所包含的内容也互不相同。因此，必须熟悉各种情况，才能较安全地选择投资对象。最后，应了解证券市场的规则。包括证券市场的组织和机制、经纪商的职能和作用、买卖证券的程序和手续、管理证券交易的法律法规、证券的交割和清算、买卖证券的佣金费用等，否则就无从进行（证券/买卖），甚至还会蒙受不应有的损失。

（3）分析阶段。投资者在决定选择哪种证券之前，必须围绕该证券进行全面的宏观与微观经济分析。首先需要判断经济形势的变动趋势，并对此经济趋势下各种行业的发展前景做出判断。其次，根据发行证券的公司的财务状况、销售状况、产品结构和生产设备等预测公司未来的收益和风险程度。最后，根据证券市场行情，对证券的真实价值、上市价格和价格涨落的趋势进行认真分析。因为证券的质量决定于其真实价值，价值的市场反映便是市场价格，市场价格受到多种因素的影响，经常发生变动，与真实价值并不统一。这牵涉种类繁多的因素和错综复杂的相互关系。

总之，投资者如不进行深入细致的分析研究，就无从获悉其真相，容易造成盲目选购，导致买进收益低、风险大的证券，或者没有选择好买卖时机，在价高时买进，价低时抛出，带来巨大损失。

（4）决策阶段。通过以上各个阶段和步骤，投资者可按照自己拟定的投资目标，针对个人对收益和风险的衡量，考虑到今后对资金的需要和用途并预计未来经济环境及本身财务状况的变化后，做出妥当、合理的决策，决定将资金投入何种具体的证券上去。操作过程开始后，需要了解和严格遵守证券交易中的委托、成交、清算和交割的一系列程序，确保顺利地完成证券投资过程。

（三）掌握和运用各种投资技巧

熟练地掌握投资技巧，可以收到事半功倍的效果，帮助投资者在关键时刻化险为夷，取得最大效益。证券投资技巧将在第九章作详细介绍。

（四）证券投资决策的影响因素

投资者在选择证券时，一般需要考虑以下基本因素。

1．资金的安全性

投资于任何一种证券都存在一定风险，这里的安全性包含以下两层含义。

（1）风险与收益的对称程度。在证券市场上各种证券的风险和收益都有四种组合，即高风险高收益、低风险低收益、高风险低收益和低风险高收益。其中，前两种是正常的对称关系，后两种则是特殊的非常搭配。高风险低收益是最不可取的选择，而低风险高收益显然是最理想的选择对象。

（2）风险性与投资者的适合程度。在证券市场上，不同投资者由于其财力、能力不同，风险承担能力也不一样。这就要求投资者基于对自身情况的充分了解选择风险适度的证券。财力微薄、初涉市场的投资者不能期望获得巨额的收益而选择高风险证券；同样，财力丰厚、经验丰富的投资者选择低风险证券进行投资显然过于保守，风险较大但收益可观的证券经常是他们选择的对象。

2．收益的稳定性

对投资者来说，稳定的利息和股息收入是投资证券最可靠的收益。一般来说，所投资的公司能定期分配利息或股息，投资者就能得到稳定的收入。因此，投资时慎重考虑投资对象对以后的收益稳定具有重要意义。一般来说，收益性应当考虑以下几个因素。

（1）收益率。证券投资的收益率是指投资收益占投入本金的比率。在风险程度相当的情况下，收益率高的产品，是投资者应该选择的投资对象。

（2）证券价格。这主要是看证券发行公司已上市债券和股票的价格变动情况。如果债券是低价发行的，购买这种债券会获得偿还差益；如果已上市股票的价格是看涨的，那么投资者除股息外，还能获得差价收益。

（3）手续费。投资者委托经纪人购买证券需要支付一定的佣金，佣金的比率在有些国家是由政府或证券行业协会确定的，在有些国家是自由商定的，这就有个选择的问题。此外，有些国家规定的手续费率是累退的，用同样金额一次完成买卖和分次完成买卖，成本显然是不一样的，这也要求投资者合理安排，降低投资成本。

（4）税金。中国现行的证券税制主要涉及的税种有三种：一是证券流转税。这是对证券的发行和流通课征的税，包括证券印花税和证券交易税等；二是证券投资所得税。这是对证券投资所产生的股息、红利、利息所得课征的税，即通常所指的股息税和利息税，它们经常被列入个人所得税和公司所得税范畴；三是证券交易利得税。这是对证券买卖差价收益课征的税，理论上应归属于资本利得税范畴，许多国家未单独开征资本利得税，就把证券交易利得税归入普通所得税计征基础。由于税金是构成投资成本的重要内容，因此，它也是投资选择中所要考虑的重要因素。

3. 证券的流动性

证券的流动性是指证券的变现能力。在没有二级市场的情况下，证券的流动性取决于证券的偿还期限。期限越短，流动性越强。

4. 证券投资的便利性

证券投资的便利性是指购买证券所需要的时间、交割的期限、认购手续是否迅速方便、是否符合投资者的偏好等。一般来说，证券投资的便利性与证券市场的发达程度是相对应的。在国际证券投资中，投资者往往需要考虑这一因素。

应该指出，在证券市场上，某种证券同时具备所有有利因素是不多见的，这就要求投资者权衡利弊得失，果断地做出抉择。

第三节 证券投资学学科简介

证券投资学是研究证券投资运行及其规律的学科，本书的内容建立在证券投资学理论研究基础之上，偏重于应用性，本节仅对证券投资学涉及的一些问题作简要介绍。

一、证券投资的研究对象

证券投资是专门研究建立在虚拟资产（有价证券）基础上的资金运动规律及与之相联系的各种经济关系发展规律的学科，它包含以下三个层次。

（1）各种有价证券的特殊运动形式、运动规律及其所体现的特殊经济关系。

（2）由各种有价证券组成的证券市场的运动规律。各种有价证券运动的有机联系构成了统一的证券市场，证券市场是各种经济关系的总和。作为经济关系总和的证券市场有其统一的发展规律，绝不是各种有价证券运动规律的机械排列和简单相加。证券市场的整体运动规律决定并支配着各种有价证券的特殊运动规律。

（3）投资主体的投资活动规律。证券业广泛发展所推动的资本高度社会化和证券投资的日益大众化，特别是有价证券的虚拟资本性质和证券市场的博弈性质等因素，决定了主观因素在证券市场运动过程中具有特殊重要的地位和作用。证券投资者不仅要根据各种客观情况进行决策，更重要的是必须根据其他投资者对各种客观情况的主观判定作为自己决策的主要依据。证券市场这种突出的博弈性质决定了证券投资领域中主客体运动之间具有高度的相融性和互换性，这是证券投资学与其他学科相比较的一个重要不同之处。

二、证券投资学的形成和发展

证券投资学是伴随着证券投资业这一新的经济领域的产生发展起来的，并随着证券投资业的发展而趋于成熟。虚拟资本的特殊运动形式和特殊运动规律是证券投资学产生的客观基础。证券投资学的历史发展过程，大体可分为以下三个阶段。

1. 萌芽阶段

在萌芽阶段，人们开始把证券投资活动作为一种技能或艺术。

在 17 世纪和 18 世纪初，西方资本主义国家的商品经济已经相当发达，随着股份公司的产生和股票、债券的出现，证券投资开始引起人们的注意。但由于当时证券交易还未发展到足以决定和影响整个国家或地区经济运行的程度，因而政策对此并没有予以足够的重视，证券的发行和交易也缺乏必要的法律保证。人们主要靠经验和直觉来决定证券买卖。那时，人们普遍认为，证券投资活动只是靠运气，靠个人技能的“艺术”活动。当然，这并不意味着当时的证券发行和交易及其市场运行的背后就不存在某些规律。事实上，当时人们已经开始总结证券交易活动的经验法则。尽管如此，因为当时还属于依靠经验和直觉判断开展证券投资活动的阶段，可以说证券投资学仍然处于萌芽状态。

2. 形成阶段

在 19 世纪末至 20 世纪上半叶，西方证券市场经历了膨胀、崩溃和恢复的过程，证券市场的曲折经历大大促进了证券投资学的发展。可以说，在这一时期，作为一门学问的证券投资学已初步形成，这主要表现在以下几个方面。

（1）证券投资理论进一步明确化和具体化。在此之前，证券投资理论只是作为一般经济理论的附属而出现的，而在此时，一大批专门论述证券投资的著作相继问世。这些著作对证券投资理论做出了多方面的基础性贡献。

（2）一些有关证券投资的格言、经验上升到理论的高度。

（3）证券市场和证券投资业对整个经济发展所起的作用也日益明显，各国政府开始重视对证券投资活动进行全面规范和管理。所有这些都表明证券投资学已经开始作为一门学问出现，但其在学科体系、理论基础及科学性等方面仍嫌不足，有待于进一步发展和完善。

3. 成熟阶段

在成熟阶段，证券投资学开始成为一门独立的经济学科。经过长期的证券投资实践经验的总结和许多证券从业人员的精心研究和探索，从 20 世纪 50 年代起，证券投资学成为一门独立的学科，开始进入了它的成熟与完善期。其主要标志是：研究对象更具科学性；学科体系更加科学化；基础理论更加坚实；研究方法更加精确化和实用化。从 20 世纪 70 年代起至今，国际证券市场经历了一场前所未有的深刻革命，证券投资学也在这场革命中不断吸取营养，并日臻完善。

三、证券投资学的研究内容和任务

1. 证券投资学的研究内容

证券投资的研究对象决定了证券投资学的研究内容，它主要包括证券投资的一般理论、证券市场及证券投资的运行过程与机制、证券投资决策的方法以及政府进行的证券投资管理等。具体来讲，它包括以下六大部分。

（1）证券投资的基本原理，包括证券投资的概念、证券投资的基本特征、证券投资的目标和原则、证券投资的运行过程等。

（2）证券投资工具，包括股票、债券、基金等各类证券的类型和特点。

（3）证券投资场所，包括证券的发行市场和证券流通市场的功能、作用、运行机制及其业务活动。

（4）证券投资分析，包括证券价格、证券投资收益与风险分析、证券投资基本分析和证券投资技术分析等。

（5）证券投资的决策和策略，主要是从投资者的角度研究如何进行具体的证券投资，包括证券投资应掌握的原则、方法和技巧。

（6）证券投资管理，主要从政府的角度研究如何对证券市场与证券投资活动进行规范化管理。

2. 证券投资学的基本任务

证券投资学的基本任务就是揭示证券市场的内在规律，指导投资者以最有效的方法和最安全的途径从事证券投资，以获得最大的投资收益。

所谓最有效的方法，是指尽可能用最少的资本投入获取最大的投资收益的方法。与实业投资相比，证券投资的一个重要特征就是投资方式复杂繁多，如现货交易、信用交易、期货交易、期权交易以及存托凭证等。其中，除现货交易之外的诸多交易方式都具有以小博大的高倍数杠杆效应，从而能够实现短期内资金的迅速增值，甚至以几何级数连续翻番。

所谓最安全的途径，是指最大限度地防范和控制投资风险，努力在资金安全的前提下实现预期投资增值的目的。证券投资属于风险投资，从理论上讲，风险和收益具有相关性，高风险高收益，低风险低收益。但是，在证券市场上风险和收益往往并不成比例，相同的风险不一定有相同的收益。因此，投资的基本目标就是将风险置于可控制范围之内，尽可能使风险降低到最低程度，在一定限制的安全条件之下，实现收益的最大化。

四、证券投资学的体系结构

证券投资学是研究证券投资运行及其规律的学科，其体系结构应根据所研究的对象和内容来确立。从基本框架上说，可以分为四部分，即证券投资基本理论与知识、证券投资的市场环境、证券投资分析与操作理论与实务、证券投资市场的监管。

证券投资基本理论和知识是学习证券投资所必须掌握的重要内容，也是作为一个理性投资者所必须充分理解的部分，其内容主要包括证券投资中涉及的一些重要的概念和范畴、证券投资的功能、证券投资的要素、证券投资的对象等。

证券投资的市场环境，即从事证券投资活动的空间，包括证券的发行市场、流通市场、证券价格的决定、股票指数、证券投资的收益和风险等。

证券投资分析的理论与操作实务是实践性较强的部分，包括证券投资的操作原则、证券投资的实施程序、证券投资基本分析方法、证券投资技术分析方法、证券投资组合管理、证券投资操作技巧等。

证券投资的市场监管，主要是对证券市场的法律与制度进行规范。

五、对学习证券投资的建议

对于完全没有或只有很少金融知识的学生来说，应当系统地学习本书各章的内容，而对于金融专业的学生来说，由于已经具备了一定的金融知识，则可以将学习的侧重点放在证券投资分析与操作上。即使如此，为了保证学习的系统性，对于基础理论和基本知识部分仍需做必要的复习和巩固。对于没有证券操作经历的读者，应通过手机下载股票软件 APP，进行对照学习。大多数证券公司网站的首页都提供免费的股票软件（有手机版、电脑版和 PAD 版），按照提示下载、安装即可。

证券业从业人员资格考试是由中国证券业协会负责组织的全国统一考试，证券从业资格是进入证券行业的必备证书，是进入银行或非银行金融机构、上市公司、投资公司、大型企业集团、财经媒体、政府经济部门的重要参考。有志于从事证券投资行业的读者可以报考证券从业人员资格，为将来的就业早做准备。

本书内“网络学习指南”栏目给出了部分网络学习素材的查找方法，如果读者计划将来进入证券行业，建议课外利用好网络学习素材，为将来打下更扎实的基础。

本章小结

投资就是为了未来不确定的收益而现在付出确定的代价，按不同的标准可将投资分为实物投资和金融投资、直接投资与间接投资等。

证券是指用以证明或设定权利所做成的书面凭证，它表明证券持有人或第三者有权取得该证券拥有的特定权益，或证明其曾经发生过的行为。

证券投资过程包括筹备投资资金、全面了解金融资产特征和金融市场结构、进行证券投资分析、构造证券投资组合、确定投资策略、评估投资绩效、调整等步骤。

证券投资的研究对象有以下三个：各种有价证券的特殊运动形式、运动规律及其所体现的特殊经济关系；由各种有价证券组成的证券市场的运动规律；投资主体的投资活动规律。证券投资学的历史发展过程大体可分为萌芽阶段、形成阶段和成熟阶段。

证券投资学是研究证券投资运行及其规律的学科，证券投资学的体系结构应根据证券投资学的研究对象和内容来确立。从基本框架上说，可以分为四部分，即证券投资基本理论与知识、证券投资的市场环境、证券投资分析理论与操作实务、证券投资的市场监管。

综合练习[①]

一、名词解释

证券 有价证券 资本证券 货币证券 投资 证券投资 直接投资 间接投资 金融投资 实物投资

二、单项选择题

1. 关于有价证券表述正确的是（　　）。

A. 不可以买卖

B. 标有面值，证明持券人有权按期取得一定收入并可自由转让和买卖的所有权或债权凭证

C. 不标明面值

D. 都是政府发行的

2. 在通货膨胀条件下，（　　）。

A. 固定收益证券的风险要比变动收益证券大得多

B. 固定收益证券的风险和变动收益证券差不多

C. 固定收益证券的风险要比变动收益证券大得多

D. 固定收益证券和变动收益证券的风险都不受影响

3. 关于证券投资以下说法正确的是（　　）。

A. 投资者在证券持有期内获得与其所承担的风险相对称的收益

B. 投资者一旦买入就能获得高收益

C. 投资者能获得固定收益

D. 投资者买入是为了保值

4. 证券的流动性取决于证券的（　　）。

A. 偿还期限　　B. 性质

C. 证券持有者和银行存款人的法律地位不同　　D. 存续时间和转让条件

三、多项选择题

1. 影响有价证券价格的因素很多，主要是（　　）。

A. 预期收入　　B. 政府政策　　C. 法律环境

D. 市场利率　　E. 个人因素

2. 证券投资和储蓄投资的区别表现在（　　）。

A. 投资增值的效果不同　　B. 性质不同

C. 证券持有者和银行存款人的法律地位不同　　D. 存续时间和转让条件不同

E. 风险不同

---

① 本课程知识更新相对较快，实践操作比较灵活，为提高读者自学意识，特在综合练习中设置部分超范围习题。遇到超范围习题，请读者通过互联网自行查找相关知识点进行学习。

3．证券投资的构成要素有（　　）。

A．主体　　B．客体　　C．环境

D．时间　　E．经验

4．投资目标一般有（　　）。

A．资本保全　　B．资本增值　　C．当前收益

D．总收益　　E．避险

5．证券投资学的研究对象包括（　　）。

A．各种有价证券的特殊运动形式　　B．各种有价证券的运动规律

C．各种有价证券的经济关系　　D．证券市场的运动规律

E．投资主体的投资活动规律

四、简答题

1．什么是投资？如何正确理解投资的含义？

2．什么是证券投资？它与实物投资有何异同？

3．证券投资一般要经过哪些步骤？

4．你认为人生中青年、中年、老年等不同生命周期阶段，会各自偏重增值致富、避险保值、分红养老三种投资目标中的哪一种？请说明理由。

5．试说明直接金融投资与间接金融投资的主要区别和相互关系。

五、实训题

请登录“东方财富网”，在“财经”“要闻”“评论”等栏目中找出最感兴趣的两篇文章，把标题写出来，并说说你对文章内容的看法。

第二章 证券投资工具

学习目标

通过本章的学习，读者应了解证券投资工具的类别，掌握证券投资工具中的债券、股票、基金的概念与特点，理解金融衍生工具及其主要品种的概念与特点，并能够运用所学知识，对主要证券投资工具进行分析。

课前阅读

“80后”的理财故事：善用各种金融工具

小蔡是一名“80后”，因为在银行上班的关系，她很早就接触到了金融理财知识。尽早达到财富自由是小蔡理财的目标，为此她为自己制订了一份理财规划。

“我每个月会把自己的薪酬收入列一个支出计划表，把满足必要支出后的部分节余用于定投基金，定投基金的扣款日即为发工资的后一日，从而强制自己做些投资。”从刚开始工作的每月投入500元，到2018年每月2 000元的投入，小蔡根据自己的开支情况不断调整着投资金额。小蔡进行了一段时间的基金、债券和股票的投资后，又遇到了新问题，那就是当碰到股市发生系统性风险时，大多数股票都会下跌，从而也会带动基金的下跌。她听说期货这种投资工具很好，可以进行T+0双向交易，涨跌都可以赚钱，于是小蔡又开始认真学习这方面的新知识。看来，证券投资工具还不少，要想有收获，必须先学习。

启示：小蔡投资理财的窍门就是“善用各种金融工具”。在现实经济生活中，投资理财有哪些工具呢？小蔡投资的基金、股票……都有哪些特点呢？本章将介绍证券投资的主要工具。

证券投资工具主要包括股票、债券、基金和金融衍生工具四大类。股票和债券是基本的投资工具，基金是一种大众化的投资工具，通过基金可以实现利益共享、风险共担；而金融衍生工具则是伴随着市场经济的发展而不断创设，具有方便灵活、设计精巧、高效快速等特征，深受投资人的喜爱。本章将对这些工具进行介绍。

> 音视空间
>
> 世界上第一只股票是哪家公司的？第一个股票交易所在哪里？推荐观看《资本的故事》第一季第一集。
>
> 

第一节 股 票

股票是股份公司为筹集长期资金而公开发行的一种有价证券，是股份公司发给股东证明其所持有股份的凭证。投资者在认购了股份公司的股票以后，就成为该公司的股东，股东按其持有的股份多少，对公司经营管理、重大投资事项的决定、红利分配等享有相应的权利。股票是股东对股份公司享有权利的依据。

一、股票的性质与特点

1. 股票的性质

股票的性质体现在以下几个方面。

（1）股票是一种有价证券。一般讲到有价证券，主要是指其所代表的具有财产价值的权利，同时行使这种权利必须以持有该证券作为必要条件。由此来看，股票是有价证券的一种。

（2）股票是一种资本证券。股份公司发行股票作为吸引认购者投资以筹措公司自有资本的手段，对认购者而言，购买股票就是投资行为。股票可以作为买卖或抵押的对象，是金融市场上主要的、长期的信用工具。因此，股票是投入股份公司的资本份额的证券化，属于资本证券。但股票不是现实的财富，股票的资本价值具有虚幻的性质，是一种虚拟资本。

（3）股票是一种证权证券。证券可以分为设权证券和证权证券。设权证券是指证券所代表的权利本来不存在，而是随着证券的制作而产生，即权利的产生是以证券的制作和存在为条件的。证权证券是指证券是权利的一种物化的外在形式，它是权利的载体，权利是已经存在的。股票代表的是股东权利，它的发行是以股份的存在为条件的，股票只是把已经存在的股东权利表现为证券的形式，它的作用不是创造股东的权利，而是证明股东的权利。因此，股票是证权证券。

（4）股票是一种综合权利证券。股东权是一种综合权利，包括出席股东大会、投票表决、分配股息红利等权利。股东虽然是公司财产的所有者，享有种种权利，但对于公司的财产不能直接支配处理，而对公司的财产直接支配处理是物权证券的特征，所以股票不属于物权证券。此外，投资者一旦购买了股票，他就成为公司部分财产的所有人，但该所有人在性质上是公司内部的一分子，而不是与公司、对立的债权人，所以股票也不是债权证券。

2. 股票的特点

股票是投资者对股份有限公司投资入股的凭证，又是股份的书面表现形式，作为投资工具，股票一般具有以下特点。

（1）不可返还性。股票的不可返还性是指股票是一种无返还期限的投资工具，投资者一旦购买了股票，就不能要求发行股票的公司退还其投资入股的本金。因为股票反映的不是债权债务关系，而是所有权关系。投资人可以在金融市场上出售股票，抽回资金。但这仅仅是投资人之间的股权转让，对公司而言只是股东的改变，并不减少公司的资本。

（2）风险性。股票尽管可能给持有者带来收益，但该收益是不确定的，投资于股票必须承担一定的风险。股票作为高风险的投资工具，是由股本清偿性上的附属性和报酬上的剩余性所决定的。股票的收益直接受到公司盈利状况的影响，有利则分，无利不分，利多多分，利少少分。当公司解散或破产清算时，其财产要首先清偿其所欠税款和债务，剩余财产才能分配给股东。此外，股票的价格还受政治、经济等因素的影响，变化无常，如果股价下降，投资者也会蒙受损失。

（3）收益性。投资者购买股票的目的在于获取收益。股票收益一类来自于股份公司，即股票持有者从股份公司领取的股息或分得的红利，股息红利的多少，取决于公司的经营状况和盈利水平；另一类来自于股票流通，股票投资者可通过低买高卖获得价差收益。

（4）流动性。流动性是指股票持有人可按自己的意愿和市场情况，灵活地转让股票。法律赋予了股票可自由转让性，因而股票成为一种流动性较强的证券。在金融市场里，股票可以随时转让，换取现金，也可以进行抵押融资。这种高度的流动性使投资出现了集中风险分散化、长期投资短期化，吸引了大量闲散资金介入，故这一特征是股市繁荣发展的基础。

（5）投机性。股票的投机性是指投资者利用股票交易价格与面值的不一致及交易价格的频繁波动，通过低买高卖来获取价差收益的行为。股票的投机性虽然对公司股东的稳定和经济具有一定的破坏性，但对活跃市场交易，加速资本流动也具有积极意义。

二、股票的种类

股票的种类繁多，可以按不同的标准将股票划分成不同的类型，这里只介绍常见的股票分类。

股票按股东享有权利和承担风险大小的不同可分为普通股股票和优先股股票，按股东是否对股份有限公司的经营管理享有表决权，可将股票划分为表决权股票和无表决权股票，除此以外我国上市公司的股票还有 A 股、B 股、H 股、N 股和 S 股等的区分。

（一）普通股

普通股是股份公司最初发行的、最基本、最常见和最重要的股票形式。普通股是股份有限公司资本构成中最基本的股份，每一普通股股份对公司财产都拥有平等权益，且对其股东享有的平等权利不加以特别限制，并有随公司利润的变化而分取相应红利的可能。普通股股票的持有人是公司的基本股东，又是拥有经营管理参与权的股东。通常在股份有限公司中必须有一定数量的普通股股东。

按各国公司法的规定，在公司的存续期间，普通股股东都平等地享有下列法定的不受任何特别限制的权利。

（1）公司经营决策参与权。普通股股东平等的经营决策参与权表现为所持每一股份就有一票表决权，同股同权，任何人不得以任何理由剥夺其表决权。表决权的多寡视其持有的股份数而定，持有的股份数越多，享有的表决权就越大。股东可以直接出席股东大会来行使表决权，也可以按规定手续委托代理人出席股东大会代为行使表决权。在实践中，与股东参与权相联系的一个问题是控制权，股东享有参与权并不意味着就能完全控制股份公司的经营管理决策。由于股东人数众多，因此，对公司的控制不一定需要持有绝对多数股票。少数股东如能根据公司章程规定的表决制度达到选举董事所需的一定比例的股票份额，就可以选派董事，通过这些董事及其选定的经理人来控制股份公司的运作。股东投票制可以采取多数投票制和累积投票制两种方法。多数投票制下，股东的表决权按其实际拥有的股票份数计算，每持有一股就有一票表决权；累积投票制下，股东的表决权则按其实际拥有的股票份数乘以待选董事人数来计算。无论如何，少数大股东都能通过经营决策参与权的行使来控制股份有限公司的经营。

（2）公司盈余分配权。公司盈余分配权是指普通股的股东有权获得股利，但必须是从公司的净利润中分取，即公司的税后利润必须先弥补亏损，提取公积金、公益金，发放优先股股息，之后才能支付普通股的股息和红利，且数额不固定。净利润多可以多分配，净利润少就少分配，没有净利润就不分配。一般而言，股份有限公司的净利润并非全部分配给普通股股东，通常要保留一部分盈余用于增加公司资本的投入量，或用于维持未来收益分配的稳定性。

（3）剩余资产分配权。在公司因破产或解散而进行清算时，普通股的股东有权要求分得公司的剩余资产，但必须是在公司资产满足了公司债权人的清偿权和优先股股东分配剩余资产的请求权之后。

（4）优先认股权。普通股股东有优先认股权，即公司增发股票时，普通股东有优先购买新发行股票的权利，以保持其持有的股票在公司总股本中的比例不变，从而维持其在公司中的权益。拥有优先认股权的股东可以有三种选择：一是行使其优先认股权，认购新发行的股票；二是出售、转让其认股权并从中获利；三是转让或出售认股权比较困难时，放弃优先认股权，听任其过期失效（认股权的有效期一般不超过三个月）。

（二）优先股

优先股股票是指在分配公司收益和剩余资产方面比普通股股票拥有某些优先权的股票。优先股股票一般要在票面上注明“优先股”字样，它是特殊股票中最重要的一个品种。对优先股的内涵可以从两个角度理解：一方面，优先股股票作为一种股权证明，代表着对公司的所有权，这一点与普通股股票一样，但优先股股东又不具备普通股股东所具有的基本权利，它的有些权利是优先的，有些权利却要受到限制；另一方面，优先股股票又兼具债券的某些特点，它在发行时事先确定固定的股息率，像债券的利息率事先固定一样。

1. 优先股股东的优先权

优先股股票具体享有哪些优先权必须由公司章程加以明确规定，一般包括：优先股优先分配股息的顺序和定额；优先股优先分配股份有限公司剩余资产的顺序和定额；优先股优先行使表决权的条件、顺序和限制；优先股股东的权利和义务；优先股股东转让股份的条件等。其中最重要的优先地位体现在：一是优先领取股息，即公司实现的税后利润，在弥补了亏损（如果有的话），提取公积金、公益金之后，如果还有剩余，应先支付优先股股票的股息，然后才向普通股股票进行分配；二是优先分配剩余资产，在公司破产或解散进行清算时，可先于普通股股票分得公司的剩余资产。

2. 优先股股票的特点

与普通股股票相比，优先股股票具有如下特点。

（1）股息率固定。优先股股票通常在发行时就约定固定的股息率，不管公司经营状况和盈利水平如何变化，约定的股息率不变。如果没有剩余利润或剩余利润不足以按固定股息率派发股息，则按公司章程的规定或不派发股息（对非累积优先股），或累积到以后年度补发（对累积优先股）。优先股的股息率一般以票面价值的百分比表示，对于没有票面价值的优先股则直接标出其股息数。

（2）优先分配剩余资产。当公司破产或解散进行清算时，在对公司剩余资产的分配上，优先股股东排在债权人之后，普通股股东之前。即优先股股票先于普通股股票分得公司的剩余资产。

（3）表决权受到一定限制。一般情况下，优先股没有投票表决权，无权过问公司的经营管理。优先股股票尽管有分配利润和剩余资产的优先权，但仍是有风险的。公司能否支付优先股股东应得的股息，得看公司是否有营业利润。当利润不足以付息时，优先股股东将得不到约定的股息。另外，优先股对公司资产的优先分配权不过是一项附带的条件，一般是徒有虚名。这是因为公司在倒闭破产时其剩余财产已所剩无几，即使有也大都成为公司债务的抵押品，能分到股东手中的实在是寥寥无几。

（4）具有可赎回性。优先股股东不能要求退股，但却可以依照优先股股票所附的赎回条款，由发行公司以高于发行价格的赎回价格赎回。

3. 设立和发行优先股的意义

设立和发行优先股股票，对于发行公司而言，其意义在于既可以广泛地筹集资金，又不影响普通股东对公司的经营管理权；同时，优先股股息固定，也不影响公司的利润分配。对投资者来说，购买优先股票收益固定，风险小于普通股，股息高于债券收益，而且股份可以转让，适合保守型投资者。

拓展阅读

请阅读《优先股试点管理办法》，了解中国证监会对优先股管理的相关规定。

（三）表决权股票和无表决权股票

表决权股票是指持有人对公司的经营管理享有表决权的股票。根据被赋予的表决权不同，表决权股票又可分为以下四种。

（1）普通表决权股票，即每股股票只享有一票表决权，也称为单权股票。该类股票符合同股同权的原则，各国公司法均予以确认，其适用范围广泛，发行量大。

（2）多数表决权股票，即每股股票享有若干表决权，也称多权股票或议决权股票。这种股票是股份有限公司向特定的股东（如公司董事会或监事会成员）发行的，其目的在于保证某些股东对公司的控制权，限制公司外部股东对公司的控制，或限制股票的外国持有者对本国产业的控制。

（3）限制表决权股票，即表决权受到法律和公司章程限制的股票。例如，当某股东持有的股票达到一定数量后，即限制其拥有的表决权，以保护众多小股东的权益。

（4）表决权优先股股票，这种股票是优先股中的特例，持有该股票的股东可以参加股东大会，有权对规定范围内的公司事务行使表决权。

无表决权股票是指根据法律或公司章程的规定，持有人对公司的经营管理不享有表决权的股票。发行人通常要提供收益分配和剩余财产清偿的优先权作为对股东不享有表决权的补偿。公司发行无表决权股票既有利于少数大股东对公司的控制，也可满足那些只为获取投资收益而不重视决策参与权的投资者的需要。

（四）A 股、B 股、H 股、N 股和 S 股

1. A 股

A 股的正式名称是人民币普通股股票，它是由我国境内的公司发行，供境内机构、组织或个人（不含我国港、澳、台地区的投资者）以人民币认购和交易的普通股股票。

2. B 股

B 股也称为人民币特种股票，是指那些在中国大陆注册、在中国大陆上市的特种股票。以人民币标明面值，只能以外币认购和交易。

3. H股、S股和N股

H股也称为国企股，是指国有企业在中国香港上市的股票。

S股是指那些主要生产或者经营等核心业务在中国大陆，而企业的注册地在新加坡或者其他国家和地区，但是在新加坡交易所挂牌上市的企业股票。

N股是指那些在中国大陆注册、在纽约上市的外资股。

第二节 债 券

债券是政府、金融机构、工商企业等直接向社会借债筹措资金时，向投资者发行，并且承诺按一定利率支付利息并按约定条件偿还本金的债权债务凭证。债券的本质是债的证明书，具有法律效力。债券购买者与发行者之间是一种债权债务关系，债券发行人即债务人，投资者（或债券持有人）即债权人。

由此，债券包含了以下四层含义：①债券的发行人（政府机构、金融机构、企业等）是资金的借入者；②购买债券的投资者是资金的借出者；③发行人（借入者）需要在一定时期还本付息；④债券是债的证明书，具有法律效力。

一、债券的基本要素

债券作为证明债权债务关系的凭证，一般用具有一定格式的票面形式来表现。通常，债券票面上标明的内容要素有以下几项。

（1）债券价值。债券价值是债券的券面上所表示的金额，包括币种、票面金额。一般而言，发行单位可设计几种面额，以方便投资者认购。

（2）还本期限。还本期限指债券从发行之日起至偿清本息之日止的时间，即指债券的偿还年限。债券的还本期限长短主要是依据债券发行人使用资金的计划、投资项目的投资回收期、金融市场利率的变动趋势以及债券市场的情况综合决定的。如果债券发行者使用资金的周期比较长，投资项目的投资回收期也较长，则债券的期限会长一些；反之，则债券的期限会短一些。

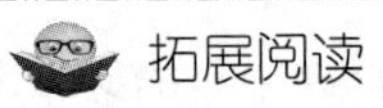

拓展阅读

请阅读《2018年第一期国债3月10日发行 五年期利率4.27%》一文，了解购买国债的方法。

（3）债券利率。债券利率也称债券的息票利率，即在债券的券面上标明的利率。其计算公式为债券利息与债券票面价值的比率，通常年利率用百分比表示。债券的券面利率一般是参考当时的银行同期存款利率水平、债券市场的一般收益率水平、使用资金的年限、投资项目的收益率水平等因素确定的。

（4）发行人名称。债券发行人名称指明债券的债务主体，为债权人到期追回本金和利息提供依据。

二、债券的特点及类型

（一）债券的特点

债券作为一种重要的融资手段和金融工具具有以下特点。

（1）偿还性。债券一般都规定有偿还期限，发行人必须按约定条件偿还本金并支付利息。

（2）流动性。债券的流动性是指其有较强的变现能力。债券的流动性对于筹资人来说，并不影响其所筹资金的长期稳定，而对于投资人来说，则是为其提供了可以随时转卖、变现的投资商品。

（3）安全性。债券的安全性是指债券的投资风险比较小。首先，债券的利率是固定的，筹资人必须按规定的期限和利率向投资人支付利息，直到期满为止。债券利率一般不受银行利率变动的影响，因而债券也称为“固定附息债券”。其次，本利安全。一方面，债券本金的偿还和利息的支付有法律保障，国家在商业法、公司法、财政法、信托法中都有确保债券还本付息的明确规定；另一方面，投资人可以根据债券的评级对债券风险的大小及安全程度做出判断。

（4）收益性。债券的收益性主要表现在两个方面：一是投资债券可以给投资者定期或不定期地带来利息收入；二是投资者可以利用债券价格的变动，买卖债券赚取差额。

（5）期限性。几乎所有债券都有规定的到期日，即其发行期限。按其发行期限或到期日的长短，可将债券分为短期债券（期限为 1 年以内）、中期债券（期限为 1～5 年）、长期债券（期限为 5 年以上）。持有人将在到期日收回全部本金。

（二）债券的类型

债券的种类较多，大体可按以下几种方式进行分类。

1. 根据是否约定利息划分

债券按是否约定利息可分为零息债券、附息债券和息票累积债券。

零息债券未约定支付利息，一般低于面值发行。附息债券约定半年或一年支付一次，又分为固定利率债券和浮动利率债券。息票累积债券到期一次性付本息，期间无利息。

2. 根据债券形态划分

债券按债券形式可分为凭证式债券、国家储蓄债券和记账式债券。

凭证式债券是债权人认购债券的收款凭证，而不是债券发行人制定的标准格式的债券。凭证式国债从投资者购买之日起开始计息，可以记名、挂失，但不能上市流通转让。投资者购买凭证式国债后如需变现，可以申请提前兑取，除偿还本金外，还可按实际持有天数及相应的利率档次计付利息。银行收取 2‰的手续费。

国家储蓄债券（也称电子式国债）是政府（财政部）面向个人投资者发行、以吸收个人储蓄资金为目的，满足长期储蓄性投资需求的不可流通记名国债品种。电子式国债就是以电子方式记录债权的储蓄国债品种。

记账式债券是指将投资者持有的债券登记于证券账户中，投资者仅取得收据或对账单以证实其持有债权的一种债券。目前，上海证券交易所和深圳证券交易所为证券投资者建立了电子证券账户，发行人可以利用证券交易所的交易系统来发行债券。投资者进行记账式证券买卖必须在证券交易所设立账户。记账式债券可以记名、挂失，安全性较高。同时记账式债券的发行和交易均无纸化，所以发行时间短、发行效率高、交易手续简便、成本低、交易相对安全。

3. 根据发行主体划分

债券按发行主体可分为政府债券、金融债券和公司债券。

政府债券即国债，是国家为筹集资金而向投资者出具的、承诺在一定时期支付利息和到期偿还本金的债务凭证，由于发行主体是国家，所以它具有最高的信用度，被公认为是最安全的投资工具。

金融债券是银行等金融机构作为筹资主体为筹措资金而面向个人发行的一种有价证券。

公司债券是由公司依照法定程序发行的，约定在一定期限还本付息的有价证券。

4. 根据是否有财产担保划分

债券按是否有财产担保可分为抵押债券和信用债券。

抵押债券是以企业财产作为担保的债券，按抵押品的不同又可以分为一般抵押债券、不动产抵押债券、动产抵押债券和证券信用抵押债券。抵押债券的价值取决于担保资产的价值。抵押品的价值一般要超过它所提供担保债券价值的25%～35%。

信用债券是不以任何公司财产作为担保，完全凭信用发行的债券。其持有人只对公司的非抵押资产具有追索权，企业的盈利能力是这些债券投资人的主要担保。因为信用债券没有财产担保，所以在债券契约中都要加入保护性条款，如不能将资产抵押给其他债权人、不能兼并其他企业、未经债权人同意不能出售资产、不能发行其他长期债券等。

5. 根据是否能转换为公司股票划分

债券按是否能转换为公司股票可分为可转换债券、可交换公司债券和不可转换债券。

可转换债券指在特定时期内可以按某一固定的比例转换成普通股的债券，它具有债务与权益的双重属性，属于一种混合性筹资方式。由于可转换债券赋予债券持有人将来成为公司股东的权利，因此其利率通常低于不可转换债券。若将来转换成功，在转换前发行企业达到了低成本筹资的目的，转换后又可节省股票的发行成本。根据《中华人民共和国公司法》(以下简称《公司法》)的规定，发行可转换债券应由国务院证券监督管理机构批准，发行公司应同时具备发行公司债券和发行股票的条件。

可交换公司债券是成熟市场存在已久的固定收益类证券品种，它赋予债券投资人在一定期限内有权按照事先约定的条件将债券转换成发行人所持有的其他公司的股票。

可交换债券相比于可转换公司债券有其相同之处，其要素类似，均包括票面利率、期限、换股价格和换股比率、换股期等；对投资者来说，与持有标的上市公司的可转换债券相同，投资价值与上市公司业绩相关，且在约定期限内可以以约定的价格交换为标的股票。

可交换债券和可转换公司债券不同之处有以下几点：一是发债主体和偿债主体不同，前者是上市公司的股东，后者是上市公司本身；二是所换股份的来源不同，前者是发行人持有的其他公司的股份，后者是发行人本身未来发行的新股；三是可转换债券转股会使发行人的总股本扩大，摊薄每股收益；可交换公司债券换股不会导致标的公司的总股本发生变化，也无摊薄收益的影响。

不可转换债券指不能转换为普通股的债券，又称为普通债券。由于其没有赋予债券持有人将来成为公司股东的权利，所以其利率一般高于可转换债券。本部分所讨论的债券的有关问题主要是针对普通债券的。

6. 根据利率是否固定划分

债券按利率是否固定可分为固定利率债券和浮动利率债券。

固定利率债券是将利率印在票面上并按其向债券持有人支付利息的债券。该利率不随市场利率的变化而调整，因而固定利率债券可以较好地抵制通货紧缩的风险。

浮动利率债券的利率是随市场利率变动而调整的利率。因为浮动利率债券的利率同当前市场利率挂钩，而当前市场利率又考虑到了通货膨胀率的影响，所以浮动利率债券可以较好地抵制通货膨胀的风险。

7. 根据是否能够提前偿还划分

债券按是否能够提前偿还可分为可赎回债券和不可赎回债券。

可赎回债券是指在债券到期前，发行人可以以事先约定的赎回价格收回的债券。公司发行可赎回债券主要是考虑到公司未来的投资机会和回避利率风险等问题，以增加公司资本结构调整的灵活性。发行可赎回债券最关键的问题是赎回期限和赎回价格的制订。

不可赎回债券是指不能在债券到期前收回的债券。

拓展阅读

杨百万倒卖国库券掘得第一桶金

“我是1988年3月28日从工厂辞职的，把自己的铁饭碗扔下之后，在家里躺了两个礼拜，琢磨该干哪一行。”在杨百万的回忆中，那两周做的另外一件事情，就是看报纸。在4月初的一天，一条新闻引起了他的注意：1988年4月21日，中国将开放国库券交易。

“我看过《子夜》，只要有证券交易，就有高低价。虽然我们是社会主义经济，但证券交易是市场经济的产物，只要存在，就一定会有高有低……”杨百万称，当时他就“傻”想，或许能从差价中赚上一笔。

在首个交易日，杨百万，不，是杨怀定，拿着两万元钱到了交易所，站在交易所的门口，他算了一笔账：国库券1985年的开盘价为104元，利率为15%，如果2万元全部买下，一年利息就有3 000元。“当时存在银行的利率是5.4%，全年利息1 080元。那多出来的近2 000元，早已超出我在工厂的工资。”于是他把所有的钱都买了国库券，下午发现涨到112元后就赶紧卖了，他赚了1 500多元。一年的工资到手了，杨怀定心放宽了些，又开始突发奇想：“如果我能把104元的国库券买回来，再以112元的价格卖出去，不就可以赚钱了吗？”由于当时全国有7个城市都开放了国库券交易，杨怀定跑到上海图书馆翻看全国各地的报纸，他查到，安徽合肥当日国库券开盘价94元，收盘价98元。

连夜去合肥！一个来回，20 000元的本钱一下子变成了22 000多元。跑了几次以后，他决定借钱，在把所有亲朋好友的钱都借了之后，他手头有了14万元现金，开始背着更多的钱往返于合肥和上海之间。随着钱越来越多，杨怀定每一个往返所赚的钱也越来越多。而通过这种蚂蚁搬家式的积累，一年之间，杨怀定变成了杨百万。

第三节 基　　金

基金全称为“证券投资基金”，也简称为投资基金，是一种受益证券，是指通过公开发售基金份额，募集社会公众投资者资金，由基金托管人托管，由基金管理人管理和运用资金，为基金份额持有人的利益，以资产组合方式进行证券投资的一种利益共享、风险共担的集合投资方式。

与股票、债券不同，基金是一种间接投资工具。各国对基金的称谓也不尽相同，如在美国被称为共同基金，在英国和我国香港地区被称为单位信托基金，在日本和我国台湾地区则被称为证券投资信托基金。

一、基金的性质

1. 基金是一种金融市场的媒介物

基金的管理者把投资者的资金转换成股票、债券等金融资产，并对这些金融资产负有经营、管理的职责。基金必须按照基金合同的要求确定资金的投向，保证投资者的资金安全和投资收益的最大化。投资者把资金交由基金管理者运用，基金运营的好坏，投资收益的高低取决于基金管理者的经营业绩，基金管理者按经营业绩好坏提取费用，投资者则必须承担投资风险。

2. 基金是一种金融信托形式

基金主要当事人有基金管理人（基金管理有限公司）、基金托管人（一般为银行）、基金持有人（投资者）。

基金管理人把投资者的资金集合起来，形成一笔巨额资金进行投资。基金管理人可根据事先确定的投资原则进行投资组合，可大大减少投资风险，并能获取较高的收益。基金管理人与基金托管人之间订有信托契约；基金管理人按照基金契约规定，运用基金资产投资并管理资产，同时及时、足额地向基金持有人支付基金收益。

基金托管人负责安全保管基金的全部资产，执行基金管理人的投资指令并办理基金名下的资金往来，监督基金管理人的投资运作，复核、审查基金管理人计算的基金资产净值及基金价格。

投资者根据各种基金的章程（其中包括基金的基本情况、投资操作目标、投资范围、投资组合、投资策略及投资限制），选择适合自己投资的基金。

3. 基金本身属于有价证券的范畴

基金设立时发行的受益凭证（基金证券）与股票、债券一起构成了有价证券的三大品种，投资者希望通过购买这些有价证券获得较大的投资收益，在这一点上，三者之间并无实质上的差别。

二、基金的特点

基金作为专为中小投资者设计的金融投资工具，与其他投资方式相比，有着不可替代的独特优势。

1. 集合理财、专业管理

基金将众多投资者的资金集中起来，委托基金管理人进行共同投资，表现出一种集合理财的特点。通过汇集众多投资者的资金，积少成多，有利于发挥资金的规模优势，降低投资成本。基金由基金管理人进行投资管理和运作，基金管理人一般拥有大量的专业投资研究人员和强大的信息网络，能够更好地对证券市场进行全方位的动态跟踪与深入分析。将资金交给基金管理人管理，使中小投资者也能享受到专业化的投资管理服务。

2. 组合投资、分散风险

为降低投资风险，一些国家的法律通常规定基金必须以组合投资的方式进行投资运作，从而使“组合投资、分散风险”成为基金的一大特色。中小投资者资金量小，一般无法通过购买数量众多的股票来分散投资风险。基金通常会购买几十种甚至上百种股票，投资者购买基金就相当于用很少的资金购买了一篮子股票。在多数情况下，某些股票下跌造成的损失可以用其他股票上涨的盈利来弥补，因此可以充分享受到组合投资、分散风险的好处。

3. 利益共享、风险共担

基金实行“利益共享、风险共担”的原则。基金投资者是基金的所有者。基金投资收益在扣除由基金承担的费用后的盈余全部归基金投资者所有，并依据各投资者所持有的基金份额比例进行分配。为基金提供服务的基金托管人、基金管理人只能按规定收取一定比例的托管费、管理费，并不参与基金收益的分配。

4. 严格监管、信息透明

为切实保护投资者的利益，增强投资者对基金投资的信心，各国（地区）基金监管机构都对基金业实行严格的监管，对各种有损于投资者利益的行为进行严厉的打击，并强制基金管理人进行及时、准确、充分的信息披露。

5. 独立托管、保障安全

基金管理人负责基金的投资操作，本身并不参与基金财产的保管，基金财产的保管由独立于基金管理人的基金托管人负责，这种相互制约、相互监督的制衡机制为投资者的利益提供了重要的保障。

三、基金的类型

基金内容丰富，种类繁多。在国外，不同投资目的的投资者几乎都可找到自己所需要的基金。由于划分的标准不同，基金可分为不同的类别。

1. 根据组织形态的不同划分

根据组织形态的不同，基金可分为契约型基金与公司型基金。

契约型基金又称单位信托基金，契约型基金由基金投资者、基金管理人、基金托管人之间所签署的基金合同而设立，基金投资者的权利主要体现在基金合同的条款上，而基金合同主要条款通常由基金法所规定。

公司型基金在法律上是具有独立“法人”地位的股份投资公司。公司型基金依据基金公司章程设立，基金投资者是基金公司的股东，享有股东权，按所持有的股份承担有限责任、分享投资收益。基金公司设有董事会，代表投资者的利益行使职权。公司型基金在形式上类似于一般股份公司，但不同于一般股份公司的是，它委托基金管理公司作为专业的财务顾问或管理公司来经营与管理基金资产。

契约型基金与公司型基金的区别主要表现在以下几个方面。

（1）资金的性质不同。契约型基金的资金是通过发行受益凭证筹集起来的信托资产；公司型基金的资金是通过发行普通股票筹集起来的，是公司法人的资本。

（2）投资者的地位不同。契约型基金的投资者购买基金份额后成为基金合同的当事人之一，投资者既是基金的委托人，即基于对基金管理人的信任，将自己的资金委托给基金管理人管理和运作，又是基金的受益人，即享有基金的受益权。公司型基金的投资者购买基金公司的股票后成为该公司的股东。因此，契约型基金的投资者没有管理基金资产的权力，而公司型基金的股东通过股东大会享有管理基金公司的权力。由此可见，公司型基金的投资者比契约型基金的投资者权力要大一些。

（3）基金的运作依据不同。契约型基金依据基金合同运作基金，而公司型基金是根据基金公司章程进行运作。

公司型基金的优点是法律关系明确清晰，监督约束机制较为完善，但契约型基金在设立上更为简单易行。由于二者之间的区别主要表现为法律形式的不同，实际上并无优劣之分，因此，为使证券投资制度更具灵活性，许多国家都允许公司型基金与契约型基金并存。

在基金发展史上，基金最早是以“投资信托”的形式出现的，即使是现在，信托型基金仍为很多国家所采用，而公司型基金则以美国的投资公司为代表。我国目前设立的基金均为契约型基金。

2. 根据基金规模是否可变划分

根据基金规模是否可变，可分为开放型基金与封闭型基金两种。

开放型基金是指基金的资本总额或股份总额可以随时变动，即可以根据市场供求情况，发行新基金份额或赎回股份的基金。开放型基金的交易价格可根据基金净资产价值加一定手续费来确定。由于基金总额是不封闭的、可以追加的，因此也称为追加型基金。

封闭型基金是指基金资本总额及发行份数在基金发行之前就已确定下来，在基金发行完毕后和规定的期限内，基金的资本总额及发行份数都保持固定不变的基金。由于基金的受益凭证不能被追加认购或赎回，投资者只能通过券商在证券交易市场进行交易，因此又称封闭型基金为公开交易基金。基金收益以股利、红利的方式支付给投资者。基金的交易价格虽然是以基金净资产价值为基础的，但更多的是反映证券市场供求关系。通常情况下，基金交易价格高于或低于基金净资产价值。

从基金发展的历史来看，封闭式基金的出现早于开放式基金，在基金的初创阶段，一般以封闭式基金为主，而在基金进入成熟期后，则以开放式基金为主。

封闭式基金与开放式基金的主要区别表现在以下几个方面。

（1）期限不同。封闭式基金一般有一个固定的存续期，而开放式基金一般无固定存续期。因开放式基金无固定存续期，投资者可随时向基金管理人赎回基金份额，如遇到大量赎回申请可能导致基金被清盘。《中华人民共和国证券投资基金法》规定，封闭式基金的存续期应为5～15 年，封闭式基金期满后可以通过一定的法定程序延期或进行清盘处理。目前，我国传统的封闭式基金存续期基本为 15 年，而创新型封闭式基金存续期基本为 5 年。

（2）规模限制不同。封闭式基金的规模是固定的，在封闭期限内未经法定程序认可不能增减。开放式基金没有规模限制，投资者可随时提出申购或赎回申请，基金规模也会随之增加或减少。

（3）交易场所不同。封闭式基金在完成募集后，基金份额只能在证券交易所上市交易，投资者买卖封闭式基金份额，只能委托证券公司在证券交易所按市价买卖，交易是在投资者之间完成的。开放式基金因其规模不固定，投资者可以按照基金管理人确定的时间和地点向基金管理人或其销售代理人提出申购、赎回申请，交易是在投资者与基金管理人之间完成的。开放式基金作为一种场外交易品种，投资者既可以通过基金管理人设立的直销中心买卖开放式基金份额，也可以通过基金管理人委托的证券公司、商业银行等销售代理人进行开放式基金的申购、赎回；"上市型开放式基金"和"交易型开放式指数基金"则是可以在交易所和场外同时进行交易的基金。

（4）交易价格计算标准不同。封闭式基金的交易价格虽然是以净值为基础，但受二级市场供求关系的影响很大。当投资需求旺盛时，封闭式基金二级市场的交易价格会超过基金单位净值而出现溢价交易现象；反之，当投资需求低迷时，交易价格会低于单位净值而出现折价交易现象。开放式基金的申购和赎回价格则完全以基金单位净值为基础，不受市场供求关系的影响。

（5）激励约束机制不同。封闭式基金由于其规模固定，即使基金运作的业绩突出，也无法扩大规模；即使表现得不尽如人意，但由于投资者无法赎回投资，基金经理也不会在经营上面临直接的压力。与此不同，如果开放式基金的业绩表现好，就会吸引到新的投资，基金管理人的管理费收入也会随之增加；如果开放式基金运作较差，就会面临来自投资者要求赎回投资的压力。因此，与封闭式基金相比，开放式基金向基金管理人提供了更好的激励约束机制。

（6）投资策略不同。由于开放式基金的规模不固定，其投资操作常常会受到不可预测的资金流入、流出的影响与干扰，特别是为满足基金赎回的要求，开放式基金必须保留一定的现金资产，并高度重视基金资产的流动性，这在一定程度上会对基金的长期经营带来不利影响。封闭式基金由于其基金规模固定，没有赎回压力，基金经理人完全可以根据预先设定的投资计划进行投资，当证券市场出现较大涨幅且具有一定泡沫时，他可以减仓操作；而当证券市场下跌严重，大多数股票具有投资价值时，他又可以重仓吃进。这种套利操作既可以让受益人的利益得到最大化，同时也起到了稳定市场的重要作用。单从这一点来看，封闭式基金更有利于长期业绩的提高。

3. 根据基金的投资目标不同划分

按照基金的投资目标不同，可以分为成长型基金和收入型基金。

成长型基金是指该类基金的目的是追求基金资产的长期增值。收入型基金主要投资于可带来现金收入的有价证券，以获取当期最高收入为目的。

因为投资目标不同，这两种基金的投资方向、投资策略自然不同，这样势必影响投资人的收益及本金的稳定性。围绕这两个不同的投资目标，可派生出各种其他类型的基金。如成长型基金、积极成长型基金、成长与收入型基金、平衡型基金、收入型基金、指数型基金、对冲基金、创业基金等。

> **音视空间**
>
> 基金经理人不同于散户，掌握大量资金，多到可以影响一只、几只股票甚至股市的走向。如果他们以权谋私会非常可怕。推荐观看"最大老鼠仓"马乐案新闻视频，对基金经理人行为监管做更多了解。
>
> 

4. 根据基金的资金来源和用途不同划分

根据基金的资金来源和用途不同，可分为在岸基金和离岸基金。

在岸基金是指在本国募集资金并投资于本国证券市场的基金。

由于在岸基金的投资者、基金组织、基金经理人、基金托管人及其他当事人和基金的投资市场均处于本国境内，所以，基金的监管部门比较容易运用本国法律法规及相关技术手段对基金的投资运作行为进行监管。

离岸基金是指一国的基金组织在他国发行基金份额，并将募集的资金投资于本国或第三国证券市场的基金。

> **边学边练**
>
> 目前，银行仍是基金销售的主要渠道，其次是券商、基金公司官网和第三方理财。图 2.1 是中国工商银行的基金销售页面，图 2.2 是广发证券金融终端版基金行情页面。
>
> 打开手机微信，按“钱包→理财通→稳健理财→货币基金”的顺序进入货币基金页面，看看都有哪些货币基金？如果你工作后有部分零散的积蓄，你会选择买货币基金吗？可以在查看时与其他同学进行讨论。

基金的划分方式还有很多，我们可从不同的角度，按不同的标准将其分类。例如根据买卖基金时是否需要投资者支付手续费，可以将基金划分为收费基金和不收费基金；根据投资理念的不同，可以将基金划分为主动型基金和被动型基金等。这里需要特别指出的是，不同划分标准之间是交叉的，不是平行的。

5. 其他类型的基金

（1）交易所交易基金（Exchange-Traded Fund，ETF），指的是可以在交易所交易的基金。上海证券交易所则将其命名为“交易型开放式指数基金”。交易所交易基金从法律结构上说仍然属于开放式基金，但它主要是在二级市场上以竞价方式交易；并且通常不准许现金申购及赎回，而是以一篮子股票来创设和赎回基金单位。对一般投资者而言，交易所交易基金主要还是在二级市场上进行买卖。

图 2.1 中国工商银行的基金销售页面

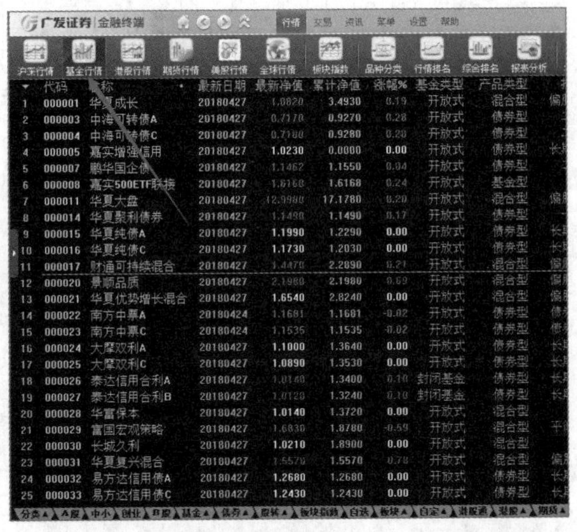

	代码	名称	最新日期	最新净值	累计净值	涨幅%	基金类型	产品类型
1	000001	华夏成长	20180427	1.0820	3.4930	0.19	开放式	混合型
2	000003	中海可转债A	20180427	0.7170	0.9270	0.28	开放式	债券型
3	000004	中海可转债C	20180427	0.7100	0.9280	0.28	开放式	债券型
4	000005	嘉实增强信用	20180427	1.0230	0.0000	0.00	开放式	债券型
5	000007	鹏华国企债	20180427	1.1462	1.1550	0.04	开放式	债券型
6	000008	嘉实500ETF联接	20180427	1.6168	1.6168	0.24	开放式	基金型
7	000011	华夏大盘	20180427	12.9980	17.1780	0.20	开放式	混合型
8	000014	华夏聚利债券	20180427	1.1490	1.1490	0.17	开放式	债券型
9	000015	华夏纯债A	20180427	1.1990	1.2290	0.00	开放式	债券型
10	000016	华夏纯债C	20180427	1.1730	1.2030	0.00	开放式	债券型
11	000017	财通可持续混合	20180427	1.4470	2.2890	0.21	开放式	混合型
12	000020	景顺品质	20180427	2.1980	2.1980	0.69	开放式	混合型
13	000021	华夏优势增长混合	20180427	1.6540	2.8240	0.00	开放式	混合型
14	000022	南方中票A	20180424	1.1681	1.1681	-0.02	开放式	债券型
15	000023	南方中票C	20180424	1.1535	1.1535	-0.02	开放式	债券型
16	000024	大摩双利A	20180427	1.1000	1.3640	0.00	开放式	债券型
17	000025	大摩双利C	20180427	1.0890	1.3530	0.00	开放式	债券型
18	000026	泰达信用合利A	20180427	1.0140	1.3400	0.10	封闭基金	债券型
19	000027	泰达信用合利B	20180427	1.0120	1.3240	0.10	封闭基金	债券型
20	000028	华富保本	20180427	1.0140	1.3720	0.00	开放式	混合型
21	000029	富国宏观策略	20180427	1.6830	1.8780	-0.59	开放式	混合型
22	000030	长城久利	20180427	1.0210	1.8900	0.00	开放式	混合型
23	000031	华夏复兴混合	20180427	1.5570	1.5570	0.78	开放式	混合型
24	000032	易方达信用债A	20180427	1.2680	1.2680	0.00	开放式	债券型
25	000033	易方达信用债C	20180427	1.2430	1.2430	0.00	开放式	债券型

图 2.2 广发证券金融终端版基金行情页面

（2）上市开放式基金（Listed Open-ended Funds，LOF），是一种既可以在场外市场进行基金份额申购赎回，又可以在交易所（场内市场）进行基金份额交易、申购或赎回的开放式基金。它是我国对基金的一种本土化创新，它实质上是在传统开放式基金原有的销售渠道（银行、券商、基金公司直销柜台）的基础上增加了二级市场这一流通渠道。但投资者在进行跨市场交易时，需办理一定的转托管手续。例如，投资者在交易所买进基金份额，要想在指定网点赎回，需要办理相应的转托管手续；同样，投资者在指定网点申购的基金份额，如在交易所卖出，也需要办理一定的转托管手续。

（3）保本基金（guaranteed fund），是指通过采用投资组合技术，保证投资者在投资到期时至少能够获得投资本金或一定回报的基金。基金利用利息或是极小比例的资产从事高风险投资，而将大部分的资产投资于固定收益投资，使得基金投资的市场不论如何下跌时，都不会低于其所担保的价格，而达到所谓的“保本”作用。在国际上，保本基金可分为保证和护本基金两种类型，其中护本基金不需要第三方提供担保。一般来说，保本基金将大部分资产投资于固定收益债券，以使基金期限届满时支付投资者的本金，其余资产 15%～20%投资于股票等金融工具来提高回报率。

（4）分级基金。分级基金（structured fund）又称为“结构型基金”，是指在一个投资组合下，通过对基金收益或净资产的分解，形成两级（或多级）风险收益表现有一定差异化基金份额的基金品种。它的主要特点是将基金产品分为两类或多类份额，并分别给予不同的收益分配。分级基金各个子基金的净值与份额占比的乘积之和等于母基金的净值。例如拆分成两类份额的母基金金净值=A 类子基金净值×A 份额占比%＋B 类子基金净值×B 份额占比%。如果母基金不进行拆分，其本身就是一个普通的基金。

拓展阅读

请阅读《一个故事告诉你什么是分级基金》一文，谈谈你是如何理解分级基金的？你认为分级基金的风险主要在哪里？

音视空间

分级基金何去何从（视频）

四、基金组织实体中的当事人

1. 基金发起人

基金发起人是发起设立基金的法人主体，通常由三家以上信誉好、实力强的法人承担。发起人在基金的设立和组建过程中起着关键性的组织协调作用，发起人要充分利用所掌握的社会资源与政策资源、通过人力资源和物质资源的投入突破基金发起过程面临的各种障碍，达到设立和组建基金的目的。

契约型基金的发起人，在基金成立后通常会充当该基金的管理人，或者以控股的形式组建专门的基金管理公司来管理基金；而公司型基金的发起人就是股份有限公司的发起人，它自身在发起成功以后并不一定充当基金的管理人，可以通过选聘基金管理人负责基金的运营。

2. 基金管理人

基金管理人即基金管理公司，在契约型基金中也称为“投资信托委托公司”或“基金经理公司”，尽管有多种称谓，但都是指具备健全的公司组织结构、拥有金融投资的专业人才与软、硬件设施，凭借丰富的投资经验，根据法律、法规及基金契约（或基金章程）的规定，运用所管理基金的资产，进行组合投资，在保证基金资产安全性的前提下，获取尽可能高的投资回报，以尽力提高基金资产净值，提高基金持有人收益的金融机构。

在基金业发展初期，基金管理业务一般是由证券公司兼营。但随着基金业的发展，证券公司为了自身利益而损害基金持有人利益的问题时有发生，基金管理人逐渐与证券公司脱离，成为具有独立法人资格的基金管理机构。

基金管理人的素质和投资水平直接决定着基金资产的运作效果，和投资者的切身利益相关；同时，基金管理人队伍的整体表现也对一国基金业的发展起着重要的推动或制约作用，毕竟基金投资这种先进的投资组织制度的优越性，最终是要靠基金管理人队伍整体的优异投资表现来证明的。

为了保护投资者利益，为基金业创造良好的发展环境，各个国家或地区都规定只有具备一定条件的机构才能担任基金管理人。

3. 基金托管人

为了保证基金资产的安全，基金按照资产管理和资产保管分开的原则运作，设有专门的托管人保管基金资产。基金托管人为基金开设独立的基金资产账户，负责款项收付、资金划拨、证券清算、分红派息等。所有这些基金托管人都是按照基金管理人的指令行事，而基金管理人的指令也必须通过基金托管人来执行。国外对基金托管人的任职资格都有严格的规定，一般都要求由商业银行及信托投资公司等金融机构担任，并有严格的审批程序。我国的《证券投资基金法》也对基金托管人的资格做了具体规定。

4. 基金持有人

基金持有人即基金投资者，又称受益人，他们是基金资产的最终拥有人，享有基金资产的一切权益，并对此资产负有限责任。一般情况下，基金单位持有人在基金内的权益均交由基金托管人，以后者的名义保管和控制所有的基金财产。不过，虽然投资人的资金由托管人代管，由管理人代为投资，但是一切投资风险均由投资者自行承担。

5. 其他当事人

（1）注册登记机构。我国基金单位的注册登记业务可以由基金管理人办理，也可以委托商业银行或者中国证监会认定的其他机构办理。商业银行办理开放式基金的注册登记业务，应当经中国证监会和中国人民银行审查批准。注册登记机构的职责或业务范围有：建立并管理投资人基金单位账户；负责基金单位注册登记；基金交易确认；代理发放红利；建立并保管基金投资人名册；基金契约或者注册登记代理协议规定的其他职责。

（2）开放式基金的销售代理机构。我国的相关法律规定商业银行以及经中国证监会认定的其他机构可以接受基金管理人的委托，办理开放式基金单位的认购、申购和赎回业务。商业银行开办开放式基金单位的认购、申购和赎回业务，应当经中国证监会和中国人民银行审查批准。

6. 基金当事人之间的关系

基金各方当事人（持有人、管理人、托管人）靠基金契约来调整各自的权利义务关系。持有人持有基金资产；管理人管理和运用基金资产；托管人托管基金资产。它们背后各自体现了所有权、经营权和保管监督权，一起形成了所谓的“基金三角”。在基金的运行中，各当事人之间的关系是一种既相互合作，又相互制衡、相互监督的关系。

（1）持有人与管理人之间的关系。基金持有人是基金的实际所有者，而基金管理人则是凭借专门的知识与经验，运用所管理基金的资产，根据法律、法规及基金章程或基金契约的规定，按照科学的投资组合原理进行投资决策，谋求所管理基金资产的不断增值，并使基金持有人获取尽可能多的收益的机构。所以，基金持有人与基金管理人的关系实质上是所有者与经营者之间的关系。前者是基金资产的所有者，后者是基金资产的经营者。前者是一般的社会投资人，既可以是自然人，也可以是法人或其他社会团体；后者则是由职业投资专家组成的专门经营者，是依法成立的法人。

（2）管理人与托管人之间的关系。管理人与托管人的关系是经营与监管的关系。基金管理人由投资专家组成，负责基金资产的经营，本身不实际接触和拥有基金资产；托管人由主管机关认可的金融机构担任，负责基金资产的保管，依据基金管理机构的指令处置基金资产，并监督管理人的投资运作是否合法合规。对基金管理人而言，处理有关证券、现金收付的具体事务交由基金托管人办理，自己就可以专心从事资产的运用和投资决策。基金管理人和基金托管人均对基金持有人负责。他们的权利和义务在基金契约或基金公司章程中预先界定清楚，任何一方有违规之处，对方都应当监督并及时制止，直至请求更换违规方。这种相互制衡的运行机制，极大地保证了基金信托财产的安全和基金运用的高效。但是这种机制的作用得以有效发挥的前提是基金托管人与基金管理人必须严格分开，由不具有任何关联的不同机构或公司担任，两者在财务上、人事上、法律地位上应该完全独立。

（3）持有人与托管人之间的关系。持有人与托管人的关系是委托与受托的关系，也就是说，基金持有人把基金资产委托给基金托管人管理。对持有人而言，把基金资产委托给专门的机构管理，可以确保基金资产的安全；对基金托管人而言，必须对基金持有人负有监管基金管理人行为的责任，使其经营行为符合法律法规的要求，为基金持有人勤勉尽职，保证资产的安全，提高资产的收益率。

公司型基金通常包括投资公司、管理公司、保管公司和承销公司四类当事人。投资公司是公司型基金的主体，它以发行股票的方式筹集资金，公司的股东就是受益人。管理公司在与投资公司订立管理契约后，既要办理一切管理事务并收取报酬，又要为投资公司充当顾问，提供调查资料和服务。保管公司一般由投资公司指定的信托公司或银行充当，在与投资公司签订保管契约之后，保管公司负责保管投资的证券，办理每日每股资产净值的核算，配发股息及办理过户手续等，并收取保管报酬。承销公司接受投资公司的委托，把投资公司的股票批销给零售商，再由零售商向投资者出售。如果投资者想退出基金并要求投资公司回购股票时，由承销公司办理有关事宜。

一只基金只有保证能够把上述所有要素最有效地组合并充分发挥各个要素的功能，才能高效稳健地运行，使投资者的收益最大化。

第四节　金融衍生工具

金融衍生工具（financial derivative）也叫衍生金融资产，是金融创新的产物，它是通过创造金融工具来帮助金融机构管理者更好地进行风险控制。金融衍生产品是指由利率、货币及证券等基本金融投资和交换对象发展、变化而形成的新金融交易品种。

一、金融衍生工具的基本特征

相对于金融基础工具而言，金融衍生工具有以下特征。

（1）跨期交易，即买进近期交货的商品，同时卖出相同数量的远期交货商品，进行一次买进货物交收和一次卖出货物交收，也就是将买进的近期商品继续存放在交货仓库，并办理仓单的注册手续用于远期的交易。

（2）杠杆效应。一般而言，金融衍生工具只需支付少量的保证金或权利金就可签订远期大额合约或互换不同的金融工具，可实现以小博大的目标。收益可能成倍放大，同时投资者所承担的风险与损失也会成倍放大。基础工具价格的轻微变动，也许会让投资者大盈或大亏。

（3）高风险性。金融衍生工具的交易后果取决于交易者对基础工具或基础变量未来价格预测的准确程度。基础工具未来价格的不确定性以及金融衍生工具的杠杆效应在一定程度上决定了它具有高风险性的特点。

（4）联动性。金融衍生工具的价值与基础产品或基础变量紧密联系，具有联动效应。其联动关系既可以是简单的线性关系，也可能是非线性函数关系或者分段函数关系。

二、金融衍生工具的种类

金融衍生工具较多，通常可按下述两种方式分类。

1. 按基础工具种类划分

金融衍生工具按基础工具种类可分为股权式衍生工具、货币衍生工具、利率衍生工具。

股权式衍生工具是以股票或股票指数为基础工具，包括股票期货、股票期权、股票指数期权以及上述合约的混合交易合约。

货币衍生工具是以各种货币为基础工具，包括远期外汇合约、货币期货、货币期权、货币互换以及上述合约的混合交易合约。

利率衍生工具是以利率或利率载体为基础工具，包括远期利率协议、利率期货、利率期权、利率互换以及上述合约的混合交易合约。

2. 按交易方法与特点划分

金融衍生工具按交易方法与特点可分为金融远期合约、金融期货、金融期权、金融互换。

金融远期合约是双方同意在未来日期按照合约规定交换金融资产的合约。合约一般规定交易的资产种类、日期、价格和数量。

金融期货是交易双方在有组织的交易场所内以公开竞价的形式达成的，在未来特定时间交收标准数量特定金融工具的协议。

金融期权是合约双方按约定价格，在约定日期内是否买卖某种金融工具达成的契约。

金融互换是当事人按照共同商定的条件，在预定的时间内交换一定支付款的金融交易。

三、优先认股权

优先认股权是指当股份公司为增加公司资本而决定增加发行新的股票时，原普通股股东享有的按其持股比例、以低于市价的某一特定价格优先认购一定数量新发行股票的权利。优先认股权又称股票先买权，是普通股股东的一种特权。在我国习惯称之为配股权证。

股份公司发行新股时给原股东优先认股权的目的主要有以下三种：一是不改变老股东对公司的控制权和享有的各种权利；二是因发行新股将导致短期内每股净利的稀释而给股东的风险补偿；三是增加新发行股票对股东的吸引力。

四、认股权证

认股权证，又称为“认股证”或“权证”，其英文名称为 Warrant，故在我国香港地区又俗译为“窝轮”。在证券市场上，认股权证是基础证券发行人或其以外的第三人（以下简称“发行人”）发行的，约定持有人在规定期间内或特定到期日，有权按约定价格向发行人购买或出售标的证券，或以现金结算方式收取结算差价的金融衍生工具。

（一）认股权证的性质

认股权证本质上为一种权利契约，投资人支付权利金购得权证后，有权于某一特定期间或到期日，按约定的价格（行使价），认购或沽出一定数量的标的资产（如股票、股指期货、黄金、外汇或商品等）。权证的交易属于一种期权的买卖。与所有期权一样，权证持有人在支付权利金后获得的是一种权利，而非义务，行使与否由权证持有人自主决定；而权证的发行人在权证持有人按规定提出履约要求之时，负有提供履约的义务，不得拒绝。

认股权证与优先认股权两者的区别有以下三点。一是优先认股权产生于公司筹集资金而向现有股东发行新股时，是对普通股股东的优惠权；而认股权证产生于公司发行债券或优先股时，为提高债券或优先股的吸引力而按债券或优先股的面额同时奉送若干认股权证，是对债权人和优先股股东的优惠权。二是优先认股权的有效期较短，而认股权证的有效期较长。

（二）认股权证的种类

认股权证可按以下方式进行分类。

1. 依行使时间的不同分类

认股权证依行使时间的不同可分为美式与欧式两种。

美式认股权证（american style）指权证持有人在到期日前，可以随时提出履约要求以买进或卖出约定数量的标的资产。

欧式认股权证（european style）则是指权证持有人只能于到期日当天，才可提出买进或卖出标的资产的履约要求。

2. 依权利内容不同分类

认股权证依权利内容可分为认购权证和认沽权证两种。

认购权证（call warrants）是一种买进权利（而非义务）。该权证持有人有权于约定期间（美式）或到期日（欧式），以约定价格买进约定数量的标的资产。

认沽（售）权证（put warrants）则属于一种卖出权利（而非义务）。该权证持有人有权于约定期间或到期日，以约定价格卖出约定数量的标的资产。

3. 依标的资产不同分类

认股权证依标的资产的不同，可分为股本认股证与衍生认股证两类。

股本认股权证（equity warrants）是以发行人或其子公司的股票作为标的资产而发行的认购或认沽期权，该权证的发行人通常是发行标的股票（正股）的上市公司。

衍生认股权证（derivative warrants）标的资产一般为个股股票或一篮子股票、股指期货、黄金、外汇等，通常是由权证标的资产发行人以外的第三方发行，一般都是国际性投资银行。

4. 依发行主体不同分类

认股权证依发行主体不同，可分为公司认股权证与备兑认股权证。

公司认股权证（company warrant）是由权证标的资产的发行人（一般为上市公司）自行发行，通常伴随企业股票或公司债发行，借以增加相关资产对投资人的吸引力。公司认股权证属狭义权证，其履约期限通常较长，如3年、5年甚至10年。

备兑认股权证（covered warrant）又称“备兑权证”“备兑凭证”或“备兑证”等。备兑认股权证是由权证标的资产发行人以外的第三人（银行或券商等资信良好的专业投资机构）发行，非以该第三人自身的资产为标的的认股权证。备兑权证属于广义权证，其权利期限多在1年以下。

五、可转换债券

可转换债券是债券的一种，是指其持有者可以在一定时期内按一定比例或价格将之转换成一定数量的发行该债券公司的股票，通常票面毛利率较低。

相对其他证券，可转换债券有以下特点。

（1）具有股票和债券的双重特征。附有认股权的债券，一方面，对投资者来说是有保证金的股票，具有股票的特征；另一方面，即便当它失去转换意义后，作为一种低息债券，仍然具有固定的低息收入，又具有债券的性质。

（2）具有双重选择权。持有人具有是否转换的权利；发行人具有是否赎回的权利。

（3）期限可长可短。我国现行法规规定：可转换公司债券的最短期限为3年，最长为5年，发行后6个月可转换。

（4）提前赎回。赎回是发行人提前赎回未到期的发行在外的可转换债券。前提往往是公司股价连续高于转股价格一定幅度。

（5）回售。回售是公司股票在一段时间内连续低于转换价格达到一定幅度时，可转债持有人按事先约定的价格卖给发行人。

（6）转换价格可能会被修正。由于公司送股等原因导致股票名义价格下降时需要调整转化价格，因而都订有转换价格修正条款。

拓展阅读

阅读《艾华转债2018年3月2日申购指南，申购价值分析》，了解可转换债券的申购方法。

六、期货简介

期货是一种在交易时约定买卖条件，同意在将来某时间按约定的条件进行买卖的交易方式。期货交易所为方便人们的交易，事先制定了统一的、标准化的合同，这种合同称为期货合约，也是人们买卖的对象。期货合约是期货交易所为期货交易而制定发行的一种交易双方在将来约定时间按当前确定的价格买卖一定数量的某种商品或指标的标准化的合同。

进行期货交易时，需要注意以下几点。

1. 期货交易的买卖过程

期货交易的买卖过程与投资者委托券商在证券交易所的交易场所买卖证券的过程相似，只不过期货交易是在期货交易所的交易场所内进行的。投资者要买卖期货，也必须经过委托、竞价、清算、交割等环节。

2. 期货交易的保证金要求

为了保证期货合约交易的安全性，期货交易所内的清算所从交易中收取费用建立一笔资金，以担保每一笔期货的履约，这笔资金称为保证金。保证金不是期货交易的预付款，只是一种履约的保证。在进行期货交易时，投资者的保证金账户必须每天都要按当天期货合约清算价进行结算，亏则补进，盈则增值。投资者的保证金账户中的资金可以分成初始保证金、价格变动保证金和维持保证金三种。

3. 每日价格限制和头寸限制

期货交易所为缓和期货合约的价格剧烈波动，制定了期货合约的价格限制和头寸限制。价格限制分涨停板和跌停板两种。期货交易所不允许期货交易价格高于涨停板或低于跌停板，但如果交易停止很长时间的话，期货交易所也会改变这些限价。同样，为保障合约执行和交易市场的安全，期货交易所也对每个交易者所拥有的合约数量进行限制。所谓头寸即交易者所持有的期货合约的数量。

4. 关闭合约和交割

大多数期货合约都不会持有至到期进行实际交割，合约持有者通常会以出售合约的方式关闭其头寸或终止其对市场所承担的交割义务。如期货合约的出售者通过购买与出售的合约数量相等的合约而使其头寸为零，来了结其头寸，从而使交易者免除继续参与交易的责任。

少数期货合约会持有至到期，这时就要进行交割。有些合约可以在交割月的任何一天进行交割，有些则只允许在最后一个交易日后进行交割。大多数合约都要求以实物交割，而像股票指数期货这类以金融指标为交易对象的期货合约则要求以现金交割。

拓展阅读

400 美元赚 2 亿美元的神话——理查·丹尼斯

在美国期货市场，理查·丹尼斯（Richard Dennis）是一位具有传奇色彩的人物，20 世纪 60 年代末，未满 20 岁的理查·丹尼斯在交易所担任场内交易员，每星期赚 40 美元，两三年后，他觉得时机成熟，准备亲自投入期货市场一试身手。他从亲朋好友处借来 1 600 美元，但因花掉 1 200 美元在芝加哥买了一个席位后，剩下的交易本金只有 400 美元了。就是这 400 美元，丹尼斯像变魔术般地将它变成了两亿多美元。

理查·丹尼斯并不是天生就会做期货。1970 年，赶上玉米闹虫害，他很快就将 400 美元滚成 3 000 美元。他本来是要去读大学的，但只上了一周课便决定退学去专职做期货。有一天他进了张“臭单”，一下子赔了 300 美元，心里觉得不服，一转方向又进了一张单，很快又赔了几百美元。他一咬牙又掉转方向再进一张，就这么来回一折腾，一天就赔掉了 1/3 的本金。这次经历让他学会了掌握节奏，赔钱不称心时，赶紧砍单离场，让自己休息一下，避免受情绪影响而做出另外一个错误决定，再也不因亏损而加单或急着捞本。

最困难的时候也是最有希望的时候。只有抓住了应有的赚钱机会，把利润赚足，犯错误时才能够赔得起。理查·丹尼斯估计过，他做单 95%的利润来自 5%的好单。迅速砍掉亏损，过滤掉一些不该进场的单子则能提高收益率。

在 1973 年的大豆期货的大涨行情中，大豆价格突然冲破 400 美分大关，大部分盲目相信历史的市场人士认为机不可失，大豆将像 1972 年以前一样在 450 美分左右徘徊，于是在近年的最高位 410 美分附近齐齐放空，但理查·丹尼斯按照追随趋势的交易原则，顺势买入，大豆升势一如升空火箭，曾连续十天涨停，价格暴涨了三倍，在短短的四五个月的时间内，攀上 1 297 美分的高峰，理查·丹尼斯赚到了足够的钱，并将投资转移到更大的舞台——芝加哥商品期货交易所（CBOT）。

理查·丹尼斯成功的关键在于及时总结经验教训。一般人赚了钱后会欣喜若狂，赔了钱后会心灰意冷，却很少用心去想为什么赚，为什么赔。理查·丹尼斯在赔钱后总是认真总结，找出错误所在，下次争取不再犯。赚钱时则冷静思考对在哪里，同样的方法如何用到其他市场上。这样日积月累下来，就形成了自己一套独特的做单方法：追随趋势、做好技术分析、运用逆向思维、做好风险控制。

七、股指期货

股票指数期货（股指期货）是指以股票指数变动为标的物而进行交易的期货合约。由于股指期货是根据股市上有代表性的股价加权计算出来的，是代表市场总体价格水平的指标，因此，购买股指期货可使投资者享受到高度多元化投资的好处。并且，股指期货交易成本较低、流动性高，同时具有独特的做空机制可以让投资者规避系统性风险，从而使股指期货大受投资者的欢迎。

相对其他的金融衍生工具，股指期货有以下几个特点。

（1）提供较方便的卖空交易。卖空交易是指当投资者认为未来某种证券价格会下降，就交纳一定的保证金，借入该证券并将其卖出，等价格下跌到一定程度后，再将其买回交还给借出者。卖空交易的一个先决条件是必须首先从他人手中借到一定数量的股票。国外对于卖空交易设有较严格的条件，这就使得在金融市场上，并非所有的投资者都能很方便地完成卖空交易。

（2）交易成本较低。相对现货交易，股指期货交易的成本是相当低的。股指期货交易的成本包括交易佣金、买卖价差、用于支付保证金的资金的机会成本和可能的税项。

（3）较高的杠杆比率。由于保证金交纳的数量是根据所交易的股指期货的市场价值来确定的，交易所会根据市场的价格变化情况，决定是否追加保证金或是否可以提取超额部分。

八、沪深 300 股指期货合约

2010 年 3 月 24 日，中国证监会印发《关于同意中国金融期货交易所上市沪深 300 股票指数期货合约的批复》，同意中国金融期货交易所上市沪深 300 股票指数期货合约以下称“沪深 300 股指期货合约。首批四个沪深 300 股票指期货合约于 2010 年 4 月 16 日上市交易。首批上市合约为 2010 年 5 月、6 月、9 月和 12 月合约，挂盘基准价由中国金融期货交易所在合约上市交易前一工作日公布。沪深 300 股指期货合约的交易保证金，5 月、6 月合约暂定为合约价值的 15%，9 月、12 月合约暂定为合约价值的 18%；上市当日涨跌停板幅度，5 月、6 月合约为挂盘基准价的±10%，9 月、12 月合约为挂盘基准价的±20%。沪深 300 股指期货合约见表 2.1。

表 2.1　沪深 300 股指期货合约

合约标的	沪深 300 指数
合约乘数	每点 300 元
合约价值	股指期货指数点乘以合约的乘数
报价单位	指数点
最小变动价位	0.2 点
合约月份	当月、下月及随后两个季月
交易时间	上午 9:30 ~ 11:30，下午 13:00 ~ 15:00
最后交易日的交易时间	上午 9:15 ~ 11:30，下午 13:00 ~ 15:00
每日价格最大波动限制	上一个交易日结算价的±7%
最低交易保证金	合约价值的 8%
交割方式	现金交割
最后交易日	合约到期月份的第三个周五，遇国家法定节假日顺延
交割日期	同最后交易日
交易代码	IF
上市交易所	中国金融期货交易所

	代码	名称	涨幅%	现价	买价	卖价	现量	涨速%	买量	卖量	涨跌	总量	总金额	持仓量	仓差	结算价	溢价	沉淀资金	资金流向	投机度
1	IC1805	中证1805	0.48	5852.2	5845.6	5852.2	1	0.18	1	2	27.8	10844	126.3亿	18887	139	5842.0	-8.78	17.68亿	2135万	0.57
2	IC1806	中证1806	0.49	5810.0	5807.4	5810.0	1	0.18	1	1	28.4	1451	16.8亿	12372	105	5799.4	-50.98	11.50亿	1533万	0.12
3	IC1809	中证1809	0.49	5698.6	5694.8	5710.0	1	0.06	1	1	27.8	299	3.39亿	4789	1	5695.0	-162.38	4.37亿	222.1万	0.06
4	IC1812	中证1812	0.45	5623.0	5614.6	5635.4	1	0.07	1	1	25.8	107	1.20亿	262	19	5612.6	-237.18	2357万	180.7万	0.41
5	IC500	中证500	0.22	5060.98	—	—	0	0.08	303	149	13.00	5600万	723.0亿	—	—	—	0.00	—	—	—
6	ICL8	中证主连	0.48	5052.2	5845.6	5852.2	1	0.18	1	2	27.8	10844	126.3亿	18887	139	5842.0	-8.78	17.68亿	2136万	0.57
7	ICL9	中证加权	0.48	5016.0	5811.0	5817.6	1	0.17	4	5	28.0	12701	147.7亿	36310	264	—	0.00	33.79亿	4072万	0.35
8	IF1805	沪深1805	0.25	3746.0	3746.0	3748.0	1	-0.03	3	2	9.4	20530	230.3亿	23422	-319	3749.2	-10.88	39.48亿	-4373万	0.88
9	IF1806	沪深1806	0.19	3729.8	3729.2	3733.0	1	-0.09	1	1	7.2	3499	39.1亿	13773	-81	3734.2	-27.08	23.12亿	-910.6万	0.25
10	IF1809	沪深1809	0.22	3697.2	3691.8	3703.0	1	-0.08	1	1	8.0	449	4.97亿	4245	10	3703.2	-59.68	7.06亿	318.8万	0.11
11	IF1812	沪深1812	0.48	3690.2	3676.2	3688.2	1	0.00	1	1	17.6	172	1.90亿	334	87	3686.8	-66.68	5546万	1464万	0.51
12	IF300	沪深300	0.04	3756.88	—	—	0	0.01	204	75	1.39	8953万	1421亿	—	—	—	0.00	—	—	—
13	IFL0	沪深当月	0.25	3746.0	3746.0	3748.0	1	-0.03	3	2	9.4	20530	230.3亿	23422	-319	3749.2	-10.88	39.48亿	-4373万	0.88
14	IFL1	沪深下月	0.19	3729.8	3729.2	3733.0	1	-0.09	1	1	7.2	3499	39.1[illegible]	13773	-81	3734.2	-27.08	23.12亿	-910.6万	0.25
15	IFL2	沪深下季	0.22	3697.2	3691.8	3703.0	1	-0.08	1	1	8.0	449	4.9[illegible]亿	4245	10	3703.2	-59.68	7.06亿	318.8万	0.11
16	IFL3	沪深隔季	0.48	3690.2	3676.2	3680.2	1	0.00	1	1	17.6	172	1.[illegible]0亿	334	87	3686.8	-66.68	5546万	1464万	0.51
17	IFL8	沪深主连	0.25	3746.0	3746.0	3748.0	1	-0.03	3	2	9.4	20530	[illegible]0.3亿	23422	-319	3749.2	-10.88	39.48亿	-4373万	0.88
18	IFL9	沪深加权	0.23	3735.2	3734.4	3738.0	1	-0.05	6	5	8.4	24650	276.2亿	41774	-303	—	0.00	70.22亿	3502万	0.59
19	IH1805	上证1805	-0.31	2654.0	2653.2	2653.8	1	-0.02	4	2	-8.2	1610[illegible]	128.0亿	16014	98	2655.8	0.46	19.13亿	583.1万	1.01
20	IH1806	上证1806	-0.23	2646.4	2645.2	2646.4	1	0.05	2	1	-6.0	18[illegible]3	-14.4亿	6803	112	2647.8	-7.14	8.10亿	1153万	0.27
21	IH1809	上证1809	-0.29	2621.2	2620.0	2622.8	1	-0.11	2	1	-7.6	[illegible]45	3.49亿	3185	106	2626.2	-32.34	3.76亿	1145万	0.14
22	IH1812	上证1812	-0.13	2624.8	2619.0	2624.8	1	-0.21	1	1	-3.4	168	1.32亿	256	90	2626.2	-28.74	3024万	1061万	0.66
23	IH50	上证50	-0.47	2653.54	—	—	0	0.07	40	8	-12.40	2838万	505.5亿	—	—	—	0.00	—	—	—
24	IHL8	上证主连	-0.31	2654.0	2653.2	2653.8	1	-0.02	4	2	-8.[illegible]	16104	128.0亿	16014	98	2655.8	0.46	19.13亿	583.1万	1.01
25	IHL9	上证加权	-0.29	2647.8	2646.8	2647.8	1	-0.01	9	5	[illegible]	18540	147.3亿	26258	406	—	0.00	31.29亿	3953万	0.71

图 2.3　广发证券金融终端期货显示图

九、期权

期权又称选择权，是指持有者在约定的期限内，以商定的交易对象、价格和数量，进行"购买权"或"出售权"的买卖交易的一种行为。期权交易最早始于股票期权，以后，又出现了利率期权、外汇期权和股票指数期权等交易品种。期权买卖双方的关系如图 2.4 所示。

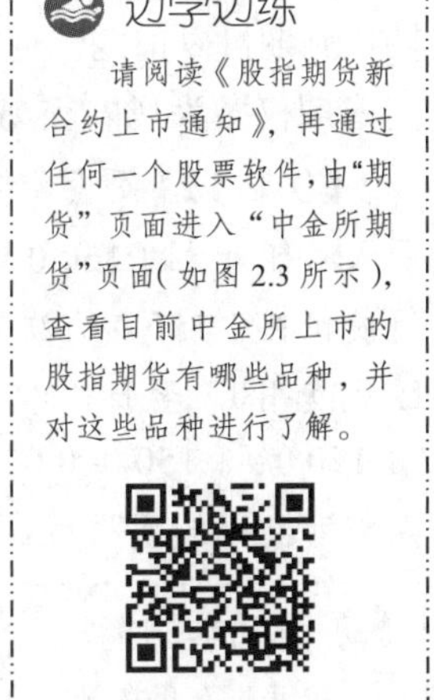

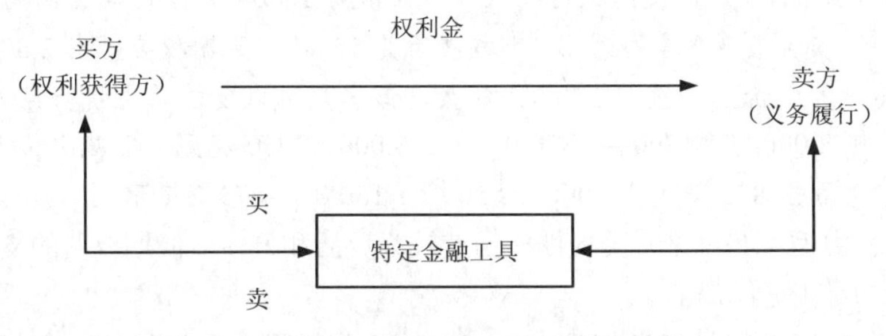

图 2.4　期权买卖双方的关系

期权交易实际上是一种权利的单方面有偿让渡。期权的买方以支付一定数量的期权费为代价而拥有了这种权利，但不承担必须买进或卖出的义务；期权的卖方则在收取了一定数量的期权费后，在一定期限内必须无条件服从买方的选择并履行成交时的允诺。

（一）期权的要素

进行期权交易时，以下几个要素需要注意。

（1）施权价：期权合同中规定的购入或售出某种资产的价格，称为期权的施权价，也称协议价格。

（2）施权日：期权合同规定的期权的最后有效日期，称为期权的施权日或到期日。

（3）标的资产：期权合同中规定的双方买入或售出的资产，称为期权的标的资产。

（4）期权费：期权买卖双方购买或出售期权的价格，称为期权费或期权的价格。

（二）期权的种类

期权可按以下两种方法进行分类。

1. 按期权买或卖行为的不同分类

按期权买或卖行为的不同，期权交易可分为买入期权和卖出期权。

买入期权也称看涨期权，期权的买方具有在约定的期限内，按事先商定的价格和数量买入某种交易对象的交易权利。交易者之所以买入看涨期权，是因为他预期交易对象的价格在合约期限内会上涨。如果判断正确，按协议价格买入该项交易标的并以市价卖出，可赚得市价与协定价格之间的差额，如果判断失误，则放弃行权，仅损失期权费。

卖出期权也称看跌期权，期权的买方具有在约定的期限内，按事先商定的价格和数量卖出某种交易对象的交易权利。交易者买入看跌期权，是因为他预期交易对象的价格在近期内将会下跌。如果判断正确，可从市场上以较低的价格买入该交易对象，再按协定价格卖给期权的买方，将赚取协定价格与市价的差额；如果判断失误，将放弃行权，损失期权费。

2. 按期权行使权利的有效期限不同分类

按期权行使权利的有效期限不同，期权交易可分为美式期权和欧式期权。

美式期权指可以在成交后有效期内任何一天被执行的期权，也就是指期权持有者可以在期权到期日以前的任何一个工作日纽约时间上午 9 时 30 分以前，选择执行或不执行期权合约。美式期权多为场内交易所采用。

【例 2.1】 假设，今天上午欧元/美元即期汇价为 1.150 0，一客户预期欧元的汇价晚上或明天可能升上 1.160 0 或更高水平。于是他便向银行买入一个面值为 10 万欧元，时间为两周，行使价在 1.150 0 的欧元看涨、美元看跌的美式期权，期权费率为 25%（即买期权要付出 2 500 欧元费用）。翌日，欧元/美元的汇价上升至 1.170 0。那么，该客户可以要求马上执行期权（1.170 0－1.150 0=0.02）获利 2 000[（1.1700－1.150 0）× 100 000]=2000 美元。但减去买入期权时支付的费用后，客户仍亏损 875 美元 [2 000－2 500 × 1.150 0=－875（美元）]。

> **网络学习指南**
>
> 登录中金所期货期权学院官网，在“学习中心”页面中分别进入“金融衍生品知识库”“视频公开课”“MOOC 学堂”“模拟游戏\其他”（如图 2.5 所示），并进行模拟游戏，学习期货期权知识。

由例 2.1 可见，美式期权虽然较为灵活和方便，但期权费的支出却是十分高昂的。

欧式期权是指期权拥有者仅在期权到期日才有权行使其交易权利的一种期权。美式期权与欧式期权的区别主要在于执行时间的不同。

美式期权合约在到期日前的任何时候或在到期日都可以履行，结算日则是在履约日之后的一天或两天。大多数的美式期权合约允许持有者在交易日到履约日之间随时履约，但也有一些合约规定一段比较短的时间可以履约，如“到期日前两周”。欧式期权合约要求其持有者只能在到期日履行，结算日是履约后的一天或两天。我国的外汇期权交易采用的都是欧式期权合约方式。

（三）期权示例

中国证券市场的第一只全新的品种上证 50ETF 期权于 2015 年 2 月 9 日正式上市，其合约基本条款见表 2.2。

图 2.5　中金所期货期权学院页面

表 2.2　上证 50ETF 期权合约基本条款

合约标的	上证 50 交易型开放式指数证券投资基金（“50ETF”）
合约类型	认购期权和认沽期权
合约单位	10 000 份
合约到期月份	当月、下月及随后两个季月
行权价格	9 个（1 个平值合约、4 个虚值合约、4 个实值合约）
行权价格间距	3 元或以下为 0.05 元，3 元至 5 元（含）为 0.1 元，5 元至 10 元（含）为 0.25 元，10 元至 20 元（含）为 0.5 元，20 元至 50 元（含）为 1 元，50 元至 100 元（含）为 2.5 元，100 元以上为 5 元
行权方式	到期日行权（欧式）
交割方式	实物交割（业务规则另有规定的除外）
到期日	到期月份的第四个星期三（遇法定节假日顺延）
行权日	同合约到期日，行权指令提交时间为 9:15—9:25，9:30—11:30，13:00—15:30
交收日	行权日次一交易日
交易时间	上午 9:15—9:25，9:30—11:30（9:15—9:25 为开盘集合竞价时间） 下午 13:00—15:00（14:57—15:00 为收盘集合竞价时间）
委托类型	普通限价委托、市价剩余转限价委托、市价剩余撤销委托、全额即时限价委托、全额即时市价委托以及业务规则规定的其他委托类型
买卖类型	买入开仓、买入平仓、卖出开仓、卖出平仓、备兑开仓、备兑平仓以及业务规则规定的其他买卖类型
最小报价单位	0.000 1 元
申报单位	1 张或其整数倍
涨跌幅限制	认购期权最大涨幅＝max｛合约标的前收盘价×0.5%，min [（2×合约标的前收盘价－行权价格），合约标的前收盘价]×10%｝ 认购期权最大跌幅＝合约标的前收盘价×10% 认沽期权最大涨幅＝max｛行权价格×0.5%，min [（2×行权价格－合约标的前收盘价），合约标的前收盘价]×10%｝ 认沽期权最大跌幅＝合约标的前收盘价×10%
熔断机制	连续竞价期间，期权合约盘中交易价格较最近参考价格涨跌幅度达到或者超过 50%且价格涨跌绝对值达到或者超过 5 个最小报价单位时，期权合约进入 3 分钟的集合竞价交易阶段
开仓保证金最低标准	认购期权义务仓开仓保证金＝[合约前结算价＋max（12%×合约标的前收盘价-认购期权虚值，7%×合约标的前收盘价）]×合约单位 认沽期权义务仓开仓保证金＝min[合约前结算价＋max（12%×合约标的前收盘价-认沽期权虚值，7%×行权价格），行权价格]×合约单位

续表

维持保证金最低标准	认购期权义务仓维持保证金＝[合约结算价＋max（12%×合约标的收盘价–认购期权虚值，7%×合约标的收盘价）]×合约单位 认沽期权义务仓维持保证金＝min[合约结算价 ＋max（12%×合标的收盘价–认沽期权虚值，7%×行权价格），行权价格]×合约单位

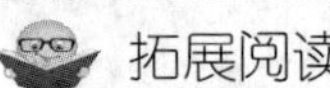

拓展阅读

阅读《50ETF 期权行权套利机会分析》，讨论上证 50ETF 的套利原理。

（四）期权与期货的区别

期权与期货的区别体现在以下几个方面。

（1）买卖双方的权利义务。在期货交易中，买卖双方具有合约规定的对等的权利和义务。在期权交易中，买方有以合约规定的价格是否买入或卖出期货合约的权利，而卖方则有被动履约的义务。一旦买方提出执行，卖方则必须以履约的方式了结其期权部位。

（2）买卖双方的盈亏结构。在期货交易中，随着期货价格的变化，买卖双方都面临着无限的盈与亏。在期权交易中，买方的潜在盈利是不确定的，但亏损却是有限的，最大风险是确定的；相反，卖方的收益是有限的，潜在的亏损却是不确定的。

（3）保证金与权利金。在期货交易中，买卖双方均要交纳交易保证金，但买卖双方都不必向对方支付费用。在期权交易中，买方支付权利金，但不交纳保证金。卖方收到权利金，但要交纳保证金。

（4）部位了结的方式。部位了结就是在证券交易过程中以某个价格完成交易。在期货交易中，投资者可以平仓或进行实物交割的方式了结期货交易。在期权交易中，投资者了结其部位的方式包括三种：平仓、执行或到期。

（5）合约数量。在期货交易中，期货合约只有交割月份的差异，数量固定而有限。在期权交易中，期权合约不仅有月份的差异，还有执行价格、看涨期权与看跌期权的差异。不但如此，随着期货价格的波动，还要挂出新的执行价格的期权合约，因此期权合约的数量较多。

期权与期货各具优点与缺点。期权的好处在于风险限制特性，但却需要投资者付出权利金成本，只有在标的物价格的变动弥补权利金后才能获利。但是，期权的出现，无论是在投资机会或是风险管理方面，都给具有不同需求的投资者提供了更加灵活的选择。

本章小结

证券市场工具主要包括股票、债券、基金和金融衍生工具四大类。

股票作为一种有价证券是公司所有权的象征，是一种非固定收益证券，是一种具有流动性的证券，没有期限性。

债券是一种有价证券，是社会各类经济主体为筹措资金而向债券投资者出具的，并且承诺按一定利率定期支付利息和到期偿还本金的债权债务凭证。债券作为一种重要的融资手段和金融工具具有偿还性、流动性、安全性、收益性和期限性等特征。

基金是一种受益证券，是通过发行单位基金证券，募集社会公众投资者资金，再分散投资于各种有价证券，将所获收益按单位基金份额分配给公众投资者的一种投资工具。

金融衍生工具（financial derivative）也叫衍生金融资产，是金融创新的产物，它是通过创造金融工具来帮助金融机构管理者更好地进行风险控制。金融衍生产品是指由利率、货币及证券等基本金融投资和交换对象发展、变化而形成的新金融交易品种。

金融衍生工具按基金工具种类分为股权式衍生工具、货币衍生工具、利率衍生工具；按风险—收益特性分为对称型与不对称型工具；按交易方法与特点分为金融远期合约、金融期货、金融期权、金融互换。

音频空间

利用金融衍生工具是国际金融投资家的主要投资工具。推荐读者观看“乔治·索罗斯和他的四大经典战役（中下）”，看完后与同学讨论你对金融衍生工具以及索罗斯做法的看法。

综合练习

一、名词解释

有价证券　股票　优先股　债券　可转换债券　可交换债券　证券投资基金　开放式基金　封闭式基金　沪深 300ETF　金融衍生产品　优先认股权　认股权证　期货　股指期货期权

二、单项选择题

1．能使持券人或者第三者取得货币索取权的有价证券是（　　）。

A．资本证券　B．商品证券　C．货币证券　D.公司证券

2．以下属于基础证券的是（　　）。

A．债券　B．认股权证　C．可转换证券　D．期权

3．零息债券未约定支付利息，一般（　　）面值发行。

A．等于　B．高于　C．低于　D．按一半

4.（　　）是当事人按照共同商定的条件，在预定的时间内交换一定支付款的金融交易。

A．金融期权　B．金融期货　C．金融期权　D.金融互换

5．Warrant，在我国香港地区又俗译为“窝轮”，指的是（　　）。

A．认股权证　B．美式期权　C．看涨期权　D.看跌期权

三、多项选择题

1．以下属于货币证券的是（　　）。

A．提货单　B．商业汇票　C．银行汇票

D．优先股股票　E．债券

2．以下属于适销证券的有（　　）。

A．国库券　B．股票　C．定期存单

D．认股证书　E．公司债券

3．以下属于债券的特征的有（　　）。

A．安全性　　B．偿还性　　C．流动性

D．收益性　　E．期限性

4．证券投资基金主要将资金投资于（　　）。

A．股市　　B．生产领域　　C．债券市场

D．消费领域　　E．流通领域

5．契约性基金与公司型基金的区别主要在于（　　）。

A．资金的性质不同　　B．投资者的地位不同

C．投资人不同　　D．基金的运作依据不同

E．收益分配不同

6．金融衍生工具的特征主要有（　　）。

A．跨期交易　　B．杠杆效应　　C．不确定性

D．高风险　　E．套期保值和投资套利并存

7．以下属于认股权证和优先认股权区别的是（　　）。

A．优先认股权是对普通股股东的优惠权，而认股权证是对债权人和优先股股东的优惠权

B．优先认股权的有效期较短，认股权证的有效期较长

C．优先认股权的认购价格一般低于发行时普通股的市价，认股权证的认购价格一般高于认股权证发行时公司普通股的市价

D．发行目的不同　　E．交易地点不同

8．根据权利的内容来划分，认股权证可分为（　　）。

A．认购权证　　B．认股权证　　C．公司认股权证

D．备兑认股权证　　E．美式认股权证

9．以下属于可转换公司债券特点的是（　　）。

A．兼有公司债和股票的双重特征

B．具有双重选择权的特征

C．最短期限为3年，最长为5年，发行后6个月可转换

D．有转换价格修正条款

E．股价连续高于转股价格一定幅度，可赎回

10．可在期权到期日或到期日之前的任意一个日期执行的期权是（　　）。

A．欧式期权　　B．美式期权　　C．看涨期权

D．看跌期权　　E．长期看涨期权

四、简答题

1．简述股票的性质和特点。

2．简述债权的特点。

3．简述证券投资基金的性质和特点。

4．简述可转换证券的特点。

5．简述股指期货的特点。

6．简述普通股和优先股的区别。

7．简述期权和期货的区别。

五、实训题

在“信达证券”官网“软件下载”栏目下载并安装“信达证券通达信网上交易”软件（见图 2.6）。安装完成后运行该软件，选择“独立行情”，然后单击“登录”按钮（见图 2.7）进入软件主界面，接收行情，对软件的使用方法进行学习，遇到不懂的问题，应主动向老师请教。

图 2.6 信达证券通达信网上交易软件下载

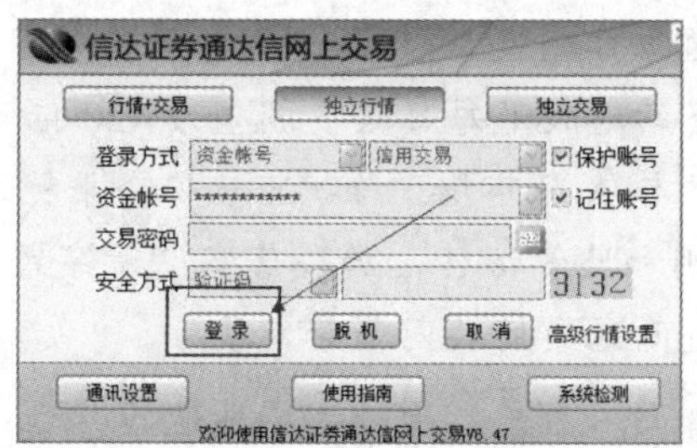

图 2.7 登录信达证券通达信网上交易软件

第三章 证券市场概述

学习目标

通过本章的学习，了解证券市场的概念和功能；了解证券市场的构成要素和分类；了解证券市场价格指数的概念和编制方法，世界主要证券市场价格指数及其特点；掌握债券指数、基金指数的编制方法；掌握证券市场监管的概念、原则以及证券市场监管的对象和手段。

课前阅读

证监会对违法违规保持高压态势

中国证监会新闻发言人高莉2018年4月11日就大幅扩大互联互通每日额度答记者问时表示，沪深港通自推出以来，整体运行平稳有序，每日的额度安排在保障市场稳定运行方面发挥了重要作用。为完善内地与香港两地股市互联互通机制，稳步扩大资本市场的双向开放，两地证监会同意扩大互联互通每日额度，将沪股通及深股通每日额度调整为520亿元人民币，沪港通下的港股通及深港通下的港股通每日额度调整为420亿元人民币。这一扩大开放举措，有助于境外长期机构投资者参与A股市场，维护市场安全平稳运行。下一步，两地监管部门将继续加强跨境资金流动监测和监管协作，加快落实“看穿式”交易监管[①]安排，切实保障互联互通机制平稳运行，促进两地市场共同繁荣发展。

启示：沪交所、深交所、港交所是我国的三大证券交易所，也是我国证券交易的主要场所。证券市场是我国市场体系的一个重要组成部分，且有别于其他市场。因此，要充分发挥证券市场的作用，就必须了解证券市场的相关理论和制度。

第一节 证券市场的产生、发展与功能

证券市场是指各种股票、债券、基金等各种有价证券发行和交易的场所的总称。它是金融市场的重要组成部分，在现代金融市场体系中处于极其重要的地位。

① 所谓“看穿式”交易监管，顾名思义，是指监管部门可以“看穿”投资者的证券账户，清楚掌握每一个账户的情况。

一、证券市场的产生与发展

证券市场经历了从无到有的过程，它的产生与发展，是社会生产力发展、商品经济社会化、社会分工复杂化、社会化大市场等发展的必然结果。

1. 证券市场的产生

证券市场的产生与社会化大生产和商品经济的发展紧密相联，特别是与股份公司的出现和发展密切相关。在自给自足的小生产社会中，生产所需的资本极其有限，单个生产者的积累就能够满足再生产的需要。从自然经济向商品经济发展的初期，由于社会生产力水平低下，社会生产所需的资本除了自身积累之外，通过借贷基本上就可以满足生产发展的资金需要。随着生产力的进一步发展，社会分工日益复杂，商品经济日益社会化，人类进入了商品经济发展的高级形态——市场经济。这时，无论是单个生产者自身的积累还是有限的借贷资本都难以满足社会化大生产所需要的巨额资金。于是，客观上需要对企业制度创新，发展新的筹资手段以适应社会经济进一步发展的要求。

股份公司这种新的企业制度就是应经济发展需要而生的产物。股份公司突破了个人或合伙企业的资本限制，面向社会，通过发行股票和债券，迅速集中大量的资金，来实现生产的规模经济。17 世纪初，荷兰和英国成立的海外贸易公司就具有比较明显的现代股份公司特征。到 1695 年，英国成立了约 100 家新股份公司。到 19 世纪中叶，股份公司在英国制造业中普遍建立起来。19 世纪中期，美国产生了一大批靠发行股票和债券筹资的筑路公司、运输公司、采矿公司和银行。19 世纪后半叶，股份公司组织形式传入了日本和中国。

股份公司的存在使得证券开始发行，进而带来了证券交易。早在 1611 年，就有一些商人在荷兰的阿姆斯特丹进行海外贸易公司的股票交易，成为股票交易所的雏形。1733 年，在伦敦柴斯胡同的约纳森咖啡馆，一些股票商正式组建了英国第一个证券交易所，即伦敦证券交易所的前身。1792 年，24 名经纪人在纽约华尔街的一棵梧桐树下签订了《梧桐树协定》，形成了经纪人，成为今天的纽约证券交易所的前身。1878 年，东京株式交易所正式创立，它是今天东京证券交易所的前身。1891 年，中国香港成立了股票交易所，它是今天的香港联合交易所的前身之一。1914 年，中国的证券经纪人正式组成“上海股票商业工会”，1920 年成立了“上海证券物品交易所”。

音视空间

梧桐树协议（《资本的故事》第一季第五集）

2. 证券市场的发展

证券市场获得快速发展的时期是 20 世纪初至 20 年代，这一时期美英等国的股份公司迅速增加，股市的规模迅速扩大，筹资能力迅速提高。在经历了 20 世纪 20 年代末 30 年代初的经济危机之后，证券市场的投机现象极其严重，由于爆发了严重的金融危机，各国股市全面暴跌。70 年代后期，证券市场又出现了高度繁荣的局面，呈现出金融证券化、证券投资者法人化、证券交易多样化、证券市场自由化、证券市场国际化和证券市场电子化的全新特征。证券市场今后的发展将呈现出金融创新进一步深化、发展中国家和地区的证券市场国际化将有较大发展的新趋势。

二、证券市场的功能

在金融市场发达的国家，资金的融通主要通过短期金融市场（货币市场）和长期金融市

音视空间

请扫描二维码观看第一财经2017年10月推出的《发展与变革 中国金融这五年》系列专题片第10集《完善证券市场功能 保护中小投资者权益》，谈谈你对我国证券市场功能的认识。

网络学习指南

《资本的故事》是中央电视台财经频道2013年、2015年出品的系列微纪录片，每集8分钟。该纪录片以故事为载体，以400多年来世界经济的发展历程为背景，勾画出资本流动和变化的轨迹，以当下的视角剖析资本在市场经济中的作用和地位，部分内容对学习证券投资很有帮助。推荐以“资本的故事”为关键词在央视网搜索该纪录片，观看和证券相关的内容。

场（资本市场）来完成。其中，证券市场是资本市场的核心，股票和债券是证券市场的主要金融工具，也是金融市场上最活跃、最重要的长期融资工具和金融资产，因此，证券市场可以称为金融市场中最为重要的组成部分。证券市场的功能主要体现在以下几个方面。

1. 筹资功能

筹集资金是证券市场的重要功能之一。证券市场以证券形式为资金需求者和供给者融通资金提供了良好的机制和场所，从而解决了资金供求的矛盾，实现了筹资和融资的功能。例如企业通过在证券市场上发行股票或债券，能够迅速地把分散在社会上的闲置货币资金集中起来，形成巨额的、可供长期使用的资本，用于支持扩大化生产和大规模经营。它所能提供的筹资规模和速度是任何筹资主体依靠自身积累或银行贷款所无法比拟的。

2. 资本定价功能

证券价格的确定，实际上是证券所代表的资产价格的确定。证券市场的有效运行，使得价格确定可以通过证券需求者和证券供给者的竞争形成，从而能较为充分地反映证券市场的供求状况。

3. 资源配置功能

证券市场的资源配置功能是指通过证券价格的影响，引导资金的流动，从而使得生产要素的配置发生变化，进而实现资源合理配置。投资者本身具有趋利性，并且出于对证券流动性、安全性的理性考虑，客观上会将资金投资于绩效好的企业或单位中，这样就使得那些符合国家产业政策、经营业绩良好、有发展前景的企业更容易从证券市场上筹集到资金，进而使其生产要素和社会资源得到优化配置。

4. 分散风险功能

证券市场不仅为投资者和融资者提供了丰富的投融资渠道，还为其提供了一条分散风险的渠道。就融资者而言，在其发行证券筹集资金的同时，实际上还将其作为单一投资主体经营中存在的部分风险转移和分散给了其他投资者，由所有投资者来共同承担经营失败的风险。就投资者而言，证券市场允许有价证券的买和卖，这种流动性解决了投资者难以变现的后顾之忧，如果投资者认为手中的有价证券会贬值或发行证券的单位存在问题，他可以将有价证券卖出，从而规避这种风险。同时，他还可以通过将高风险和低风险证券组成投资组合来转移和降低投资风险。

5. 为宏观调控服务功能

证券市场是政府实行宏观调控的重要依托。一方面，证券市场中的证券价格指数是政府制定和调整货币政策的重要参数，证券价格指数的长期低迷或长期高涨有可能就是货币供应量不足或过多的表现，因而政府可以采取政策投放或回笼货币；另一方面，政府可根据证券变化情况来确定产业政策导向，如某些上市公司的股价不断上涨和下降，可能说明该上市公司所处行业的供求状况需要做出调整，因而政府可以采取一定的抑制或倾斜政策。

第二节　证券市场的构成要素与分类

证券市场的构成要素包括证券发行人、证券投资主体、证券投资客体、证券中介机构和证券监管机构及自律性组织。而证券市场则因划分依据不同有不同的分类方法。

一、证券市场的构成要素

（一）证券发行人

证券发行人是资金的需求者和证券的供给者，它通过在市场上发行股票、债券等各类证券来筹集资金。证券发行人包括企业、金融机构、政府部门和其他经济组织。

企业发行的证券主要包括股票和企业债券，其目的是筹集企业生产经营所需资金。股份有限公司既可以发行股票，也可以发行债券，而有限责任公司和国有独资公司只能发行债券来筹集资金。

金融机构发行证券的主要形式是金融债券。金融机构是资金供求双方的中介，通过发行金融债券筹集资金，然后通过贷款、投资等形式投放资金并获得利差收益。由于多数金融机构的资金实力雄厚、信用等级高，所以金融债券的发行利率一般低于普通企业债券。

政府作为发行人主要是发行政府债券。政府发行债券的目的通常为弥补财政赤字、筹集建设资金、实施宏观调控等。政府债券包括中央政府债券和地方政府债券。中央政府债券，又称为国债，发行人是财政部，其发行是以国家信用作为保证，所以具有很高的安全性，有“金边债券”之称。由地方政府发行的债券称为地方政府债券，其信用级别低于中央政府债券。

（二）证券投资主体

证券投资主体是证券市场的资金供给者，也是证券的需求者和购买者。投资者是最重要的市场主体，包括个人投资者和机构投资者。

个人投资者是指从事证券投资的社会自然人，他们是证券市场最广泛的投资者。其特点是资金量一般较小，单个投资能力有限，除了注重证券的收益性之外，还要求有较高的变现性。目前，我国的个人投资者多数直接参与证券市场交易。

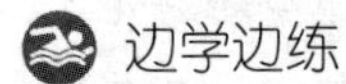

有人认为，散户投资者的主体结构是造成中国股市暴涨暴跌的原因之一，阅读《中国股市为何总是暴涨暴跌？》一文，谈谈你的看法。

机构投资者是指从事证券买卖的法人单位，主要有企事业单位法人、金融机构、政府部门及各类基金等。与个人投资者相比，其资金实力雄厚，投资分析和决策能力强，有较强的抗风险能力，对证券市场的影响力较大。

（三）证券投资客体

证券投资客体主要是指证券市场上基本的投融资工具，主要包括债券、股票、基金和金融衍生工具等投资工具。这部分的主要内容在第二章中已做了详细介绍。

（四）证券中介机构

证券中介机构是指为证券的发行、交易提供服务的各类机构。在证券市场起中介作用的是证券公司和其他证券服务机构，通常把两者合称为证券中介机构。

1. 证券公司

证券公司是经证券监管机构批准成立的，在证券市场上经营证券业务的金融机构，其业务范围比较广泛，包括代理证券发行、代理证券买卖或自营证券买卖、兼并收购业务、研究咨询服务、金融创新以及其他相关业务。按其业务范围划分，证券经营机构可以分为证券承销商、证券经纪商和证券自营商。一家证券经营机构可以具有一个或同时具有多个职能。

证券公司在各国的业务范围有所差别，对证券经营机构的称谓也不尽相同。在美国，人们把经营证券业务的非银行金融机构，特别是从事发行承销业务和兼并收购业务的金融机构统称为投资银行，以区别于经营存贷业务的商业银行，而经营经纪业务的证券经营机构则被称为证券公司。日本的证券经营机构称为证券公司，英国称为商人银行，而在德国等允许银行、证券混业经营的国家则称为全能银行。

我国实行银行和证券分业经营的原则，商业银行只能参与除股票以外的其他证券业务，而经国务院证券监管机构批准成立的证券公司则实行分类管理，确定相应的业务范围。综合类的证券公司可以从事证券经纪、自营、承销和证券监管机构核定的其他证券业务，经纪类的证券公司只允许专门从事证券经纪业务。

2. 证券服务机构

证券服务机构是指依法设立的，在证券市场上为各类市场参与者提供服务业务的法人机构，包括从事证券业务的会计师事务所、律师事务所、资信评估机构、登记清算机构、证券投资咨询公司、证券金融公司等。

边学边练

请登录并浏览中国证券登记结算公司和中证指数有限公司官网，看看这些机构都是做哪些工作的。

《中华人民共和国证券法》（以下简称《证券法》）对证券登记结算机构和证券交易服务机构做了明确规定，包括其资格认定、管理办法、业务范围、收费标准和法律责任等各个方面。

（五）证券监管机构和自律性组织

1. 证券监管机构

证券监管机构是对证券市场实施管理和监督职能的机构。它是证券市场的重要组成部分，根据证券法规对证券的发行和交易，以及各类市场主体的市场行为实施监督与管理，以维护市场秩序，促进证券市场的有序运行和健康发展。在我国，对证券市场进行监管的机构是中国证券监督管理委员会（简称中国证监会）。经过授权，中国证监会的派出机构也可在一定范围内行使监管职能。

边学边练

请登录并浏览中国证券业协会、中国证券投资基金业协会、中国国债协会官网，了解这些协会的主要工作职责。

2. 自律性组织

自律性组织一般是指行业协会，它发挥的是政府与证券经营机构之间的桥梁和纽带作用，以促进证券业的发展，维护投资者和会员的合法权益，完善证券市场体系。我国的证券业自律性机构是中国证券业协会、中国证券投资基金业协会和中国国债协会。

二、证券市场的分类

1. 按证券的性质分类

按证券性质的不同，可分为股票市场（股市）、债券市场和基金市场。

各种股票发行和买卖交易的场所构成股市。股市为股份制公司的设立和发展提供股权筹资的通道，也为投资者参与各行业发展、分享企业成长收益提供了机会。

债券市场是公开进行债务融资的市场，通过各种债券的发行和交易实现投融资活动，形成各种债权债务关系。

基金市场是指进行基金证券自由买卖和转让的市场。基金是一种利益共享、风险共担的集合投资制度，通过发行基金证券，集中投资者的资金，由专业管理机构代为进行股票、债券等金融工具的投资活动。

2. 按组织形式分类

按证券组织形式的不同，可分为场内市场和场外市场。

场内市场是指证券交易所市场。证券交易所是交易市场的核心。交易所交易必须根据国家有关证券法律规定，有组织地、规范化地进行证券买卖。

场外市场通常是指柜台市场以及第三市场、第四市场，它是指在证券交易所形式之外的证券交易市场。

3. 按证券的运行过程分类

按证券运行过程的不同，可分为证券发行市场和证券交易市场。

证券发行市场是由证券发行主体、认购者和经纪人构成的新增证券的出售市场。通过证券的出售，政府、企业、金融机构等发行主体实现资金的筹措，认购者通过提供资金获得证券作为未来分享收益和利息的凭证。证券增量供应通过发行市场实现，成为证券流通的基础。

证券交易市场是买卖已发行证券的市场。也就是说，在发行市场上已经发行的证券，投资者通过在流通市场上将其出售转让给第三者，从而实现证券的变现。证券交易市场的中心功能是根据市场利率决定的股息、利息等收入形成虚拟资本价格，并保证按这一价格变现。在全国的证券交易所中，证券交易往往具有集中到一国金融中心甚至国际金融中心的倾向。

第三节　证券市场价格指数

证券市场价格变化的总体情况一般通过证券市场价格指数来反映。不同种类的证券有不同的价格指数，如股票指数、债券指数和基金指数等。

一、股票指数

股票指数是股票价格指数的简称，又称股票价格指标、股价指数、股指，是由证券交易所或金融服务机构编制的表明股票行市变动的一种参考指数。它是根据十几种或几十种甚至数百种上市公司的股价综合编制而成的。

股票指数系列从总体上和各个不同侧面反映了证券交易所上市公司股价的变动情况，可以反映不同行业的景气状况及其价格的整体变动状况，从而给投资者提供投资决策依据。股票指数与国民经济的运行紧密相关，是反映经济运行情况的“晴雨表”。

（一）股票指数的计算方法

计算股票指数的方法有以下两种。

1．平均法

采用平均法计算股票指数时，先计算各样本股票的个别指数，再加总求算术平均数。假定基期股票指数为 M，基期第 j 种股价为 P_0^j，第 k 期（计算期）第 j 种股价为 P_k^j，样本股票数为 n，则第 k 期（计算期）股票指数 M_k 的计算公式为

$$M_k = \frac{M}{n}\sum_{j=k}^{n}\frac{P_k^J}{P_0^j}$$

世界上第一个股票指数——道·琼斯股票指数在 1928 年 10 月 1 日前就是使用简单算术平均法计算的。

以上方法虽然计算较简便，但它有两个缺点：一是它未考虑各种样本股票的权数，从而不能区分重要性不同的样本股票对股价平均数的不同影响；二是当样本股票发生股票分割派发红股、增资等情况时，股价平均数会产生断层而失去连续性，使时间序列前后的比较发生困难。

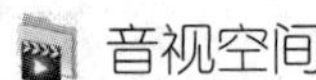

股票价格（动画视频）

股票价格指数（动画视频）

2．综合法

采用综合法计算股票指数时，先对样本股票的基期价格与计算期价格分别加权。假定某基期股票指数为 M，基期股价为 100，用计算期股价与之相比，并以百分比表示，则第 k 期（计算期）股票指数 M_k 的计算公式为

$$M_k = M\frac{\sum_{j=1}^{n}P_k^j}{\sum_{j=1}^{n}P_0^j}\times 100\%$$

然而，上述计算式没有加权，对各样本股票一视同仁。如果依据样本股票的个别重要性予以加权，则吻合指数，计算公式为

$$M_k = M\frac{\sum_{j=1}^{n}W_jP_k^j}{\sum_{j=1}^{n}W_jP_0^j}$$

式中，W_j 为权数。

（二）股价的修正——除息和除权

1．除息和除权

除息是指除去交易中股票领取股息的权利。当股份公司决定对股东发放现金股息时就要对股票进行除息处理。

除权是指除去交易中股票配送的权利。当股份公司发放股票股息、公积金转赠股份及对原有股东按一定比例配股时要对股票进行除权处理。

2. 股权登记日、除权除息日

上市公司的股份每日在交易市场上流通，上市公司在送股、派息或配股的时候，需要确定出某一天，确定可以参加分红或参与配股的股东，定出的这一天就是股权登记日。也就是说，在股权登记日这一天仍持有或买进该公司的股票投资者，可以享有此次分红或参与此次配股。这部分股东名册由证券登记公司记录在案，届时将应送的红股、现金红利或者配股权划到这部分股东的账户上。所以，如果投资者想得到一家上市公司的分红、配股权，就必须弄清这家公司的股权登记日在哪一天，否则就会失去分红、配股的机会。

股权登记日后的第一天就是除权日或除息日，这一天或以后购入该公司股票的股东，不再享有该公司此次分红配股的权利。

3. 除权价、除息价的计算

上市公司进行分红、配股后，除去可享有分红、配股权利，在除权、除息日这一天会产生一个除权价或除息价，除权价或除息价是在股权登记这一天的收盘价基础上产生的，计算公式为

除息价=股权登记日收盘价－每股所派现金

除权价计算分为送股除权和配股除权，送股除权计算公式为

送股除权价=登记日收盘价÷（1＋送股比例）

配股除权价计算公式为

配股除权价=（股权登记日收盘价＋配股价×配股比例）÷（1＋配股比例）

有分红、派息、配股的除权除息价计算方法为

除权除息价=（股权登记日收盘价＋配股比例×配股价－每股所派现金）÷（1＋送股比例＋配股比例）

除权价、除息价是除权日或除息日当天股票的开盘标价。

边学边练

九洲药业（603456）2018年4月3日发布公告称，该公司2017年年度利润分配及资本公积金转增股本以方案实施前的公司总股本447 846 206股为基数，每股派发现金红利0.20元（含税），以资本公积金向全体股东每股转增0.80股，共计派发现金红利 89 569 241.20元，转增358 276 965股，本次分配后总股本为806 123 171股。股权登记为2018年4月11日，4月1日该股的收盘价格为17.79元。

请问：除权（息）日为哪天？除权（息）价格为多少呢？假如投资人王某截至2018年4月11日收盘仍持有该公司股票 1 万股，那么除权当日开盘时王某还有多少股票呢？王某能分得多少现金红利呢？

（三）国际主要股票指数

1. 道·琼斯指数

道·琼斯指数是世界上最具影响力、使用最广泛的股票指数。它是以在纽约证券交易所挂牌上市的一部分有代表性的公司股票作为编制对象，分别由30家工业公司股票平均指数、20家交通运输业公司股票平均指数、15家公用事业公司股票平均指数以及上述三种股价平均指数所涉及的65家公司股票为编制对象的道·琼斯股价综合平均指数构成。在四种道·琼斯股票指数中，以道·琼斯工业股价平均指数最为著名，它被大众传媒广泛地报道，并作为道·琼斯指数的代表加以引用。

2. 标准普尔指数

标准普尔指数（SP500）是由美国最大的证券研究机构标准普尔公司编制的用以反映美国股市行情变动的股票指

数。标准普尔指数从20世纪20年代开始编制，最初由233种股票组成，在1957年经过调整以后样本数扩大到500种。标准普尔指数的计算采用加权算术平均法，其基期并非确定的某一天，而是以1941—1943年这3年作为基期，基价为这3年的均价。

3. 纳斯达克指数

全美证券商协会自动报价系统（National Association of Securities Dealers Automated Quotatings，NASDAQ），简称纳斯达克，已成为纳斯达克市场的代名词。信息和服务业的兴起催生了纳斯达克。纳斯达克始建于1971年，是一个完全采用电子交易、为新兴产业提供竞争舞台、自我监管、面向全球的股票指数。纳斯达克是全美也是世界最大的股票电子交易市场。纳斯达克指数是反映纳斯达克证券市场行情变化的股价平均指数，其基期指数为100。纳斯达克的上市公司涵盖所有新技术行业，包括软件和计算机、电信、生物技术、零售和批发贸易等行业。

4. 伦敦金融时报指数

伦敦金融时报指数（financial times ordinary shares index）由英国《金融时报》编制和公布，用以反映英国伦敦证券交易所的行情变动。该指数分为3种，分别为30种股票组成的价格指数、100种股票组成的价格指数（又称FT-100指数）、500种股票组成的价格指数。通常所讲的英国金融时报指数指的是第一种,即由30种有代表性的工商业股票组成并采用加权算术平均法计算出来的股票指数。

5. 日经225指数

日经225指数是由日本经济新闻社编制并公布的反映日本股市价格变动的股价指数。该指数从1950年9月7日开始计算编制,样本股票为在东京证券交易所上市的225家公司的股票算出修正平均股价，并以当日为基期，当日的平均股价176.2日元为基数，当时称为“东证修正平均股价”。1975年5月1日，日本经济新闻社向道·琼斯公司买进商标，采用美国道·琼斯公司的修正指数法进行计算，这种股票指数也就改称为“日经道·琼斯平均股价指标”。1985年5月1日，在合同期满10年时，经两家商议，将名称改为“日经平均股票指数”。该指数被看作是日本最有影响和代表性的股票指数，通过它可以了解日本的股市行情变化和经济变动状况。

（四）我国主要的股票指数

1. 上证综合指数

上证综合指数是由上海证券交易所编制的股票指数，于1999年12月19日正式发布。该股票指数的样本为所有在上海证券交易所挂牌上市的股票，其中，新上市的股票在挂牌后的第11天被纳入股票指数的计算范围。

上证综合指数存在的主要问题在于它是以总股本作为权数计算的，所以总股本较大的股票对股票指数的影响就较大。市场上对上证综合指数贡献最大的股票是中国石油，总市值占上证综合指数的权重约为18%（根据2007年11月20日的数据计算而得）。中国石油目前的流动股本为30亿元，总股本为1 830亿元。也就是说，中国石油30亿元流通股价格的变化可以撬动1 830亿股中国石油的总市值。其杠杆效应达61倍！实际上，大资金只要控制了30亿元中国石油流通股的价格，就掌握了上证综合指数1/6强的主动权。

2. 上证 50 指数

上证 50 指数是由上海证券交易所编制，于 2004 年 1 月 2 日正式发布，简称为上证 50，指数代码为 000016，基日为 2003 年 12 月 31 日，基点为 1 000 点。

上证 50 指数是根据科学、客观的方法，挑选上海证券市场规模大、流动性好的最具代表性的 50 只股票组成样本股，以综合反映上海证券市场最具市场影响力的一批优质大盘股的整体状况。上证 50 指数是采用综合加权方法计算而得。

3. 上证成分指数

上证成分指数（简称上证 180 指数）是上海证券交易所对原上证 30 指数进行了调整并更名而成的，其样本股是在所有 A 股股票中抽取最具市场代表性的 180 种样本股票，自 2002 年 7 月 1 日起正式发布，基点为 2002 年 6 月 28 日上证 30 指数的收盘点数（3 299.05 点）。作为上证指数系列核心的上证 180 指数的编制方案，目的在于建立一个反映上海证券市场的概貌和运行状况、具有可操作性和投资性、能够作为投资评价尺度及金融衍生产品基础的基准指数。

4. 深证成分股指数

深证成分股指数是从深圳证券交易市场上市的所有股票中抽取具有市场代表性的 40 家上市公司的股票作为计算对象，并以流通股为权数计算得出的加权股票指数，综合反映深圳证券交易所上市 A、B 股的股价走势。该指数以 1994 年 7 月 20 日为基日，基点为 1 000 点。深证成分股指数于 1995 年 1 月 23 日开始试发布，1995 年 5 月 5 日正式启用。40 家上市公司中的 A 股用于计算深圳成分 A 股指数及行业分类指数，40 家上市公司中有 B 股的公司，其 B 股用于计算深圳成分 B 股指数。深证成分股指数还就其 A 股编制了分类指数，包括工业分类指数、商业分类指数、金融分类指数、地产分类指数、公用事业分类指数、综合企业分类指数。

为保证指数的代表性，必须视上市公司的变动更换成分股，深圳证券交易所定于每年 1 月、5 月、9 月对成分股的代表性进行考察，讨论是否需要更换。

5. 沪深 300 指数

沪深 300 指数由上海证券交易所和深圳证券交易所联合编制，于 2005 年 4 月 8 日正式发布。沪深 300 指数简称沪深 300，指数代码分别为沪市 000300，深市 399300。沪深 300 指数以 2004 年 12 月 31 日为基日，基点为位 1 000 点。沪深 300 指数是在上海和深圳证券市场中选取 300 只 A 股作为样本，其中沪市 179 只，深市 121 只。样本选择标准为规模大、流动性好的股票。沪深 300 指数的样本覆盖了占沪深市场六成左右的市值的股票，具有较强的市场代表性。

沪深 300 指数编制的目的是为了反映中国证券市场股价变动的概貌和运行状况，并能够作为投资业绩的评价标准，为指数化投资及指数衍生产品创新提供基础条件。

> 边学边练
>
> 东方财富网官网“行情中心→全球指数”页面中有全球最主要的证券市场指数，请你挑选五个最主要的证券市场指数，对其进行比较，看一下最近一年它们的涨幅哪个最大？

6. 香港恒生指数

香港恒生指数由香港恒生银行于 1969 年 11 月 24 日开始发布。恒生指数以 4 种金融业股票、6 种公用事业股票、9 种房地产业股票和 14 种其他工商业（包括航空和酒店）股票为样本，这些股票占香港股票市值的 63.8%。

因该股票指数涉及香港的各个行业，因而具有较强的代表性。

恒生指数的编制是以1964年7月31日为基期，基点确定为100点。其计算方法是将33种股票按每天的收盘价乘以各自的发行股数为计算日的市值，然后与基期的市值相除，再乘以100就得出当天的股票指数。

7. 台湾证券交易所发行量加权股价指数

我国台湾证券交易所发布的股价指数中，以发行股数加权计算的有26种，包括发行量加权股价指数（未含金融股发行量加权股价指数和电子股发行量加权股价指数）；还有22种产业分类股价指数、与英国富时共同编制的台湾50指数以及以算术平均法计算的综合股价平均数和工业指数平均数。其中最有代表性的是台湾证券交易所发行量加权股价指数。

二、债券指数

债券指数（债券价格指数）是反映债券市场价格总体走势的指标。债券指数是一个比值，其数值反映了当前市场的平均价格相对于基期市场平均价格的变化。

我国的债券指数主要有上证国债指数、上证企业债指数和中证全债指数。

1. 上证国债指数

上证国债指数是以上海证券交易所上市的所有固定利率国债为样本，按照国债发行量加权而成。自2003年1月2日起对外发布，其基日为2002年12月31日，基点为100点，代码为000012。上证国债指数是上证指数系列的第一只债券指数，它的推出标志着我国证券市场股票、债券、基金三位一体的指数体系基本形成。上证国债指数的目的是为了反映我国债券市场整体变动状况，是我国债券市场价格变动的“指示器”。上证国债指数既为投资者提供了精确的投资尺度，也为金融产品创新夯实了基础。

2. 上证企业债指数

上证企业债指数（简称企债指数）是上海证券交易所编制的反映中国证券市场企业债整体走势和收益状况的指数。上证企业债指数基日为2002年12月31日，基点为100点，指数代码为000013，于2003年6月9日正式发布。

3. 中证全债指数

为综合反映沪、深证券交易所和银行间债券市场价格变动的趋势，为债券投资者提供投资分析工具和业绩评价基准，中证指数有限公司于2007年12月17日正式发布了中证全债指数（Aggregate Bond Index，CSI，简称中证全债）。该指数从沪、深证券交易所和银行间市场挑选国债、金融债及企业债组成样本券，其基日为2002年12月31日，基点为100点。

三、基金指数

为反映基金市场的综合变动情况，深圳证券交易所和上海证券交易所均以现行的基金编制基金指数。

1. 深市基金指数

深圳证券交易所于2000年7月3日终止以老基金为样本的原“深证基金指数”（代码为9904）的编制与发布，同时推出以证券投资基金为样本的新基金指数：深市基金指数（代码为 9905）。深市基金指数的编制采用派氏加权综合指数法进行计算，权数为各证券投资基金的总发行规模。该指数的基日为 2000 年 6 月 30 日，基点为 1 000 点。

2. 上证基金指数

上证基金指数选样范围为在上海证券交易所上市的所有基金，上证基金指数同各指数一样通过行情库实时发布，代码为 000011，简称“基金指数”自 2000 年 6 月 9 日起正式发布，计算方法为采用派氏指数公式计算，以发行的基金单位总份额为权数。

第四节　证券市场监管

证券市场监管一般指国家、政府或其他授权机构，通过设定一定的行为标准或准则，采取一定的管理方法，对证券市场参与者主体及其行为的合规性、合法性，进行持续的专门的管理，以限制参与者的行为不损害其他参与者的利益，并对不合规、不合法行为及其后果实施监管或处理的一系列活动的总称。

一、证券监管主体

我国证券市场政府监管体系由中国证监会和其派出机构证券监管办公室和证券监管特派员办事处组成。

1. 中国证监会

中国证监会是国务院直属机构，是全国证券期货市场的主管部门，按照国务院授权履行行政管理职能，依法对全国证券、期货市场进行集中统一监管，维护证券市场秩序，保障其合法运行。通过中国证监会的监管，能够使上市公司披露的信息更加真实、全面，同时中国证监会对内幕交易、操纵市场、欺诈客户、虚假陈述等证券欺诈行为进行监督，以保护投资者的利益。

> **边学边练**
>
> 登录中国证监会官方网站，了解其构成，进入“行政处罚”栏目页面，了解最近中国证券监督委员会进行了哪些行政处罚。

2. 中国证监会派出机构

各地证券监管机构是中国证监会的派出机构，依据中国证监会的授权对其辖区内的上市公司，证券、期货经营机构，投资咨询机构，证券中介服务机构进行监督管理，依法查处辖区内及其监管范围内的违法、违规案件，调解证券、期货业务纠纷和争议并履行中国证监会授予的其他职责。

3. 证券交易所

证券交易所的监管职责包括对证券交易活动进行监管，对会员进行监管，对上市公司进行监管。

4. 证券业协会

中国证券业协会正式成立于 1991 年 8 月 28 日，是依法注册的具有独立社会法人资格的、由证券公司自愿组成的行业协会性自律组织。证券业协会的设立是为了加强证券业之间的联系、协调、合作和自我控制，以利于证券市场的健康发展。

二、证券监管的目标与原则

证券监管的目标是保护广大投资者的利益，减少或避免证券市场由于信息不对称或一些违法、违规行为给投资者造成的损失，通过证券市场监管，避免不良竞争，促使证券市场有序、高效、良性运行。通过证券监管降低交易成本，防止价格垄断、操纵市场和欺诈行为的发生，减少市场风险，维护市场秩序。具体体现在以下几个方面：①促进全社会金融资源的配置与政府的政策目标相一致，从而得以提高整个社会资金的配置效率；②消除因证券市场和证券产品本身的原因而给某些参与者带来的信息的收集和处理能力上的不对称性，以避免因这种信息的不对称而造成交易的不公平性；③克服超出个别机构承受能力的、涉及整个证券业或者宏观经济的系统性风险；④促进整个证券业的公平竞争。

各国在确定证券市场监管制度时，一般都要遵循以下原则。

1. 依法监管

依法监管是指证券市场监管部门必须加强法制建设，必须依法办事，明确划分各方面的权利和义务，保护市场参与者的合法权益，即证券市场管理必须有充分的法律依据和法律保障。我国《证券法》于 1999 年正式实施，《公司法》于 1994 年 7 月 1 日起实施，1999 年 12 月 25 日修改。这两部法律是我国证券监管的核心和基础，其他相应的行政法规、部门规章和规范性文件总数超过 300 件，证券市场法律、法规涵盖证券、基金、期货等领域，为保护投资者利益、维护证券市场秩序发挥了重要作用。

2. 保护投资者利益原则

投资者是证券市场的主体，是资金的供给者，是证券市场存在和发展的基石，各国证券市场监管的制度设计都把保护投资者的利益放在了重要地位。

3. “三公”原则

（1）公开性原则。证券监管组织通过制定和实施相应的办法来保证证券市场的信息公开。如对证券发行核准程序的公开、对上市公司的经营情况进行公开，同时对公开的信息是否具有真实性、可靠性、及时性、完整性进行监管以维护证券市场参与者的合法权益。

（2）公平性原则。证券监管措施的实施旨在保证证券市场参与者的平等法律地位，维护交易双方的合法权益。

（3）公正性原则。对证券市场中的违纪、违规现象都依法处理，杜绝欺诈，防止操纵市场、内幕交易、虚假陈述等行为的发生。

4. 监管和自律相结合的原则

监管和自律相结合的原则是指在加强政府、证券主管机构对证券市场监管的同时，也要加强从业者的自我约束、自我教育和自我管理。国家对证券市场的监管是管理好证券市场的基础。国家监督与自我管理相结合的原则是世界各国共同奉行的原则。

三、证券监管的对象

证券市场监管对象是指参与证券市场活动的机构与个人及其相关行为。监管对象包括证券交易所、证券投资者（个人或机构）、证券公司、证券登记结算机构、证券交易服务机构及证券业协会、证券发行人、证券投资者，同时对证券发行程序、流通过程进行审查、管理和监督。

（一）对证券发行的监管

证券发行监管是指证券监管部门对证券发行的审查、核准和监控。《证券法》确立了证券发行实行核准制。按照《证券法》的规定，发行股票由中国证监会按照《公司法》规定的条件进行核准；发行公司债券由中国人民银行依照《公司法》规定的条件审批；可转换债券的发行，依照《可转换债券管理指引办法》，由中国证监会审批。

（二）对证券市场交易的监管

对证券市场交易的监管主要包括以下几个方面。

1. 对操纵市场的监管

证券交易中的操纵市场，是指某一组织或个人以获得利益或者减少损失为目的，利用其资金、信息等优势，或者滥用职权，背离自由竞争或供求关系，人为地控制证券价格，制造证券市场假象，诱导或者致使投资者在不了解事实真相的情况下做出证券投资决定，扰乱证券市场秩序的行为。中国证监会《证券市场操纵行为认定办法》和《证券市场内幕交易行为认定办法》，认定了以下交易行为属于市场操纵行为。

（1）连续交易操纵。连续交易操纵是指单独或者通过合谋，集中资金优势、持股优势或者利用信息优势联合或者连续买卖，操纵证券交易价格或者证券交易量的行为。

（2）约定交易操纵。约定交易操纵是指与他人串通，以事先约定的时间、价格和方式相互进行证券交易，影响证券交易价格或者证券交易量的行为。

（3）自买自卖操纵。自买自卖操纵是指在自己实际控制的账户之间进行证券交易，影响证券交易价格或者证券交易量的行为。

（4）蛊惑交易操纵。蛊惑交易操纵是指操纵市场的行为人故意编造、传播、散布虚假重大信息，误导投资者的投资决策，使市场出现预期中的变动而使自己获利的行为。

（5）抢先交易操纵。抢先交易操纵是指操纵市场的行为人提高了对某只股票的评级，开始在研究报告正式发布之前，抢先一步提前建仓的行为。

（6）虚假申报操纵。虚假申报操纵是指行为人持有或者买卖证券时，进行不以成交为目的的频繁申报和撤销申报，制造虚假买卖信息，误导其他投资者，以便从期待的交易中直接或间接获取利益的行为。

（7）特定价格操纵。特定价格操纵是指行为人通过拉抬、打压或者锁定等手段，致使相关证券的价格达到一定水平的行为。

（8）特定时段交易操纵。特定时段交易操纵行为分为尾市交易操纵和开盘价格操纵。尾市交易操纵是指在收市阶段，通过拉抬、打压或者锁定等手段，操纵股票收市价格的行为。开盘价格操纵是指在集合竞价时段，通过抬高、压低或者锁定等手段，操纵开盘价的行为。

> 拓展阅读
>
> 阅读《中国证监会行政处罚决定书（陈赟）》，看看当事人因何获罪。
>
> 

2. 对证券欺诈行为的监管

证券欺诈行为是指券商或证券交易所在接受客户委托证券买卖的过程中，以获取非法利益为目的，违反证券管理法规，在证券发行、交易及相关活动中从事欺诈客户、虚假陈述等行为。我国于1993年9月2日发布了《禁止证券欺诈行为暂行办法》，禁止任何单位或者个人在证券发行、交易及其相关活动中欺诈客户。欺诈客户行为给客户造成损失的，行为人应当依法承担赔偿责任。

3. 对内幕交易的监管

内幕交易是指公司董事、监事、经理、职员、主要股东、证券市场内部人员和市场管理人员，以获取利益或减少经济损失为目的，利用工作、职务等便利条件，获取发行人未公开的、可以影响证券价格的重要信息，进行证券交易，或泄露该信息的行为。

（1）内幕信息。内幕信息是指在证券交易活动中，涉及公司的经营、财务或者对该公司证券的市场价格有重大影响的尚未公开的信息。内幕消息不包括运用公开的信息和资料，对证券市场做出的预测和分析。

拓展阅读

阅读《中国证监会行政处罚决定书（张琴）》，看看当事人为何被处罚。

（2）内幕交易主体。内幕交易主体包括内幕信息知情人和非法获取内幕信息的人两大类主体。内幕信息知情人包括自然人的配偶及有共同利益关系的亲属、参与内幕信息形成过程或在内幕信息形成中起决定、批准等主要作用的人及其配偶、有共同利益关系的亲属，以及发行人、上市公司，控股股东、实际控制人控制的其他公司及其董事、监事、高级管理人员，上市公司并购重组参与方及有关人员，基于职务或者控制原因知悉内幕信息的人。非法获取内幕信息的人则涵盖通过骗取、套取、偷听、监听或私下交易等非法手段获取内幕信息的人，以及违反所在机构关于信息管理和使用的规定而获取内幕信息的人。

（3）内幕交易的法律责任。证券交易内幕信息的知情人或者非法获取内幕信息的人，在涉及证券的发行、交易或者其他对证券的价格有重大影响的信息公开前，买卖该证券，或者泄露该信息，或者建议他人买卖该证券的，责令依法处理非法持有的证券，没收违法所得，并处以违法所得一倍以上五倍以下的罚款；没有违法所得或者违法所得不足三万元的，处以三万元以上六十万元以下的罚款。单位从事内幕交易的，还应当对直接负责的主管人员和其他直接责任人员给予警告，并处以三万元以上三十万元以下的罚款。证券监督管理机构工作人员进行内幕交易的，从重处罚。

音视空间

观看中央电视台2016年2月4日新闻片段，看看稽查人员是如何发现异常交易的。

（三）对券商的监管

对券商的监管主要是对券商的资格要经过严格的审查和限制，同时对券商的资本额度有所规定。在中国凡是专营证券业务的证券公司和兼营证券业务的信托投资公司必须经过中国证监会批准，发给经营许可证后，再到工商管理部门办理营业执照。

证券公司风险控制指标无法达标，严重危害证券市场秩序、损害投资者利益的，中国证监会可以区别情形，对其采取下列措施：责令停业整顿；指定其他机构托管、接管；撤销经营证券业务许可。

（四）对信息披露的监管

信息披露制度，也称公示制度、公开披露制度，是上市公司为保障投资者利益、接受社会公众的监督而依照法律规定必须将其自身的财务状况、经营状况等信息和资料向证券管理部门和证券交易所报告，并向社会公开或公告，以便使投资者充分了解情况的制度。它既包括发行前的披露，也包括上市后的持续信息公开，它主要由招股说明书制度、定期报告制度和临时报告（包括重大事件报告、收购报告书、公司合并公告）制度组成。

1. 信息披露制度的起源

信息披露制度源于英国和美国。

英国的“南海泡沫事件”（south sea bubble）导致了1720年《欺诈防止法案》（Bubble Act of 1720）的出台，而后1844年英国合股公司法（the joint stock companies act 1844）中关于招股说明书（prospectus）的规定，首次确立了强制性信息披露原则（the principle of compulsory disclosure）。

但是，当今世界信息披露制度最完善、最成熟的立法在美国。它关于信息披露的要求最初源于1911年堪萨斯州的《蓝天法》（Blue Sky Law）。1929年华尔街证券市场的大阵痛，以及阵痛前的非法投机、欺诈与操纵行为，促使美国联邦政府1933年的《证券法》和1934年的《证券交易法》的颁布。在1933年的《证券法》中美国首次规定实行财务公开制度，这被认为是世界上最早的信息披露制度。

音视空间

英国的“南海泡沫事件”和荷兰的郁金香炒作、法国的密西西比公司泡沫被称作三大金融危机，推荐观看《资本的故事》第一季第二集《郁金香泡沫》，分析金融监管的必要性。

2. 网络证券发行的信息披露制度

网络证券发行期间信息披露主要涉及招股说明书和上市公告书。网络证券招股说明书除了遵守信息披露的一般原则和必须采用网络为披露媒介外还必须发出电子招股说明书，它与传统的招股说明书内容大致相同。需要注意的是，传统的招股说明书公司的全体发起人或董事及主承销商应当在上面签字，保证招股说明书没有虚假、严重误导性陈述或重大遗漏，并保证对其承担连带责任。为了使其应用于网络发行上，规定发行人必须在其他媒体披露招股书的同时在网上公告招股书。

3. 网络证券交易的信息披露制度

网络证券交易的信息披露也称持续阶段的信息披露，是指网络证券发行上市后的发行人所要承担的信息披露义务。主要是公告中期报告、年度报告、临时报告。网络证券信息必须在发行人或发行中介人的网站、证券交易所、中国证监会指定的专门网站上发布信息。当然，网上发布的网络证券信息也可以同时在其他媒介同步发布。中期报告包括半年度报告和季度报告。内容有：公司财务会计报告和经营情况，涉及公司的重大诉讼事项，已发行的股票、债券变动情况，提交股东大会审议的重要事项，国务院证券监督管理机构规定的其他事项。年度报告内容包括：公司概况，公司财务会计报告和经营情况，董事、监事、经理及高级管理人员简介及其持股情况，已发行的股票、债券变动情况包括持有公司股份最多的前10名股东名单和持股数额，国务院证券监督管理机构规定的其他事项。临时报告是指上市公司在发生重大事件后，立即将该信息向社会公众披露，说明事件的实质，并报告证券监督管理机构和证券交易所的法定信息披露文件。临时报告包括重大事件报告、收购报告书和公司合并公告三种。

拓展阅读

请阅读《中国证监会行政处罚决定书（中国连锁杂志社、姜海锋）》，分析当事人获罪的原因。

（五）对交易资金的监管

为了保证客户资产的安全性，我国《证券公司监督管理条例》规定：证券公司从事证券经纪业务，其客户的交易结算资金应当存放在指定商业银行，以每个客户的名义单独立户管理。指定商业银行应当与证券公司及其客户签订客户的交易结算资金存管合同，约定客户的交易结算资金存取、划转、查询等事项，并按照证券交易净额结算、货银对付的要求，为证券公司开立客户的交易结算资金汇总账户。客户的交易结算资金的存取，应当通过指定商业银行办理。指定商业银行应当保证客户能够随时查询自己的交易结算资金余额及变动情况。指定商业银行的名单，由国务院证券监督管理机构会同国务院银行保险业监督管理机构确定并公告。

四、证券监管手段

对证券市场的监管通常采用三种手段，即法律手段、经济手段和行政手段。此外，自我管理也是证券监管的重要手段之一。

（一）法律手段

法律手段即指国家通过立法和执法，以法律规范形式将证券市场运行中的各种行为纳入法制轨道，证券发行与交易过程中的各参与主体按法律要求规范其行为。这是证券市场监管部门的主要手段，具有较强的威慑力和约束力。运用法律手段管理证券市场，主要是通过立法和执法抑制和消除欺诈、垄断、操纵、内幕交易和恶性投机现象等，维护证券市场的良好运行秩序。涉及证券市场管理的法律、法规范围很广，大致可分为两类。一类是证券监管的直接法规，除证券管理法、证券交易法等基本法律外，还包括各国在上市审查、会计准则、证券投资信托、证券金融事业、证券保管和代理买卖、证券清算与交割、证券贴现、证券交易所管理、证券税收、证券管理机构、证券自律组织、外国人投资证券等方面的专门法规，几乎遍及证券市场的所有领域。另一类是涉及证券管理，与证券市场密切相关的其他法律，如《公司法》《银行法》《票据法》《破产法》《财政法》《反托拉斯法》等。这样，形成了一个以证券基本法为核心，专门证券管理法规或规则相补充，其他相关法律相配套的证券法律体系。

（二）经济手段

经济手段指政府以管理和调控证券市场（而不是其他经济目标）为主要目的，采用间接调控方式影响证券市场运行和参与主体的行为。这种手段相对比较灵活，但调节过程可能较慢，存在时滞。在证券监管实践中，常见的有以下两种经济调控手段。

1. 金融货币政策

运用金融货币政策对证券市场的影响颇为显著。在股市低迷之际放松银根，降低贴现率和存款准备金率，可增加市场货币供应量从而刺激股市回升；反之则可抑制股市暴涨。运用“平准基金”在证券市场公开操作可直接调节证券的供求与价格。利用金融货币政策可以有效地平抑股市的非理性波动和过度投机，有助于实现稳定证券市场的预期管理目标。

2. 税收政策

由于以证券所得税和证券交易税（即印花税）为主的证券市场税收直接计入交易成本，税率和税收结构的调整直接造成交易成本的增减，从而可产生抑制或刺激市场的效应并为监管者所利用。

（三）行政手段

行政手段是指政府监管部门采用计划、政策、制度、办法等对证券市场进行直接的行政干预和管理。与经济手段相比较，运用行政手段对证券市场的监管具有强制性和直接性的特点。例如，在证券发行方面采取上市审批制度，行政控制上市种类和市场规模；对证券交易所、证券经营机构、证券咨询机构、证券清算和存管机构等实行严格的市场准入和许可证制度；交易过程中的紧急闭市等。

行政手段存在于任何国家证券市场的监管历史之中。区别是在市场发育早期使用行政方式管理多些，至成熟阶段则行政方式用得少些。早期证券市场受社会经济诸方面条件制约，往往是法律手段不健全而经济手段效率低，造成监管不足的局面，故需行政手段的积极补充。然而，证券市场毕竟是市场经济高度发达的伴生物，其充分的市场经济特性必然要求伴随市场的成熟与完善，逐步减少行政干预。因为过多的不恰当的行政干预容易形成监管过度，扭曲市场机制。

（四）自我管理

一般证券市场监管均采取政府管理与自我管理相结合的形式。自我管理（或称自律管理）之所以在证券市场管理中占重要一席，相当程度上是西方证券市场发展的历史结果。在从市场出现到政府全面介入前的历史演变中，自我管理成为市场管理的主要形式。此外，证券交易的高专业化程度和证券从业者之间的利益相关性与证券市场运作本身的庞杂性决定了对自律管理的客观需要。应该看到，政府监管与自律管理之间存在主从关系，自律管理是政府监管的有效补充，自律管理机构本身也是政府监管框架中的一个监管对象。近年来，集中化证券监管和强化政府监管地位正成为各国尤其是西方国家的证券市场管理的发展趋势。

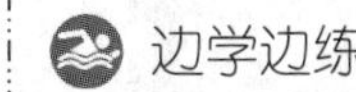

登录中国证券业协会官网，了解中国证券业协会日常工作都有哪些。通过法律/法规→自律规则→证券从业人员执业行为准则，了解证券从业人员不得从事哪些活动。

五、证券市场监管模式

证券市场的监管，是国家金融监管的重要组成部分。由于各国证券市场发育程度不同，政府宏观调控的手段不同，所以，各国证券市场的监管模式也不一样。概括起来，主要有以下三种类型。

1. 集中型证券市场监管模式

在这种模式下，由政府下属的部门，或由直接隶属于立法机关的国家证券监管机构对证券市场进行集中统一监管，而各种自律性组织，如证券交易所、证券行业协会的自律管理起协助作用。

美国证券监管主体属于极强独立型。根据1934年《证券交易法》设立了证券交易管理委员会（SEC），它直接隶属于国会，独立于政府，对全国的证券发行、证券交易、券商、投资公司等依法实施全面监管。其他国家的证券监管机构都由以前的附属于某一政府部门而成为一个独立的机构，统一对证券市场进行监管，如日本、法国和巴西等。

集中型证券市场监管模式有如下优点：①集中型证券市场监管模式可避免重复监管和监管真空。能公平、公正、高效、严格地发挥其监管作用，并能协调全国各证券市场，防止出现过度投机的混乱局面。②集中型证券市场监管模式可以使得监管机构统一实施证券法律，使证券市场行为有合理的预期，提升了证券市场监管的权威性。③集中型证券市场监管模式使得监管者地位独立，更注重保护投资者的利益。

集中型证券市场监管模式的不足之处：①证券法规的制定者和监管者远离市场，缺乏市场一线监管实践经验，从而使市场监管可能脱离实际，缺乏效率；②若不辅之以自律监管，集中型证券市场监管模式下中央监管机关对市场发生的意外行为反应较慢，可能处理不及时。

2. 自律型证券市场监管模式

自律型证券市场监管模式是指通常没有制定直接的证券市场管理法规，而是通过一些间接的法规来制约证券市场的活动，也没有设立全国性的证券管理机构，而是靠证券市场的参与者，如证券交易所、证券业协会等进行自我监管。英国、德国、意大利、荷兰等国曾经是自律模式的代表。以英国为例，英国没有证券法或证券交易法，只有一些间接的、分散的法规；英国虽然设立了专门的证券管理机构，称为证券投资委员会，依据法律享有极大的监管权力，但它既不属于立法机关，也不属于政府内阁，实际监管工作主要通过以英国证券业理事会和证券交易所协会为核心的非政府机构进行自我监管。

自律型证券市场监管模式具有如下优点：①能充分发挥市场的创新和竞争意识，有利于活跃市场；②允许券商参与制定证券市场监管规则，从而使市场监管更切合实际，制定的监管法规具有更大的灵活性，效率较高；③自律组织对市场发生的违规行为能做出迅速而有效的反应。

但是，自律型证券市场监管模式也存在缺陷，主要表现在以下几方面：①通常把重点放在市场的有效运转和保护证券交易所会员的经济利益上，对投资者利益往往没有提供充分的保障；②由于没有立法和强制手段作后盾，监管手段较软弱；③由于没有统一的监管机构，难以实现全国证券市场的协调发展，容易造成混乱。

基于这些原因，不少原来实行自律型证券市场监管模式的国家，现已开始逐渐向集中型监管模式转变。例如，2001 年英国政府改变了证券市场的传统监管方式，加强了政府监管力度。其他一些实行自律型证券市场监管模式的国家，如德国、意大利、泰国、约旦等，也开始走向集中型证券市场监管模式。

3. 中间型证券市场监管模式

中间型证券市场监管模式是指既强调立法管理又强调自律管理，是集中型证券市场监管模式和自律型证券市场监管模式的融合。中间型证券市场监管模式又可称为分级管理型体制，包括二级监管和三级监管两种模式。二级监管是中央政府和自律型机构相结合的监管；三级监管是指中央、地方政府和自律机构相结合的监管。目前，由于集中型证券市场监管模式和自律型证券市场监管模式二者都存在一定的缺陷，因此，有些以前实行集中型证券市场监管模式或者自律型证券市场监管模式的国家开始向中间型证券市场监管模式过渡，这种监管模式取长补短，能够发挥各自的优势，从而使得证券监管更加有效。现在大多数国家都实行这种管理模式。

本章小结

证券市场是指各种股票、债券、基金等各种有价证券发行和交易的场所的总称。

证券市场的功能主要体现在筹资功能、资本定价功能、资源配置功能、分散风险功能、为宏观调控服务功能五个方面。

证券市场的构成要素包括证券发行人、证券投资主体、证券投资客体、证券中介机构和证券监管机构及自律性组织。而证券市场则因划分依据不同有不同的分类方法。

证券市场价格变化的总体情况一般通过证券价格指数来反映。不同种类的证券有不同的价格指数，如股票指数、债券指数和基金指数等。

我国证券市场政府监管体系由中国证监会和其派出机构证券监管办公室和证券监管特派员办事处组成。

证券市场监管都要遵循一定的原则，一般包括依法监管、保护投资者利益、“三公原则”、监管和自律相结合等。证券市场监管通常采用法律手段、经济手段和行政手段。

各国证券市场的监管模式概括起来，主要有集中型证券市场监管模式、自律型证券市场监管模式和中间型证券市场监管模式。

综合练习

一、名词解释

证券市场　证券发行人　证券经营机构　股票价格指数　除权除息日　证券市场监管　连续交易操纵　约定交易操纵　抢先交易操纵　证券欺诈　内幕交易　信息披露制度　集中型证券市场监管　自律型证券市场监管

二、单项选择题

1.（　　），形成了经纪人，成为今天纽约证券交易所的前身。

A．梧桐树协议　B．巴塞尔协议　C．广场协议　D．开罗宣言

2．证券市场的产生，特别是与（　　）的出现和发展密切相关。

A．现代农业　B．股份公司　C．互联网+　D．高速铁路

3.（　　）是资金的需求者和证券的供给者。

A．海外投资者　B．政府　C．个人投资者　D．证券发行人

4.（　　）是国务院直属机构，是全国证券期货市场的主管部门，按照国务院授权履行行政管理职能，依法对全国证券、期货市场进行集中统一监管，维护证券市场秩序，保障其合法运行。

A．中国证监会　B．中国银保监会

C．中国证券业协会　D．国家发改委

5．内幕人员和以不正当手段或者其他途径获得内幕信息的其他人员，泄露内幕信息、根据内幕信息买卖证券或者建议他人买卖证券的，根据不同情况，没收非法获取的款项和其他非法所得，并处（　　）的罚款。

A．10 万元以上 50 万元以下　B．违法所得一倍以上五倍以下

C．5 万元以上 50 万元以下　D．违法所得三倍以上七倍以下

三、多项选择题

1．证券市场的产生与发展，是（　　）的必然结果。

A．社会化生产力发展　B．商品经济社会化

C．社会分工复杂化　D．社会化大市场　E．科学技术的发展

2．证券市场的功能有（　　）。

A．筹资功能　B．资本定价功能

C．资源配置功能　D．分散风险功能　E．为宏观服务调控功能

3．证券市场的构成要素包括（　　）。

A．证券发行人　B．证券投资主体　C．证券投资客体

D．证券中介机构　E．证券监督管理机构和自律性组织

4．按证券市场的组织形式划分，证券市场包括（　　）。

A．场内市场　B．证券交易市场　C．场外市场

D．证券流通市场　E．基金市场

5．证券监管的手段包括（　　）。

A．行政手段　B．法律手段　C．经济手段

D．自我管理　E．信息披露

6．上证综合指数属于（　　）。

A．平均法计算的指数　B．综合法编制的指数

C．发行量加权指数　D．总股本加权指数

E．样本为所有在上海证券交易所挂牌上市的股票

四、简答题

1．证券市场有哪些功能？

2．证券市场的构成要素有哪些？

3．什么是股票指数？它具有哪些功能？

4．计算股票指数的方法有哪些？

5．证券监管的目标和手段是什么？

6．试述集中型证券市场监管模式。

7．试述自律型证券市场监管模式。

8．证券市场最容易发生哪些欺诈行为？

五、实训题

通过交易软件或者其他网站查询 1990 年 12 月 12 日至今上证指数有关资料，填写表 3.1。根据你所统计的数据，对上证指数的相关走势进行描述。

表 3.1　上证指数走势观察

	1990 年至今		2014 年至今		近期（最近一年）	
	时间	指数	时间	指数	时间	指数
最高点						
最低点						

第四章　证券发行市场

学习目标

通过本章的学习，读者应了解证券发行市场的概念和运行机制；了解股票发行市场的构成、发行方式及发行审核制度；掌握债券、基金等证券的发行条件、发行程序和信息披露。

课前阅读

欣泰电气证券欺诈发行行政处罚案二审维持原判

据中国法院网 2018 年 4 月 8 日讯，北京市高级人民法院对丹东欣泰电气股份有限公司(以下简称欣泰电气)诉中国证监会证券欺诈发行行政处罚和行政复议决定上诉案进行二审宣判。双方当事人在庭审中进行了充分陈述和辩论，中国证监会主席助理依法出庭应诉。双方当事人的争议焦点主要在三个方面：一是欺诈发行的构成要件以及欣泰电气是否符合该构成要件；二是对被诉的处罚决定事实认定是否需要专业机构审计或鉴定；三是对被诉的处罚决定是否存在明显不当。终审判决驳回欣泰电气的上诉，维持北京市第一中级人民法院的一审判决。此前，北京市第一中级人民法院判决驳回了欣泰电气请求撤销被诉行政处罚决定及行政复议决定的诉讼请求。

启示：什么是上市发行？股份公司发行上市在哪进行呢？股份公司发行证券有哪些要求呢？

证券市场可分为证券发行市场和证券流通市场。证券发行市场是新证券首次向社会公众发行的市场，证券流通市场是转手买卖已发行证券的市场。两者既有联系，又有区别，相互依存，相互制约，是一个不可分割的整体。证券发行市场是流通市场的基础和前提，正是有了发行市场的证券供应，才有了流通市场的证券交易。证券发行的种类、数量和发行方式决定了流通市场的规模。流通市场是发行市场得以持续扩大发行的必要条件，有了流通市场为证券的转让提供方便，才使发行市场对投资者充满吸引力。

第一节　证券发行市场概述

证券发行市场是证券发行人向投资者出售证券的市场，一方面，为资金的需求者提供筹集资金的场所；另一方面，为资金的供给者提供投资获利的机会，通过新证券发行创造出新的金融投资品种，增加有价证券总量和社会投资总量，是实现资本职能转化的场所。

一、证券发行市场的特点

证券发行市场是承载和支持政府、金融机构、工商企业等以筹集资金为目的向投资者出售代表一定权利的有价证券的市场，是证券进入流通领域的开端，因而又称为“初级市场”或“一级市场”。

证券发行市场通常由发行者、投资者和证券中介机构组成，一般具有以下特征。

（1）从实践来看，证券发行市场没有固定场所，可以利用交易所的交易系统实现发行，也可以在证券公司或银行等其他金融机构的柜台发行；既可以由发行者自行向投资者出售，也可以由投资银行承购后再向投资者分销，更普遍的做法是由证券机构进行承销。

（2）从时间来看，证券发行市场没有统一的发售时间，一般也没有例行的规定和要求，发行者可以根据自己的需要和市场行情自行选择何时发行。但每次的发行都有明确的时间期限，较为集中，一般是 1～3 个月，且交易量较大。

（3）从价格确定机制来看，证券价格的确定十分复杂，往往由发行机构根据发行主体的资产净值情况及发展状况，在充分了解市场需求信息的基础上，采用一定的投标竞价方式来确定。证券发行价格一般与证券票面价格较为接近，尤其是债券，通常按照其票面面值发行。

二、证券发行市场的结构

证券发行市场结构分为横向结构和纵向结构。横向结构是指发行市场的品种结构，纵向结构是指发行市场的要素结构。

（一）证券发行市场的横向结构

按照所发行证券的品种划分，证券发行市场主要由股票发行市场、债券发行市场和基金发行市场构成。

（1）股票发行市场。股票发行市场是新股票初次发行的市场，股票的发行人一般是股份有限公司。股份有限公司通过发行股票筹集公司的股本金，或者在营运过程中通过发行股票扩充公司的股本金。股票发行市场是将社会闲散资金转化成生产经营性资金的场所，而购买公开发行的股票是投资者在金融市场中最常见的投资方式。

（2）债券发行市场。债券发行市场是各种债券发行人，包括中央政府、地方政府、金融机构、企业等初次出售新债券的市场。

（3）基金发行市场。基金发行市场是基金管理人发行基金募集基金资产的市场。开放式基金通常利用基金管理人及银行的柜台发行基金，封闭式基金常利用证券交易系统发行基金收益凭证。

（二）证券发行市场的纵向结构

1. 证券发行市场的交易主体

证券发行市场的交易主体包括证券发行人和投资人。证券发行人是构成证券发行的首要因素，是证券的供应者和资金的需求者。证券发行人是证券权利义务关系的当事人或证券发行后果和责任的主要承担者。因此，多数国家的证券法规都对证券发行人的主体资格、净资产额、经营业绩和发起人责任设有条件限制。《证券法》对证券发行人也有严格的要求。

证券投资人是指根据发行人招募邀约，已经认购证券或者将要认购证券的个人或社团组织，是资金的供应者和证券的需求者。投资人的构成较为复杂，可以是个人，也可以是金融机构、基金组织、企业组织或其他机构投资人；可以是未来享有股权的投资者，也可以是持股代理人，或仅以承销为目的的中介人。投资人也是证券权利义务关系的当事人，在法律上应当具备主体资格的确定性和合法性。证券发行中投资人的认购行为具有承诺证券发行条件和相关法律文件（特别是发行人公司章程和招股说明书）的效力。

2. 证券发行市场的客体

证券发行市场的客体即筹融资的载体，主要包括股票、债券、基金及其他证券化金融工具。

3. 证券发行市场的中介

证券发行市场的中介主要是指媒介证券发行人与投资人交易的证券承销商，通常是负担承销义务的投资银行、证券公司或信托投资公司。证券承销商在证券发行市场发挥主导作用，在采用公募方式发行证券时，各国法律一般都规定必须由证券专业机构承销；即使是采用私募发行方式，往往也需要获得中介人的协助。证券发行首先是发行人与证券承销商之间进行某种交易，在这一标准化交易条件确定的基础上，再由证券承销商将标准化的证券分售给社会投资者。

4. 证券监管机构

在证券发行市场中，证券监管机构运用法律的、经济的和必要的行政手段对证券的发行进行审核、监督和管理，以维护证券发行市场的正常秩序和保护证券发行的公开、公平、公正。证券监管机构主要由政府监管机关和行业自律组织构成。

三、证券发行方式

证券发行方式根据发行对象、发行主体和发行次数等的不同可分为公募发行和私募发行、直接发行和间接发行、初次发行和增资发行。

（一）公募发行和私募发行

政府、金融机构、工商企业等在发行证券时，可以选择不同的投资者作为发行对象，由此，可将证券发行分为公募发行和私募发行两种形式。

公募发行又称公开发行，是指发行人向不特定的社会公众广泛地发售证券。在公募发行情况下，所有合法的社会投资者都可以参加认购。采用公募发行的有利之处在于：以众多的投资者为发行对象，筹集资金潜力大，适合证券发行数量较多、筹资额较大的发行人；公募发行投资者范围大，可避免囤积证券或证券被少数人操纵；公募发行可以增强证券的流动性，有利于提高发行人的社会信誉。但公募方式也存在一些缺点，如发行程序比较复杂、登记核准所需时间较长、发行费用较高等。

私募发行又称不公开发行或内部发行，是指面向少数特定的投资者发行证券的方式。私募的对象大致有两类，一类是个人投资者，如公司老股东或发行机构自己的员工；另一类是机构投资者，如大的金融机构或与发行人有密切往来关系的企业等。私募发行方式有确定的投资人，发行手续简单，可以节省发行时间和费用。其不足之处是投资者数目有限，一般不允许上市流通，不利于提高发行人的社会信誉。

（二）直接发行和间接发行

按有无发行中介，证券发行可分为直接发行和间接发行。

1. 直接发行

直接发行是指证券发行者不委托其他机构，而是自己组织认购、进行销售，直接向投资者发行证券筹措资金的行为。

直接发行有如下特点：①发行量较小，筹资金额有限；②社会影响面不大；③不需要向社会公众提供有关资料；④由于筹资主体自己办理发售，可以省去委托证券公司发行的手续费等费用；⑤投资者大多是与发行者有业务往来的机构。

直接发行的方式也有明显的缺点，主要是自己负担发行证券的责任和风险，得不到证券公司的帮助。若发售不成功，会影响资金的筹集及其生产经营的顺利进行。

2. 间接发行

间接发行是指证券发行人委托一家或几家证券承销机构承销证券的发行方式，又称为委托代理发行。证券承销机构一般为投资银行、证券公司、信托投资公司等。

间接发行对发行人来说，虽然要支付一定的发行费用，但是可以得到证券承销机构的专业化服务，有利于提高发行人的知名度，缩短筹资时间，使整体发行风险降低。一般情况下，公募大多采用间接发行方式。

间接发行可分为包销发行、代理发行和承销发行三种。

（1）包销发行。包销发行是指证券发行单位与发行受托机构签订购买合同，由发行受托机构将所发行的证券全部买下，然后再转售给社会上众多投资者的发行方式。这种发行方式有如下特点：发行风险全部由发行受托机构承担；发行单位可以及时、全额地取得所筹资金；发行单位的信誉一般较高；社会影响比较大，可以进一步树立筹资主体的形象；因发行受托机构在向社会发行前已将款项划给发行单位，构成先垫付资金，所以发行手续费较高。

（2）代理发行。代理发行也称代销，是受托者只代理发行证券的单位发售证券的一种发行方式。发售到约定期时，发售方要将收入的资金或连同未销出去的证券全部交还给证券发行者。代理发行有如下特点：发售方不承担任何风险，而由筹资主体自行负担；如果筹资主体知名度不高或信誉不够好，有可能发售不畅，就不能及时筹足资金；由于发售方不承担风险，因此发行手续费比其他方式都低；发行的社会影响较大。代理发行适合那些信誉好、知名度高的大中型企业，它们的证券容易为社会公众所接受，且发行成本低。

（3）承销发行。承销发行亦称促销发行或助销发行，是指证券发行的受托机构，对在规定的发行期内不能全部发行掉的剩余部分由自己收购的一种发行方式。这种发行方式有如下特点：发行单位的筹资金额有保证，不会因发行额不足而产生筹资款不足的情况；证券发行风险由发行受托机构承担；社会影响大，有助于提高筹资主体的信誉；受托机构只有在社会公众购买有多余部分时才可以购买剩余的证券，而不得预留部分证券自行购买；发行风险由受托机构承担，因此，手续费较代理发行高。

承销又可以分为定额包销和余额包销两种。定额包销是指受托机构先自行认购发行人所发行的一部分证券，然后再向社会公众代理发售剩余部分的证券。余额包销是指受托机构先向社会公众代理发售证券，发售期结束时，剩余的证券由自己全部认购。

（三）初次发行与增资发行

初次发行是指新组建股份公司时或原非股份制企业改制为股份公司时，或原私人持股公司要转为公众持股公司时，公司首次发行股票。前两种情形又称为设立发行，后一种发行又称为首次公开发行（IPO）。

增资发行是指随着公司的发展，业务扩大，为达到增加资本金的目的而发行股票的行为。增资发行按取得股票是否交纳股金可分为三种：①有偿增资发行。它是指股份公司通过增发股票吸收新股份，认购者必须按股票的某种发行价格支付现款方能获得股票的发行方式；②无偿增资发行。它是指公司原股东不必交纳现金就可以无代价地获得新股的发行方式，其发行对象仅限于原股东；③有偿和无偿混合增资发行。它是指公司对原股东发行股票时，按一定比例同时进行有偿和无偿增资。

四、证券发行制度

世界各国对证券的发行都规定了严格的法律程序。证券发行制度一般有两种：注册制和核准制。

证券发行的注册制又叫证券发行的登记制，是指采用证券发行的公开原则，证券发行人在准备发行证券时，必须将依法公开的各种资料完全、准确地向证券主管机关呈报并申请注册；证券主管机关依据信息公开原则，对申报文件的全面性、真实性、准确性和及时性进行形式审查。至于发行人的营业性质、财力、素质及发展前景，股票发行数量与价格等实质条件均不作为发行审核要件。

证券主管机关针对证券发行行为及证券本身做出价值判断，申报文件提交后，在法定期限内，主管机关若无异议，申请即自动生效。在注册制下，发行人的发行权无须由证券主管机关授予。

注册制以美国证券市场为代表，美国证券交易委员会要求发行公司填报信息披露表格并登记，最后由美国证券交易委员会发布信息披露表格。

在核准制下，发行人在发行股票时，不仅要充分公开企业的真实状况，还必须符合有关法律和证券管理机关规定的必备条件，证券主管机关有权否决不符合规定条件的股票发行申请。证券主管机关除了进行注册制所要求的形式审查外，还要对发行人的营业性质、财力、素质及发展前景，股票发行数量与价格等条件进行实质审核，并由此做出发行人是否符合发行资质条件的价值判断。在核准制下，发行人的发行权由证券主管机关以法定方式授予。

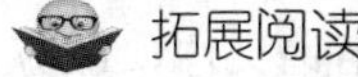

阅读《注册制延迟背后是暂缓还是停止？》一文，回答什么是股票发行注册制，我国为何要进行相关问题的推进？

我国证券发行实行严格的核准制，还曾一度实行过更为严格的配额制。我国 1988 年颁布、2005 年修订的《证券法》规定证券的发行

采用核准制，证券的发行必须符合国家相关法规的规定条件，并需获得中国证监会的批准。

第二节 股票发行市场

股票发行市场是新股票发行的市场，是股份公司筹集资金、将社会闲置资金转化为生产资金的场所。

一、股票发行的目的

1. *为设立股份公司而发行股票*

新的股份公司的设立需要通过发行股票来筹集股东资本，以达到预定的资本规模，为公司开展经营活动提供必要的资金条件。股份公司的设立形式有两种：一种是发起设立，指由公司的发起人认购应发行全部股份而设立公司；另一种是募集设立，指由发起人认购应发行股份的一部分，其余部分向社会公众公开募集设立公司。

2. *现有股份公司为改善经营而发行新股*

发行新股的目的有：①增加资本金，扩大经营；②调整公司财务结构，保持适当的资产负债比率，优化资本结构；③满足证券交易所的上市标准；④维护股东的直接利益，如配股、送股等；⑤其他目的，如当可转换优先股票或可转换公司债的转换请求权生效后，股份公司须承诺办理、发行新股来注销原来可转换优先股股票或可转换公司债券，又如，为了争取更多投资者而降低每股股价并进行股票分割，或为了便利业务处理而对面额过低的股票进行股票合并，以及在公司减资时，都需要发行新股票来替换原来发行的老股票。

二、首次发行新股的准备和推荐审核程序

依据2015年12月31日发布的《首次公开发行股票并上市管理办法》，发行人首次公开发行股票并上市、上市公司发行新股应符合一定的条件。

（一）首次公开发行股票申请文件的准备

依据《证券发行上市保荐业务管理办法》，保荐机构推荐发行人发行证券，要依法对发行人申请文件、证券发行募集文件进行核查，向中国证监会提交发行保荐书、保荐代表人专项授权书、发行保荐工作报告及中国证监会要求的其他与保荐业务有关的文件。

保荐机构推荐发行人证券上市，应当向证券交易所提交上市保荐书及证券交易所要求的其他与保荐业务有关的文件，报中国证监会备案。

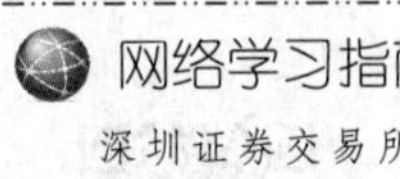

深圳证券交易所官网"投资者教育→证券学院→视频课堂"页面内有大量学习资料。

首次公开发行股票的公司应按要求制作申请文件。申请文件主要有招股说明书、招股说明书摘要、资产评估报告、审计报告、法律意见书和律师工作报告、辅导报告等，如果能做出盈利预测，还应该有盈利预测审核报告，否则应在发行公告和招股说明书的显要位置做出风险警示。

（二）首次公开发行股票的条件

依据2015年12月31日发布的《首次公开发行股票并上市管理办法》，首次公开发行股票的股份有限公司，必须符合规定条件，并由保荐人内核后推荐。首次公开发行股票的相关条件如下。

（1）主体资格。①发行人应当是依法设立且合法存续的股份有限公司。经国务院批准，有限责任公司在依法变更为股份有限公司时，可以采取募集设立方式公开发行股票；②发行人自股份有限公司成立后，持续经营时间应当在3年以上，但经国务院批准的除外；③发行人的注册资本已足额交纳，发行人或股东用作出资的资产的财产权转移手续已办理完毕，发行人的主要资产不存在重大权属纠纷；④发行人的生产经营符合法律、行政法规和公司章程的规定，符合国家产业政策；⑤发行人最近3年内主营业务和董事、高级管理人员没有发生重大变化，实际控制人没有发生变更；⑥发行人的股权清晰，控股股东和受控股股东、实际控制人支配的股东持有的发行人股份不存在重大权属纠纷。

（2）规范运行。①发行人已经依法建立健全股东大会、董事会、监事会、独立董事、董事会秘书制度，相关机构人员能够依法履行职责；②发行人的董事、监事和高级管理人员已经了解与股票发行上市有关的法律、法规，知悉上市公司及其董事、监事和高级管理人员的法定义务和责任；③发行人的董事、监事和高级管理人员符合法律、行政法规和规章规定的任职资格，且不得有被中国证监会采取证券市场禁入措施尚在禁入期的；最近36个月内受到中国证监会行政处罚，或者最近12个月内受到证券交易所公开谴责；因涉嫌犯罪被司法机关立案侦查或者涉嫌违法违规被中国证监会立案调查，尚未有明确结论意见等四种规定的情形；④发行人的内部控制制度健全且被有效执行，能够合理保证财务报告的可靠性、生产经营的合法性、营运的效率与效果；⑤发行人不得有申请文件有虚假记载、误导性陈述或者重大遗漏等五种情形和其他严重损害投资者合法权益和社会公共利益的情形；⑥发行人的公司章程中已明确对外担保的审批权限和审议程序，不存在为控股股东、实际控制人及其控制的其他企业进行违规担保的情形；⑦发行人有严格的资金管理制度，不得有资金被控股股东、实际控制人及其控制的其他企业以借款、代偿债务、代垫款项或其他方式占用的情形。

（3）财务与会计。①发行人资产质量良好，现金流量正常；②发行人内部控制在所有重大方面是有效的；③发行人会计基础工作规范，财务报表的编制符合企业会计准则和相关会计制度的规定；④发行人编制的财务报表应以实际发生的交易或者事项为依据；⑤发行人应完整披露关联方的关系，并按重要性原则恰当披露关联交易；⑥发行人的经营情况应当符合规定条件；⑦发行人依法纳税；⑧发行人无重大偿债风险；⑨发行人无违规现象；⑩发行人持续盈利能力的规定。

（三）首次公开发行股票的发行程序

依据2015年12月31日发布的《首次公开发行股票并上市管理办法》，首次公开发行股票的股份有限公司的发行程序如下。

（1）发行人董事会应当依法就本次股票发行的具体方案、本次募集资金使用的可行性及其他必须明确的事项做出决议，并提请股东大会批准。

（2）发行人股东大会就本次发行股票做出的决议，至少应当包括本次发行股票的种类和数量、发行对象、价格区间或者定价方式、募集资金用途、发行前滚存利润的分配方案、决议的有效期、对董事会办理本次发行具体事宜的授权等八项内容；发行人应当按照中国证监会的有关规定制作申请文件，由保荐人保荐并向中国证监会申报，特定行业的发行人应当提供管理部门的相关意见。

（3）中国证监会收到申请文件后，在 5 个工作日内做出是否受理的决定。中国证监会依照法定条件对发行人的发行申请做出予以核准或者不予核准的决定，并出具相关文件。

（4）自中国证监会核准发行之日起，发行人应在 6 个月内发行股票；超过 6 个月未发行的，核准文件失效，须重新经中国证监会核准后方可发行。股票发行申请未获核准的，自中国证监会做出不予核准决定之日起 6 个月后，发行人可再次提出股票发行申请。

（四）首次公开发行股票的信息披露

依据 2015 年 12 月 31 日发布的《首次公开发行股票并上市管理办法》，首次公开发行股票的股份有限公司，其信息披露的要求是：发行人应当按照中国证监会的有关规定编制和披露招股说明书。招股说明书中引用的财务报表在其最近一期截止日后 6 个月内有效。特别情况下发行人可申请适当延长，但至多不超过 1 个月。财务报表应当以年度末、半年度末或者季度末为截止日。招股说明书的有效期为 6 个月，自中国证监会核准发行申请前招股说明书最后一次签署之日起计算。申请文件受理后、发行审核委员会审核前，发行人应当将招股说明书（申报稿）在中国证监会网站预先披露。发行人应当在发行前将招股说明书摘要刊登于至少一种中国证监会指定的报刊，同时将招股说明书全文刊登于中国证监会指定的网站，并将招股说明书全文置备于发行人住所、拟上市证券交易所、保荐人、主承销商和其他承销机构的住所，以备公众查阅。

（五）监管和处罚

依据 2015 年 12 月 31 日发布的《首次公开发行股票并上市管理办法》，在首次发行股票过程中，中国证监会对相关责任人进行监管，并对违规行为做出处罚规定。

（1）发行人向中国证监会报送的发行申请文件有虚假记载、误导性陈述或者重大遗漏的，发行人不符合发行条件以欺骗手段骗取发行核准的，发行人以不正当手段干扰中国证监会及其发行审核委员会审核工作的，发行人或其董事、监事、高级管理人员的签字、盖章系伪造或者变造的，除依照《证券法》的有关规定处罚外，中国证监会将采取终止审核并在 36 个月内不受理发行人的股票发行申请的监管措施。

（2）保荐人出具有虚假记载、误导性陈述或者重大遗漏的发行保荐书，保荐人以不正当手段干扰中国证监会及其发行审核委员会审核工作的，保荐人或其相关签字人员的签字、盖章系伪造或变造的，或者不履行其他法定职责的，依照《证券法》和保荐制度的有关规定处理。

（3）证券服务机构未勤勉尽责，所制作、出具的文件有虚假记载、误导性陈述或者重大遗漏的，除依照《证券法》及其他相关法律、行政法规和规章的规定处罚外，中国证监会将采取 12 个月内不接受相关机构出具的证券发行专项文件，36 个月内不接受相关签字人员出具的证券发行专项文件的监管措施。

（4）发行人、保荐人或证券服务机构制作或者出具的文件不符合要求，擅自改动已提交的文件，或者拒绝答复中国证监会审核中提出的相关问题的，中国证监会将视情节轻重，对相关机构和责任人员采取监管谈话、责令改正等监管措施，记入诚信档案并公布；情节特别严重的，给予警告。

（5）发行人披露盈利预测的，利润实现数如未达到盈利预测的 80%，除因不可抗力外，其法定代表人、在盈利预测审核报告上签字的注册会计师应当在股东大会及中国证监会指定报刊上公开做出解释并道歉；中国证监会可以对法定代表人处以警告。利润实现数未达到盈利预测的 50%的，除因不可抗力外，中国证监会在 36 个月内不受理该公司的公开发行证券申请。

（六）首次公开发行股票的辅导、内核和承销商备案材料

保荐机构（保荐人）在推荐发行人首次公开发行股票并上市前，应对发行人进行辅导。中国证监会不再对辅导期限作硬性要求，注意，并非持续督导。

保荐机构辅导工作完成后，应向发行人所在地的中国证监会派出机构申请辅导验收。

各保荐机构应按照指导意见的要求进行内核和推荐，开展股票发行主承销业务。

主承销商应当于中国证监会受理其股票发行申请材料后的 3 个工作日内向中国证券业协会报送承销商备案材料。备案材料应经主承销商承销业务内核小组统一进行合规性审核。承销商备案材料包括承销说明书、承销商承销资格证书复印件、承销协议、承销团协议。中国证券业协会可对证券经营机构担任某只股票发行的承销商提出否决意见。

三、上市公司公开发行股票的条件

根据中国证监会 2016 年 2 月 26 日公布的《公司公开发行股票（A 股、B 股）核准—上市公司公开发行股票（公开增发、配股）》，对上市公司发行新股做出规定。

（一）基本条件

1. 《公司法》规定的条件

（1）发起人向社会公开募集股份，应当由依法设立的证券公司承销，签订承销协议。

（2）发起人向社会公开募集股份，应当同银行签订代收股款协议。

（3）股份的发行，实行公平、公正的原则，同种类的每一股份应当具有同等权利。同次发行的同种类股票，每股的发行条件和价格应当相同；任何单位或者个人所认购的股份，每股应当支付相同价额。

（4）股票发行价格可以按票面金额，也可以超过票面金额，但不得低于票面金额。

（5）公司发行新股，股东大会应当对下列事项做出决议：新股种类及数额；新股发行价格；新股发行的起止日期；向原有股东发行新股的种类及数额。

2. 《证券法》规定的条件

（1）公司公开发行新股，应当符合下列条件：具备健全且运行良好的组织机构；具有持续盈利能力，财务状况良好；最近 3 年财务会计文件无虚假记载，无其他重大违法行为；经国务院批准的国务院证券监督管理机构规定的其他条件。

（2）公司公开发行新股，应当向国务院证券监督管理机构报送募股申请和下列文件：公司营业执照；公司章程；股东大会决议；招股说明书；财务会计报告；代收股款银行的名称及地址；承销机构名称及有关的协议。依照本法规定聘请保荐人的，还应当报送保荐人出具

的发行保荐书。

（3）公司对公开发行股票所募集资金，必须按照招股说明书所列资金用途使用。改变招股说明书所列资金用途，必须经股东大会做出决议。擅自改变用途而未作纠正的，或者未经股东大会认可的，不得公开发行新股，上市公司也不得非公开发行新股。

（二）主板（含中小企业板）上市公司公开发行证券的条件

（1）上市公司的组织机构健全、运行良好，符合下列规定：公司章程合法有效，股东大会、董事会、监事会和独立董事制度健全，能够依法有效履行职责；公司内部控制制度健全，能够有效保证公司运行的效率、合法合规性和财务报告的可靠性；内部控制制度的完整性、合理性、有效性不存在重大缺陷；现任董事、监事和高级管理人员具备任职资格，能够忠实和勤勉地履行职务，不存在违反《公司法》规定的行为，且最近36个月内未受到过中国证监会的行政处罚、最近12个月内未受到过证券交易所的公开谴责；上市公司与控股股东或实际控制人的人员、资产、财务分开，机构、业务独立，能够自主经营管理；最近12个月内不存在违规对外提供担保的行为。

（2）上市公司的盈利能力具有可持续性，符合下列规定：最近3个会计年度连续盈利。扣除非经常性损益后的净利润与扣除前的净利润相比，以低者作为计算依据；业务和盈利来源相对稳定，不存在严重依赖于控股股东、实际控制人的情形；现有主营业务或投资方向能够可持续发展，经营模式和投资计划稳健，主要产品或服务的市场前景良好，行业经营环境和市场需求不存在现实或可预见的重大不利变化；高级管理人员和核心技术人员稳定，最近12个月内未发生重大不利变化；公司重要资产、核心技术或其他重大权益的取得合法，能够持续使用，不存在现实或可预见的重大不利变化；不存在可能严重影响公司持续经营的担保、诉讼、仲裁或其他重大事项；最近24个月内曾公开发行证券的，不存在发行当年营业利润比上年下降50%以上的情形。

（3）上市公司的财务状况良好，符合下列规定：会计基础工作规范，严格遵循国家统一会计制度的规定；最近3年及最近一期财务报表未被注册会计师出具保留意见、否定意见或无法表示意见的审计报告；被注册会计师出具带强调事项段的无保留意见审计报告的，所涉及的事项对发行人无重大不利影响或者在发行前重大不利影响已经消除；资产质量良好。不良资产不足以对公司财务状况造成重大不利影响；经营成果真实，现金流量正常。营业收入和成本费用的确认严格遵循国家有关企业会计准则的规定，最近3年资产减值准备计提充分合理，不存在操纵经营业绩的情形；最近3年以现金方式累计分配的利润不少于最近3年实现的年均可分配利润的30%。

（4）上市公司最近36个月内财务会计文件无虚假记载，且不存在下列重大违法行为：违反证券法律、行政法规或规章，受到中国证监会的行政处罚，或者受到刑事处罚；违反工商、税收、土地、环保、海关法律、行政法规或规章，受到行政处罚且情节严重，或者受到刑事处罚；违反国家其他法律、行政法规且情节严重的行为。

（5）上市公司募集资金的数额和使用应当符合下列规定：募集资金数额不超过项目需要量；募集资金用途符合国家产业政策和有关环境保护、土地管理等法律和行政法规的规定；除金融类企业外，本次募集资金使用项目不得为持有交易性金融资产和可供出售的金融资产、借予他人、委托理财等财务性投资，不得直接或间接投资于以买卖有价证券为主要业务的公司；投资项目实施后，不会与控股股东或实际控制人产生同业竞争或影响公司生产经营的独立性；建立募集资金专项存储制度，募集资金必须存放于公司董事会决定的专项账户。

（6）上市公司存在下列情形之一的，不得公开发行证券：本次发行申请文件有虚假记载、误导性陈述或重大遗漏；擅自改变前次公开发行证券募集资金的用途而未作纠正；上市公司最近 12 个月内受到过证券交易所的公开谴责；上市公司及其控股股东或实际控制人最近 12 个月内存在未履行向投资者做出的公开承诺的行为；上市公司或其现任董事、高级管理人员因涉嫌犯罪被司法机关立案侦查或涉嫌违法违规被中国证监会立案调查；严重损害投资者的合法权益和社会公共利益的其他情形。

（三）主板（含中小企业板）上市公司配股的条件

向原股东配售股份（简称配股），还应当符合下列规定：拟配售股份数量不超过本次配售股份前股本总额的 30%；控股股东应当在股东大会召开前公开承诺认配股份的数量；采用证券法规定的代销方式发行。

控股股东不履行认配股份的承诺，或者代销期限届满，原股东认购股票的数量未达到拟配售数量 70%的，发行人应当按照发行价并加算银行同期存款利息返还已经认购的股东。

（四）主板（含中小企业板）上市公司公开增发的条件

主板上市公司向不特定对象公开募集股份（简称公开增发），还应当符合下列规定。

（1）最近 3 个会计年度加权平均净资产收益率平均不低于 6%。扣除非经常性损益后的净利润与扣除前的净利润相比，以低者作为加权平均净资产收益率的计算依据。

（2）除金融类企业外，最近一期期末不存在持有金额较大的交易性金融资产和可供出售的金融资产、借予他人款项、委托理财等财务性投资的情形。

（3）发行价格应不低于公告招股意向书前 20 个交易日公司股票均价或前 1 个交易日的均价。

（五）创业板上市公司发行证券的条件

上市公司发行证券，应当符合《证券法》规定的条件，并且符合以下规定。

（1）最近 2 年盈利，净利润以扣除非经常性损益前后孰低者为计算依据。

（2）会计基础工作规范，经营成果真实。内部控制制度健全且被有效执行，能够合理保证公司财务报告的可靠性、生产经营的合法性，以及营运的效率与效果。

（3）最近 2 年按照上市公司章程的规定实施现金分红。

（4）最近 3 年及最近一期财务报表未被注册会计师出具否定意见或者无法表示意见的审计报告；被注册会计师出具保留意见或者带强调事项段的无保留意见审计报告的，所涉及的事项对上市公司无重大不利影响或者在发行前重大不利影响已经消除。

（5）最近一期期末资产负债率高于 45%，但上市公司非公开发行股票的除外。

（6）上市公司与控股股东或者实际控制人的人员、资产、财务分开，机构、业务独立，能够自主经营管理。上市公司最近 12 个月内不存在违规对外提供担保或者资金被上市公司控股股东、实际控制人及其控制的其他企业以借款、代偿债务、代垫款项或者其他方式占用的情形。

上市公司存在下列情形之一的，不得发行证券。

（1）本次发行申请文件有虚假记载、误导性陈述或者重大遗漏。

（2）最近12个月内未履行向投资者做出的公开承诺。

（3）最近36个月内因违反法律、行政法规、规章受到行政处罚且情节严重，或者受到刑事处罚，或者因违反证券法律、行政法规、规章受到中国证监会的行政处罚；最近12个月内受到证券交易所的公开谴责；因涉嫌犯罪被司法机关立案侦查或者涉嫌违法违规被中国证监会立案调查。

（4）上市公司控股股东或者实际控制人最近12个月内因违反证券法律、行政法规、规章，受到中国证监会的行政处罚，或者受到刑事处罚的。

（5）现任董事、监事和高级管理人员存在违反《公司法》第一百四十七条、第一百四十八条规定的行为，或者最近36个月内受到中国证监会的行政处罚、最近12个月内受到证券交易所的公开谴责；因涉嫌犯罪被司法机关立案侦查或者涉嫌违法违规被中国证监会立案调查。

（6）严重损害投资者的合法权益和社会公共利益的其他情形。

上市公司募集资金使用应当符合下列规定。

（1）前次募集资金基本使用完毕，且使用进度和效果与披露情况基本一致。

（2）本次募集资金用途符合国家产业政策和法律、行政法规的规定。

（3）除金融类企业外，本次募集资金使用不得为持有交易性金融资产和可供出售的金融资产、借予他人、委托理财等财务性投资，不得直接或者间接投资于以买卖有价证券为主要业务的公司。

（4）本次募集资金投资实施后，不会与控股股东、实际控制人产生同业竞争或者影响公司生产经营的独立性。

（六）创业板上市公司配股的条件

向原股东配售股份（简称配股），还应当符合下列规定：拟配售股份数量不超过本次配售股份前股本总额的30%；控股股东应当在股东大会召开前公开承诺认配股份的数量；采用《证券法》规定的代销方式发行。

控股股东不履行认配股份的承诺，或者代销期限届满，原股东认购股票的数量未达到拟配售数量70%的，上市公司应当按照发行价并加算银行同期存款利息返还已经认购的股东。

（七）创业板上市公司公开增发的条件

向不特定对象公开募集股份（简称公开增发），还应当符合下列规定：除金融类企业外，最近一期期末不存在持有金额较大的交易性金融资产和可供出售的金融资产、借予他人款项、委托理财等财务性投资的情形；发行价格不低于公告招股意向书前20个交易日或者前一个交易日公司股票均价。

四、上市公司非公开发行股票的条件

根据中国证监会2016年2月26日发布的《上市公司非公开发行新股核准》，上市公司非公开发行股票的申请条件如下。

1. 《公司法》规定的条件

（1）股份的发行，实行公平、公正的原则，同种类的每一股份应当具有同等权利。同次发行的同种类股票，每股的发行条件和价格应当相同；任何单位或者个人所认购的股份，每股应当支付相同价额。

（2）股票发行价格可以按票面金额，也可以超过票面金额，但不得低于票面金额。

（3）公司发行新股，股东大会应当对下列事项做出决议：新股种类及数额；新股发行价格；新股发行的起止日期；向原有股东发行新股的种类及数额。

2. 《证券法》规定的条件

非公开发行证券，不得采用广告、公开劝诱和变相公开方式。

3. 主板（含中小企业板）上市公司非公开发行股票的条件

（1）上市公司非公开发行股票，是指上市公司采用非公开方式，向特定对象发行股票的行为。

（2）非公开发行股票的特定对象应当符合下列规定：特定对象符合股东大会决议规定的条件；发行对象不超过 10 名。发行对象为境外战略投资者的，应当经国务院相关部门事先批准。

（3）上市公司非公开发行股票，应当符合下列规定：发行价格不低于定价基准日前 20 个交易日公司股票均价的 90%；本次发行的股份自发行结束之日起，12 个月内不得转让；控股股东、实际控制人及其控制的企业认购的股份，36 个月内不得转让；募集资金使用符合本办法第十条的规定；本次发行将导致上市公司控制权发生变化的，还应当符合中国证监会的其他规定。

（4）上市公司存在下列情形之一的，不得非公开发行股票：本次发行申请文件有虚假记载、误导性陈述或重大遗漏；上市公司的权益被控股股东或实际控制人严重损害且尚未消除；上市公司及其附属公司违规对外提供担保且尚未解除；现任董事、高级管理人员最近 36 个月内受到过中国证监会的行政处罚，或者最近 12 个月内受到过证券交易所公开谴责；上市公司或其现任董事、高级管理人员因涉嫌犯罪正被司法机关立案侦查或涉嫌违法违规正被中国证监会立案调查；最近一年及最近一期财务报表被注册会计师出具保留意见、否定意见或无法表示意见的审计报告。保留意见、否定意见或无法表示意见所涉及事项的重大影响已经消除或者本次发行涉及重大重组的除外；严重损害投资者合法权益和社会公共利益的其他情形。

4. 创业板上市公司发行证券的条件

（1）上市公司发行证券，应当符合《证券法》规定的条件，并且符合以下规定：最近 2 年盈利，净利润以扣除非经常性损益前后孰低者为计算依据；会计基础工作规范，经营成果真实。内部控制制度健全且被有效执行，能够合理保证公司财务报告的可靠性、生产经营的合法性，以及营运的效率与效果；最近 2 年按照上市公司章程的规定实施现金分红；最近 3 年及最近一期财务报表未被注册会计师出具否定意见或者无法表示意见的审计报告；被注册会计师出具保留意见或者带强调事项段的无保留意见审计报告的，所涉及的事项对上市公司无重大不利影响或者在发行前重大不利影响已经消除的；最近一期期末资产负债率高于 45%，但上市公司非公开发行股票的除外；上市公司与控股股东或者实际控制人的人员、资产、财务分开，机构、业务独立，能够自主经营管理。上市公司最近 12 个月内不存在违规对外提供担保或者资金被上市公司控股股东、实际控制人及其控制的其他企业以借款、代偿债务、代垫款项或者其他方式占用的情形。

（2）上市公司存在下列情形之一的，不得发行证券：本次发行申请文件有虚假记载、误导性陈述或者重大遗漏；最近 12 个月内未履行向投资者做出的公开承诺；最近 36 个月内因违反法律、行政法规、规章受到行政处罚且情节严重，或者受到刑事处罚，或者因违反证券法律、行政法规、规章受到中国证监会的行政处罚；最近 12 个月内受到证券交易所的公开谴责；因涉嫌犯罪被司法机关立案侦查或者涉嫌违法违规被中国证监会立案调查；上市公司控股股东或者实际控制人最近 12 个月内因违反证券法律、行政法规、规章，受到中国证监会的行政处罚，或者受到刑事处罚；现任董事、监事和高级管理人员存在违反《公司法》第一百四十七条、第一百四十八条规定的行为，或者最近 36 个月内受到中国证监会的行政处罚、最近 12 个月内受到证券交易所的公开谴责；因涉嫌犯罪被司法机关立案侦查或者涉嫌违法违规被中国证监会立案调查；严重损害投资者的合法权益和社会公共利益的其他情形。

（3）上市公司募集资金使用应当符合下列规定：前次募集资金基本使用完毕，且使用进度和效果与披露情况基本一致；本次募集资金用途符合国家产业政策和法律、行政法规的规定；除金融类企业外，本次募集资金使用不得为持有交易性金融资产和可供出售的金融资产、借予他人、委托理财等财务性投资，不得直接或者间接投资于以买卖有价证券为主要业务的公司；本次募集资金投资实施后，不会与控股股东、实际控制人产生同业竞争或者影响公司生产经营的独立性。

5. 创业板上市公司非公开发行股票的条件

（1）非公开发行股票的特定对象应当符合下列规定：特定对象符合股东大会决议规定的条件；发行对象不超过 5 名。发行对象为境外战略投资者的，应当遵守国家的相关规定。

（2）上市公司非公开发行股票确定发行价格和持股期限，应当符合下列规定：发行价格不低于发行期首日前 1 个交易日公司股票均价的，本次发行股份自发行结束之日起可上市交易；发行价格低于发行期首日前 20 个交易日公司股票均价但不低于 90%，或者发行价格低于发行期首日前一个交易日公司股票均价但不低于 90%的，本次发行股份自发行结束之日起 12 个月内不得上市交易；上市公司控股股东、实际控制人或者其控制的关联方以及董事会引入的境内外战略投资者，以不低于董事会做出本次非公开发行股票决议公告日前 20 个交易日或者前 1 个交易日公司股票均价的 90%认购的，本次发行股份自发行结束之日起 36 个月内不得上市交易。上市公司非公开发行股票将导致上市公司控制权发生变化的，还应当符合中国证监会的其他规定。

（3）上市公司非公开发行股票募集资金用于收购兼并的，免于适用“最近 2 年盈利，净利润以扣除非经常性损益前后孰低者为计算依据”的规定。

非公开发行股票是指上市公司采用非公开方式向特定对象发行股票的行为。

非公开发行股票的特定对象应当符合下列规定：①特定对象符合股东大会决议规定的条件；②发行对象不超过 10 名；③发行对象为境外战略投资者的，应当经国务院相关部门事先批准。

上市公司非公开发行股票，应当符合下列规定：①发行价格不低于定价基准日前 20 个交易日公司股票均价的 90%；②本次发行的股份自发行结束之日起，12 个月内不得转让，控股股东、实际控制人及其控制的企业认购的股份，36 个月内不得转让；③募集资金使用符合《上市公司证券发行管理办法》第十条的规定；④本次发行将导致上市公司控制权发生变化的，还应当符合中国证监会的其他规定。

上市公司存在下列情形之一的，不得非公开发行股票：①本次发行申请文件有虚假记载、误导性陈述或重大遗漏；②上市公司的权益被控股股东或实际控制人严重损害且尚未消除；③上市公司及其附属公司违规对外提供担保且尚未解除；④现任董事、高级管理人员最近 36 个月内受到过中国证监会的行政处罚，或者最近 12 个月内受到过证券交易所公开谴责；⑤上市公司或其现任董事、高级管理人员因涉嫌犯罪正被司法机关立案侦查或涉嫌违法，违规正被中国证监会立案调查；⑥最近一年及最近一期财务报表被注册会计师出具保留意见、否定意见或无法表示意见的审计报告，保留意见、否定意见或无法表示意见所涉及事项的重大影响已经消除或者本次发行涉及重大重组的除外；⑦严重损害投资者合法权益和社会公共利益的其他情形。

五、我国股票首次公开发行的询价与定价

为保护投资者的合法权益，加强市场约束，完善股票发行价格形成机制，我国于 2005 年 1 月 1 日实施首次公开发行股票试行询价制度。中国证监会先后于 2009 年 6 月、2010 年 10 月、2012 年 4 月进行了询价制度改革，以进一步完善这一定价制度。

拓展阅读

所谓首次公开募股（IPO）阶段的存量发行，主要是指在公司首次公开募股时，由原有公司股东对外公开出售一部分股份。在海外资本市场，存量发行是新股发行中常见的一种操作，中资公司境外发行也经常引入这种方式。增量发行募集到的资金归上市公司所有；发行新股后，一般会使上市公司净资产等指标发生变化。存量发行募集资金不归上市公司所有，募集资金直接流入发起人大股东的口袋，发行新股前后，上市公司的净资产等财务指标不变化。

根据 2017 年 9 月 7 日中国证监会发布的《关于修改〈证券发行与承销管理办法〉的决定》中规定，首次公开发行股票，可以通过采用向网下投资者询价的方式确定股票发行价格，也可以通过发行人与主承销商自主协商直接定价等其他合法可行的方式确定发行价格。公开发行股票数量在 2 000 万股（含）以下且无老股转让计划的，应当通过直接定价的方式确定发行价格。发行人和主承销商应当在招股意向书（或招股说明书，下同）和发行公告中披露本次发行股票的定价方式。上市公司发行证券的定价，应当符合中国证监会关于上市公司证券发行的有关规定。

六、股票发行价格

股票发行价格是指投资者认购新发行的股票时实际支付的价格。

（一）影响公司股票发行价格的因素

一般而言，公司股票的发行价格取决于以下因素。

（1）净资产。国有企业依法改组设立的公司，发行人改制当年经评估确认的净资产所折股数可作为定价的重要参考。

（2）盈利水平。公司的税后利润水平直接反映了一个公司的经营能力和上市时的价值，每股税后利润的高低直接关系着股票发行价格。

（3）发展潜力。公司经营的增长率（特别是盈利的增长率）和盈利预测是关系股票发行价格的又一重要因素。在总股本和税后利润量既定的前提下，公司的发展潜力越大，未来盈利趋势越确定，市场所接受的发行市盈率越高，发行价格也就越高。

（4）发行数量。一般情况下，若股票发行的数量较大，为了能保证销售期内顺利地将股票全部出售，取得预定金额的资金，价格应适当定得低一些；若发行量小，考虑到供求关系，价格可定得高一些。

（5）行业特点。发行公司所处行业的发展前景会影响公众对本公司发展前景的预期，同行业已经上市企业的股价水平，剔除不可比因素以后，也可以客观地反映本公司与其他公司相比的优劣程度。如新兴产业类软件技术、人工智能、生物医药、云计算、大数据技术等类别的上市公司定价水平相对较高。

（6）二级市场的环境。二级市场的股价水平直接关系到一级市场的发行价格。在制定发行价格时，要考虑到二级市场股价水平在发行期内的变动情况。同时，发行价格的确定要有一定的前瞻性，要给二级市场的运作留有适当的余地。

（二）公司发行股票的定价方法

股票发行主要有以下四种定价方法。

1. 议价法

议价法是指股票发行人直接向股票承销商议定承销价格和公开发行价格。承销价格和公开发行价格的差额即为承销商的报酬。定价依据主要有与同类上市公司比较法。

2. 竞价法

竞价法是指股票发行人将其股票发行计划和招标文件向社会公众或股票承销商公告，投资者或股票承销商根据各自拟定的标书，以投标方式相互竞争股票承销业务，中标标书中的价格就是股票的发行价格。

3. 市盈率法

市盈率（Price to Earnings Ratio，P/E）又称为本益比，是指股票市场价格与每股收益的比率。即

$$市盈率 = 股票市场价格 \div 每股收益 \times 100\%$$

通过市盈率定价法估计股票发行价格时，首先应计算出发行人的每股收益；其次，根据二级市场的平均市盈率、发行人的行业状况（同类行业公司股票的市盈率）、发行人的经营状况及其成长性等拟定发行市盈率；最后，依据发行市盈率与每股收益的乘积决定发行价。

$$发行价格 = 每股收益 \times 发行市盈率$$

可见，市盈率定价法主要取决于每股收益和发行市盈率两个因素。每股收益的确定方法有以下几种：

（1）全面摊薄法。如果事先有注册会计师的盈利预测审核报告，那么

$$每股收益 = 净利润 \div 发行前总股本数$$

（2）加权平均法。在加权平均法下，每股净利润的计算公式为

$$每股收益=\frac{发行当年预测净利润}{发行前总股本+本次公开发行股本数\times（12-发行月份）\div 12}$$

（3）最近一个会计年度的每股收益

每股净利润 = 最近一个会计年度的净利润 ÷ 该年度期末股本

4. 净资产倍率法

净资产倍率法又称“资产现值法”，是指通过资产评估和相关会计手段确定发行人拟募股资产的净现值和每股净资产，然后根据证券市场的状况将每股净资产值乘以一定倍率或折扣，以此确定股票发行价格的方法，其计算公式为

发行价=每股净资产 × 溢价倍率（或折扣率）

我国上市公司首次公开发行价格主要取决于每股税后利润和发行市盈率两个因素。上市公司的增发新股主要采用时价发行方式，即采用市价折扣法，指采用该只股票一定时点上和时段内二级市场价格的一定折扣作为发行底价或发行价格区间的端点，然后经过网上、网下询价、竞价等来确定具体的发行价格。

（三）公司股票发行的价格类型

股票发行价格的类型主要有面额发行、时价发行和中间价发行三种类型。

（1）面额发行。面额发行又称“等价发行”，是以票面金额为发行价格发行股票。票面价格并不代表股票的实际价值，也不表示公司每股实际资产的价值。

（2）时价发行。时价发行是以股票在流通市场上的价格为基础而确定的发行价格。时价发行的价格一般不等于市价，而是接近于股票流通市场上该种已发行股票或同类股票的近期买卖价格。时价发行一般高于股票面额，两者的差价称为溢价，溢价带来的收益计入公司资本公积金。该方式通常在公募发行或向第三者配售时采用，是成熟市场最基本、最常用的发行方式。

（3）中间价发行。中间价发行是指以介于面额与市价之间的价格发行。中间价发行通常是在股东配售时使用。

（四）我国股票首次公开发行的定价

1. 询价方式下的定价

首次公开发行股票采用询价方式的，网下投资者报价后，发行人和主承销商应当剔除拟申购总量中报价最高的部分，剔除部分不得低于所有网下投资者拟申购总量的 10%，然后根据剩余报价及拟申购数量协商确定发行价格。剔除部分不得参与网下申购。

公开发行股票数量在 4 亿股（含）以下的，有效报价投资者的数量不少于 10 家；公开发行股票数量在 4 亿股以上的，有效报价投资者的数量不少于 20 家。剔除最高报价部分后有效报价投资者数量不足的，应当中止发行。

首次公开发行股票时，发行人和主承销商可以自主协商确定参与网下询价投资者的条件、有效报价条件、配售原则和配售方式，并按照事先确定的配售原则在有效申购的网下投资者中选择配售股票的对象。

2. 直接定价方式下的定价

首次公开发行股票采用直接定价方式的，全部向网上投资者发行，不进行网下询价和配售。

首次公开发行股票采用询价方式的，公开发行股票后总股本 4 亿股（含）以下的，网下

初始发行比例不低于本次公开发行股票数量的60%；发行后总股本超过4 亿股的，网下初始发行比例不低于本次公开发行股票数量的70%。其中，应当安排不低于本次网下发行股票数量的40%，优先向通过公开募集方式设立的证券投资基金（以下简称公募基金）和由社保基金投资管理人管理的社会保障基金（以下简称社保基金）配售，安排一定比例的股票向根据《企业年金基金管理办法》设立的企业年金基金和符合《保险资金运用管理暂行办法》等相关规定的保险资金配售。公募基金、社保基金、企业年金基金和保险资金有效申购不足安排数量的，发行人和主承销商可以向其他符合条件的网下投资者配售剩余部分。

对网下投资者进行分类配售的，同类投资者获得配售的比例应当相同。公募基金、社保基金、企业年金基金和保险资金的配售比例应当不低于其他投资者。

安排向战略投资者配售股票的，应当扣除向战略投资者配售部分后确定网下网上发行比例。

网下投资者可与发行人和主承销商自主约定网下配售股票的持有期限并公开披露。

首次公开发行股票网下投资者申购数量低于网下初始发行量的，发行人和主承销商不得将网下发行部分向网上回拨，应当中止发行。

网上投资者有效申购倍数超过50倍、低于100倍（含）的，应当从网下向网上回拨，回拨比例为本次公开发行股票数量的20%；网上投资者有效申购倍数超过100倍的，回拨比例为本次公开发行股票数量的40%；网上投资者有效申购倍数超过150倍的，回拨后网下发行比例不超过本次公开发行股票数量的 10%。这里所指公开发行股票数量应按照扣除设定 12 个月及以上限售期的股票数量计算。

网上投资者申购数量不足网上初始发行量的，可回拨给网下投资者。

七、股票发行费用

边学边练

读者可在互联网搜索并阅读《长沙景嘉微电子股份有限公司创业板首次公开发行股票招股说明书》，看看该说明书有哪几部分构成，你认为该公司有哪些发展优势和风险？

股票发行费用是指发行公司在筹备和发行股票过程中产生的费用，该费用可在股票发行溢价收入中扣除，主要包括以下内容。

（1）中介机构费。支付给中介机构的费用包括承销费用、注册会计师费用（审计、验资、盈利预测审核等费用）、资产评估费用、律师费用等。

（2）上网发行费。采用网上发行方式发行股票时，由于使用了证券交易所的交易系统，发行人须向证券交易所交纳网上发行手续费。

（3）其他费用。

八、新股申购流程、网上路演及“绿鞋”制度

1. 上海证券交易所和深圳证券交易所新股申购的流程与规则

新股申购应遵循以下流程。

（1）T-2 日，中国证券登记结算有限公司（以下简称中国结算）深圳分公司计算市值。

（2）T-1 日，发行人与主承销商刊登发行公告；中国结算深圳分公司向各证券公司发送可申购额度。

（3）T 日，投资者根据可申购额度进行新股申购，无须缴款；中国结算深圳分公司当日配号，并于盘后向结算参与人发送配号结果。

（4）T+1 日，主承销商公布中签率，组织摇号抽签，产生中签结果；中国结算深圳分公司于当日盘后向结算参与人发送中签结果。

（5）T+2 日，主承销商公布中签结果，投资者查询中签结果；日终，中签的投资者应确保其资金账户有足额的新股认购资金。

（6）T+3 日 15:00 前，结算参与人向中国结算深圳分公司申报其投资者放弃认购数据；16:00，中国结算深圳分公司对结算参与人进行认购资金交收处理（不安排会计师事务所验资），并于当日将认购资金划入主承销商资金交收账户。

（7）T+4 日，主承销商公布网上发行结果，并将认购资金扣除承销费用后划给发行人。

申购新股应遵循以下规则：申购新股必须在发行日之前办好上海证券交易所或深圳证券交易所的证券账户；投资者参与网上公开发行股票的申购，只能使用一个证券账户；投资者申购新股的持有市值以投资者为单位计算的 T-2 日前 20 个交易日（含 T-2 日）的日均持有的上海市场非限售 A 股股份市值，债券、基金、ETF、LOF 等产品不计算市值；申购时间为上午 9:30～11:30，下午 1:00～3:00；对同一只新股，每个账户只能申购一次（不包括基金、转债），如果重复申购，只有第一次申购有效；新股申购委托不得撤单；上海证券交易所规定新股申购数量为 1 000 股的整数倍，每 1 万元市值可申购一个申购单位，不足 1 万元的部分不计入申购额度。深圳证券交易所规定投资者需持有深圳市场非限售 A 股股份市值 1 万元（含）以上，且每 5 000 元市值可申购 500 股，不足 5 000 元的部分不计入可申购额度。但最高不得超过当次网上初始发行股数的千分之一，且不得超过 9 999.9 万股，如超过则该笔申购无效。市值计算以投资者为单位，按其 T-2 日（含）前 20 个交易日的日均市值计算。连续 12 个月内累计出现三次放弃认购情形的，将被列入限制申购名单，自结算参与人最近一次申报其放弃认购的次日起 6 个月（按 180 个自然日计算，含次日）内不得参与网上新股申购。如投资者按照规定被列入限制申购新股名单，投资者再次申购新股时，该次申购将被确认为无效申购，投资者可在日终向其指定交易的证券公司营业部查询被确认无效申购的具体原因 。

> **网络学习指南**
>
> 建议通过互联网搜索并阅读《上海市场首次公开发行股票网下发行实施细则》和《上海市场首次公开发行股票网上发行实施细则》，了解上海证券交易所有关新股发行的具体规定。

2. 互联网与网上“路演”

“路演”一词源自于英文“road show”。顾名思义，它是在马路上进行的演示活动。早期华尔街股票经纪人兜售手中的债券时，总要站在街头声嘶力竭地叫卖，“路演”一词由此而来。在证券市场的发展过程中，路演作为一种商业惯例一直延续下来，而且其内容更加丰富，成为证券发行不可缺少的环节。具体来说，路演就是融资者在证券发行之前，在若干主要地点进行巡回推介，向潜在投资者展示证券的价值，以提高投资者的认知程度，并从中了解投资人的投资意向，发现投资需求和证券的价值定位，确保证券成功发行的行为。与原始的路演不同，现代的证券路演通常在豪华酒店和会场进行，而现代通信设施也成为路演的必备工具。随着电子商务手段在证券市场上的应用和推广，证券发行逐步向互联网延伸，网上路演的重要性也逐渐得到认同。

把证券路演的平台建立在互联网上，能够借助强大的网络功能优势，打破时空界限，在证券发行人和遍布全国乃至全世界的投资者之间形成便捷、开放的信息交流平台。通过实时、开放、交互、快速的网上交流，融资者能够更全面地展示企业的运作情况，及时、深入地了解投资者的要求；投资者则可以更清晰地观察和了解招股公司的市场定位，准确地评估其投资价值。与此同时，与互联网相关的信息工具和信息处理费用的不断下降，也使网上路演的成本大为降低。互联网的出现和应用，在很大程度上提高了证券路演的效率，改善了路演的效果。

2001 年 1 月，中国证监会规定从 2001 年 3 月 1 日起，公司上市发行新股以前，必须通过互联网以直播方式向投资者进行推介。目前，网上路演主要是通过全景网络、中国路演网等专业网站进行。

3. “绿鞋”制度

“绿鞋”制度是“超额配售选择权（over allotment option）”的俗称，也称为绿鞋期权（green shoe option），1963 年由美国一家名为波士顿绿鞋制造公司首次公开发行股票时率先使用而得名。“绿鞋”制度是指发行人在与主承销商订立的承销协议中，给予主承销商一项期权，使其有权在股票上市之日起 30 天内，以发行价从发行人处购买额外发行不超过原发行数量 15%的股票。国外在股票发行承销协议中，承销商会与发行人约定一个价格稳定期，一般不超过 30 天。在价格稳定期内，为稳定股价，承销商有义务在市场上买入其承销的股票。稳定股价的主要手段即行使超额发售权，其目的是为该股票的交易提供买方支撑，同时又避免使主承销商面临过大的风险。

拓展阅读

请阅读《从阿里巴巴 IPO 看“绿鞋机制”的来源》，思考“绿鞋机制”的引入对阿里巴巴股票的发行有何好处。

得到这项期权之后，主承销商可以（而且事实上总是）按原定发行量的 115%销售股票。

当股票十分抢手、发行后股价上扬时，主承销商即以发行价行使绿鞋期权，从发行人购得超额的 15%股票以冲掉自己超额发售的空头，并收取超额发售的费用。此时实际发行数量为原定数量的 115%。

当股票受到冷落、发行后股价下跌时，主承销商将不行使该期权，而是从市场上购回超额发行的股票以支撑价格并对冲空头，此时实际发行数量与原定数量相等。由于此时市价低于发行价，主承销商这样做也不会遭受损失。

在实际操作中，超额发售的数量由发行人与主承销商协商确定，一般在原发行数量的 5%～15%，而且该期权可以部分行使。

第三节　债券发行市场

债券发行市场由债券发行主体、债券市场工具和债券发行市场的组织形式构成，是债券发行人初次出售新债券的市场。

一、债券发行的目的

债券发行的目的多种多样。一般来说，中央政府和地方政府发行债券的目的主要是为了弥补财政赤字和扩大公共投资。金融机构发行债券的目的主要是为了扩大信贷规模。公司发行债券的目的主要有：筹集长期稳定的、低成本的投资；灵活地运用资金；可以使资金的使用时间与债券的期限一致，避免出现资金剩余或不足的现象，降低公司的压力和负担，从而将风险转移给投资者；转移通货膨胀的风险，在出现通货膨胀时，因债券利息固定，不会增加公司的压力和负担；维持对公司的控制；满足公司多种方式筹集资金的需求，降低筹资风险。

二、债券发行方式

债券发行方式主要有定向发行、承购包销、直接发行和招标发行四种。

（一）定向发行

定向发行是指向商业银行、证券投资基金等金融机构及养老保险基金、各类社会保障基金等特定机构发行债券的方式。我国国家重点建设债券、财政国债、特种国债等国债均采用定向发行方式。

（二）承购包销

承购包销是指发行人与由商业银行、证券公司等大型金融机构组成的承销团，通过协商条件签订包销合同，由承销团分销发行的债券发行方式。目前我国的国债发行以国债一级自营商承购包销方式为主。

（三）直接发行

直接发行是指发行人通过代销方式在证券公司或银行柜台向投资者直接销售的发行方式。国外的储蓄债券常采用这种方式。

（四）招标发行

招标发行是指通过招标的方式来确定债券的承销商和发行条件的债券发行方式。

1. 缴款期招标

缴款期招标包括两种。第一，以缴款期为标的的荷兰式招标，即以募满发行额为止的中标商的最迟缴款日期作为全体中标商的最终缴款日期，所有中标商的缴款日期都是相同的。1996 年，我国的无记名二期国债采用了这种发行模式。第二，以缴款期为标的的美国式招标，即以募满发行额为止的中标商的各自投标缴款日期作为中标商的最终缴款日期，各中标商的缴款日期是不同的。1995 年，我国记账式（一期）国债采用了这种发行模式。

2. 价格招标

价格招标包括两种。第一，以价格为标的的荷兰式招标，即以募满发行额为止所有投标商的最低中标价格作为最后中标价格，全体投标商的中标价格是单一的。第二，以价格为标的的美国式招标，即以募满发行额为止的中标商的最低中标价格作为最后中标价格，各中标商的认购价格是不同的。

3. 收益率招标

收益率招标包括：第一，以收益率为标的的荷兰式招标，即以募满发行额为止的中标商的最高收益率作为全体中标商的最终收益率，所有中标商的认购成本是相同的。第二，以收益率为标的的美国式招标，即以募满发行额为止的中标商各个价位上的中标收益率作为中标商各自最终中标收益率，每个中标商的加权平均收益率是不同的。

三、债券发行价格

债券的发行价格是指债券投资者认购新发行的债券时实际支付的价格，也是债券发行的重要条件。发行公司可以采用如下三种不同的发行价格。

1. 票面价格发行

票面价格发行是指按与债券面额相等的价格发行公司债券。债券采用票面价格发行表明发行公司确定的债券票面利率和实际市场利率正好相等。

2. 溢价发行

溢价发行是指按高于债券的价格发行公司债券。其原因是票面利率高于市场利率。由于债券的利息高于市场利息，以后发行公司要多给债券购买者利息，所以，溢价部分对发行公司多付息有一种补偿与调整作用，也是对票面利息费用的一项调整。

3. 折价发行

折价发行是指按低于债券面额的价格发行公司债券。其原因是债券的票面利率低于市场利率。债券折价相当于债券发行者预付给债券投资者的一笔利息，从票面利率与市场利率的对比分析，发行公司和债券购买者都不吃亏。

选择不同的债券发行价格，可以使其同不断变化的市场利率保持基本平衡，对投资者的实际收益进行适当调整。以上三种价格方式，到底采取哪一种，对发行公司降低筹资成本并吸引投资者，有着十分重要的意义。其决策技巧主要是综合分析实际市场利率、社会经济状况、发行公司自身未来的盈利能力和偿还能力三个因素。

四、债券发行的条件

债券是除股票外另一类重要的证券投资工具，其发行规模、数量和交易量都远远超过了其他证券。债券的发行是发行人以借贷资金为目的，依照法律规定的程序向投资人要约发行代表一定债权和兑付条件的债券的法律行为。债券发行是证券发行的重要形式之一。中国证监会 2015 年 1 月 15 日发布的《公司债券发行与交易管理办法》对债券发行条件做出了规定。

1. 公开发行公司债券的一般规定

（1）发行公司债券，发行人应当依照《公司法》或者公司章程相关规定对以下事项做出决议：发行债券的数量；发行方式；债券期限；募集资金的用途；决议的有效期；其他按照法律法规及公司章程规定需要明确的事项。

发行公司债券，如果对增信机制、偿债保障措施做出安排的，也应当在决议事项中载明。

（2）上市公司、股票公开转让的非上市公众公司发行的公司债券，可以附认股权、可转换成相关股票等条款。上市公司、股票公开转让的非上市公众公司股东可以发行附可交换成上市公司或非上市公众公司股票条款的公司债券。商业银行等金融机构可以按照有关规定发行附减记条款的公司债券。

上市公司发行附认股权、可转换成股票条款的公司债券，应当符合《上市公司证券发行管理办法》《创业板上市公司证券发行管理暂行办法》的相关规定。

股票公开转让的非上市公众公司发行附认股权、可转换成股票条款的公司债券，由中国证监会另行规定。

（3）发行人全体董事、监事、高级管理人员应当在债券募集说明书上签字，承诺不存在虚假记载、误导性陈述或者重大遗漏，并承担相应的法律责任，但是能够证明自己没有过错的除外。

（4）合格投资者，应当具备相应的风险识别和承担能力，知悉并自行承担公司债券的投资风险，并符合相应资质条件。

（5）公开发行公司债券，募集资金应当用于核准的用途；非公开发行公司债券，募集资金应当用于约定的用途。除金融类企业外，募集资金不得转借他人。

发行人应当指定专项账户，用于公司债券募集资金的接收、存储、划转与本息偿付。

2. 公开发行公司债券的条件

（1）公开发行公司债券，应当符合《证券法》《公司法》的相关规定，经中国证监会核准。

（2）存在下列情形之一的，不得公开发行公司债券：近36个月内公司财务会计文件存在虚假记载，或公司存在其他重大违法行为；本次发行申请文件存在虚假记载、误导性陈述或者重大遗漏；对已发行的公司债券或者其他债务有违约或者迟延支付本息的事实，仍处于继续状态；严重损害投资者合法权益和社会公共利益的其他情形。

（3）资信状况符合以下标准的公司债券可以向公众投资者公开发行，也可以自主选择仅面向合格投资者公开发行：发行人最近三年无债务违约或者迟延支付本息的事实；发行人最近三个会计年度实现的年均可分配利润不少于债券一年利息的1.5倍；债券信用评级达到AAA级；中国证监会根据投资者保护的需要规定的其他条件。

未达到前款规定标准的公司债券公开发行应当面向合格投资者；仅面向合格投资者公开发行的，中国证监会简化核准程序。

（4）公开发行公司债券，应当委托具有从事证券服务业务资格的资信评级机构进行信用评级。

（5）发行人应当按照中国证监会信息披露内容与格式的有关规定编制和报送公开发行公司债券的申请文件。

（6）公开发行公司债券的募集说明书自最后签署之日起6个月内有效。采用分期发行方式的，发行人应当在后续发行中及时披露更新后的债券募集说明书，并在每期发行完成后五个工作日内报中国证监会备案。

3. 非公开发行的公司债券的条件

（1）应当向合格投资者发行，不得采用广告、公开劝诱和变相公开方式，每次发行对象不得超过200人。

（2）发行人、承销机构应当按照中国证监会、证券自律组织规定的投资者适当性制度，了解和评估投资者对非公开发行公司债券的风险识别和承担能力，确认参与非公开发行公司债券认购的投资者为合格投资者，并充分揭示风险。

（3）非公开发行公司债券是否进行信用评级由发行人确定，并在债券募集说明书中披露。

（4）非公开发行公司债券，承销机构或自行销售的发行人应当在每次发行完成后5个工作日内向中国证券业协会备案。中国证券业协会在材料齐备时应当及时予以备案。备案不代表中国证券业协会实行合规性审查，不构成市场准入，也不豁免相关主体的违规责任。

五、债券发行的审核

《公司债券发行与交易管理办法》对债券发行的审核做出了以下规定。

中国证监会受理申请文件后，依法审核公开发行公司债券的申请，自受理发行申请文件之日起3个月内，做出是否核准的决定，并出具相关文件。发行申请核准后，公司债券发行结束前，发行人发生重大事项，导致可能不再符合发行条件的，应当暂缓或者暂停发行，并及时报告中国证监会。影响发行条件的，应当重新履行核准程序。

音视空间

推荐观看2015年10月23日中央电视台新闻片段《中资金融机构首单绿色债券发行》，回答什么是绿色债券。

非公开发行公司债券，自行销售的发行人应当在每次发行完成后五个工作日内向中国证券业协会备案。

中国证券业协会在材料齐备时应当及时予以备案。备案不代表中国证券业协会实行合规性审查，不构成市场准入，也不豁免相关主体的违规责任。

六、债券发行的信息披露

《公司债券发行与交易管理办法》对债券发行的信息披露做出以下规定。

（1）发行人及其他信息披露义务人应当按照中国证监会及证券自律组织的相关规定履行信息披露义务。

（2）公开发行公司债券的发行人应当按照规定及时披露债券募集说明书，并在债券存续期内披露中期报告和经具有从事证券服务业务资格的会计师事务所审计的年度报告。非公开发行公司债券的发行人信息披露的时点、内容，应当按照募集说明书的约定履行，相关信息披露文件应当由受托管理人向中国证券业协会备案。

（3）公司债券募集资金的用途应当在债券募集说明书中披露。发行人应当在定期报告中披露公开发行公司债券募集资金的使用情况。非公开发行公司债券的，应当在债券募集说明书中约定募集资金使用情况的披露事宜。

（4）公开发行公司债券的发行人应当及时披露债券存续期内发生可能影响其偿债能力或债券价格的重大事项。

（5）资信评级机构为公开发行公司债券进行信用评级，应当符合以下规定：按照规定或约定将评级信息告知发行人，并及时向市场公布首次评级报告、定期和不定期跟踪评级报告；在债券有效存续期间，应当每年至少向市场公布一次定期跟踪评级报告；应充分关注可能影响评级对象信用等级的所有重大因素，及时向市场公布信用等级调整及其他与评级相关的信息变动情况，并向证券交易所或其他证券交易场所报告。

拓展阅读

请阅读《广东自贸试验区首只离岸人民币债券发行》一文，谈谈发行离岸人民币债券有何意义。

（6）公开发行公司债券的发行人及其他信息披露义务人应当将披露的信息刊登在其债券交易场所的互联网网站，同时将披露的信息或信息摘要刊登在至少一种中国证监会指定的报刊，供公众查阅。

第四节 基金发行市场

一、基金的发行

基金的发行是指基金管理公司在基金发行申请经有关部门批准之后，将基金受益凭证向个人投资者、机构投资者或向社会推销的经济活动。基金的发行方式主要有两种。一是基金管理公司自行发行（直接销售方式）。基金的直接销售方式是指基金的股份不通过任何专门的销售组织而直接面向投资者销售，这是最简单的发行方式。在这种销售方式中，基金的股份按净资产价值出售，出价与报价相同，即所谓的不收费基金。二是通过承销机构代发行（包销方式）。基金的包销方式是指基金的大部分股份是通过经纪人即基金的承销人包销的。我国基金的销售大部分采用这种方式，一般是银行和证券公司参与基金的分销业务。

无论基金管理人采用什么方式发行基金，在基金发行前都要在招募说明书中公告，以使投资者充分了解基金。

二、基金的认购

基金的认购主要是指投资者对新发行基金的购买。封闭式基金主要采用网上定价认购的方式，如果发行期内认购资金超过基金的发行规模，就采用“配号摇签”方法来分配基金份额。开放式基金一般是由投资者带上证件和印章到基金管理公司或指定的承销机构，填写认购申请表，按所认购的份额交纳价款和手续费，然后领取交款收据。通常在几天后，投资者会收到领取基金受益凭证的通知，凭借通知和缴款单到指定地点领取基金受益凭证，完成申购过程。

三、基金的公开募集

根据 2015 年 4 月 24 日修正的《证券法》规定，公开募集基金，应当经国务院证券监督管理机构注册。未经注册，不得公开或者变相公开募集基金。公开募集基金，包括向不特定对象募集资金、向特定对象募集资金累计超过 200 人，以及法律、行政法规规定的其他情形。公开募集基金应当由基金管理人管理，基金托管人托管。

1. 注册公开募集基金

注册公开募集基金由拟任基金管理人向国务院证券监督管理机构提交下列文件：申请报告；基金合同草案；基金托管协议草案；招募说明书草案；律师事务所出具的法律意见书；国务院证券监督管理机构规定提交的其他文件。

2. 公开募集基金的基金合同的内容

公开募集基金的基金合同应当包括下列内容：募集基金的目的和基金名称；基金管理人、基金托管人的名称和住所；基金的运作方式；封闭式基金的基金份额总额和基金合同期限，或者开放式基金的最低募集份额总额；确定基金份额发售日期、价格和费用的原则；基金份额持有人、基金管理人和基金托管人的权利、义务；基金份额持有人大会召集、议事及表决的程序和规则；基金份额发售、交易、申购、赎回的程序、时间、地点、费用计算方式，以及给付赎回款项的时间和方式；基金收益分配原则、执行方式；基金管理人、基金托管人报酬的提取、支付方式与比例；与基金财产管理、运用有关的其他费用的提取、支付方式；基金财产的投资方向和投资限制；基金资产净值的计算方法和公告方式；基金募集未达到法定要求的处理方式；基金合同解除和终止的事由、程序以及基金财产清算方式；争议解决方式；当事人约定的其他事项。

3. 公开募集基金的基金招募说明书

公开募集基金的基金招募说明书应当包括下列内容：基金募集申请的准予注册文件名称和注册日期；基金管理人、基金托管人的基本情况；基金合同和基金托管协议的内容摘要；基金份额的发售日期、价格、费用和期限；基金份额的发售方式、发售机构及登记机构名称；出具法律意见书的律师事务所和审计基金财产的会计师事务所的名称和住所；基金管理人、基金托管人报酬及其他有关费用的提取、支付方式与比例；风险警示内容；国务院证券监督管理机构规定的其他内容。

4. 公开募集基金的审查

国务院证券监督管理机构应当自受理公开募集基金的募集注册申请之日起六个月内依照法律、行政法规及国务院证券监督管理机构的规定进行审查，做出注册或者不予注册的决定，并通知申请人；不予注册的，应当说明理由。

5. 基金募集的发售

基金募集申请经注册后，方可发售基金份额。基金份额的发售，由基金管理人或者其委托的基金销售机构办理。

基金管理人应当在基金份额发售的3日前公布招募说明书、基金合同及其他有关文件。文件应当真实、准确、完整。对基金募集所进行的宣传推介活动，应当符合有关法律、行政法规的规定。

基金管理人应当自收到准予注册文件之日起6个月内进行基金募集。超过6个月开始募集，原注册的事项未发生实质性变化的，应当报国务院证券监督管理机构备案；发生实质性变化的，应当向国务院证券监督管理机构重新提交注册申请。

基金募集不得超过国务院证券监督管理机构准予注册的基金募集期限。基金募集期限自基金份额发售之日起计算。

基金募集期限届满，封闭式基金募集的基金份额总额达到准予注册规模的80%以上，开放式基金募集的基金份额总额超过准予注册的最低募集份额总额，并且基金份额持有人人数符合国务院证券监督管理机构规定的，基金管理人应当自募集期限届满之日起10日内聘请法定验资机构验资，自收到验资报告之日起10日内，向国务院证券监督管理机构提交验资报告，办理基金备案手续，并予以公告。

基金募集期间募集的资金应当存入专门账户，在基金募集行为结束前，任何人不得动用。

6. 公开募集基金的信息披露

公开披露的基金信息包括：基金招募说明书、基金合同、基金托管协议；基金募集情况；基金份额上市交易公告书；基金资产净值、基金份额净值；基金份额申购、赎回价格；基金财产的资产组合季度报告、财务会计报告及中期和年度基金报告；临时报告；基金份额持有人大会决议；基金管理人、基金托管人的专门基金托管部门的重大人事变动；涉及基金财产、基金管理业务、基金托管业务的诉讼或者仲裁；国务院证券监督管理机构规定应予披露的其他信息。

公开披露基金信息，不得有下列行为：虚假记载、误导性陈述或者重大遗漏；对证券投资业绩进行预测；违规承诺收益或者承担损失；诋毁其他基金管理人、基金托管人或者基金销售机构；法律、行政法规和国务院证券监督管理机构规定禁止的其他行为。

四、非公开募集基金

非公开募集基金应当向合格投资者募集，合格投资者累计不得超过200人。合格投资者，是指达到规定资产规模或者收入水平，并且具备相应的风险识别能力和风险承担能力、其基金份额认购金额不低于规定限额的单位和个人。

除基金合同另有约定外，非公开募集基金应当由基金托管人托管。

担任非公开募集基金的基金管理人，应当按照规定向基金行业协会履行登记手续，报送基本情况。

未经登记，任何单位或者个人不得使用“基金”或者“基金管理”字样或者近似名称进行证券投资活动；法律、行政法规另有规定的除外。

非公开募集基金，不得向合格投资者之外的单位和个人募集资金，不得通过报刊、电台、电视台、互联网等公众传播媒体或者讲座、报告会、分析会等方式向不特定对象宣传推介。

非公开募集基金，应当制定并签订基金合同。基金合同应当包括下列内容：基金份额持有人、基金管理人、基金托管人的权利、义务；基金的运作方式；基金的出资方式、数额和认缴期限；基金的投资范围、投资策略和投资限制；基金收益分配原则、执行方式；基金承担的有关费用；基金信息提供的内容、方式；基金份额的认购、赎回或者转让的程序和方式；基金合同变更、解除和终止的事由、程序；基金财产清算方式；当事人约定的其他事项。

按照基金合同约定，非公开募集基金可以由部分基金份额持有人作为基金管理人负责基金的投资管理活动，并在基金财产不足以清偿其债务时对基金财产的债务承担无限连带责任。

非公开募集基金募集完毕，基金管理人应当向基金行业协会备案。对募集的资金总额或者基金份额持有人的人数达到规定标准的基金，基金行业协会应当向国务院证券监督管理机构报告。

非公开募集基金财产的证券投资，包括买卖公开发行的股份有限公司股票、债券、基金份额，以及国务院证券监督管理机构规定的其他证券及其衍生品种。

基金管理人、基金托管人应当按照基金合同的约定，向基金份额持有人提供基金信息。

专门从事非公开募集基金管理业务的基金管理人，其股东、高级管理人员、经营期限、管理的基金资产规模等符合规定条件的，经国务院证券监督管理机构核准，可以从事公开募集基金管理业务。

> **拓展阅读**
>
> 请阅读《基础市场动荡资金面紧张，新基金发行遭遇寒流》，结合股市的情况和国家政策，谈谈新基金发行遇冷的原因有哪些。
>
> 

本章小结

证券发行市场是证券进入流通领域的开端，因而又称为“初级市场”或“一级市场”。证券发行市场通常由发行者、投资者和证券中介机构组成。

证券发行方式根据发行对象、发行主体和发行次数等的不同可分为公募发行和私募发行、直接发行和间接发行、初次发行与增资发行。

证券发行审核一般有两种：注册制和核准制。注册制以美国证券市场为代表，核准制以欧洲各国证券市场为代表。我国证券发行实行严格的核准制，证券的发行必须符合国家相关法规的规定条件，并需获得中国证监会的批准。

“路演”是融资者在证券发行之前，在若干主要地点进行巡回推介，向潜在投资者展示证券的价值，以加深投资者的认知程度，并从中了解投资人的投资意向，发现投资需求和证券的价值定位，确保证券成功发行的行为。

“绿鞋”制度是指发行人在与主承销商订立的承销协议中，给予主承销商一项期权，使其有权在股票上市之日起 30 天内，以发行价从发行人处购买额外发行不超过原发行数量 15% 的股票。

首次公开发行股票，可以通过向网下投资者询价的方式确定股票发行价格，也可以通过发行人与主承销商自主协商直接定价等其他合法可行的方式确定发行价格。

一般而言，公司股票的发行价格取决于净资产、赢利水平、发展潜力、发行数量、行业特点、二级市场的环境等因素。

股票发行主要有议价法、竞价法、市盈率法、净资产倍率法 4 种定价方法。

股票发行价格的类型主要有面额发行、时价发行、中间价发行 3 种类型。

股票发行费用指发行公司在筹备和发行股票过程中产生的费用，该费用可在股票发行溢价收入中扣除。

债券发行方式主要有定向发售、承购包销、直接发售和招标发行 4 种。

投资基金的发行方式主要有两种。一是基金管理公司自行发行（直接销售方式）；二是通过承销机构代发行（包销方式）。

投资基金的认购主要是指投资者对新发行基金的购买。封闭式基金主要采用网上定价认购的方式。公开募集基金应当由基金管理人管理，由基金托管人托管。

综合练习

一、名词解释

证券发行市场 证券流通市场 公募发行 私募发行 包销发行 承销发行 IPO 增资发行 注册制 核准制 网上路演 绿鞋制度 市盈率法 净资产倍增法

二、单项选择题

1．从时间上来看，证券发行市场的发售（　　）。

A．有固定发行时间　　B．没有统一的时间

C．按规定时间发行　　D．在春节期间

2．依据2015年12月31日发布的《首次公开发行股票并上市管理办法》，首次公开发行股票的股份有限公司其主体资格应符合（　　）。

A．发行人最近2年内主营业务和董事、高级管理人员没有发生重大变化，实际控制人没有发生变更

B．发行人应当是依法设立且合法存续的有限责任公司

C．发行人自股份有限公司成立后，持续经营时间应当在5年以上，但经国务院批准的除外

D．发行人自股份有限公司成立后，持续经营时间应当在3年以上，但经国务院批准的除外

3．主板（含中小企业板）上市公司公开发行证券的条件，应符合（　　）。

A．内部控制制度的完整性、合理性、有效性不存在重大缺陷

B．最近24个月内不存在违规对外提供担保的行为

C．现任董事、监事和高级管理人员具备任职资格，能够忠实和勤勉地履行职务，不存在违反《公司法》规定的行为，且最近36个月内未受到过中国证监会的行政处罚、最近12个月内未受到过证券交易所的公开谴责

D．公司章程合法有效，股东大会、董事会、监事会和独立董事制度虽不健全，但能够依法有效履行职责

4．上市公司非公开发行股票确定发行价格和持股期限，应当符合（　　）。

A．发行价格低于发行期首日前30个交易日公司股票均价但不低于90%

B．发行价格低于发行期首日前5个交易日公司股票均价但不低于90%

C．本次发行股份自发行结束之日起6个月内不得上市交易

D．发行价格不低于发行期首日前1个交易日公司股票均价的，本次发行股份自发行结束之日起可上市交易

5．只有符合一定资信状况标准的公司债券可以向公众投资者公开发行，也可以自主选择仅面向合格投资者公开发行。以下（　　）是其说法正确的标准之一。

A．发行人最近三个会计年度实现的年均可分配利润不少于债券1年利息的2.5 倍

B．债券信用评级达到AA级

C．发行人最近5年无债务违约或者迟延支付本息的事实

D．发行人最近3年无债务违约或者迟延支付本息的事实

6．基金管理人应当自收到准予注册文件之日起（　　）内进行基金募集。

A．6个月　　B．3个月　　C．12个月　　D．9个月

三、多项选择题

1．关于证券发行市场与流通市场的关系，下列说法正确的是（　　）。

A．证券发行市场是流通的基础和前提

B．证券流通市场是发行市场持续扩大发行的必要条件

C．新证券的发行价格可完全不必考虑证券流通市场上的交易价格水平

D．只有证券市场能够增加社会投资总量，证券流通市场是为保证资本波动性服务的

E．证券市场都是能够赚钱的

2．下列关于证券市场的描述正确的是（　　）。

A．证券市场是融通短期资金的市场

B．证券市场是资本市场的核心

C．证券市场是金融市场的重要组成部分

D．证券市场是直接融资活动的场所

E．证券市场风险较小

3．关于直接融资，以下说法正确的是（　　）。

A．直接融资成本低

B．直接融资是以股票、债券为主要金融工具的

C．直接融资方式能够有效地分散风险

D．直接融资方式的出现先于间接融资方式

E．投融资双方都有较多的选择自由

4．关于公募和私募，以下描述正确的是（　　）。

A．公募发行筹集资金的潜力较大

B．各国对公募发行管制较为宽松

C．只有公募发行的证券方可申请在交易所上市

D．在我国，公募和私募是两种并行的股份募集形式

E．公募发行的对象是企业，私募发行的对象是个人

5．影响股票发行价格的因素主要包括（　　）。

A．经营业绩　　B．行业特点　　C．发行数量

D．二级市场的股价水平　E．发行人公司人数

6．以下关于注册制和核准制关系的叙述正确的是（　　）。

A．前者对证券发行的审核比后者更严格

B．前者证券发行的程序比后者更复杂

C．前者比后者更适用于成熟、发达的证券市场

D．两者对发行人的发行权的法律规定是一致的

E．公募发行的对象是企业，私募发行的对象是个人

7．创业板上市公司发行证券，应当符合《证券法》规定的条件，并且符合以下规定（　　）。

A．最近2年盈利，净利润以扣除非经常性损益前后孰低者为计算依据

B．最近2年按照上市公司章程的规定实施现金分红

C．会计基础工作规范，经营成果真实。内部控制制度健全且被有效执行，能够合理保证公司财务报告的可靠性、生产经营的合法性，以及营运的效率与效果

D．最近3年及最近一期财务报表未被注册会计师出具否定意见或者无法表示意见的审计报告

E．最近一期期末资产负债率高于45%，但上市公司非公开发行股票的除外

四、简答题

1．证券发行中注册制与核准制各自的含义是什么？

2．影响股票发行价格的因素有哪些？

3．主板（含中小企业板）上市公司公开发行证券需具备哪些条件？

4．主板（含中小企业板）上市公司配股需具备哪些条件？

5．主板（含中小企业板）上市公司公开增发需具备哪些条件？

6．主板（含中小企业板）上市公司非公开发行股票需具备哪些条件？

7．创业板上市公司发行证券需具备哪些条件？

8．债券的发行应具备哪些条件？

9．公开募集基金和非公开募集基金分别需要哪些条件？

五、实训题

1．选择一家开放式基金，分析其基金营销策略、促销代销渠道和人员激励，并找出其发行期、封闭期和开放期的具体日期。

2．找出一家股份有限公司的招股说明书，对该公司的招股说明书进行阅读，并对其重要内容进行记录，包括发行日期、发行方式、发行数量、发行价格、募集基金用途、所处行业特点，并对其未来的发展优势和风险进行分析。

注：招股说明书可在东方财富网等网站下载。先找到相关个股后，在公司公告栏目里能找到该公司的上市公告书的 PDF 文件，下载后阅读。必要时可请老师帮助。

第五章　证券流通市场

学习目标

通过本章的学习，读者应了解股票、债券、基金等基本证券的交易程序，理解证券交易所、主板、创业板、中小企业板、柜台市场的基本功能与特点，以及证券交易所的交易规则和交易制度。

课前阅读

天山纺织案：新疆第一宗宣判生效的内幕交易案件

据2011年12月5日《证券日报》报道，2010年2月，中国证监会对天山毛纺织股份有限公司（简称天山纺织）股票交易中涉嫌内幕交易行为立案调查。

依照案件移送的相关法律规定，中国证监会及时将此案移送公安部。2010年7月，公安部门对此案立案侦查，相关犯罪嫌疑人分别被采取拘留、逮捕和取保候审等措施。2010年12月，乌鲁木齐市检察院向该市中级人民法院提起公诉。2011年1月，乌鲁木齐市中级人民法院做出一审判决，对中国证监会认定的全部犯罪嫌疑人作出有期徒刑（缓刑）等刑事处罚，并合计判处罚金1 080万元，全部被告均未上诉，检察院也未抗诉，目前一审判决已经生效。

启示：该案是发生在证券交易过程中的一宗宣判生效的内幕交易案件。该案判决涉及4个自然人、两家单位，主体较多，影响较大；交易金额大，犯罪嫌疑人得知内幕信息后两天内就投入800多万元资金，截至判决生效之日账面获利已经翻番；内幕信息传递隐蔽，内幕信息的传递方式都是通过打电话传播，不发短信，更不会留有任何书面痕迹，信息传递方面的证据较单一、很难获取并且不容易固定；规避信息知情人与账户的关系，不使用本人实名账户，需要多层追查方能发现其中的关系。

了解和掌握证券流通市场的相关知识，有助于投资者进行合法投资，也有助于规避违法犯罪行为的发生。

证券流通市场主要分为场内交易市场和场外交易市场。场内交易市场是以证券交易所为代表的唯一集中、有形的交易市场，具有固定的场地和时间，证券交易所允许符合《证券法》规定的证券经批准上市买卖。场外交易市场分为柜台交易市场、第三市场和第四市场等。其基本特点是都不在交易所内进行交易，具有价格、时间上的灵活性，其佣金、手续费低廉，无场地限制等特点。

第一节　证券上市

证券上市就是证券在证券交易所挂牌交易，自由、公开地买卖。换言之，证券上市是指证券交易所承认并接纳其证券在交易所挂牌交易。

一、股票上市

股票可以在证券交易所进行交易，也可以在场外交易市场进行交易。股票上市，即股票经核准同意在证券交易所挂牌交易。

（一）股票发行上市保荐制度

上海证券交易所和深圳证券交易所实行股票、可转换公司债券上市保荐制度。

证券经营机构履行保荐职责，应当注册登记为保荐机构，保荐机构负责证券发行的主承销工作，依法对公开发行募集文件进行核查，向中国证监会出具保荐意见；尽职推荐发行人证券发行上市；持续督导发行人履行相关义务。首次公开发行股票主板上市督导的期间为当年的余下时间及其后的两个完整的会计年度，发行新股为上市后一个完整的会计年度，创业板为上市后 3 个完整的会计年度，自证券上市之日起计算。

保荐机构应当与发行人签订股票上市推荐协议，明确双方的权利和义务；应当保证推荐文件和与履行保荐职责有关的其他文件、发行人的申请文件和公开募集文件不存在虚假记载、严重误导性陈述或者重大遗漏，并保证对其承担连带责任。

（二）股票上市的条件

主板股票和创业板首次发行股票的上市条件是有一定区别的。

（1）主板股票的上市条件。股票经国务院证券监督管理机构核准并已公开发行；上市股份有限公司股本总额不低于人民币 5 000 万元；公众持股比例至少为 25%；如果发行时股份总数超过 4 亿股，发行比例不得低于 10%；发行人在最近 3 年财务会计文件中无虚假记载，没有重大违法行为；中国证监会以及上海证券交易所、深圳证券交易所规定的其他条件。

（2）创业板股票上市条件。根据《创业企业股票发行上市条例》规定的上市条件，股票已首次公开发行；发行人首次公开发行新股后，公司股本总额不少于人民币 3 000 万元；公开发行的股份达到公司股份总数 25% 以上；公司股本总额超过四亿元的，公开发行股份的比例为 10%以上；公司股东人数不少于 200 人；公司最近 3 年无重大违法行为，无财务会计报告虚假记载；深圳证券交易所要求的其他条件。

（三）股票上市的申请程序

股票上市需经过以下程序。

（1）提出上市申请并提交有关文件。普通股的发行人提出上市申请时，应提交下述文件：①上市报告书。上市报告书实际上是指申请上市的要求书（应包括的内容为：要览、绪言、发行公司概况、股票发行及承销、董事、监事及高级管理人员的持股情况、公司设立、关联企业及关联交易等）；②申请上市的股东大会决议，股东大会决议应当符合《公司法》及公司章程的规定，股东大会做出决议必须以书面形式进行；③公司章程。公司章程应当符合《公司法》的规定；④公司营业执照。公司营业执照是指工商行政管理机关颁发的公司得以从事经营活动的凭证；⑤经法定验证机构验证的公司最近3年的或者公司成立以来的财务会计报告，验证机构应当是具备从事验证条件的会计师事务所、审计师事务所等；⑥法律意见书和证券公司的推荐书；⑦最近一次的招股说明书。

（2）股票上市交易申请经国务院证券监督管理机构核准后，其发行人应当向证券交易所提交包括核准文件以及《证券法》规定的有关文件。

（3）证券交易所对股票上市做出具体安排。证券交易所应当自接到该股票发行人提交的文件之日起6个月内，安排该股票上市交易，在法定期限内规定具体上市时间，并发出上市通知书。

（4）上市协议书。申请人在收到上市通知后应当与证券交易所签订上市协议书，以明确相互间的权利义务，包括：公司应定期呈报各种财务报表，此类报表均应经有证券业务资格的会计师事务所审计；公司发生有关人事、财务、经营、股权处理等事项的重大变化时，应及时通知证券交易所；公司应定期向公众充分公布有关应予以披露的资料和事项，当发生重大变化时，公司应及时披露该信息；上市公司不得拒绝证券交易所令其提供此类资料的合理要求；上市协议书中应写明该公司上市股票的种类、发行时间、发行股数、面值及发行价格；证券交易所应当维护上市公司的股票上市权利，并且不得予以歧视；上市协议书中应写明有关上市费用的事项。

（5）上市公告。股票上市交易申请经证券交易所同意后，上市公司应当在上市交易的5日前公告经核准的股票上市的有关文件，并将该文件置备于指定场所供公众查阅。上市公司除公告规定的上市申请文件外，还应当公告下列事项：股票获准在证券交易所交易的日期，持有公司股份最多的前10名股东的名单和持股数额，董事、监事、经理及有关高级管理人员的姓名及其持有本公司股票和债券的情况。

（6）股票上市费用。股票上市费用分为上市初费和上市月费两类。上海证券交易所和深圳证券交易所根据本所的收费标准收费。

（四）上市公司状况异常期间的股票特别处理

上市公司的股票在交易过程中出现以下情况的，将由证券交易所对该上市公司股票实行特别处理。

（1）公司财务状况异常。最近两个会计年度的审计结果显示的净利润为负值，或最近一个会计年度的审计结果显示其股东权益低于注册资本，即公司连续两年亏损或每股净资产低于股票面值。

（2）公司其他状况异常。因自然灾害、重大事故等导致公司生产经营活动基本中止，公司涉及可能赔偿额超过本公司净资产的诉讼等情况。

对特别处理股票的具体要求是：要求上市公司在特别处理之前于指定报刊头版刊登关于特别处理的公告；特别处理股票的报价日涨、跌幅限制为5%，证券交易所应在发给会员的行情数据中，于特别处理的股票前加“ST”标记。

（五）临时停牌

除按照证券交易所《证券上市规则》的规定对上市股票实施正常的临时停牌之外，已在交易所挂牌的股票出现交易异常波动时，交易所有权对其实施临时停牌。股票出现下列问题之一时，将被认为是异常波动：某只股票的价格连续3个交易日达到涨幅限制或跌幅限制；

某只股票连续 5 个交易日列入“股票、基金公开信息”；某只股票价格的振幅连续 3 个交易日达到 15%；某只股票价格的日成交量与上月日均成交量相比连续 5 个交易日放大 10 倍；证券交易所或中国证监会认为属于异常波动的其他情况。

（六）上市公司筹划重大事项停复牌

1. 申请停复牌需要提交的文件和公告内容

以上海证券交易所为例，公司应当在非交易时间办理停牌申请，并向上海证券交易所（以下简称本所）提交下列文件：停牌申请，申请应当经公司董事长或其授权董事签字确认，并加盖公司公章；停牌公告，公告应当说明停牌理由、筹划事项的具体类型以及预计复牌的时间；交易所要求提供的其他文件。

上市公司申请复牌，应当向本所提交复牌申请和复牌公告。复牌申请和复牌公告应当包括以下内容：公司股票及其衍生品种的复牌安排；复牌时间；停牌期间筹划事项的进展情况，及其对公司的影响。

如涉及重大资产重组、关联交易、对外投资等事项，公司还应当按照《重组办法》《股票上市规则》等规定履行相关审议程序和信息披露义务。

2. 筹划重大资产重组停复牌的规定

上市公司因筹划重大资产重组申请停牌的，应当在 3 个月内公布预案并申请复牌。公司无法确定筹划事项是否构成重大资产重组，且预计筹划信息难以保密的，可以向本所申请停牌，同时承诺在停牌后 10 个交易日内确定是否构成重大资产重组，并在停牌期间及时披露相关论证进展情况。

上市公司预计无法在停牌期满 1 个月内披露重大资产重组预案，拟申请延期复牌的，应当披露以下内容：交易对方类型，如控股股东、实际控制人、第三方以及是否构成关联交易等；交易方式，如发行股份购买资产、现金购买或出售资产、资产置换或其他交易方式；标的资产的行业类型，如涉及多个标的资产，需分别披露所处的行业，如后续披露的标的资产行业与此前不一致，需说明不一致的具体原因。

上市公司预计无法在停牌期满 2 个月内披露重大资产重组预案，拟申请延期复牌的，应当在原定复牌期限届满前召开董事会审议延期复牌议案，并在议案审议通过后披露规定内容。

上市公司预计无法在停牌期满 3 个月内披露重大资产重组预案，符合规定条件的，可以申请延期复牌。上市公司拟申请延期复牌的，应当在原定复牌期限届满前召开董事会、股东大会，审议申请延期复牌的议案。

公司延期复牌议案获得股东大会审议通过，应当在延期复牌公告中披露以下内容：重组框架协议；继续停牌的原因；财务顾问关于公司继续停牌原因符合本所规定的核查意见；独立董事关于公司继续停牌原因符合本所规定的核查意见；尚待完成的工作及具体时间表；预计复牌时间；召开投资者说明会的情况。

上市公司预计无法在停牌期满 4 个月内披露重大资产重组预案，拟申请延期复牌的，应当披露以下内容：具体复牌时间；财务顾问关于公司停牌期间重组进展信息披露的真实性、继续停牌的合理性、5 个月内复牌可行性的专项核查意见。

除重大资产重组事项依法依规须经事前审批或者属重大无先例之外，上市公司筹划重大资产重组累计停牌时间不得超过 5 个月。公司连续筹划重大资产重组事项，合计停牌时间不得超过5个月。

3. 筹划非公开发行股份停复牌的规定

上市公司以筹划非公开发行股份为由申请停牌的，除符合本章规定可申请延期复牌的情形之外，应当在10个交易日内披露方案并申请复牌。

上市公司筹划非公开发行期间出现以下情形之一的，可以申请第一次延期复牌，延期时间不超过5个交易日：募集资金拟收购的资产交易金额特别巨大，需进行审计、评估且工作量较大；募集资金拟收购的资产涉及海外收购；须事先取得有权部门批准的相关事项尚未获批；重大无先例事项需要在披露发行方案前予以明确或解决。

上市公司预计无法在第一次延期复牌期间内披露发行方案的，应当在期限届满前召开董事会会议，审议是否申请第二次延期复牌不超过20天的议案。

公司董事会审议第二次延期复牌议案时，如认为延期复牌时间需要超过20天的，应当在董事会决议时，发出召开股东大会通知，提交股东大会审议20天后申请第三次延期复牌的议案。

公司召开股东大会审议申请延期复牌的时间不得超过2个月，但非公开发行事项依法须经事前审批或者属重大无先例的除外。

上市公司在停牌期间未能披露发行方案的，应当在停牌期限届满之前向本所申请复牌，同时披露终止筹划非公开发行公告，并承诺1个月内不再筹划同一事项。

公司在股东大会决议确定的停牌期间未披露发行方案的，除应当终止筹划本次非公开发行外，还应当承诺2个月内不再筹划同一事项。

公司在披露发行方案后终止非公开发行事项的，应当承诺公告后1个月内不再筹划同一事项。

公司以筹划重大资产重组为由申请停牌，后改为筹划非公开发行的，停牌时间不得超过10个交易日。

4. 上市公司筹划其他重大事项停复牌的规定

上市公司筹划控制权变更、重大合同以及须提交股东大会审议的购买或出售资产、对外投资等事项的，原则上应当分阶段披露。确需申请停牌的，应当同时披露停牌原因和筹划事项的具体类型。

公司申请紧急停牌，当日暂无法按前款规定披露停牌原因的，应当在次日补充披露。

（七）暂停上市或终止上市

公司股票的上市资格并不是永久的，当不能满足证券交易所关于证券上市的条件时，上市交易将会受到限制，严重者上市资格甚至会被取消。交易所停止某公司的股票交易，称为终止上市或停牌。证券退市制度，是指有关证券退市的标准和程序、退市证券的暂停与终止等一系列规则的总称。

证券上市暂停，是指证券发行人出现了法定原因时，其上市证券暂时被停止在证券交易所挂牌交易的情形。暂停上市的证券暂停原因消除后，可恢复上市。

证券上市终止，是指证券发行人出现了法定原因后，其上市证券被取消上市资格，不能在证券交易所继续挂牌交易的情形。上市证券被终止后，可以在终止上市原因消除后，重新申请证券上市。上市证券依法被证券管理部门决定终止上市后，可继续在依法设立的非集中竞价的交易场所继续交易。

> **边学边练**
>
> 登录中国证监会官网，查找主板市场证券暂停和终止上市制度是如何规定的。
>
> 通过互联网搜索“博元投资涉嫌重大违法，被启动强制退市机制”新浪财经相关专题，请思考博元投资被退市的原因是什么？这个案例对你有哪些启示？

证券上市的暂停与终止是两个既有联系又有区别的概念。前者一旦暂停上市的情形消除，证券即可恢复上市。因此，证券上市暂停时，该证券仍为上市证券。后者被终止上市后，其证券不能恢复上市，只能在被终止的情形消除后，重新申请上市，故终止上市的证券不再属于上市证券，而是退市证券。

证券上市的暂停与终止，是证券上市制度的重要组成部分，它构成了证券上市的退出机制，使得证券市场上的证券有进有出，形成优胜劣汰的机制，促使上市公司依法经营，并努力提高经营业绩，否则将面临退市的风险。同时，证券上市的退出机制，有助于提高投资者的证券投资风险意识，促进投资者的理性投资，从而更好地保护投资者的利益。此外，还有助于化解证券市场的系统风险，使证券市场永远保持竞争活力。

1. 上市公司退市制度

上市公司退市制度包括主动退市与强制退市两种，其具体做法见表 5.1。

表 5.1　上市公司退市情形一览表

序号	具体做法	类型
1	上市公司在履行必要的决策程序后，主动向证券交易所提出申请，撤回其股票在该交易所的交易，并决定不再在交易所交易	主动退市
2	上市公司在履行必要的决策程序后，主动向证券交易所提出申请，撤回其股票在该交易所的交易，并转而申请在其他交易场所交易或者转让	
3	上市公司向所有股东发出回购全部股份或者部分股份的要约，导致公司股本总额、股权分布等发生变化不再具备上市条件，其股票按照证券交易所规则退出市场交易	
4	上市公司股东向所有其他股东发出收购全部股份或者部分股份的要约，导致公司股本总额、股权分布等发生变化不再具备上市条件，其股票按照证券交易所规则退出市场交易	
5	除上市公司股东外的其他收购人向所有股东发出收购全部股份或者部分股份的要约，导致公司股本总额、股权分布等发生变化不再具备上市条件，其股票按照证券交易所规则退出市场交易	
6	上市公司因新设合并或者吸收合并，不再具有独立主体资格并被注销，其股票按照证券交易所规则退出市场交易	
7	上市公司股东大会决议解散，其股票按照证券交易所规则退出市场交易	
8	上市公司因首次公开发行股票申请或者披露文件存在虚假记载、误导性陈述或者重大遗漏，致使不符合发行条件的发行人骗取了发行核准，或者对新股发行定价产生了实质性影响，受到证监会行政处罚被暂停上市后，在证监会做出行政处罚决定之日起一年内，被证券交易所终止公司股票上市	强制退市

2. 创业板退市制度

根据 2018 年修订的《深圳证券交易所创业板股票上市规则》，深圳证券交易（以下简称本所）所对创业板股票退市制度作了相关规定。

（1）暂停上市。上市公司出现下列情形之一的，暂停其股票上市：最近 3 年连续亏损（以最近 3 年的年度财务会计报告披露的当年经审计的净利润为依据）；因财务会计报告存在重要的前期差错或者虚假记载，对以前年度财务会计报告进行追溯调整，导致最近 3 年连续亏损；最近一个年度的财务会计报告显示当年年末经审计净资产为负；因财务会计报告存在重要的前期差错或者虚假记载，对以前年度财务会计报告进行追溯调整，导致最近一年年末经审计净资产为负；最近两个年度的财务会计报告均被注册会计师出具否定或者无法表示意见的审计报告；交易所规定的其他情形等。

（2）主动终止上市。上市公司出现下列情形之一的，可以向本所申请终止其股票交易：上市公司股东大会决议主动撤回其股票在本所上市交易，并决定不再在证券交易所交易；上市公司股东大会决议主动撤回其股票在本所上市交易，并转而申请在其他交易场所交易或转让；上市公司股东大会决议解散；上市公司因新设合并或者吸收合并，不再具有独立主体资格并被注销；中国证监会或本所认可的其他主动终止上市情形等。

（3）强制终止上市。深圳证券交易所规定符合23个方面情形之一的，深圳证券交易所有权强制终止股票上市。

拓展阅读

请在互联网搜索并阅读《深圳证券交易所创业板股票上市规则（2018年修订）》（深证上〔2018〕166号），了解相关的条文。

（八）股票上市的信息公开

发行人、上市公司依法披露的信息必须真实、准确、完整，不得有虚假记载、误导性陈述或者重大遗漏。

1. 主板市场信息公开的规定

对在主板市场上市的公司信息公开有以下几项规定。

（1）临时报告。发生可能对上市公司股票交易价格产生较大影响，而投资者尚未得知的重大事件时，上市公司应当立即将有关该重大事件的情况向国务院证券监督管理机构和证券交易所提交临时报告，并予公告，说明事件的实质。

（2）中期报告。股票或者公司债券上市交易的公司，应当在每一会计年度的上半年结束之日起两个月内，向国务院证券监督管理机构和证券交易所提交中期报告，并予公告。

（3）年度报告。股票或者公司债券上市交易的公司，应在每一会计年度结束之日起4个月内，向国务院证券监督管理机构和证券交易所提交年度报告，并予公告。

2. 创业板市场信息公开的规定

中国证监会指定的创业板市场信息披露网站为巨潮资讯网。深圳证券交易所网站设置了专门的子网页“创业板”，投资者也可以登录此网页查询创业板相关信息、规则和动态等，也可以通过有关栏目学习掌握创业板市场相关规则，了解投资风险。

投资者需重点关注的创业板信息披露内容有以下内容。

（1）定期报告（包括季报、中报和年报）。定期报告是全面了解上市公司经营情况的最佳资料和最完整的文本，投资者应认真阅读，并注意加以比较和分析。

（2）股东和实际控制人、高级管理者、股份变动公告。与中小板一样，持股5%以上的股东和实际控制人出售股份每达到总股本1%的，上市公司应当在该事实发生之日起两个交易日内就该事项做出公告。股份变动情况在一定程度上反映了公司大股东、实际控制人、高级管理者对公司前景的态度，投资者应密切关注，仔细分析。

（3）交易和重大事项公告。由于创业板公司平均规模相对较小，一些按照主板规则还达不到披露标准的交易（如关联交易金额达到100万元，且占上市公司最近一期经审计净资产绝对值0.5%以上）及重大事项（如提供财务资助或委托理财，连续12个月内累计发生金额达到100万元），按照创业板相关规则就要求上市公司在中国证监会指定的信息披露网站披露上述内容外还应在上市公司网站进行披露。

特别关注具有创业板“特色”的信息披露内容，主要有以下两方面。

（1）技术风险的披露。创业板公司往往对核心技术、核心人员依赖程度较高，所面临的技术风险也较大。《创业板股票上市规则》要求上市公司及时披露有关核心技术（如商标、专利、专有技术、特许经营权等）及核心人员（如核心技术团队或关键技术人员）等的重大变化，除非有关核心技术的披露内容属于公司商业秘密可以申请豁免。

（2）业绩快报。投资者除了通过阅读年报、中报及季报了解上市公司业绩情况外，还可以通过业绩预告，特别是业绩快报提前了解上市公司的业绩概况，了解有关业绩信息。创业板上市公司如果在 2 月底前不能披露年报的，或者年报预约披露时间为 3 月或 4 月的，公司须在 2 月底前披露业绩快报。简单地说，投资者在 2 月底前就可了解到创业板上市公司的经营业绩。

二、债券上市

债券上市是指证券交易所根据其规则，允许债券在交易所挂牌交易。

1. 公司债券的上市

公司申请其发行的公司债券上市交易，必须报经国务院证券监督管理机构核准。国务院证券监督管理机构可以授权证券交易所依照法定条件和法定程序核准公司债券上市申请。

（1）上市条件。经国务院授权的部门批准并公开发行；股份有限公司的净资产额不低于 3 000 万元，有限责任公司的净资产额不低于 6 000 万元；累计发行在外的债券总面额不得超过发行人净资产额的 40%；最近 3 年平均可分配利润足以支付债券 1 年的利息；债券发行人筹集资金的投向须符合国家产业政策及发行审批机关批准的用途；债券的期限为 1 年以上；公司债券可转换为股票的，除具备发行公司债券的条件外，还应符合股票发行的条件；债券的信用等级不低于 A 级；债券的实际发行额不低于人民币 5 000 万元，等等。

（2）上市交易申请。公司向国务院证券监督管理机构提出公司债券上市交易申请时，应当提交下列文件：上市报告书（公告书）；申请上市的董事会决议；公司章程；公司营业执照；公司债券募集办法；公司债券的实际发行数额。

（3）证券监督管理机构核准。公司债券上市交易申请经国务院证券监督管理机构核准后，其发行人应当向证券交易所提交核准文件和规定的有关文件。

证券交易所应当自接到该债券发行人提交的前款规定的文件之日起 3 个月内，安排该债券上市交易。公司债券上市交易申请经证券交易所同意后，发行人应当在公司债券上市交易的 5 日前公告公司债券上市报告、核准文件及有关上市申请文件，并将其申请文件置备于指定场所供公众查阅。可转换公司债券的上市与公司债券的上市类似。

2. 债券的暂停上市和终止上市

公司债券上市交易后，公司有下列情形之一的，由国务院证券监督管理机构决定暂停其公司债券上市交易，包括：①公司有重大违法行为；②公司情况发生重大变化不符合公司债券上市条件；③公司债券所募集资金不按照审批机关批准的用途使用；④未按照公司债券募集办法履行义务；⑤公司最近两年连续亏损。

公司有上述第①、④项所列情形之一经查实后果严重的，或者有上述第②、③、⑤项所列情形之一，在限期内未能消除的，由国务院证券监督管理机构决定终止该公司债券上市；公司解散、依法被责令关闭或者被宣告破产的，由证券交易所终止其公司债券上市，并报国务院证券监督管理机构备案。此外，到期的债券上市自动终止。

三、基金上市

根据深、沪证券交易所的《证券投资基金上市规则》申请上市的封闭式基金必须符合下列条件：经中国证监会批准设立并公开发行；基金存续期不少于 5 年；基金最低募集数额不少于人民币 2 亿元；基金持有人不少于 1 000 人；有经审查批准的基金管理人和基金托管人；基金管理人、基金托管人有健全的组织机构和管理制度，财务状况良好，经营行为规范。基金管理人申请基金上市，应完成下列准备工作：聘请有资格的会计师事务所对基金募集的资金进行验证，并出具验资报告；采用无纸化发行基金的，应完成其托管工作；采用有纸化发行基金的，须完成其实物凭证的分发及入库工作。基金管理人申请基金上市须向证券交易所提交下列文件：上市申请书；上市公告书；批准设立和发行基金的文件；基金契约；基金托管协议；基金募集资金的验资报告；证券交易所 1 ~ 2 名会员署名的上市推荐书；中国证监会和中国人民银行对基金托管人的审查批准文件；中国证监会批准基金管理人设立的文件；基金管理人注册登记的营业执照；基金托管人注册登记的营业执照；基金已全部托管的证明文件等。证券交易所对基金管理人提交的基金上市申请文件进行审查，认为符合上市条件的、将审查意见及拟定的上市时间连同相关文件一并报中国证监会批准，经批准的基金，证券交易所出具上市通知书。基金上市前，基金管理人或基金公司应与上海证券交易所、深圳证券交易所签订上市协议书。获准上市的基金，须于上市首日前 3 个工作日内在至少一种中国证监会指定的报刊上公布上市公告书。

第二节　证券交易程序和费用

证券交易程序主要是指投资者通过经纪人在证券交易所买卖证券时，要经过开户、委托、竞价成交、清算交割等交易程序。

一、股票交易程序

（一）开户

上海和深圳证券交易所目前挂牌买卖的交易品种主要有 A 股、B 股、债券现货（可转换债券）、投资基金券等。不同的投资者按照有关法律、法规的规定，可根据自身条件，参与不同品种的交易活动。这里重点介绍证券交易所市场的人民币普通股股票的交易程序。

1. 开设证券账户

法人或自然人投资者到当地的证券公司申请开设证券账户。证券账户分为上海证券交易所证券账户和深圳证券交易所证券账户。当投资者需要同时参与上海和深圳证券交易所的证券交易时，应开设两个交易所的证券账户。

证券账户分为个人账户与法人账户两种。开设个人账户时，投资者必须持本人居民身份证。法人开户所需提供的文件包括有效的法人证明文件（营业执照）及其复印件、法定代表人证明书及其居民身份证、法人委托书及委托人身份证件等。

2. 开设资金账户

投资者必须向选定的证券公司申请开设资金账户，存入交易保证金。交易保证金就是投资人用于交易的资金，交易保证金的起点金额由证券商根据营业部情况自行确定。

（1）证券公司的选择。不是证券交易所会员的投资人，不能进入交易所直接买卖证券。投资者必须选定一家证券公司，委托该公司帮助投资者买卖在证券交易所挂牌的证券。证券公司接受客户委托、代客户买卖证券并以此收取佣金，并向客户提供及时、准确的信息和咨询服务。投资者选择证券公司一般要考虑以下因素：证券公司的信誉和经济实力；证券公司的设备条件和服务质量；机构投资者还要考虑交易操作人员的工作环境和有利于保守商业秘密；个人投资者应考虑证券营业部的地理位置须交通便利，开户保证金的标准能接受等。

（2）开立资金账户。投资者持证券账户卡、个人身份证件到证券公司的开户柜台，与证券公司必须签订证券买卖代理协议，开立证券交易结算资金账户，领取资金账户卡；也可以通过证券公司网站或者 APP 进行网上开户。投资者可根据证券公司的设备条件选择人工委托交易（当面委托）、电话自助委托交易、网上交易、手机交易等交易手段，并办理相应的手续。投资者缴存的交易保证金（包括支票、汇票、储蓄存折和储蓄卡转账）由投资人自主支配，用于购买证券或兑现、转账，证券公司不得挪用，并应按活期储蓄利率支付投资者利息，也可选用银证联网转账存取。客户的交易结算资金存入指定的商业银行，单独立户管理。

（3）办理证券指定交易和托管。全面指定交易制度是指凡是在上海证券交易所交易市场从事证券交易的投资者，均应事先明确指定一家证券营业部作为其委托、交易清算的代理机构，并将本人所属的证券账户指定于该机构所属席位号后方能进行交易的制度。投资者应就买卖上海证券交易所挂牌证券与证券商之间签署指定交易协议，指定交易后，投资人就只能在指定的券商营业部买卖上海证券交易所挂牌证券。如果要换一家证券商，应撤销原指定交易，重新指定交易。办理指定交易有利于保护投资者利益，减少投资的证券被盗卖的机会。

> **边学边练**
>
> 请在手机客户端下载“广发证券开户”APP，准备好本人二代身份证、本人银行卡，按照提示，尝试给自己开个证券账户，有困难可请教老师或同学。

托管制度是深圳证券交易所采取的交易制度及股份存管结算服务，涉及证券交易和结算环节。深圳证券交易所的投资者需要将自己持有的股份托管在自己选定的一个或几个证券营业部。证券托管是自动实现的，投资者在哪一个营业部买入证券，该证券就自动托管在该营业部。投资者可以利用自己的深圳证券交易所证券账户在国内任何一个证券营业部买入证券，但是卖出该证券必须在买入的那个营业部才能卖出。在托管中投资者若要将其托管股份从一个券商处转移到另一个券商处托管，就必须办理相关的手续，实现股份委托管理的转移。

办理上述手续之后，个人投资者就可以买卖上海、深圳两个证券交易所挂牌的 A 股股票、债券和基金，并参与网上发行的 A 股股票、债券和基金的申购。机构投资者开户后，在不违反基金券申购的有关规定的前提下，也可买卖债券和基金，并参与证券的申购。

（二）委托

投资者开户后，就可通过券商进行证券交易。委托是投资者将证券交易的具体要求告知券商，券商受理后代为进场申报，参加竞价成交的指令传递过程。

1. 委托形式

在我国，投资者为买卖证券而向券商发出的委托指令可以通过电话、网络或亲自前往等多种形式进行。其形式主要有当面委托和自助委托，除此以外还有一些其他委托方式，如电报、电传、信函等，现在已不再采用。

当面委托由投资者填写委托单，携带身份证、股东账户卡与资金账户卡（即“三证”）等证件亲自到券商的营业部，在柜台直接递交公司业务员，由场内代表将指令输入证券交易所电脑主机，完成委托。当面委托现已不多见。

自助委托是由投资者亲自操作输送委托指令的交易方式，现已被广泛采用，极大地方便了投资者。目前使用最普遍的自助委托方式有电话委托和网上委托。

电话委托是利用电话专线，通过语音提示，指导投资者输入委托指令。电话委托的所有过程均由证券公司的电脑主机控制，绝对可靠，差错率极低。投资者即使远在外地，也可进行委托，方便程度相当高。但投资者无法通过电话了解大盘走势。

网上委托是指证券公司通过互联网，向在本机构开户的投资者提供用于下达证券交易指令、获取成交结果的一种服务方式。网上委托通过互联网使投资者的电脑与券商的服务器连在一起，投资者可以享受券商提供的各种信息服务，包括即时行情、走势分析、成交概况等即时资料，更重要的是，可以进行场外报单。网上委托改变了券商竞争的业态，单纯地增加营业部的数量已无必要。网上委托的成本是几种委托形式中最低的。

2. 委托指令

委托指令的要素包括证券账号、日期、品种、数量、价格、委托方向等。

（1）以委托数量为标准，可分为整数委托和零数委托。整数委托的数量是交易所规定的交易单位（股票为100股，称为“手”）或其整数倍。零数委托的数量则不足交易所规定的交易单位或不是其整数倍。在我国委托卖出可以是零数委托，但委托买入必须是整数委托。

（2）以委托的价格为标准，可分为市价委托和限价委托。市价委托是指客户委托券商按市场可能的最佳价格为其立即成交。限价委托是指客户委托券商按其限定价格或按比其限定价格更好的价格为其完成委托。

（3）以交易性质为标准，可分为买入委托和卖出委托。买入股票的委托为买入委托，卖出股票的委托为卖出委托。

（三）竞价成交

1. 竞价

在证券交易所内，证券买卖双方通过公开竞价方式成交。这种公开竞价的过程完全透明，在时间优先、价格优先的原则下，任何一家券商的客户委托都须经过这种方式申报，经各会员券商代表其客户公开出价，直到出现最合理的价格，否则竞价过程继续进行。竞价有“集中申报，“连续竞价”和“集合竞价”两种方式。

“集中申报，连续竞价”是指在证券交易所的开市时间里，各会员券商分别代理其客户就某一证券进行集中的买入和卖出申报，只要出现买入价与卖出价一致的机会，即可成交一笔，然后竞价继续进行。这样连续不断地持续竞价，构成了连续市场。在我国上海、深圳证券交易所采用的是电脑竞价方式。电脑竞价是买卖双方将委托申报价格指令输入电脑终端，各券商的委托指令在进入证券交易所电脑主机时自然按时间顺序排列申报。电脑主机在接受委托申报后，即按券种分类，每种证券类别中则按价位排列，在数量合适时，相同价位即可成交。成交的委托当即可在席位终端上显示，剩余的未成交委托可继续参加竞价，直到由电脑撮合成交。电脑竞价由于信息处理量大，可以允许证券商在开市期间代理客户的任何有效申报，而不必按照买入申报必须高于前手、卖出申报必须低于前手的规则，客户则能在较大范围内自主决定委托价格，以确保成交。

“集合竞价”是上海、深圳证券交易所产生开盘价的方式。在股市开盘前，由券商将接受的客户开盘竞价指令统一输入电脑主机，然后由电脑进行撮合，当某一券种在某一价位上买卖数量相等时，则此价位即为开盘价，凡开盘申报的买入价高于集合竞价价格者，均可以此价格成交，低于此价格的买入者不得成交，但可参加正式开盘后的连续竞价；凡开盘申报的卖出价低于集合竞价价格者，均可以集合竞价价格成交，高于此价格的卖出者也不得成交，要参加正式开盘后的连续竞价。

> 网络学习指南
>
> 请在互联网搜索并阅读《深圳证券交易所交易规则（2016年修订）》一文，仔细看看主要修改了哪些内容？

2. 证券成交规则及成交方式

证券买卖双方通过券商的场内交易员分别出价委托，若买卖双方的价位与数量合适，交易即可达成，这个过程称为成交。证券买卖的基本规则是价格优先与时间优先。价格优先原则是指较高买入价申报比较低买入价申报具有优先权；较低卖出价申报比较高卖出价申报具有优先权。时间优先原则是指在具体申报时，申报在先的委托排列在前，申报在后的委托排列在后。

（四）清算与交割

清算是指证券买卖双方结清价款的过程，交割则是指买卖双方交付实际成交的证券的过程。证券的清算与交割通常在交易结束后办理。经过了清算与交割，证券交易的全过程就基本完成了。

（五）过户

过户是指买入记名股票的投资者到证券发行机构或其指定代理机构办理变更股东名册记载事项的手续。我国发行的股票都是记名股票。股票是股东权利的体现。股份公司以股东名册为依据，进行股利分配及参与公司决策。投资者在买入股票时，必须办理过户手续，才能保障其合法权益。在无纸化交易时，过户只存在形式上的意义，这一手续已在清算交割时由券商代为办理了，投资者不需要亲自去有关机构办理手续。在公司分配股利或召开股东大会时，需要对股东名册进行重新清理，以免重复或遗漏，然后将核准无误的股东名册交付证券交易所。

二、基金交易程序

（一）封闭式基金的交易程序

封闭式基金成立后，基金管理人、基金托管人可以向中国证监会及证券交易所提出基金上市申请。投资者持深圳、上海证券交易所的证券账户卡或专门的基金账户卡到证券公司进行买卖，基金买卖以“手”为单位，1 000 个基金单位为一手，交易时，只需交纳交易佣金，无须交纳印花税。封闭型基金的交易类似于股票交易，基金购买卖价格在一定程度上由市场供需状况决定，并不必然反映基金的净资产价格。基金的交易价格可以高于或低于单位资产净值，所以，它相对于开放式基金而言，投机性较大。封闭式基金一般是在证券交易所申请挂牌上市的，由于封闭式基金的封闭性，即买入的封闭基金是不能卖回给发起人的，投资者若想将手中的基金出手，只能通过证券经纪商再通过证券交易所的交易主机进行撮合转让给其他投资者；若想买入，也要通过证券交易所从其他投资者手中买进。

（二）开放式基金的交易程序

开放式基金的交易不通过证券交易所，只能在指定机构的柜台上进行。基金申购、赎回的价格按基金公布的资产净值计算。我国规定开放式基金必须保证每周至少一次向投资者公布基金资产净值和申购、赎回价格。

1. 开放式基金的申购

申购是指投资人申请购买已经成立的开放式基金的行为。基金的申购以书面方式或经认可的其他方式进行：①申购价格的确定，基金管理人接到投资人的购买申请时，应按当日公布的基金单位净值加一定的申购费用作为申购价格。②申购的计价方式，申购采用“未知价”法，通常按照“金额申购”的方式进行，以申请日的基金单位资产净值为基础进行交易。申购费用的计算采用内扣法，申购金额包括申购费用和净申购金额。计算公式如下：申购费用＝申购金额×申购费率；净申购金额=申购金额－申购费用；申购份额=申购金额÷申请日基金单位资产净值。③申购费用，申购费用按单笔申购申请金额所对应的申购费率乘以单笔确认的申购金额计算。④申购的业务操作流程，投资人填写申请表，网点接受申请表和账户卡，并对其进行审核合格后网点录入信息并冻结申购款，同时将有关信息传至系统，系统向网点下传申购确认信息同时将信息传至管理人，如果申购成功，则将申购款划至基金托管人账户，同时基金单位入账投资人账户。如果申购失败，则申购款解冻，退还给投资者。

2. 开放式基金的赎回

赎回指基金在存续期间，已持有基金单位的投资人要求基金管理人购回其持有的基金单位的行为，基金的赎回以书面方式或经认可的其他方式进行。

在我国，赎回计价方式采用“未知价”法，按照“份额赎回方式进行，以申请日的基金单位资产净值为基础进行交易。

3. 开放式基金赎回的拒绝

当发生下列情形时，基金管理人可拒绝接受基金投资人的赎回申请：一是不可抗力；二是证券交易场所交易时间非正常停市，导致基金经理无法计算当日基金资产净值；三是其他在基金契约、基金招募说明书中已载明并获批准的特殊情形。发生上述情形之一的，基金管理人应当在当日立即向中国证监会备案；已接受的赎回申请，基金管理人应当足额兑付；如暂时不能足额兑付，可按单个账户占申请总量的比例分配给赎回申请人，其余部分按基金契约及招募说明书载明的规定，在后续开放日予以兑付。

拓展阅读

由于定期定额投资是在固定时间间隔以固定金额投资于基金，一般可以不在乎进场时点。举例来说，若每隔两个月投资100元于某一只开放式基金，一年共投资6次，总金额为600元，每次投资时基金的申购价格分别为1元、0.95元、0.90元、0.92元、1.05元和1.1元，则每次可购得的基金份额数分别为100份、105.3份、111.1份、108.7份、95.2份和90.9份（未考虑申购费），累计份额数为611.2份，则平均成本为600÷611.2=0.982（元），投资回报率则为（1.1×611.2－600）÷600×100%=12.05%。如果一开始即以1元的申购价格投资600元，当基金净值达到1.1元时，投资回报率则只有10%。当然，如果是在基金净值为0.90元时一次性投资，当基金净值达到1.1元时，投资回报率就有22.2%。问题是，要抓到这样的低点并不是一件容易的事。

分析：定期定额购买基金不仅适合年轻人，也适合其他年龄段有持续较低收入的投资者，但这一方式必须经过一段长时间的投资后才能看得出成效，最好能持续投资3年以上。

三、证券交易费用

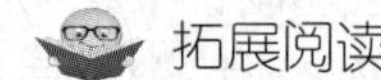
拓展阅读

请在互联网搜索并阅读“深圳证券交易所收费（及代收税费）明细”，了解在买卖证券时都有哪些应付的税费。

投资者在委托买卖证券时，应支付各种费用和税收，通常包括委托手续费、佣金、过户费、印花税等。

第三节　证券交易场所

证券交易场所主要有证券交易所和场外交易市场。传统“场内”“场外”是在物理概念上进行区分，随着电子交易系统的全面使用，“场内”和“场外”物理界限逐渐模糊，演变为风险分层管理的概念。创业板是对主板市场的有效补充，在资本市场中占据着重要的位置。

一、证券交易所

证券交易所是依据国家有关法律，经国家证券主管机关批准设立的，进行证券公开、集中交易的场所，也称场内交易场所。

（一）证券交易所的功能

证券交易所的性质，决定了证券交易所具有如下基本功能。

（1）保证证券交易的连续性。在证券交易所里，由于各类证券品种都是公开挂牌交易，因此，在开市期间，投资人可以随时买进卖出证券，并实现其变现，降低价格涨落过大的市场风险，从而使整个证券市场能持续平衡发展。

（2）形成公平的交易价格。由于实行集中竞价，证券交易价格根据证券的供求关系确定，因此，通过公开和竞争的方式产生的交易价格，较为公平合理。

（3）为证券交易各方提供优良服务。证券交易所为证券交易各方提供的场地设施和各种服务，如通信系统，计算机设备，办理证券的结算、过户等，使证券交易各方能迅速、便捷地完成各项证券交易活动。

（4）维护证券市场秩序。证券交易所是管理和控制整个证券市场的第一线自律性监管机构。它通过制定和执行交易所的交易规则和交易制度，控制市场风险，处分违规者，从而达到维护市场秩序的目的。

（5）提供市场经济运行状态“晴雨表”。投资人买股票实质是买上市公司，买上市公司实质是买它的经营业绩和它的未来成长，而上市公司的发展又同行业的发展前景以及整个宏观经济环境有密切联系，因此，股票指数以及某一股票和某一行业板块股票的涨落，都会有效地反映市场经济运行状态。证券市场规模越大，这种反映就越明显。

（二）证券交易所的组织形式

从西方各国证券交易所创建以来的历史和演进过程来看，有两种基本组织形式，一是公司制证券交易所，二是会员制证券交易所。目前，世界上多数国家的证券交易所都采取会员制组织形式。我国现有的上海和深圳证券交易所也都是按照会员制事业法人的方式设立。

1. 公司制证券交易所

公司制证券交易所是按股份有限公司形式组织并以营利为目的的法人团体，一般由金融机构及各类民营公司组建。公司制证券交易所因其本身不直接参与证券买卖，在证券交易过程中处于中立地位，有助于保证交易的公平。

2. 会员制证券交易所

会员制证券交易所是由会员自愿组成的、不以营利为目的的法人团体，其主要由证券商组成。只有会员及享有特许权的经纪人，才有资格在交易所中进行交易。会员制证券交易所实行会员自治、自律、自我管理。会员制证券交易所最高权力机构是会员大会，理事会是执行机构，理事会聘请经理人员负责日常事务，目前大多数国家的证券交易所均实行会员制。会员制证券交易所采取会员自律、自治制度，不以营利为目的，其会员费和上市费比较低，有利于扩大证券交易所交易的规模，防止上市证券流入场外市场进行交易。

目前我国的上海证券交易所和深圳证券交易所实行的都是会员制。

（三）证券交易所的会员与席位

会员制证券交易所由会员组成，会员同时也是交易商，交易所的会员拥有交易所的席位，不同的交易所对会员拥有席位的数量规定有所差异，但会员至少应该拥有一个席位，只有拥有席位才能从事证券交易。上海证券交易所和深圳证券交易所通过吸纳证券经营机构入会，组成一个自律性的会员制组织。

音视空间

上海证券交易所简介（宣传片）

1. 会员资格

对于采取会员制的证券交易所，只有其会员才能在交易所中进行交易。上海证券交易所和深圳证券交易所对此的规定基本相同。上海证券交易所规定，其会员须同时具备下列条件。

（1）经中国证监会依法批准设立、具有法人地位的证券公司。

（2）具有良好信誉和经营业绩。

（3）组织机构和业务人员符合中国证监会和本所规定的条件，符合本所对技术风险防范提出的各项要求。

（4）承认本所章程和业务规则，按规定交纳会员费、席位费及其他费用。

（5）本所要求的其他条件。具备前条规定条件的证券公司，在向本所提出申请并提供相应的申报文件，经理事会批准后，方可成为本所的会员。本所接纳会员时应当在决定接纳后5个工作日内向中国证监会备案。

2. 交易席位

交易席位是证券经营机构在证券交易所进行交易的固定位置，取得了交易席位后才能从事实际的证券交易业务。取得普通交易席位的条件有两个：第一，具有会员资格；第二，交纳席位费。

音视空间

推荐观看动画视频，简单了解证券交易所是如何运作的。

二、场外交易市场简介

场外交易市场是指在证券交易所以外进行证券买卖的市场，主要由柜台交易市场、第三市场、第四市场组成。

（一）场外交易市场的特点

场外交易市场与场内交易市场相比，在市场的组织形式、交易对象、交易方式和市场管理等方面有所不同：①场外交易市场的组织方式不同。证券交易所是一个高度集中的、有组织的市场，但场外交易市场不进行集中交易，是一个分散的、无固定交易场所的无形市场或抽象市场。场内交易采用经纪制方式，投资者买卖证券需通过经纪人，场外交易基本上采用自营制，投资者可以直接和券商进行交易。②场外交易市场的交易对象不同。只有符合交易所上市标准的证券才有可能在交易所交易，但在场外交易市场除少数上市证券外，主要为非上市证券，品种多，数量大。③场外交易按照议价方式进行交易，场内交易则采用集中竞价。④场外交易市场管理比较宽松。

（二）场外交易市场的组成

场外交易市场（OTC 市场），通常是指店头交易市场或柜台交易市场，但如今的场外交易市场已不仅仅是传统意义上的柜台交易市场，有些国家在柜台交易市场之外又形成了其他形式的场外交易市场。

柜台交易市场是通过证券公司、证券经纪人的柜台进行证券交易的市场。柜台交易市场在证券产生之时就已存在，在交易所产生并迅速发展后，该市场之所以能够存在并获得发展，其原因有：①交易所的容量有限，且有严格的上市条件，客观上需要柜台市场的存在；②柜台交易比较简便、灵活，满足了投资者的需要；③随着计算机和网络技术的发展，柜台交易也在不断地改进，其效率已和场内交易不相上下。

第三市场是指已上市证券的场外交易市场。第三市场产生于 1960 年的美国，原属于柜台交易市场的组成部分，但因其发展迅速，市场地位提高，被作为一个独立的市场类型对待。第三市场的交易主体多为实力雄厚的机构投资者。第三市场的产生与美国的交易所采用固定佣金制密切相关，它使机构投资者的交易成本变得高昂，场外交易市场不受交易所固定佣金制的约束，导致大量上市证券在场外进行交易，遂形成第三市场。第三市场的出现成为证券交易所的有力竞争者，最终促使美国证券交易委员会（SEC）于 1975 年取消固定佣金制，同时也促使证券交易所改善交易条件，从而使得第三市场的吸引力有所降低。

第四市场是投资者绕过传统经纪服务，彼此之间利用计算机网络直接进行大宗证券交易所形成的市场。第四市场的吸引力在于：①交易成本低，因为买卖双方直接交易，无经纪服务，其佣金比其他市场少得多；②可以保守秘密，因无须通过经纪人，有利于匿名进行交易，保持交易的秘密性；③不冲击证券市场，大宗交易如在证券交易所内进行，可能给证券市场的价格造成较大影响；④信息灵敏、成交迅速，计算机网络技术的运用，可以广泛收集和存储大量信息，通过自动报价系统，可以把分散的场外交易行情迅速集中并反映出来，有利于投资者决策。第四市场的发展一方面对证券交易所和其他形式的场外交易市场产生了巨大的压力，从而促使这些市场降低佣金、改进服务；另一方面也对证券市场的监管提出了挑战。

（三）美国的场外交易市场

美国的场外交易市场是美国多层次证券市场体系的基础，美国场外交易市场孕育了纳斯达克（NASDAQ），同时纳斯达克的电子交易技术（ECNS）、创新的交易制度和监管制度也推动了场外交易市场的发展。

纳斯达克由全国证券交易商协会（NASD）的全资子公司纳斯达克证券市场公司（NASDAQ Stock Market, Inc.）负责运作。纳斯达克同时负责监管美国的两个场外证券交易市场，即美国场外柜台交易系统（OTCBB）和粉纸报价（pink sheets）。由于美国场外柜台交易系统直接使用纳斯达克的报价、交易和清算系统，同时接受全国证券交易商协会和美国证监会（SEC）的监管，并且在美国场外柜台交易系统挂牌交易的上市公司在满足纳斯达克小资本市场（small capital market）的上市条件后，可以顺畅地升级到纳斯达克，因此从某种角度看，美国场外柜台交易系统可以被认为与纳斯达克属于同一交易系统板块。美国场外柜台交易系统是美国最重要的场外交易市场。

美国场外柜台交易系统是提供场外交易实时报价、最新成交价格和成交量信息的电子交易系统，在这一市场上进行交易的品种都是暂时不愿意在纳斯达克市场或其他美国全国性证券交易所交易的证券。在美国场外柜台交易系统交易的证券包括全国性、地区性发行的股票和国外发行的股票、权证、基金单位、美国存托凭证和直接私募计划等。

（四）我国的场外交易市场

1. 我国场外交易市场的基本情况

我国场外交易市场的发展并未随信息和交易系统（NET）与全国证券交易自动报价系统（STAQ）的停止运行而停滞，而是根据总体布局、遵循从市场需求出发把自上而下与自下而上结合起来，逐渐实现分层构建。现在我国场外交易市场形成以新三板市场为主、券商自建柜台交易市场（OTC）并行、各地股权交易所为辅的多层次交易市场。三者用途各异：新三板市场重点培育园区高科技创新企业，未来将主要对接创业板市场；券商自建柜台交易市场重点解决中小企业融资难的问题，未来将对接中小板市场；而各地股权交易所将形成“粉单”市场。

目前我国场外交易市场主要满足以下证券的交易需要。

（1）定向募集公司发行的股票。依照 1992 年《股份有限公司规范意见》，我国曾批准设立近万家定向募集公司。目前，除少数定向募集公司增资转变为上市公司外，尚存相当数量的定向募集公司。定向募集公司向社会法人发行的股权权证依然具有股票的基本属性，只是其流通性受到法律法规的限制，但依照协议办理转让依然是实践中常见的交易方式。历史上，我国的两个证券交易系统 STAQ 和 NET，均以接受定向募集公司发行的法人股股票作为主要交易对象。这两个交易系统已停办，法人股通常以协议方式转让。

（2）公司发起人股股票。从 1992 年《股份有限公司规范意见》直至 1994 年《公司法》的实施，我国法律都认可以发起方式设立股份有限公司。此类公司不得向社会公众募集股份，而只能由发起人认购股份。对于募集设立的股份公司来说，同样存在发起人股。根据《公司法》规定，公司发起人股份在公司成立之日起 1 年内不得转让；公司公开发行股份前已发行的股份，子公司股票在证券交易所上市交易之日起 1 年内不得转让。

（3）非上市公司债券。《公司法》确立了公司债券的独立法律地位。就已发行的公司债券来说，在证券交易所上市交易的公司债券尚属少数，大多数公司债券只能通过协议方式转让。此类转让在性质上，也属于场外交易。

（4）依法办理质押的股票或公司债券。证券质押虽未形成证券的现实流通，但却使公司股票或债券具有了发生转让的潜在可能性，同样有赖于场外交易和场外交易市场的存在。

> 拓展阅读
>
> 请在互联网搜索并阅读"场外证券业务开展情况报告（2018 年第 1 期，总第 28 期）"一文，看看目前我国场外交易市场都有哪些业务？区域分布有哪些特点？

2. 我国"新三板"市场

2000 年，为解决主板市场退市公司与两个停止交易的法人股市场公司的股份转让问题，由中国证券业协会出面，协调部分证券公司设立代办股份转让系统，被称之为"三板"。由于在"三板"中挂牌的股票品种少，且多数质量较低，要转到主板上市难度也很大，因此很难吸引投资者，多年被冷落。为了改变中国资本市场这种柜台交易过于落后的局面，同时也为给更多的高科技成长型企业提供股份流动的机会，有关方面后来在北京中关村科技园区建立了新的股份转让系统，因为挂牌企业均为高科技企业而不同于原转让系统内的退市企业及原 STAQ、NET 系统挂牌公司，故形象地称为"新三板"。2006 年 1 月 16 日，中国证监会宣布中关村科技园区非上市股份公司进入代办转让系统进行股份报价转让，成为我国"新三板"的雏形。

新三板又称全国中小企业股份转让系统，是经国务院批准，依据《证券法》设立的全国性证券交易场所。它是指具有代办系统主办券商业务资格的证券公司采用电子交易方式，为非上市股份有限公司提供规范股份转让服务的股份转让平台。首批扩大试点除中关村科技园区外新增上海张江高新产业开发区、武汉东湖新技术产业开发区和天津滨海高新区。

新三板最早发源于北京中关村，主要是一些相对高科技的企业。而之所以叫"新"三板，是因为还存在一个老三板，主要是承载原 STAQ、NET 系统挂牌公司和退市企业的公司股权转让。

2006 年，中关村科技园区非上市股份公司进入代办转让系统进行股份报价转让，称为"新三板"。由于中关村的企业数量有限，因而当时的新三板成交量有限，交投极度不活跃。

2012 年，上海张江高新技术产业开发区、武汉东湖新技术产业开发区和天津滨海高新区加入新三板试点，至此新三板扩大到 4 个国家级高新园区，项目来源也大大扩展。

2013 年年底，中国证监会宣布将新三板扩大到全国，对所有公司开放。2014 年 1 月 24 日，新三板一次性挂牌 285 家，并累计达到 621 家挂牌企业，宣告了新三板市场正式成为一个全国性的证券交易市场。截至 2018 年 4 月 23 日，新三板挂牌公司达 11 472 家，当天的有关市场数据见表 5.2。

表 5.2　2018 年 4 月 23 日新三板市场的交易数据

项目	按转让方式		按市场分层		合计
	做市	集合竞价	基础层	创新层	
挂牌公司家数	1 297	10 175	10 194	1 278	11 472
当日新增家数	−1	−13	−12	−2	−14
总股本（亿股）	1226.56	5428.75	5279.77	1375.53	6655.30
流通股本（亿股）	761.12	2769.12	2657.61	872.64	3530.25
成交股票只数	470	300	419	351	770
成交金额（万元）	15135.96	19720.38	20126.36	14729.97	34856.33
成交数量（万股）	6838.49	4241.33	8350.22	2729.61	11079.83

新三板无论是对我国场外交易市场还是对投资者均有重大意义，但是由于全国中小企业股份转让系统设立时间尚短，仍存在一些问题，这些问题主要体现在市场规则、理念以及交易制度上。例如，现在所采用的交易制度依然是“按照时间优先、价格优先、自由报价、自动撮合”的、最简单、传统的交易方式，但是对于小市值公司的市场交易，传统的交易方式容易导致股价的大起大落。缺乏流动性也是“新三板”的一个缺陷。

3. 我国股权交易所

自 2008 年 9 月，天津股权交易所在滨海新区注册并于 12 月 26 日开盘起，就拉开了区域性场外市场发展的序幕。读者可以登录天津股权交易所官网，了解其运行机制、交易制度等情况。随后我国又成立了浙江产权交易所、重庆股份转让中心、武汉股权托管交易中心以及上海股权托管交易中心等场外交易市场。

拓展阅读

阅读《新三板创新层“秒杀”创业板——进一步分层可期待》，请问：什么是新三板分层？创新层与创业板有什么区别？

三、创业板市场

创业板市场是与主板市场相对的，是为了适应自主创新企业及其他成长型创业企业发展需要而设立的市场。各国对此的称呼不一，有的称二板市场，有的称成长板，有的称新市场，有的称证券交易商报价系统，如美国的纳斯达克、英国的伦敦证券交易所替代投资市场（AIM）等。与主板市场只接纳成熟的、已形成足够规模的企业上市不同，创业板以自主创新企业及其他成长型创业企业为服务对象，具有上市门槛低、信息披露监管严格等特点，它的成长性和市场风险均高于主板。

（一）创业板市场的功能

创业板市场的作用与功能集中在如下三个方面。

第一，为有前景的中小创新企业的持续发展筹集资金。新兴的中小创新企业在发展过程中所需开发费用较大，需要寻求外部融资。但由于规模较小，不符合主板市场的上市标准，银行又难以通过评估抵押而给予贷款。于是，在吸收一定的风险投资和私人投资以后，可以到上市标准较低的创业板市场发行股票进行融资。

第二，为风险投资提供退出机制。风险投资加盟中小创新企业并不谋求长期控制企业，而是谋求获取高额回报。一旦时机适当，它们就会从创业板市场退出，寻求新的风险投资机会。创业板是风险资本退出的最理想方式。

第三，有利于促进中小企业建立良好的激励机制。有了创业板市场流通股权，中小企业就可以采取股票期权、职工持股计划等激励手段，鼓励职工与管理层共同为公司价值的增长而努力工作，促进企业的高速发展。创业板市场对国家和地区的经济发展具有重要意义：它支持高新技术产业的发展，可促进经济增长；它的发展扩大了资本市场，提高了资本市场的运作效率；它拓展了中小企业的发展空间，增加了社会就业岗位。

（二）创业板市场的分类

世界各国创业板的设立方式、市场定位、上市标准、交易制度、运作模式等各不相同，创业板的分类主要从设立方式和运作模式来划分。

1. 按照设立方式划分

从设立方式看，创业板市场分为由证券交易所直接设立、由非证券交易所的机构设立和由原先的证券交易所通过重组、合并、市场重新定位等方式转变而成三种方式。

（1）由证券交易所直接设立。采用这种设立方式的创业板市场有英国伦敦交易所另类投资市场（AIM）、新加坡证券交易所西斯达克（SESDAQ）市场以及中国香港联交所创业板市场等。由证券交易所设立创业板市场，制定与主板市场不同的上市条件和标准，吸引与主板市场在经营状况及营业期限、股本大小、盈利能力、股权分散程度等方面不同的公司上市。

（2）由非证券交易所的机构设立。这类创业板市场通常由各国或各地证券商协会或类似机构设立，为该区域内柜台交易中部分质地较优的股票提供集中的电子化自动报价和交易系统。为进入此类报价和交易系统，公司需要满足一定的上市条件。采用这种方式的创业板市场有美国纳斯达克市场、欧洲易斯达科市场、韩国科斯达科市场等。

（3）由原先的证券交易所通过重组、合并、市场重新定位等方式转变而成。加拿大创业交易所就是以这种方式设立的典型创业板市场。该交易所由加拿大温哥华证券交易所与阿尔伯塔证券交易所合并而成，其定位是为成长型的中小企业服务。

2. 按照市场运作模式划分

创业板按照市场运作模式可分为附属市场模式和独立运作模式两种。

附属市场模式是指创业板附属于主板市场，和主板市场拥有相同的交易系统；有的和主板市场有相同的监管标准和监察队伍，所不同的只是上市标准的差别。这种模式又可以分为两板平行式和附属递进式两种。

两板平行式是指创业板是由证券交易所设立的并与主板市场平行运作，两板市场之间没有高低之分，共同利用交易所的组织管理系统和交易系统。两者的差异主要在于市场定位不同和上市标准不同，主板市场注重公司规模、经营历史、盈亏记录等，创业板注重公司发展潜力，创业板上市条件相对宽松。英国伦敦证券交易所的另类投资市场和中国香港联交所的创业板市场就属于这种一所两板平行式设立模式。

附属递进模式是指由证券交易所设立一个独立的为中小企业提供融资服务的市场，其上市标准较低，但上市公司在运作一定时间并达到一定条件后，必须申请到主板市场挂牌，在这种模式下，创业板实际上成为主板市场的预备模式，两者间是一种由低级到高级的递进关系。新加坡证券交易所西斯达克市场具有附属递进模式的特征，如新加坡交易所规定，在西斯达克市场上市的公司挂牌两年后并达到主板上市条件，可以申请转移到主板市场上市。

总体来看，附属市场模式的优点是充分利用了现有交易所的人力、设施、管理经验、组织网络和市场运作网络，从而降低了创业板的运作成本，并有利于创业板的建设和规范运作。其缺点是主板与创业板缺乏竞争，交易所的重点还是主板市场，创业板只能是主板的附属市场，不能与主板争夺资源，不能影响主板的发展。因此，不利于创业板的独立发展，很多国家已放弃这种模式。

独立运作模式。创业板市场和主板市场分别独立运作，创业板市场拥有独立的交易管理系统和上市标准，完全是另外一个市场。独立运作模式的优点很明显，一是有利于主板与创业板市场的竞争。尽管主板和创业板市场在服务对象上有所不同，但两者的上市资源存在一定的重叠，适度的竞争有利于促进两个市场提高服务质量和管理水平。二是独立运作模式使得在创业板上市并成长起来的公司更愿意留在创业板，有利于创业板市场上市公司整体质量的提高，增强创业板市场抗风险的能力。这种模式的缺点是从头创建创业板市场，初期成本较高，无法运用交易所现有的成熟管理资源。

美国纳斯达克市场和韩国科斯达克市场已经成为年交易量超过主板市场的独立运作模式的创业板市场。此外，欧洲易斯达克市场、日本佳斯达克市场、我国台湾的证券柜台交易中心也采用这种模式。

（三）创业板市场的特点

创业板市场的特点主要体现在与主板市场的区别上。

（1）两者产生的经济背景不同。主板市场是工业经济的产物，先于创业板市场而产生；创业板市场是新经济的产物，是主板市场发展到一定阶段，证券市场多层次化发展的需要。

（2）两者的定位及服务对象不同。主板市场主要是为国内乃至全球有影响的大公司提供筹资服务，上市企业主要来自于有发展前途的传统企业，要求企业具有较高的资本规模与相对稳定的业绩回报。而创业板市场大多服务于新兴产业或高新技术行业，上市企业具有相对较小的资本规模，业绩变动较大，上市条件不设最低盈利的规定。

（3）创业板市场风险更高。与主板上市公司相比，创业板市场的上市规模小，业务处于初期阶段，而行业竞争又较激烈，未来发展的不确定性较大，因而使投资者面临更大的投资风险。

（4）创业板市场监管更加严格。由于风险较高，监管当局对发行人设立更严格的监管标准，在信息披露方面要求更高，以保证市场透明度和维护投资者的利益。

（四）深圳创业板简介

1. 深圳中小企业板

> **边学边练**
>
> 登录深圳证券交易所官网，在“市场数据→交易品种→上市公司更名信息”页面内看看最近3个月有哪些上市公司更名，再通过交易软件看看更名前后股价变动情况，并对其进行归纳，看看有没有规律可循。

深圳证券交易所中小企业板（以下简称中小企业板）是中国内地创业板推出前的试验田。中小企业板作为一个股票交易板块的开设丰富了我国的资本市场层次，也使我国的资本市场结构得到了改善。中小企业板是给中小企业专设的一个新的融资平台，其直接目的是为中小企业提供融资便利和更大范围地发挥资本市场优化资金配置的功能。相对于现有的主板市场，中小企业板在交易、信息披露、指数设立等方面，都将保持一定的独立性。

深圳中小板指数以2005年6月7日为基日，基日指数确定为1 000点。截至2018年4月23日，深圳中小板上市公司达911家，总发行股本约为7 762亿股，上市公司市价总值约为9.8万亿元，流通市值约为6.8万亿元，收市指数为6 977.44点，平均市盈率为34.04倍。深圳中小企业板已经成为我国资本市场的一支重要力量。

2. 深圳创业板

深圳创业板于2009年10月28日开板，首批上市的28家公司在创业板挂牌交易。深圳创业板指数于2010年6月1日正式发布，简称创业板指数，代码为399006。深圳创业板指数的基日为2010年5月31日，基点为1 000点。截至2018年4月23日，共有722家公司在深圳创业板上市交易，总发行股本约 3 333 亿股，上市公司总市值超过 5 万亿元，收市指数为 1 753.05 点，平均市盈率为 44.93 倍。深圳创业板对创新型企业的发展做出了重要贡献。

第四节　证券信用交易

证券信用交易又称垫头交易或保证金信用交易，是指投资者通过交付保证金从证券经纪人处获得信用，融入资金或证券，然后入市操作，并支付相应利息的一种交易方式。

一、保证金的种类

保证金是证券管理机关规定是投资者在信用交易时必须按一定比率向证券经纪人交存的资产。保证金是投资者从事信用交易的财力保证，它可以使证券经纪人免遭损失，同时经纪人通过对投资者保证金账户的清算及时向投资者发出预警信号，避免其遭受更大损失。

根据保证金资产的形式不同，保证金可分为现金保证金和权益保证金。现金保证金是投资者为取得贷款而按规定交纳的现金。权益保证金是投资者以非现金抵押品向证券经纪人交纳的保证金，抵押品可以是各种票据、有价证券，也可以是不动产。证券经纪人将根据其市价决定贷款的数额，一般会按客户提供的抵押证券市值的 50%提供贷款，或按不动产市值的 40%提供贷款。保证金还可分为初始保证金和维持保证金两种。初始保证金是法律要求客户在经纪人处开户并从事保证金交易时应交纳的保证金，维持保证金是法律要求客户在开始交易后应交纳的保证金。

二、保证金比例

保证金比例是保证金与投资者买卖证券的市值之比。保证金比例有初始保证金比例、保证金实际维持率和保证金最低维持率之分。

初始保证金比例也称为法定保证金比例，是由一国货币管理当局决定的，投资者从事保证金信用交易时首先必须按初始保证金比例交纳保证金，该保证金就是初始保证金。初始保证金的多少由初始保证金比例和买卖证券的市值决定，必须在以信用交易方式买卖证券前交足。

初始保证金比例是由央行制定的，它会影响证券市场的资金供应和交易价格，也会影响信用规模和货币供应量。投资者在交纳初始保证金融资或融券买入或卖出证券后，所购或所卖的证券价格会发生波动，相应的保证金比例也会发生变化。

我们把投资者交存保证金的实际价值占证券市值的比率称为保证金实际维持率。证券经纪人随时计算投资者的保证金实际维持率，了解盈亏状况并及时通知投资者，这个过程就是“逐日盯市”。

证券交易所和证券公司对保证金实际维持率一般都有最低要求，我们把这一最低要求称作保证金最低维持率。客户的保证金实际维持率低于这一标准时，经纪人将向客户发出追加保证金的通知，客户此时有两种选择：一是向保证金账户存入资金；二是出售一部分购入的抵押给经纪人的证券，以此来满足最低维持保证金比例的要求。如果在限定的期限内客户不回应经纪人追加保证金的要求，经纪人将自行出售其账户中抵押的股票，以满足最低保证金维持率的要求，由此发生的任何损失均由客户自己承担，而且经纪人很可能提高该客户的最低保证金维持率，以避免因价格再次下跌而需发出另一个追加保证金的通知。

三、保证金账户

投资者欲从事保证金交易，必须在经纪人处开立保证金账户。保证金账户一般为借方余额。借方余额实际上是客户的贷款额加上贷款利息、手续费和税金，如果对贷款利息、手续费和税金忽略不计，借方余额就是客户的贷款额。客户的贷款额为购入证券的成本减去存入的初始保证金,也可以用 1 减去初始保证金比例乘以所购证券的股价再乘以所购证券的股数。在该交易下，投资者购入的证券作为其贷款的抵押品而存放在经纪人处，同时客户还需交纳初始保证金，因此，经纪人的贷款获得了双重保证。经纪人还可以将客户抵押的证券再抵押给商业银行，获得贷款，以满足其向客户提供贷款的需要。客户抵押的证券还是经纪人提供卖空交易的物质保证。在保证金卖空交易中，保证金账户一般为贷方余额。在该交易下，客户融券卖出所得的价款，必须存放在其保证金账户中，不能提取。客户具体的贷款金额，随其所借证券价格的波动而波动。客户的贷款额为所借证券的当前市值减去客户存入的初始保证金。在该交易中，客户一般无须为其债务支付利息，同时经纪人也不对其账户中的贷方余额支付利息。

四、保证金买空交易的公式

客户收益率就是客户的收益与投入的本金的比率，其计算公式为

$$G = R_i \div M \times 100\%$$

式中，G 为客户收益率；R_i 为股价上涨的百分率；M 为初始保证金比例。从公式可以看出，客户收益率只与初始保证金比例和股价上涨的百分率有关，与本金的多少及所购股票的价格无关。

当股价下跌时，客户的贷款额仍然不变，此时保证金的实际维持率将会下降，保证金的实际维持率计算公式为

$$r = 1 - (1 - M) \div (1 - R_d) \times 100\%$$

式中，r 为保证金的实际维持率；M 为初始保证金比例；R_d 为股价下跌的百分率。从公式可以看出，保证金的实际维持率与客户本金多少和股价高低无关，只与初始保证金比例和所购股票的价格相对变化有关。该公式也可以表述为

保证金维持率 =(所购股票当前市值－保证金账户借方余额)÷所购股票当前市值 × 100%

本章小结

证券流通市场主要分为场内交易市场和场外交易市场。

证券上市就是证券在证券交易所挂牌交易，自由、公开地买卖。换言之，证券上市是指证券交易所承认并接纳其证券在交易所市场上交易。

上海、深圳证券交易所实行股票、可转换公司债券上市保荐制度。

主板股票和创业板首次发行股票的上市条件是有一定区别的。

上市公司的股票在交易过程中出现以下情况的，将由证券交易所对该上市公司股票实行特别处理。

上市公司的股票在交易过程中出现公司财务状况异常等情况的，将由证券交易所对该上市公司股票实行特别处理。

上市公司退市制度包括主动退市与强制退市两种。

债券、基金上市是指证券交易所根据其规则，允许债券、基金在交易所挂牌交易。

证券流通市场也称为二级市场。证券流通市场主要分为场内交易市场和场外交易市场。场内交易程序一般分为六个程序，即开户、委托、竞价、清算、交割和过户等。

证券交易所是提供证券集中和有组织交易的场所、设施的法人。其组织形式有公司制交易所和会员制交易所两种。我国的上海证券交易所和深圳证券交易所都按照会员制事业法人的方式设立。

场外交易市场是指在证券交易所外进行证券买卖的市场。它主要由柜台交易市场、第三市场、第四市场组成。

创业板市场作为证券交易市场体系中一个新兴的子系统，它的主要功能是为中小型企业，特别是高增长型企业融资提供空间。国内外主要创业板市场有美国纳斯达克证券市场、中国的香港创业板和深圳创业板等。

信用交易主要有保证金买空和保证金卖空两种形式。

综合练习

一、名词解释

证券上市　临时停牌　暂停上市　终止上市　集合竞价　过户　证券交易所　场外交易市场　新三板　保证金

二、单项选择题

1．上海、深圳证券交易所实行股票、可转换公司债券上市（　　）制度。

A．推荐　　B．保荐　　C．选拔　　D．投票

2．主板股票上市条件包括（　　）。

A．上市股份有限公司股本总额可低于人民币 5000 万元

B．公众持股比例低于 25%

C．如果发行时股份总数超过 4 亿股，发行比例不得低于 10%

D．发行人在最近 5 年财务会计文件中无虚假记载，没有重大违法行为

3．上市公司因筹划重大资产重组申请停牌的，应当在（　　）内公布预案并申请复牌。

A．1 个月　　B．6 个月　　C．3 个月　　D．9 个月

4．沪、深证券交易所买入股票的最小申报数量为（　　）。

A．100 股　　B．1 000 股　　C．没设要求　　D．50 股

5．符合“新三板”具体挂牌的条件是（　　）。

A．存续满 2 年　　B．存续满 3 年

C．存续满 4 年　　D．存续满 5 年

6．保证金比例是保证金与（　　）之比。

A．投资者账户余额　　B．投资者买卖证券的市值

C．投资者账户总额　　D．投资者账户股票的只数

7．以下属于证券业自律组织的是（　　）。

A．证券交易所　　B．中国证监会

C．证券登记结算公司　　D．中国证券业协会

三、多项选择题

1．主板股票上市条件包括（　　）。

A．上市股份有限公司股本总额不低于人民币 5 000 万元

B．公众持股至少为 25%

C．如果发行时股份总数超过 4 亿股，发行比例不得低于 10%

D．发行人在最近 3 年财务会计文件无虚假记载，没有重大违法行为

E．股票已经发行上市

2．创业板股票上市条件包括（　　）。

A．公司最近 3 年 无重大违法行为，财务会计报告虚假记载；深圳证券交易所要求的其他条件

B．发行人首次公开发行新股后，公司股本总额不少于人民币 3 000 万元

C．公开发行的股份达到公司股份总数 25%以上

D．公司股本总额超过 9 亿元的，公开发行股份的比例为 10%以上

E．公司股东人数不少于 200 人

3．对特别处理股票的具体要求是（　　）。

A．要求上市公司在特别处理之前于指定报刊头版刊登关于特别处理的公告

B．特别处理股票的报价日涨、跌幅限制为 5%

C．证券交易所应在发给会员的行情数据中，于特别处理的股票前加“ST”标记

D．证券交易所应在发给会员的行情数据中，于特别处理的股票前加“S”标记

E．特别处理股票的报价日涨、跌幅限制为 10%

4．新三板”具体挂牌条件是（　　）。

A．存续满两年，有限责任公司按原账面净资产值折股整体变更为股份有限公司的，存续期间可以从有限责任公司成立之日起计算

B．主营业务突出，有持续经营的记录

C．公司治理结构合理，运作规范，有限责任公司须改制后才可挂牌

D．股份发行和转让行为合法合规

E．取得北京市人民政府出具的非上市公司股份报价转让试点资格确认函

5．场外交易市场的主要特点是（　　）。

A．非集中市场　　B．证券种类繁多　　C．竞价方式

D．特殊的管理模式　　　E．无须监管

6．证券交易所的基本功能包括（　　）。

A．保证证券交易的连续性　　　B．形成公平的交易价格

C．为证券交易各方提供优良服务　　　D．维护证券市场秩序

E．为市场经济运行状态提供“晴雨表”

四、简答题

1．交易所市场与场外交易市场是如何组织的？试比较分析两者的异同。

2．创业板市场的功能有哪些？

3．公司制证券交易所与会员制证券交易所性质上有何不同？

4．在证券交易所中，证券交易的开盘价及之后的成交价是怎样形成的？

5．什么是保证金信用交易？它有哪些类型？

6．投资者如何参与证券交易所融资融券业务？

五、实训题

1．通过证券交易软件查询相关指数的代码和即时行情，填写表5.3。

2．通过证券交易软件查询下列个股的代码和即时行情，填写表5.4。

表5.3　相关指数的代码和即时行情

时间：____年__月__日

指数名称	代码	指数
上证指数		
深圳成指		
创业板指数		
中小企业板指数		
沪深300指数		

表5.4　相关个股的代码和即时行情

时间：____年__月__日

个股名称	代码	现价
贵州茅台		
浦发银行		
特力A		
东方财富		
通宇通讯		

3．通过证券交易软件查看当日A股涨跌幅情况，填写表5.5。

表5.5　沪深A股涨跌幅前五位的个股

时间：____年__月__日

上海证券交易所			深圳证券交易所		
个股名称	现价	涨幅/跌幅	个股名称	现价	涨幅/跌幅

第六章　证券投资基本分析

学习目标

本章通过对影响证券投资的宏观经济状况、产业发展及上市公司等基本因素的分析，要求读者掌握证券投资基本分析的思路和方法，能对证券市场的发展做出正确的判断。

课前阅读

教你四步读财报

财报就是上市公司的一张脸，投资者可据此分析所投资的股票是否安全，能否增值。对于绝大多数非财务专业出身的投资者来说，学会读财报是首先要攻破的难题。

分析上市公司所处的行业发展状况和前景，判断行业将发生的变化及其对上市公司的影响，是学会读财报的第一步。

第二步是投资者要学会辨别系统性风险和非系统性风险，即上市公司出现的问题是行业普遍存在的问题，还是上市公司自身存在的问题。

与同行业的上市公司进行比较，是投资者学读财报的第三步。在同一行业中，无论是龙头企业还是落后企业，它们的财务数据和财务指标都不应明显地偏离行业平均值。如果发生偏离，投资者必须分析其原因。通过比较同行业企业的财务指标、主营产品结构、经营策略等，可以判断不同企业的盈利和发展空间。

分析上市公司的主营产品及经营策略是学习读财报的第四步。投资者要关注的是企业的经营策略，要看懂企业财报中的董事会报告，从中了解企业对宏观经济和整个行业的判断，以及对过去一个经济周期自身业绩的总结和未来规划。此外，还应关注其董事会的成员结构，如技术专家和财务专家的比例是否适当等。

启示：判断上市公司的业绩好坏，财务报表是一个重要的依据。目前财务造假的手段越来越隐蔽，其最高境界就是用会计处理方法来造假。要识破会计报表中的虚假成分，就得会读报表。此外，国家的宏观经济状况、行业的发展环境也都是影响上市公司股价的重要因素，对这些因素的分析我们称之为上市公司基本面分析，本章就将介绍这些内容。

证券投资基本分析又叫“基础分析”，即通过对影响证券市场基本经济因素的分析，预测经济变量的变化对证券市场的影响，以便做出正确的判断，提高证券投资的准确性和投资回报率。

第一节　证券投资的宏观经济因素分析

宏观经济分析是一种经济形势分析，主要通过对影响国民经济基本经济因素的分析，预测经济变量变化对宏观经济的影响，进而影响证券市场的变化，从而做出正确的决策。

一、宏观经济分析的方法

1. 经济指标分析

宏观经济分析是通过对一系列经济指标的计算、分析和对比来进行的。经济指标是反映经济活动结果的一系列数据和比例关系，包括以下三类。

（1）先行指标。先行指标可以对将来的经济状况提供预示性的信息。从实践来看，通过先行指标对国民经济的高峰和低谷进行计算和预测，得出结论的时间可以比实际高峰和低谷的出现时间提前半年。先行指标主要有货币供应量、股票指数等。

（2）同步指标。通过同步指标算出的国民经济转折点大致与实际经济活动的转变同时发生。也就是说，这些指标反映的是国民经济正在发生的情况，并不预示将来的变动。同步指标主要包括失业率、国民生产总值等。

（3）滞后指标。利用滞后指标算出的国民经济的转折点一般要比实际经济活动晚半年。滞后指标主要有银行短期商业贷款利率、工商业未还贷款等。

此外，进行宏观经济分析时还经常使用国内生产总值、国民收入、个人收入、个人可支配收入等主要综合指标来反映国民经济的主要面貌，如经济发展水平及其增长状况、国内生产总值和国民收入在部门与行业间的分配情况等。

经济指标有很多，要进行证券投资的宏观经济分析，主要应选择那些能从各方面反映国民经济的基本面貌，并能与证券投资活动有机结合的指标。

2. 计量经济模型

所谓计量经济模型，就是表示经济现象及其主要因素之间数量关系的方程式。经济现象之间的关系大多属于相关或函数关系，建立计量经济模型并进行计算，就可以探讨经济变量间的平衡关系，分析影响平衡的各种因素。

计量经济模型主要有经济变量、参数及随机误差三大要素。

（1）经济变量。经济变量是反映经济变动情况的变量，分为自变量和因变量。计量经济模型中的变量则可以分为内生变量和外生变量两种。内生变量又叫非政策性变量或因变量，是指在经济机制内部由纯粹的经济因素所决定的变量，不为政策所左右，它们是模型方程式中的未知变量，其数值可由方程式求解获得；外生变量则是指不能由模型本身加以说明的变量，它们是方程式中的已知数，其数值不是由模型本身的方程式算得，而是由模型以外的因素产生的。

（2）参数。参数是用以求出其他变量的常数，一般反映事物之间相对稳定的比例关系。在分析某种自变量的变动引起因变量的数值变化时，通常假定其他自变量保持不变，这种不变的自变量就是参数。

（3）随机误差。随机误差是指那些很难预知的随机产生的误差，以及经济资料在统计、整理和综合过程中所出现的差错。其可正可负，或大或小，最终正负误差可以抵消，因而通常忽略不计。

在做证券投资时，主要应运用宏观计量经济模型进行宏观经济分析。宏观经济计量模型是指在宏观总量水平上把握和反映经济运行的较全面的动态特征，研究宏观经济主要指标间的相互依存关系，描述国民经济各部门和社会再生产过程各个环节之间的联系，并可承担宏观经济结构分析、政策模拟、决策研究及发展预测等功能的计量经济模型。

在运用计量经济模型分析宏观经济形势时，除了要充分发挥该模型的独特优势，挖掘潜力之外，还要注意该模型存在的潜在变量被忽略、变量的滞后长度难以确定以及引入非经济方面的变量过多等问题，以充分发挥这一分析方法的优越性。

3．概率预测

某随机事件发生的可能性大小被称为该事件发生的概率。概率论是一门研究随机现象的数量规律的学科。目前，越来越多的概率论方法被应用于经济、金融和管理学中。

概率预测的重要性是由客观经济环境和该方法自身的功能决定的。要了解经济活动的规律性，必须掌握它的过去，进而预测它的未来。例如，要进行证券投资，就要先熟知整个经济及其组成部门的过去、现状并预测未来。国民经济虽然领域广阔、关系错综复杂，但从时间序列上看，却有必然的前后继承关系。只要掌握了经济现象的过去变动情况，就可以以此为依据，加入可能出现的新因素做适当调整，就可以预测事物的未来。过去的经济活动都反映在大量的统计数据和资料上，根据这些数据，运用概率预测方法，就可以推算出以后若干时期各种相关的经济变量状况。

概率预测方法运用得比较多也比较成功的是对宏观经济的短期预测。宏观经济短期预测是指对实际国民生产总值及其增长率、通货膨胀率、失业率、利息率、个人收入、个人消费、企业投资、企业利润及对外贸易差额等指标的下一时期水平或变动率的预测，其中，最重要的是对前三项指标的预测。西方各国使用这一预测的公司机构很多，它们使用自己开发的预测技术或构造的计量经济模型进行预测并定期公布预测数值，预测时限通常为一年或一年半。概率预测实质上是根据过去和现在推想未来。广泛搜集经济领域的历史和现时的资料是开展经济预测的基本条件，善于处理和运用资料是概率预测取得效果的必要手段。

二、宏观经济因素

证券市场是反映国民经济的晴雨表，宏观经济的变化可以在证券市场中反映出来。宏观经济与证券市场的关系表现为：当一国宏观经济趋好时，表明一国经济发展态势好，整体上微观经济景气度高，证券市场上市公司盈利，个股表现好。反之，当一国经济不景气时，企业盈利困难，上市公司业绩不佳，个股表现也不会好。影响宏观经济变化的因素主要有经济增长率、经济运行周期、通货膨胀率、利率、汇率、固定资产投资规模、失业率、财政收支、国际收支等。

1．经济增长率

经济增长率就是经济增长速度，它是一个反映一定时期国民经济发展变化程度的动态经济指标。经济增长率通常根据国内生产总值（GDP）或国民生产总值（GNP）的变化来计算。一般来说，一国国内生产总值增长率较高，人均国内生产总值增加较多，则表明该国经济增长速度较快，经济运行态势良好，经济发展具有活力。同时说明总体的产品销售情况良好，大多数企业经营状况良好，居民购买力提高，企业利润增长。此时大部分上市公司利润增长，股东回报率高，证券市场繁荣，股价上涨。

2. 经济运行周期

理论研究和经济发展的实证均表明，由于受多种因素的影响，宏观经济的运行总是呈现出周期性的变化。这种周期性变化表现在许多宏观经济统计数据的周期性波动上，如国民生产总值、消费总量等。

3. 通货膨胀率

通货膨胀是指价格指数的持续上涨，反映一般物价水平的变化。通货膨胀率的高低影响企业的长期盈利能力或未来盈利能力。适度的通货膨胀率不会对国民经济造成损害，但通货膨胀率过高会造成收入分配不公平，居民实际收入下降，企业成本上升，经济形势恶化。通货膨胀率过高还会造成生产资料和消费资料价格增长较快，资金需求大，货币贬值，企业面临经营困境、利润下降、投资风险加大，此时投资者会从资本市场卖出证券、抽离资金，从而引发证券价格下跌。

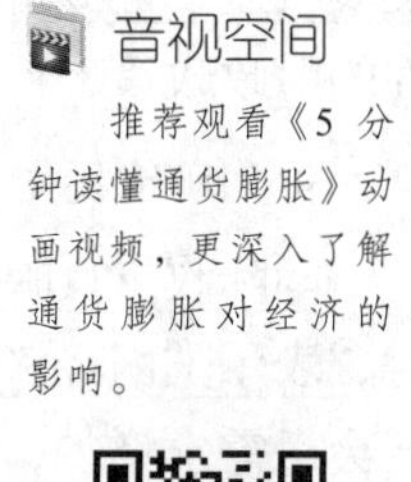

音视空间

推荐观看《5分钟读懂通货膨胀》动画视频，更深入了解通货膨胀对经济的影响。

4. 利率

利率既是一个经济指标，又是一个经济调节工具。利率表现为企业筹资成本的高低。利率下降，企业筹资成本降低，利润预期增长，证券价格预期上升；反之，利率上升，企业筹资成本提高，利润预期下降，证券价格预期下跌。利率可以作为一国的经济调节工具，国民经济过于低迷时，国家可以通过降低利率的方法刺激经济增长，以降低企业的筹资成本，引导企业盈利，最终使证券市场的股价上涨。反之，如果国民经济过于高涨或市场上流通的货币过多，国家可以通过提高利率促使资金回笼，提高企业的筹资成本，减少企业的投资，进而减少市场需求，降低经济发展速度，导致证券市场股价下跌。

还有一个与利率相关的指标是存款准备金率。存款准备金率是中央银行控制商业银行货币供给规模的一个工具。当宏观经济过于高涨时，中央银行提高存款准备金率，缩小商业银行的贷款规模，减少流通中的货币供给量，导致经济紧缩，从而引发证券价格下降。

5. 汇率

从资金层面上讲，本币升值，外资流入，资本市场中资金充足，股价上涨；反之，本币贬值，外资流出，资本市场资金不足，股价下跌。对微观企业来说，本币升值，利于进口，不利于出口，经营出口业务的企业利润下降，股价下跌；本币贬值，利于出口，不利于进口，经营出口业务的企业利润增长，股价上涨。

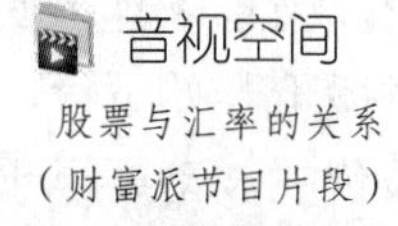

音视空间

股票与汇率的关系（财富派节目片段）

6. 固定资产投资规模

固定资产投资规模是一定时期国民经济各部门在固定资产再生产中所投入资金的数量。其规模大小会影响经济增长速度，进而影响证券价格。当固定资产投资规模过小时，经济不景气，证券价格降低；固定资产投资规模适度，经济稳定增长，预期收入增加，证券价格上升；固定资产投资规模过大，总需求与总供给失衡，通货膨胀加剧，预期实际收入下降，证券价格下降。

7. 失业率

失业率是指劳动人口中失业人口所占的百分比，这里的失业人口不包括有劳动能力却不愿意寻找工作的自愿失业者。当失业率高的时候，大量劳动力将失去收入来源，导致对社会产品的需求减少。这样，企业必然减产，结果是，一方面企业利润减少，另一方面进一步减少对劳动力的需求。这种经济上的困难，还会影响人们的情绪，进而引发一系列的社会问题。这些都会导致证券价格下跌。反之，失业率低，就业充分，国民经济发展态势良好，居民收入增加，证券价格上升。

8. 财政收支

国家对财政收入和支出的安排就是财政政策，它会影响一国的经济发展。如果财政收入大于支出，即为盈余财政政策，也就是国家实行紧缩性的财政政策，社会总需求减少，经济发展减速，证券价格预期下跌。如果财政支出大于收入，即为赤字财政政策，国家实行扩张性的财政政策，社会总需求增大，经济增长，证券价格预期上涨。

9. 国际收支

国际收支反映的是一定时期内一国的外汇收支状况。如果经常项目失衡，进口大于出口时，表示国内经济过旺，持续的进口大于出口将导致经济衰退。出口大于进口时，则会引起社会总需求增加，经济增长，导致证券价格上涨，但持续的出口大于进口将引发通货膨胀，进而使证券价格下降。如果资本项目失衡，国际资本流入，当国际资本流入表现为直接投资时，有利于一国经济发展，但当国际资本流入表现为短期资本增加时则可能造成金融动荡，证券市场波动加剧。

三、宏观经济运行对证券市场的影响

宏观经济运行呈现出周期性的规律，经济循着萧条、复苏、繁荣、衰退四个阶段运行，周而复始。当经济处于萧条时期，企业经营困难，利润下降，投资规模缩减，证券市场弥漫着悲观的气氛，投资者信心受到影响。当经济走向萧条末期时，市场低迷，大多数投资者远离资本市场，这时有眼光的投资者开始在底部吸纳，股价从底部缓缓上升。当经济开始复苏时，企业生产、销售情况好转，利润提高，投资者信心恢复，证券价格由低迷逐渐上升。当经济预期向好的各种消息在媒体上广泛传播时，股价已经上了一个台阶。当绝大多数投资者认同经济向好的趋势、确认经济复苏时，证券市场开始活跃，对股票的需求不断增大，推动股价不断上升。当经济高涨时，企业生产、销售两旺，利润率提高，各项经济指标向好，国民经济增长，证券价格高涨，这时市场的投机气氛活跃，投机者趁机哄抬股价，股价不断创出新高，但少数有先见之明的人预感经济发展达到顶峰，会悄悄地抛出股票。当越来越多的投资者意识到经济形势已经发生变化时，他们会争相抛出手中的股票，此时股价开始下行。宏观经济运行呈现出周期性变化，而股价波动与经济周期变化相一致，但股价的波动要早于实体经济。不同行业、不同类型企业的股票与经济周期的关联程度不同，房地产、钢铁等股票的变化与经济周期的变化一致，当经济复苏时，其上涨幅度和速度领先于证券市场，但下跌时也快于证券市场，而公用事业类股票、消费弹性较小的消费品行业股票在下跌末期抗跌性较好。图 6.1 显示美国次贷危机之后一段时期经济周期与股市的关系。

证券市场越成熟，股价变动与经济周期的相关性特点表现越充分；证券市场越不成熟，其相关性越弱。

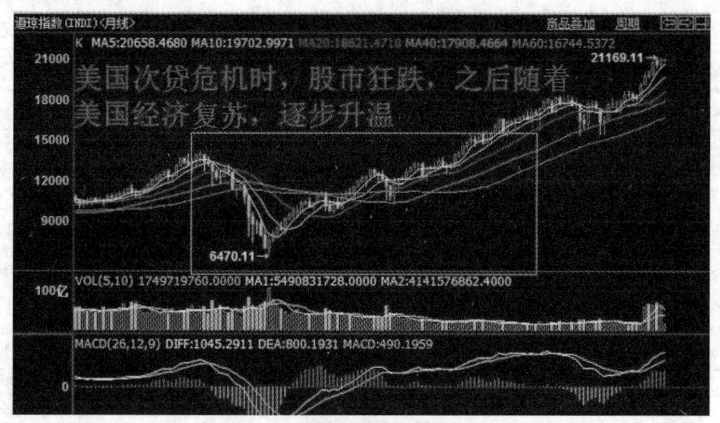

图 6.1　次贷危机与美国股市

边学边练

登录“东方财富网”官网，按“数据中心→经济数据→中国→国内生产总值（GDP）”的次序查询我国近五年的国内生产总值（GDP）（见图 6.2），做一个趋势分析，并与同期上证指数的走势进行对比，看看有什么发现，并分析原因。

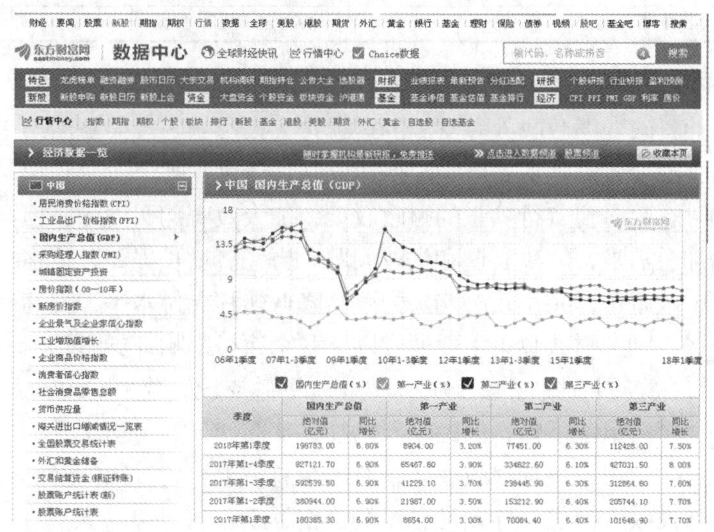

季度	国内生产总值		第一产业		第二产业		第三产业	
	绝对值（亿元）	同比增长	绝对值（亿元）	同比增长	绝对值（亿元）	同比增长	绝对值（亿元）	同比增长
2018年第1季度	198783.00	6.80%	8904.00	3.20%	77451.00	6.30%	112428.00	7.50%
2017年第1-4季度	827121.70	6.90%	65467.60	3.90%	334622.60	6.10%	427031.50	8.00%
2017年第1-3季度	592539.50	6.90%	41229.10	3.70%	238445.90	6.30%	312864.60	7.80%
2017年第1-2季度	380944.00	6.90%	21987.00	3.50%	153212.90	6.40%	205744.10	7.70%
2017年第1季度	180385.30	6.90%	8654.00	3.00%	70084.40	6.40%	101646.90	7.70%

图 6.2　东方财富网数据中心截图

四、宏观经济政策调整对证券市场的影响

宏观经济政策是指国家通过实行一系列经济政策影响一国的经济运行态势，进而影响资本市场的工具。宏观经济政策的运用是国家根据现时的经济情况进行调节，干预其运行，使经济运行态势朝着健康的方向发展。宏观经济政策的施行势必影响证券市场。我国近年来存款准备金率变动对股市的影响如表 6.1 所示。

市场经济体制下，政府对宏观经济的干预主要通过货币政策和财政政策来实现。根据宏观经济的运行状况，政府可采取扩张性的或紧缩性的货币政策和财政政策，以促进经济快速增长，保持价格总水平的稳定，实现充分就业。政策的实施及政策目标的实现均会反映到作为国民经济“晴雨表”的证券市场上。不同性质、不同类型的政策手段对证券市场价格变动有着不同的影响。另外，政府对产业政策的调整也会影响证券市场的格局。

表 6.1 存款准备金率调整对股市的影响

公布时间	生效日期	大型金融机构			中小金融机构			消息公布次日股票指数涨跌	
		调整前	调整后	调整幅度	调整前	调整后	调整幅度	上证	深证
2016-02-29	2016-03-01	17%	16.5%	−0.5%	13.5%	13%	−0.5%	0	0
2015-10-23	2015-10-24	17.5%	17%	−0.5%	14%	13.5%	−0.5%	0.5%	0.73%
2015-08-25	2015-09-06	18%	17.5%	−0.5%	14.5%	14%	−0.5%	−1.27%	−2.92%
2015-06-27	2015-06-28	18.5%	18%	−0.5%	15%	14.5%	−0.5%	−3.34%	−5.78%
2015-04-19	2015-04-20	19.5%	18.5%	−1%	16%	15%	−1%	−1.64%	−1.96%
2015-02-04	2015-02-05	20%	19.5%	−0.5%	16.5%	16%	−0.5%	−1.18%	−0.46%
2012-05-12	2012-05-18	20.5%	20%	−0.5%	17%	16.5%	−0.5%	−0.59%	−1.16%
2012-02-18	2012-02-24	21%	20.5%	−0.5%	17.5%	17%	−0.5%	0.27%	0.01%
2011-11-30	2011-12-05	21.5%	21%	−0.5%	18%	17.5%	−0.5%	2.29%	2.32%
2011-06-14	2011-06-20	21%	21.5%	0.5%	17.5%	18%	0.5%	−0.9%	−0.99%
2011-05-12	2011-05-18	20.5%	21%	0.5%	17%	17.5%	0.5%	0.95%	0.7%
2011-04-17	2011-04-21	20%	20.5%	0.5%	16.5%	17%	0.5%	0.22%	0.27%

1. 财政政策

财政政策是通过改变财政收入和支出的规模扩大来影响宏观经济活动水平的经济政策。其主要手段包括：改变政府购买力度、改变政府转移支付水平、改变税率。当经济政策持续放缓、失业增加时，政府要实行扩张的财政政策，加大政府购买力度，提高转移支付水平，降低税率，以增加总需求，解决衰退和失业问题。当经济增长强劲，价格水平持续上涨，政府要实行紧缩性财政政策，减小政府购买力度，降低转移支付水平，提高税率，以减少总需求，抑制通货膨胀。国家财政政策主要通过以下几个途径影响证券市场。

（1）综合地看，实行扩张性的财政政策，增加财政支出，减少财政收入，可增加总需求，使公司业绩上升，经营风险下降，居民收入增加，从而使证券价格上升；反之，实行紧缩的财政政策，减少财政支出，增加财政收入，可减少总需求，使过热的经济受到抑制，从而使公司业绩下滑，居民收入减少，导致证券市场价格下跌。

（2）在改变政府购买力度方面，如果加大政府购买力度，增加道路、桥梁、港口等非竞争性领域的投资，可直接增加对相关产业（如水泥、钢铁、建材、机械等）的产品需求，这些产业的发展又形成对其他产业的需求，从而促进经济各方面发展。这样，公司利润增加，居民收入提高，从而促使证券价格上升。减少政府购买力度的效应与之相反。

（3）改变政府转移支付水平主要从结构上改变社会购买力状况，从而影响总需求。提高政府转移支付水平，如增加社会福利支出、增加对农拨款等，会使一部分人的收入水平提高，也会间接促进公司利润的增长，因此有助于证券价格的上涨；反之，会促使证券价格下跌。另外如果中央政府提高对地方政府的转移支付水平，地方政府拥有更多的自主财力，用于发展地方经济，直接或间接地扶植地方产业，也会促进证券价格的上扬。

（4）国家对税率的调整也会对公司的利润水平产生影响，进一步影响企业扩大再生产的能力和积极性，从而影响公司未来的成长潜力。一般来说，税率的提高会抑制证券价格上升，而税率的降低或免税会促进证券价格上升。

从传导机制来讲，财政政策是以实体经济为媒介，通过控制财政收入和支出，经过企业的投入和产出来影响总需求，与货币政策有明显的区别。因此财政政策的传导过程比较长，不像货币政策那样立竿见影，但影响比较持久。

> **边学边练**
>
> 请登录中国人民银行官网，按“货币政策—货币政策委员会日常工作—货币政策工具”的顺序进入“货币政策工具页面，了解货币政策委员会的日常工作有哪些，学习货币政策几大工具的含义及其运用。

2. 货币政策

货币政策是指政府为实现一定的宏观经济目标所制定的关于货币供应和货币流通资质管理的基本方针和基本准则。具体来说，货币政策是通过控制货币供应量，进而影响利率，最终实现对宏观经济的影响。

中央银行实施货币政策、调节信贷与货币供应量的手段主要有三种，即调整法定存款准备金率、再贴现政策、公开市场业务。当国家为了防止经济衰退、刺激经济发展而实行扩张性货币政策时，中央银行通过降低法定存款准备金率、降低中央银行的再贴现率或在公开市场上买入国债的方式来增加货币供应量，扩大货币的有效需求。当经济持续高涨、通货膨胀压力较大时，政府会采取适当紧缩的货币政策，中央银行就可以通过提高法定存款准备金率、提高中央银行的再贴现率或在公开市场上卖出国债以减少货币供应量，紧缩信用，实现社会总需求和社会总供给大体保持平衡。

中央银行实施的货币政策对证券市场的影响主要通过以下几个方面来传导：首先，增加货币供应量，证券市场的资金增多，同时通货膨胀也使人们为了保值而购买证券，从而推动证券价格上扬；反之，减少货币供应量，证券市场的资金减少，证券价格的回落又使人们购买证券保值的欲望降低，使证券市场的价格呈回落趋势。其次，利率的调整通过决定证券投资的机会成本和影响上市公司的业绩来影响证券市场价格。利率提高时，证券投资的机会成本提高，上市公司的运营成本也随之提高、业绩下降，证券市场价格下跌；反之，利率降低，证券投资的机会成本降低，上市公司的运营成本也下降、业绩向好，证券市场价格上涨。再次，中央银行在公开市场中买进国债，增加货币供应量，促使经济增长，证券价格上升；反之，中央银行在公开市场中卖出国债，减少货币供应量，促使经济降温，证券价格下跌。

3. 产业政策

国家通过产业政策的调整促使产业升级换代，以支持或扶持某些产业的方式促使相关行业发生变化。例如，国家对新能源、节能降耗环保的支持将促进新型能源的开发和发展，将会使相关股票价格上升，而将淘汰的行业或企业，其股价将会下跌。

4. 收入政策

收入政策是国家为实现宏观调控总目标和总任务，针对居民收入水平高低、收入差距大小、再分配方面制定的方针和原则。是指那些目的在于影响或控制价格、货币工资和其他收入的增长率而采取的财政货币政策以外的政府行为。收入政策目标包括收入总量目标和收入结构目标。收入总量目标着眼于近期的宏观经济总量平衡，目的是处理积累和消费、人们近期生活水平改善和国家长远经济发展的关系，以及事业和通货膨胀的问题。收入结构目标则着眼于处理各种收入的比例，目的是解决公共消费和私人消费、社会各阶层收入差距的问题。

收入总量调控政策主要通过财政、货币机制来实施，还可以通过行政干预和法律调整来实施。财政机制即指通过预算控制、税收控制、补贴调控和国债调控等手段贯彻收入政策。货币机制通过调控货币供应量、调控货币流通量、调控信贷方向和数量、调控利息率等贯彻收入政策。因而，收入总量调控通过财政政策和货币政策传导对证券市场产生影响。

当国家实行积极的收入政策，居民的收入水平提高，一方面会刺激消费和投资，促进经济发展；另一方面将导致储蓄增加，金融机构把一部分储蓄投资于金融市场，间接增加证券市场的资金来源。两者同时增加证券市场的需求，促进证券市场规模的扩大和证券价格水平的逐步提高；反之，当国家实行消极的收入政策，居民的收入水平下降，同理，就会使得证券市场投资规模缩小，证券价格下降。

第二节　证券投资的行业因素分析

行业是介于宏观经济与微观经济之间的中观经济，行业的景气状况在相当程度上决定了这个行业中的企业的当前获利能力和未来的增长潜力。因此，在进行宏观经济分析的基础上，进行行业分析显得非常必要。

一、行业的划分

行业是指根据生产同类产品、具有相同工艺或提供同类劳动服务而划分的经济活动类别。对行业的划分有不同的标准。

1. 标准行业分类法

为了便于汇总各国的统计资料，进行对比，联合国社会事务统计局制定了一个《全部经济活动国际标准分类》，其修订本第4版于2009年正式出版，建议各国使用。共分21个门类和99个大类，其中门类采取字母顺序编码法，具体为：A——农、牧、林、渔业；B——采矿和采石；C——制造业；D——电、煤气、蒸汽和空调供应；E——供水，污水处理、废物管理和补救；F——建筑业；G——批发和零售业；汽车和摩托车修理；H——运输与存储；I——食宿服务；J——信息和通信；K——金融和保险；L——房地产；M——专业、科学和技术；N——行政和辅助；O——公共管理与国防；强制性社会保障；P——教育；Q——人体健康和社会工作；R——艺术、娱乐和文娱；S——其他服务；T——家庭作为雇主的，家庭自用、未加区分的物品生产和服务；U——国际组织和机构。

2. 我国国民经济行业分类

根据2017年第四次修订的《国民经济行业分类》国家标准，我国把整个国民经济分为20个大门类，分别是：①农林牧渔业；②采矿业；③制造业；④电力、燃气及水生产和供应业；⑤建筑业；⑥批发和零售业；⑦交通运输、仓储和邮政业；⑧住宿和餐饮业；⑨信息传输、软件和信息技术服务业；⑩金融业；⑪房地产业；⑫租赁和商务服务业；⑬科学研究和技术服务业；⑭水利、环境和公共设施管理业；⑮居民服务、修理和其他服务业；⑯教育；⑰卫生和社会工作；⑱文化、体育和娱乐业；⑲公共管理、社会保障和社会组织；⑳国际组织。

3. 我国上市公司的行业分类

2017年9月，中国证监会公布了《上市公司行业分类指引》，将行业分为13大门类，分别是：A——农林牧渔业；B——采掘业；C——制造业；D——电力、热力和水的生产和供应业；E——建筑业，批发和零售业；G——交通运输、仓储和邮政业；H——住宿和餐饮业；

I——信息传输、软件和信息技术服务业；J——金融业；K——房地产业；L——租赁和商务服务业；M——科学研究和技术服务业；N——水利环境和公共设施管理业；P——教育；Q——卫生和社会工作业；R——文化、体育和娱乐业；S——综合。

宏观经济分析为投资者提供了大的环境选择和背景条件，而行业分析则为投资者提供了可选择的投资领域和投资对象。在国民经济运行过程中，国民经济各行业的发展周期与宏观经济的发展周期并不完全一致。一定时期内，一些行业的增长率高于经济的平均增长率，另一些行业的增长率则低于经济的平均增长率。行业分析可以帮助投资者选择高景气度或者有发展潜力的行业投资对象。

> **拓展阅读**
>
> 请登录中国证监会官网，然后在网站内的搜索栏搜索"2017 年 4 季度上市公司行业分类结果"一文，了解截至 2017 年 4 季度我国上市公司行业分类结果。

二、行业的市场结构分析

行业的经济结构随行业中企业的数量、产品的性质、价格的制订和其他一些因素的变化而变化，根据经济结构的不同，行业基本上可以分为完全竞争、垄断竞争、寡头垄断、完全垄断四种市场类型。

1. 完全竞争市场

完全竞争市场是指一个行业中有很多独立的生产者，他们都以相同的方式向市场提供同质产品。完全竞争市场中的企业是价格的接受者，企业本身无法控制市场价格，市场集中度低，产品同质，市场信息畅通。这是比较理想的市场结构，但完全具备条件的行业不多，一般认为一些初级产品和农产品的市场类型比较接近完全竞争的市场情况，因此初级产品生产企业和农业企业面临的风险较大，利润率低。

2. 完全垄断市场

完全垄断市场是指一个行业中只有一家企业生产某种特质的产品。特质产品是指那些没有或基本没有替代品的产品。完全垄断可分为两种类型：①政府完全垄断，如国营铁路、邮电等部门；②私人完全垄断，如根据政府授予的特许专营或根据专利生产的独家经营，以及由于资本雄厚、技术先进而建立的排他性的私人垄断经营。完全垄断市场行业集中度高，产品难以替代，进入壁垒高，竞争者少，对企业来说是理想的市场，一般要特许经营。这类行业主要是公用事业类，与居民生活息息相关，其利润稳定而均衡。在现实生活中，公用事业（如铁路、自来水公司、煤气公司和通信等）和某些资本、技术密集型的行业（如稀有金属矿产的开采等）属于这种完全垄断的市场类型。

3. 垄断竞争市场

垄断竞争市场是指一个行业中有许多企业生产同一种类型但具有明显差别的产品。垄断竞争下市场集中度低，行业企业数量众多，进入和退出壁垒低，竞争激烈，企业利润波动大。大部分企业属于这种类型，其股票的价值取决于企业的经营状况和在同行业中的排名情况。

4. 寡头垄断市场

寡头垄断市场是指一个行业中少数几家大企业控制了绝大部分的市场需求量。寡头垄断市场集中度高，主要的大企业控制了产品的大部分生产和销售，产品同质，进入和退出壁垒高。一般认为重工业企业属于这种类型，资本和技术相对集中，其利润高低与宏观经济周期一致。例如美国汽车市场曾被通用汽车公司、福特汽车公司、克莱斯勒公司等寡头所控制。

三、行业的生命周期分析

行业的生命周期是指行业从诞生到衰退的过程，一般分为初创期、成长期、成熟期、衰退期四个阶段。

在初创期投资于该行业的企业不多，整个行业处于高风险、低收益的状态。新产品研发费用高，成本高，市场需求不大，企业利润不高，企业经营风险大。对处于这一时期的企业要注意市场风险。

在成长期新产品逐步得到市场认可，需求增加，利润剧增，引发激烈竞争。面对竞争激烈的市场，只有具有竞争优势的企业才能成为行业主导企业，其他企业在竞争过程中逐步被大企业兼并或退出市场，整个行业获取暴利的机会减少。当行业处于这一时期时，要寻找经营管理有方、技术力量雄厚的主导企业进行投资，才能避免其股票退市的风险。

成熟期市场价格趋于稳定，竞争更加激烈，整个行业获取的利润比较稳定。此时成为行业主导的企业资本雄厚，技术一流，通过规模效应可以保持一定的利润，是企业获取利润的最佳时期，相应股票的回报率较高。

衰退期产品需求减少，销售增长率降低，利润率不断下降，企业竞争力减弱，一些企业开始向其他高利润行业转移。对处于这一时期的行业要谨慎投资，以规避风险为主。

对行业进行分析主要是寻找适合投资的行业，为投资决策提供依据。不同行业处于不同的生命周期时其股票回报率也不同，如汽车行业具有典型的周期性，我国汽车行业在 2003 年由于居民收入的提高，销售量猛增，进入行业的成长期，行业效益快速提升，投资回报丰厚，到 2018 年已有成熟期的一些特征。

四、行业兴衰的影响因素分析

行业发展呈现出周期性变化，影响行业兴衰的主要因素有技术因素、政府因素、居民消费倾向和市场结构等。

1. 技术进步

技术进步促使新的行业产生和发展壮大，也可能淘汰旧的行业，或者使本行业中的产品升级换代或细化。例如，电灯的出现取代了煤气灯，蒸汽动力行业则被电力行业逐渐取代。投资者还必须考察一个行业产品生命线的轨迹，分析其是否有被优良产品或其他消费需求替代的趋势。

2. 政府对行业的支持和态度

政府对某一行业的支持促使该行业发展快速，资金充足，发展前景远大。政府限制某些行业的发展将会导致这些行业萎缩。投资者选择具有行业发展前景的股票进行投资，能够分享行业高速发展带来的丰厚利润。

3. 居民消费倾向

随着经济发展和人们受教育程度的提高，居民生活习惯发生改变，居民消费倾向也随之发生改变。消费趋势和消费心理会影响行业产品需求和行业股票的价格。例如，基本温饱解决以后，人们更注重生活质量的提高，绿色无公害食品备受人们的青睐；对健康的投资从注重营养保健品转向健身器材；物质生活丰富后，人们更加注重智力投资和丰富的精神生活；

快节奏的现代生活促使人们更偏好于便捷的交通和通信工具。居民消费倾向总体上朝着绿色、环保、健康的方向发展，与居民消费心理发展一致的行业，其发展前景较好。

4. 市场结构

行业所处的市场结构不同，地位不同，其面临的生存和发展环境、预期利润率、相应股票的价值、在证券市场中的表现也不同。

五、行业投资的选择

（一）选择的目标

一般来说，在投资决策中，投资者应选择增长型的行业和在行业生命周期中处于成长期和稳定期的行业，所以要仔细研究拟投资公司所处的行业生命周期及行业特征。

增长型行业的特点是增长速度高于整个国民经济的增长率，投资者可享受快速增长带来的较高股价和股息。投资者也不应排斥增长速度与国民经济同步的行业，这些行业一般发展比较稳定，投资回报虽不及增长型行业，但投资风险相对较小。

对处于生命周期不同阶段的行业，投资者应选择处于成长期和稳定期的行业，这些行业有较大的发展潜力，经营逐渐稳定，盈利逐年增加，股息红利随之提高，有望得到丰厚而稳定的收益。投资者一般应避免选择初创期的行业，因为这些行业的发展前景尚难预料，投资的风险较大，同样，也不宜选择处于衰退期的行业。

（二）选择行业的方法

行业的选择有两种方法，一是将行业的增长情况与国民经济的增长情况进行比较，从中发现增长速度高于国民经济的行业；二是用行业历年的销售额、盈利额等历史资料分析过去的增长情况，并预测行业的未来发展趋势。

> 拓展阅读
>
> 独角兽，是2013年风险投资家Aileen Lee创造出来的概念，简单定义就是估值在10亿美元以上的初创企业，这里的“初创”也有许多投资机构定义为成立不到10年。
>
> 独角兽概念股的兴起，缘于2018年3月传出的IPO特殊通道消息。有报道称，监管层对券商做出指导，包括生物科技、云计算、人工智能、高端制造在内的四个行业若有“独角兽”，立即向发行部报告，符合相关规定者可以实行“即报即审”。

1. 行业增长比较分析

分析某行业是否属于增长型行业，可利用该行业的历年统计资料与国民经济综合指标进行对比。具体做法是，取得行业历年的销售额或营业收入的可靠数据并计算出年变动率，与国民经济增长率、国内生产总值增长率进行比较。通过对比，可做出如下判断。

第一，确定行业的周期性。如果国民生产总值或国内生产总值连续几年逐年上升，说明国民经济正处于繁荣阶段；反之，则说明国民经济处于衰退阶段。观察同一时期该行业销售额是否与国民生产总值或国内生产总值同向变化，如果在国民经济处于繁荣阶段时，行业的销售额也同步增长，或者在国民经济处于衰退阶段时，行业的销售额也同步下降，说明这一行业很可能是周期性行业。

第二，将行业的年增长率与国民生产总值的年增长率和国内生产总值的年增长率进行比较。如果在大多数年份中，该行业的年增长率都高于国民经济综合指标的年增长率，说明这一行业是增长型行业；如果该行业的年增长率与国民生产总值年增长率和国内生产总值的年增长率持平甚至相对较低，则说明该行业与国民经济增长保持同步或是增长缓慢。

第三，计算各观察年份该行业销售额在国民生产总值中所占的比重。如果这一比重逐年上升，说明该行业增长比国民经济平均增长水平快；反之，则较慢。通过以上分析，基本上可以发现和判断该企业是否属于增长型行业，但要注意，观察年份数不可过少，如过少可能会引起判断失误。

2. 行业未来增长率的预测

利用行业往年销售额与国民生产总值、国内生产总值的周期性资料进行对比，只是说明过去的情况，投资者还需要了解和分析行业未来的增长变化，因此，还需要对行业的发展趋势做出预测。

使用较多的预测方法主要有以下两种。一种方法是将行业历年销售额与国民生产总值绘在坐标图上，用最小二乘法找出两者的关系曲线，这一关系曲线即为行业增长的趋势线。根据国民生产总值的计划指标或预计值可以预测行业的未来销售额。另一种方法是利用行业历年的增长率计算行业的历史平均增长率和标准差，以此预计未来的增长率。这一方法要使用行业在过去 10 年或者更长时间的历史数据，预计的结果才较有说服力。如果某一行业是与居民基本生活资料相关的，也可利用历史资料计算人均消费量及人均消费增长率，再利用人口增长预测资料预测该行业的未来增长状况。

第三节　证券投资的公司因素分析

公司分析主要应从公司的经营管理能力、公司财务状况、公司市场状况、公司所属地域、公司在行业中的地位等方面进行分析研究。

一、公司基本面分析

无论宏观经济形势有多好，行业发展有多喜人，如果公司本身存在较大的问题，投资其股票或债券就会是高风险的事情，因此，对公司基本面进行分析是非常必要的。对公司基本面进行分析，对内要分析公司经营管理水平，对外要分析公司的市场状况及其在行业中的地位。

1. 公司经营管理水平分析

公司的经营管理水平主要体现在管理人员水平、经营理念、资本规模和技术水平四个方面。

（1）投资者在分析目标公司的管理人员水平时，要注意分析其学历构成、在公司的工作年限、管理人员的变动等情况，高层管理人员变动往往蕴藏着巨大的风险。

（2）经营理念是公司发展一贯坚持的核心思想，是员工坚守的基本信条，也是公司制定战略目标的前提。投资者要注意公司是否注重稳健经营，其经营目标是否经常发生变化。

（3）分析资本规模时，要分析公司是否进行规模经营，其经营规模是否适度。如果单一地扩大规模而超过了公司和市场的承受能力，一旦市场发生变化，容易造成公司资金链断裂，使公司陷入困境。规模经营能够产生规模效益，但并非规模越大越好，公司经营应保持适度规模。

（4）拥有核心技术和创新能力是公司赖以发展的根本。分析其产品是否具有竞争优势，其核心技术是否在同行业内领先，是否具有不可替代性，对判断投资目标是否具有长期投资价值十分关键。

2. 公司的市场状况和行业地位分析

公司的市场状况应主要从产品的竞争力和产品的市场占有率方面进行分析。

产品的竞争力主要体现在产品质量、技术优势、成本优势上。产品质量主要从品牌忠诚度、用户反馈来分析。技术优势主要从新产品的研发及研发费用所占营业收入的比例来判断。成本优势则主要从与其建立合作关系的原材料厂商的能力进行分析。

一般来说，公司的产品市场占有率越高，其效益越好。在分析产品的市场占有率时，主要通过行业的横向和纵向比较来分析。

边学边练

请阅读《领跑电动车驱动市场，业绩大幅度增长》一文，结合蓝海华腾的股价走势，对该公司的价值做一个基本的研判。

对公司行业地位进行分析，主要分析公司是否具有行业领先地位、是否具有价格影响力、是否具有竞争优势。如果其盈利能力高于行业平均水平，并在行业中综合排名居前，是行业领导者，其股票投资价值要大于同行业内其他企业。

二、公司会计数据分析

上市公司财务状况是上市公司经营状况的货币表现，是投资者判断上市公司股票质量和进行投资的主要依据。按照我国《证券法》的规定，上市公司必须定期将公司财务报表上报证券交易所，并按时在指定的主要证券媒体上进行披露。

会计数据是上市公司财务报表的主体，是外部投资者据以对上市公司进行分析的数据基础。进行会计数据分析的目的就是评估一个公司的会计记录是否真实地反映了其代表的经营活动。通过对公司的会计预测进行评估，证券分析人员能够知道自己所使用的财务报表多大程度上扭曲了经济现实，进而对这些扭曲进行“恢复”，为后面的财务分析提供一个可靠的数据基础。

（一）影响公司会计数据质量的因素

造成会计数据和其代表的经济现实之间出现偏差的因素主要有以下三个。

1. 会计准则

会计准则在限制经理层对会计数据进行不当处理的同时，也不可避免地减少了会计数据所代表的信息量。例如，股份有限公司的研发费用计入当期管理费用，但研发的结果可能是有些项目没有产生有价值的成果，而另外一些项目却很有价值。现行的会计制度不允许对这两种结果作不同的会计处理。

2. 预测的偏差

在权责发生制下，公司的收入和费用的确认含有主观成分。一项交易发生之后，由于经理人员不能准确无误地对交易结果进行估测就会造成会计数据和经营结果的偏差。例如，在新会计制度下，当一个企业卖出产品而尚未收回货款时，经理人员要对应收账款的收回概率进行预测，以确定坏账准备的提取方法和提取比例。由于交易的复杂程度、对方企业的信誉及未来经济发展的状况都是不确定因素，经理人员不可能对此做出完全准确的预测，会使实际产生的坏账高于或低于坏账准备的数额。

3. 经理人员通过影响会计数据达到自己的目的

经理人员完全有能力在会计准则许可的范围内，按自己的意愿对财务报表施加影响。在坏账准备提取的方法和比例上、在存货的计价上、在固定资产折旧的方法上，新会计制度都允许经理人员有自主选择的灵活性。经理人员对会计数据的影响可能出于以下动机。

（1）维护经理层的个人利益。例如，在以利润实现为业绩考核指标的情况下，公司高级管理人员有可能通过更改会计政策和调整账项的方法来操纵利润，以使自己达到获得高额分红或保住现有职位的目的。

（2）满足在资本市场上筹资的条件。对于上市公司而言，配股是一条重要的筹资渠道，大部分经理人员都希望将更多的资源置于自己控制之下，因而倾向于实现高比例和高股价的配股，那些经营不善、资金匮乏公司的经理人员更是如此。经理人员有可能出于达到配股条件的目的来操纵利润，这种公司会计报表中的会计数据的可信度值得怀疑。

（3）满足借款条件规定的需要。公司向债权人借款时常常被迫接受一些限制性的债务条款，如要求公司保持一定的还本付息比率、营运资金比率和净资产值等。一旦公司达不到这些要求，债权人有权要求公司提前偿还有关债务。经理人员有可能采用调整账项的方法来达到这些比例。

（二）进行会计数据分析的步骤

可以按以下步骤对上市公司的会计数据进行分析。

1. 弄清楚哪些会计政策对公司的影响最大

新会计制度对公司采用何种会计政策赋予了很大的自由空间。例如，公司可以自由选择折旧的方法，包括平均年限法、工作量法、年数总额法、双倍余额递减法；库存商品成本计价可采用先进先出法、加权平均法、移动平均法、个别计价法、后进后出法。为了保证会计政策的连续性和可比性，法律规定一种会计政策一经确定不得随意更改；如需更改，应在会计报表附注中加以说明。一般来说，公司获得的会计政策自由度越大，该公司会计报表中的会计数据就越有可能准确地反映其经营的实际情况。

2. 重点检查容易出现数据不真实的会计科目

根据会计制度的规定，上市公司的管理者在选择会计政策上有较大的自由度。公司经理可利用这一规定更好地向股东反映企业的经营状况，也可以利用它们掩盖经营问题、误导投资者。

一般来说，有的上市公司会从各项收入和费用入手进行利润操纵，通常表现在以下几方面：与销售额增加相关的应收账款的大幅增加；公司的报表利润与由经营活动产生的现金流量之间的比例变化，如进行债务重组，将应收账款转为长期股权投资、向关联方出售长期股权投资、改变长期股权投资计价方法等；因处置长期资产而产生的巨额利润；中期报表与年度报表的收益相差甚大；关联交易带来的利润增加；利用会计政策、会计估计的选择与变更进行利润调整，如选择是否使用某一会计政策、对折旧要素的估计变更、变更销售商品成本的计价方法等；利用其他应收账款科目回避费用的提取；利用推迟费用确认入账的时间降低本期费用，如应计入本期的费用挂在“待处理财产损溢”科目、将费用挂在“待摊科目”、将已发生的费用挂在“预提费用”的借方等；利用其他非经常性收入增加其他利润，如争取地方政府的补贴、利用营业外收入增加利润总额、对不真实的数据进行“恢复”等。

三、公司财务分析的主要依据

对公司进行财务分析的主要依据是三大财务报表，即资产负债表、利润表和现金流量表。

1. 资产负债表

资产负债表是基本财务报表之一，它是以“资产=负债+所有者权益”为平衡关系，反映公司在某一特定时点的财务状况的报表，是一种静态报表。

资产负债表反映了资产、负债和股东权益之间的关系，反映了公司资金来源和股东权益及财产状况。通过分析资产负债表，可以判断公司财务、偿债能力、资本结构和企业的资金流动等方面的状况。

阅读资产负债表，可以对公司的资产、负债及股东权益的总额及其内部各个项目的构成和增减变化有一个初步的认识。要对资产负债表的一些重要项目，尤其是期初与期末数据变化很大或出现大额红字的项目作进一步分析。另外，在对一些项目进行分析和评价时，还要结合行业的特点。例如，对于房地产公司来说，如果公司有较多的存货，意味着公司可能存在较多正在开发的商品房项目，一旦这些项目完工，将给公司带来很大的经济效益。在以上这些工作的基础上，再对公司的财务结构、偿债能力等方面状况进行综合评价。

2. 利润表

利润表（利润及利润分配表）也称为“损益表”，是反映公司在某一会计期间（通常是一年或一个季度内）的盈利状况的报表，反映了公司在一定期间的收入、费用、利润的变化情况，是一种动态报表。有的公司在公布财务资料时会以利润及利润分配表代替利润表，利润及利润分配表就是在利润表的基础上再加上利润分配的内容。

利润表记录了公司运营期间发生的收入和费用，以及公司的净收益或利润（即收入和费用的差值）。它展示了本公司的损益账目，反映了公司在一定时间的业务经营状况，直接明了地揭示了公司获取利润能力的大小和潜力、公司未来的业务经营趋势，对投资者了解、分析上市公司的实力和前景具有重要的意义。

利润表由三部分构成：①营业收入；②与营业收入相关的生产性费用、销售费用和其他费用；③利润。

3. 现金流量表

现金流量表是反映公司在一定时期内现金收入和支出情况的会计报表。现金流量表反映了公司获取现金和现金等价物的能力，如果各部分现金流量结构合理，现金流入、流出无重大异常波动，表明公司的财务状况良好。通过对现金流量表的分析可以判断公司的经营状态，如果利润表显示有利润，但现金流量表却显示经营活动产生的现金流量净额为负数，则说明公司有过高的应收账款，公司会面临应收账款是否能够收回的风险，有可能发生支付不力或资金周转困难的情况。

四、公司财务分析的主要内容

进行公司财务分析主要包括以下几个方面。

（1）公司的持续经营能力分析。公司的持续经营能力关系到公司的发展方向、投资者的资金是否安全。对公司持续经营能力的分析主要包括对公司的战略目标、公司研发费用占比和公司主营业务情况、资产负债情况等进行分析。

（2）公司的获利能力分析。主要分析公司的主营业务利润是否持续增长。利润是公司生产经营的目标和出发点。

（3）公司的管理能力分析。主要对利润表中的费用进行分析，以确定是否存在管理费用过高的情况。

（4）公司的成长性分析。主要分析公司的潜在利润、产品的成长性、投入和产出是否一致。

五、公司财务分析的基本方法及程序

公司财务分析的基本方法有以下几种。

（1）比率分析法。运用财务指标、比率分析评价公司的财务状况。

（2）比较分析法。通过对公司的财务状况进行前后比较，以及与同行业公司的横向比较，可以分析出企业存在的问题。

（3）趋势分析法。通过将同一系列指标放到一起进行分析，可以揭示公司存在的问题和预测公司的发展变化。

公司财务分析的一般程序如下。

（1）确定财务分析的重点目标。

（2）广泛搜集财务信息。通过搜集上市公司的证券发行公告、定期发表的财务报告、临时公布的报告，或由会计师事务所发布的审计报告，为进一步进行财务分析提供数据和依据。

（3）对搜集到的财务信息进行审查、整理、分析。

六、公司财务指标分析

财务报表中有大量的数据，可以根据需要利用这些数据计算出很多有意义的比率和指标，这些比率和指标可以反映企业经营管理的各个方面情况。财务指标可以分为以下五类：公司短期偿债能力指标、公司长期偿债能力指标、公司营运能力指标、公司盈利能力指标、投资效率指标。对于上市公司来说，最重要的财务指标是每股净收益、每股净资产和净资产收益率。证券服务机构定期公布按照这三项指标进行排序的上市公司排行榜，可见其重要性。

（一）公司短期偿债能力的财务指标

公司短期偿债能力实际上是指公司资产的快速变现能力，它取决于可以在近期转变为现金的流动资产的多少。流动资产包括现金、银行存款、应收票据、应收账款和有价证券，这些资产可以立即用来偿付流动负债。反映公司短期偿债能力的主要财务指标如下。

1. 流动比率

流动比率是流动资金与流动负债的比率，其计算公式为

$$流动比率=流动资产÷流动负债×10\%$$

一般认为，流动比率越高，则流动负债的获偿能力越强，短期债权人越有保障，公司抵

御风险的能力越强；但也不能过高，过高则说明公司存在资金闲置或存货过多，一般其比值不低于 1，其值为 2 时为佳。流动比率过低、会影响公司日常经营活动中资金的周转。但在具体分析时，只有将该指标和同行业流动比率、本企业历史的流动比率进行比较，才能判断这个比率是高还是低。

2. 速动比率

流动比率虽然可以用来评价流动资产总体的变现能力，速动比率较流动比率更能说明企业的偿债能力，速动比率也被称为酸性测试指标，其计算公式为

速动比率=速动资产÷流动资产=（流动资产－存货）÷ 流动负债×100%

速动比率越高，则短期偿债能力越强，应对突发事件的能力越强。一般以速动比率大于为佳，过低表示公司资金使用和安排上不合理，过高则表明公司低收益资产数量过多或是应收账款中坏账较多，将影响公司的盈利能力。

如果因公司预收账款高而导致速动比率偏低，并不能够说明公司没有短期偿债能力，反而说明产品销路好、公司效益好的标志。相反，如果因公司预付账款比重大而造成速动比率高，并不能表明公司短期偿债能力强，反而说明原材料供应上有问题，公司可能不预付货款就无法及时足量购买到所需要的原材料，应该引起足够重视。

与速动比率相关的另一个指标是现金比率，其计算公式为

现金比率=现金余额÷流动负债×100%

现金比率达到 1 或超过 1，说明公司现金充裕，公司用现金就可以偿付债务。

3. 现金流量比率

现金流量比率反映公司经营活动所产生的现金净流量与流动负债的比率，其计算公式为

现金流量比率=经营活动所产生的现金净流量÷流动负债×100%

现金流量比率越高，公司现金流入越多，变现时间越短，则公司偿债能力越强，反之，短期偿债能力越弱。

4. 应收账款周转率

应收账款周转率是主营业务收入与平均应收账款的比值，反映年内应收账款转为现金的平均次数，说明应收账款流动的速度，其计算公式为

应收账款周转率=赊销余额÷平均应收账款×100%

平均应收账款=（期初应收账款余额＋期末应收账款余额）×2

赊销净额=销售收入－现金销售收入－销售折扣、销售退回和折让

一般来说，应收账款周转率越低，说明公司短期偿债能力越差，公司的营运资金会过多地呆滞在应收账款上，影响资金的正常周转；反之，说明应收账款的收回越快。影响该指标准确性因素有：季节性经营的公司使用这个指标时不能反映实际情况；大量使用分期付款结算方式；大量使用现金结算的销售；年末销售大量增加或年末销售大幅下降。财务报表的外部使用人可以将计算出的指标与该公司的历史指标、以与行业平均水平或其他同类公司的类似指标相比较，以判断该指标的高低。

有时无法将全部销售收入分解成赊销和现金两部分，也可以用销售收入代替赊销净额，即

应收账款周转率=销售收入÷平均应收账款×100%

也可以用应收账款平均回收天数来判断

$$应收账款回收天数=360\div应收账款周转率$$

应收账款回收天数越多，说明公司收回货款所需时间越长，利用运营资金偿还短期债务的能力越低，反之亦然。

合理的应收账款周转率和回收天数，说明企业产品销售后，收款迅速，坏账损失少，资产流动性强，偿债能力强，同时收账费用相应也低。

5. 存货周转率

存货周转率是销售成本除以平均存货余额得到的比率，也称为存货周转次数，是衡量和评价企业购入存货、投入生产、销售回款等各环节管理状况的综合性指标，其计算公式为

$$存货周转率=销售成本\div平均存货余额\times100\%$$

公式中的销售成本来自利润表，平均存货余额来自资产负债表中的“期初存货”与“期末存货”的平均数。

$$平均存货余额=（期初存货余额+期末存货余额）\div2$$

存货周转率越高，表明存货的使用效率越高，存货积压风险小，公司偿债能力越强。

也可以用存货平均周转期进行分析，其计算公式为

$$存货平均周转期=360\div存货周转率$$

一般来讲，存货周转速度越快，存货的占用水平越低，流动性越强，存货转换为现金、应收账款等的速度就越快。提高存货周转率可以提高公司的变现能力，而存货周转速度越慢则变现能力越差。存货周转率指标的高低反映存货管理水平，它不仅影响公司的短期偿债能力，也是整个企业管理的重要内容。公司管理者和有条件的外部报表使用者，除了要分析批量因素、季节性生产的变化等情况外，还应对存货的结构及影响存货周转速度的重要项目如材料周转率、产品周转率或某种存货的周转率进行分析计算。

分析存货周转的目的是为了从不同的角度和环节找出存货管理中的问题，使存货管理在保证生产经营连续性的同时，尽可能少占用经营资金，提高资金使用效率，提高企业短期偿债能力，促进公司管理水平的提高。

对公司短期偿债能力进行分析和判断，要配合使用以上指标。

（二）公司长期偿债能力的分析

长期偿债能力是指公司偿付到期长期负债的能力，通常以反映债务与资产、净资产关系的负债比例来衡量。长期负债能力主要包括以下几个指标。

1. 资产负债率

资产负债率是全部负债与公司全部资产之比，反映公司偿付到期长期负债的能力，其计算公式为

$$资产负债率=负债总额\div资产总额\times100\%$$

公司中的负债总额不仅包括长期负债，还包括短期负债。公司中的资产总额是扣除累计折旧后的净额。

资产负债率指标反映债权人所提供的贷款占债务人全部资产的比例，也被称为举债经营比率，它有以下几个方面的含义。

第一，从债权人的角度来看，他们最关心的是贷给公司的款项的安全程度，也就是能否

按期收回本金和利息。如果股东提供的资本与公司资本总额相比，只占较小的比例，则公司的风险将主要由债权人承担，这对债权人来讲是不利的。因此，他们希望债务比例越低越好，公司偿债有保证，贷款就不会有太大的风险。

第二，从股东的角度来看，因为公司通过举债筹措的资本与股东提供的资本在经营中发挥同样的作用，所以，股东所关心的是全部资本利润率是否能超过借入款项的利率，即借入资本的代价。在公司所得的全部资本利润率超过因借款而支付的利率时，股东所得到的利润就会增加。反之，则对股东不利，因为借入资本多余的利息要用股东所得的利润份额来弥补。因此，从股东的立场来看，在全部资本利润率高于借款利率时，负债比率越大越好，否则反之。

第三，从经营者的角度来看，如果举债规模过大，超过债权人心理承受程度，公司就借不到钱。如果公司不举债，或负债比例很小，说明公司畏缩不前，对前途信心不足，利用债权人资本进行经营活动的能力很差。从财务管理的角度看，公司应当审时度势，全面考虑，在利用资产负债率进行借入资本决策时，必须对预期的利润和增加的风险做出充分的估计，在二者之间权衡利害得失，做出正确的决策。

负债比率越低，则公司长期偿债能力越强；负债比率越高，则公司长期偿债能力越差。公司的负债比率应控制在50%左右为宜。

2. 权益比率

权益比率是指股东权益与资产总额的比率，又称净值比率，反映购买资产所需要的资金有多大比例来自于所有者的资本，其计算公式为

$$权益比率=股东权益总额\div资产总额\times100\%$$

由于所有者权益没有偿还期限，它最适宜于为公司提供长期资金来源。权益比率越高，说明资本结构越稳定，即使长期负债到期也不必变卖资产来偿债，保证了公司持续稳定的经营。当然长期负债也可以作为购置固定资产的资金来源，所以并不要求该比率一定大于100%。但如果该比率过低，则表明公司资本结构不合理，财务风险较大。

3. 长期负债率

长期负债率是从总体上判断公司财务状况的一个指标，是长期负债与资产总额的比率。其计算公式为

$$长期负债率=长期负债\div资产总额\times100\%$$

长期负债率越高，公司对长期负债的负担越重，对外来长期资本的依赖性越强，债权人风险越大。

值得注意的是，长期偿债能力并非越强越好，过强则说明引入的股东所占份额过大，股东权益的报酬率可能会降低。

（三）公司营运能力指标

营运能力指标用来衡量公司对资产的管理是否有效，主要包括以下几个。

1. 总资产周转率

总资产周转率是指销售收入总额与总资产平均余额的比率，其计算公式为

$$总资产周转率=销售收入总额\div总资产平均余额\times100\%$$

其中，

$$总资产平均余额=（期初总资产余额+期末总资产余额）\div 2$$

总资产周转率反映了公司总资产在一定时期内（通常是1年）周转的次数，总资产周转率越高，表明公司总资产周转的速度越快，销售能力越强。

2. 固定资产周转率

固定资产周转率是指销售收入总额与固定资产平均余额的比率，其计算公式为

$$固定资产周转率=销售收入总额\div 固定资产平均余额\times 100\%$$

其中，

$$固定资产平均余额=（期初固定资产余额+期末固定资产余额）\div 2$$

固定资产周转率是反映公司固定资产利用效率的指标。固定资产周转率越高，表明在一定时期内固定资产的周转次数越多，说明固定资产的利用效率越高，单位固定资产创造的销售收入越多。

3. 流动资产周转率

流动资产周转率是指销售收入总额与流动资产平均余额的比率，其计算公式为

$$流动资产周转率=销售收入总额\div 流动资产平均余额\times 100\%$$

其中，

$$流动资产平均余额=（期初流动资产余额+期末流动资产余额）\div 2$$

流动资产周转率越高，说明流动资产周转次数越多，周转速度越快，单位流动资产创造的销售收入越多，流动资产利用效率越高。

4. 营运资金周转率

营运资金周转率是指销售收入总额与营运资金平均总额的比率，其计算公式为

$$营运资金周转率=销售收入总额\div 营运资金平均总额\times 100\%$$

营运资金周转率越高，表明营运资金的利用效率越高，单位营运资金创造销售收入的能力越强。

通过对同行业其他公司的营运能力指标比较可以看出，如果某公司的营运能力指标比其他公司有优势，则表明该公司前景较好。

（四）公司盈利能力指标

反映公司盈利能力的指标有很多，通常使用的指标有销售毛利率、主营业务收入增长率、主营业务利润率、资产收益率、净资产收益率等。

1. 销售毛利率

销售毛利率是指销售毛利占销售收入的百分比，简称毛利率，计算公式为

$$销售毛利率=销售毛利\div 销售收入\times 100\%$$

其中，

$$销售毛利=销售收入-销售成本$$

销售毛利率是一个衡量公司销售业绩的指标，它表示每1元销售收入扣除销售成本后，有多少钱可以用于各项费用和形成利润。销售毛利率是公司获得销售净利率的基础，没有足够高的毛利率便不能盈利，毛利率越高，表明公司销售能力越强。

2. 主营业务收入增长率

主营业务收入增长率反映本期主营业务收入相对于上期主营业务收入的增长程度，其计算公式为

$$主营业务收入增长率=\frac{本期主营业务收入-上期主营业务收入}{上期主营业务收入}\times 100\%$$

该指标可以用来衡量公司的产品生产周期，判断公司发展所处的阶段。一般来说，如果主营业务收入增长率在10%以上，则表明公司处于成长期，利润增长速度快；如果主营业务收入增长率为5%～10%，则说明公司处于成熟期，主营业务利润增长速度减慢；如果主营业务收入增长率在5%以下，则说明公司进入衰退期，主营业务收入降低，投资风险增大。

3. 主营业务利润率

主营业务利润率是指主营业务利润与主营业务收入的比率，其计算公式为

$$主营业务利润率=主营业务利润\div 主营业务收入\times 100\%$$

该指标反映公司主营业务获利水平。主营业务利润率越高，获利能力越强，主营业务发展越好。

4. 资产收益率

资产收益率是指企业净利润占平均资产总额的百分比，又称为资产报酬率，其计算公式为

$$资产收益率=净利润\div 平均资产总额\times 100\%$$

其中，

$$平均资产总额=（期初资产总额+期末资产总额）\div 2$$

该指标反映公司资产利用的综合效果，用于衡量公司运用全部资产获利的能力。资产收益率指标值越高，则表明全部资产获利能力越强；该指标值越低，则表明全部资产获利能力越弱。影响资产收益率的因素主要有产品的价格、单位成本的高低、产品的数量和销售数量、资金占用量的大小等。

5. 净资产收益率

净资产收益率是指净利润与平均资产总额的比率（或每股收益与每股净资产的比率），其计算公式为

$$净资产收益率=净利润\div 平均净资产总额=每股收益\div 每股净资产\times 10\%$$

其中，

$$平均净资产总额=（期初净资产总额+期末净资产总额）\div 2$$

净资产即公司资本或股东权益，所以净资产收益率又叫资本报酬率，也叫净收益与股东权益比率。

净资产收益率越大，股东权益的获利能力越强，股东投入资本的运用效果越好。

（五）投资收益指标

投资收益指标是将公司财务报表中公告的数据与公司发行在外的股票数、股票价格等指标结合起来，计算出每股收益、市盈率等与股票投资相联系的指标，以便帮助投资者对不同上市公司股票的优劣做出判断。

1. 每股收益

每股收益是指本年净利润与年末普通股股数的比值，其计算公式为

$$普通股每股收益=净利润\div 年末普通股股数$$

普通股每股收益越高，则股东投资收益越高。

2. 市盈率

市盈率是指每股市价与每股收益的比率，又称本益比，其计算公式为

市盈率=每股市价÷每股收益×100%

市盈率表明投资者为获取 1 元收益所愿意支付的价格，相当于净收益的倍数，市盈率较高，表明公司未来的成长潜力较大；市盈率较低，同时资产收益率也比较低时，表明公司的成长潜力较小。过高的市盈率表明公众对公司股票盈利能力预期过高，市场风险较高。

市盈率反映公司需要积累多少年的每股收益才能达到目前的股价水平。市盈率高，说明该股每股收益低或股价偏高；市盈率低，说明每股收益高或股价偏低。但市盈率指标不是绝对的，如果公司收益高，发展前景好，投资者竞相购买，其股价会升高，市盈率也会偏高。

3. 盈余报酬率

盈余报酬率=每股盈余÷每股市价×100%=1÷市盈率

盈余报酬率也叫投资收益率，表明投资者支付 1 元成本能够获得的收益多少，盈余报酬率较高，表明股票投资回报好。

4. 每股净资产

每股净资产是年末净资产与年末普通股总数的比值，也称为每股账面价值或每股权益，其计算公式为

每股净资产=年末净资产÷年末发行在外的普通股总数

每股净资产指标值越大，则表明每股所代表的权益越大。每股净资产在理论上提供了股票的最低价值。

5. 市净率

市净率是股票市价与每股净资产的比率，其计算公式为

市净率=股票市价÷每股净资产×100%

市净率又叫净资产倍率，其指标值越低，则说明公司股票越有投资价值，风险越低。成熟股市的市净率平均为 2～3 倍。

网络学习指南

推荐在互联网搜索并观看网易公开课“企业设立、经营与财务报表”，进一步加深对企业财务报表的认识。

在进行财务指标分析时，要注意财务分析的局限性。财务分析是对过去的情况进行分析，其预测功能有限。由于股价不断波动，不同时期股价不同，财务指标内涵不同，进行财务分析时要注意各项指标的综合运用，并结合宏观经济形势进行综合分析，防止虚假信息的干扰。但从投资的角度来说，证券投资从业人员应该专门学习财务会计报告（表）分析课程，非从业人员也应该简单了解相关知识，至少能大体看懂报表。

第四节　资本结构与公司价值

资本结构是指公司各种资本的价值构成及其比例关系。资本的结构主要有属性结构和期

限结构。按属性结构的不同，资本分为股权资本和债权资本。资本结构理论是关于公司资本结构、公司综合资本成本率与公司价值三者之间关系的理论。资本结构理论主要有早期资本结构理论、MM资本结构理论和新的资本结构理论。

一、早期资本结构理论

早期资本结构理论主要有以下三种观点。

1. 净收益观点

净收益观点认为，在公司的资本结构中，债权资本的比例越大，公司的净收益或税后利润就越多，从而公司的价值越高。由于债权资本的投资风险低于股权投资风险，债权资本成本率一般低于股权资本成本率，所以公司的债权资本越多资本综合成本率就越低，因而公司价值就越大。这种观点比较极端，忽略了财务风险，因为当公司的债权资本过高时，财务风险就会很高，公司的综合资本成本率就会上升，公司的价值反而下降。

2. 净营业收益观点

净营业收益观点认为，在公司的资本结构中，债权资本的多寡、比例高低与公司的价值无关。这种观点认为，公司的债权资本成本率是固定的，但股权资本成本率是变动的，当公司的债权资本比较多，公司的财务风险较大时，股权资本成本率就较低；反之，当公司的债权资本越少，公司的财务风险就越小，股权资本成本率就越高。经过加权平均计算后，公司的综合资本成本率不变，是一个常数，因此资本结构与公司价值无关，从而决定公司价值的真正因素是公司的净营业收益。这也是一种极端的资本结构理论，它是以公司的综合资本成本率是常数为前提的，而实际上公司的综合资本成本率不可能是一个常数，公司价值也不仅仅取决于公司净营业收益的多少。

3. 传统观点

传统观点介于上述两种观点之间，它认为增加债权资本对提高公司价值是有利的，但债权资本规模要适度，如果公司负债过度，综合资本成本率会上升并使公司价值下降。

二、MM资本结构理论

1958年，美国的莫迪格莱尼和米勒两位学者合作发表了《资本成本、公司价值与投资理论》一文，开创了现代资本结构理论研究的先河，其有关资本结构与公司价值的理论简称MM理论。其基本结论是：在符合MM理论的假设之下，公司的价值与其资本结构无关，公司的价值取决于其实际资产，而不是各类债权和股权的市场价值。MM资本结构理论的假设主要有：公司在无税收的环境中经营，公司营业风险的高低由息税前利润标准差来衡量，公司营业风险决定其风险等级；投资者的预期相同；所有债务利率相同；公司为零增长公司，即年平均盈利额不变；公司无破产成本；公司的股利政策不会影响公司的价值，公司发行新债时不会影响公司已有的债权价值；存在完全的资本市场，信息完全公开。在这一系列假设下，MM理论提出两个观点。第一个观点是：公司的价值不会受公司资本结构的影响，有债务公司的综合资本成本率等同于与它风险等级相同但无债务公司的股权资本成本率，公司的股权资本成本率或综合资本成本率视公司的营业风险而定；第二个观点是：利用财务杠杆的公司，其股权资本或综合资本成本率随着筹资额度的增加而增加，其低成本的债务给公司带来的财务杠杆利益会随着股权资本成本率的上升而抵消，最终使有债务公司的综合成本率等于无债务公司的综合资本成本率，因而公司的价值与其资本结构无关。

1963年，莫迪格莱尼和米勒又合作发表了另一篇论文《公司所得税与资本成本：一项修正》。在这篇论文中取消了公司无所得税的假设，认为如果考虑公司所得税的因素，公司的价值会随着财务杠杆系数的提高而增加，从而得出公司价值与资本结构有关的结论即修正的MM资本结构理论，该理论同样提出了两个观点，第一个观点是：有债务公司的价值等于有相同风险但无债务公司的价值加上债务的节税利益。该观点认，为当公司举债时，债务利息可以计入财务费用，形成节税利益，从而增加公司的净收益，提高公司的价值，公司债权比例越高，公司的价值也越高。这个结论与早期资本结构理论的净收益观点是一致的；第二个观点是：公司的最佳资本结构应该是节税利益和债权资本比例上升所带来的财务危机成本与破产成本之间的平衡点，因为随着公司债权比例的提高，公司的风险也会上升，公司陷入财务危机或破产的可能性就越大，这样会增加公司的额外成本，降低公司的价值，所以公司的价值应当是扣除财务危机成本的现值。

三、新的资本结构理论

20世纪七八十年代后又出现了一些新的资本结构理论，主要有以下三种。

1. 代理成本理论

代理成本理论认为，随着公司债权资本的增加，债权人的监督成本也会上升，这样债权人会要求更高的利率，这种代理成本最终要由股东承担，所以债权资本过高会降低股东所拥有的价值。

2. 信号传递理论

信号传递理论认为，公司通过调整资本结构来传递公司有关获利能力和风险方面的信息。当公司价值被低估时会增加债权资本，反之，当公司价值被高估时会增加股权资本。

3. 啄序理论

啄序理论认为，公司一般会优先使用留存收益等内部筹资的方式，其次使用债权筹资，最后选择其他外部股权筹资，这种筹资顺序的选择不会对公司股价产生不利的影响。

通常情况下，公司的价值等于股权资本的价值加上债权资本的价值，公司的资本结构对其股权资本和债权资本的价值都有影响，在考虑公司价值时要充分考虑公司的财务风险和资本成本等因素的影响。

本章小结

证券投资基本分析一般应先分析宏观经济环境，再分析所在行业的景气度，最后对上市公司自身管理现状和财务状况进行分析。

宏观经济环境的分析方法有经济指标分析、计量经济模型和概率预测等。影响宏观经济的因素有经济增长率、通货膨胀、经济运行周期、利率、汇率、国际收支、固定资产投资规模、财政收支等。宏观经济政策对证券市场的影响主要是货币政策和财政政策。

影响行业发展的因素主要有技术进步、政府对行业发展的态度、居民消费倾向、市场结构等。

上市公司分析主要包括公司基本素质分析和公司财务分析。

资本结构理论主要有早期资本结构理论、MM资本结构理论和新的资本结构理论。

综合练习

一、名词解释

证券投资基本分析　计量经济模型　经济增长率　通货膨胀　货币政策　财政政策　垄断竞争市场　寡头垄断市场　资产负债表　现金流量表　利润表　流动比率　速动比率　市净率　代理成本理论　信号传递理论　啄序理论

二、单项选择题

1. 利率既是一个经济指标，又是一个（　　）。

　A. 资本工具　　B. 经济调节工具　　C. 外部因素　　D. 内部因素

2. 失业率低，股价（　　）。

　A. 不受影响　　B. 上升

　C. 下降　　D. 影响不确定

3. 中国北方稀土（集团）高科技股份有限公司所属行业的市场结构为（　　）。

　A. 完全竞争市场　　B. 完全垄断市场

　C. 垄断竞争市场　　D. 寡头垄断市场

4.（　　）是上市公司财务报表的主体。

　A. 财务报表的即时性　　B. 财务报表的全面性

　C. 会计数据　　D. 会计报表的格式

5.（　　）是反映公司一定时期内现金收入和支出情况的会计报表。

　A. 资产负债表　　B. 利润表

　C. 现金流量表　　D. 税务凭证表

6. 流动比率以（　　）为最佳。

　A. 1　　B. 2　　C. 0.5　　D. 0.3

三、多项选择题

1. 证券基本分析包括（　　）。

　A. 宏观经济分析　　B. 政策分析　　C. 区域分析

　D. 行业分析　　E. 地形分析

2. 经济先行指标有（　　）。

　A. 失业率　　B. 国民生产总值　　C. 股票指数

　D. 货币供应量　　E. 工商业未还贷款

3. 公司分析主要从（　　）方面进行分析研究，以选择合适的上市公司进行投资。

A．公司经营管理能力　　B．公司财务状况　　C．公司市场状况

D．公司所属地域　　E．公司在行业中的地位

4．财务指标可以分为（　　）。

A．公司偿债能力　　B．公司长期偿债能力

C．公司运营能力　　D．公司盈利能力　　E．投资效率

5．以下属于投资收益类指标的是（　　）。

A．每股盈余　　B．市盈率　　C．盈余报酬率

D．每股净资产　　E．市净率

6．金融衍生工具的特征主要有（　　）。

A．跨期交易　　B．杠杆效应　　C．不确定性

D．高风险　　E．套期保值和投资套利并存

四、简答题

1．宏观经济的影响因素有哪些?

2．财务分析的方法有哪些?

3．现金流量表的作用有哪些?

4．市盈率水平的高低应该怎样衡量?

五、实训题

1．通过相关网站或者交易软件（启动交易软件后，按 F10 键）查询某一上市公司的基本情况，包括以下内容：

（1）公司名称、上市日期、注册地址、所属行业和经营范围。

（2）公司的股本结构、近 3 年的主要财务指标、利润分配和在行业中所处的地位等。

2．登录有关网站，查询我国最近 3 年的主要宏观经济指标，并填入表 6.2 中。

表 6.2　我国最近 3 年的主要宏观经济指标

指标类型	具体指标	年份/指标			指标类型	具体指标	年份/指标		
国民经济总体指标	国内生产总值				消费类指标	城乡居民储蓄存款余额			
	工业增加值				金融指标	货币供应量			
	失业率					存贷款利率			
	通货膨胀率					汇率（人民币兑美元）			
	进出口总额					外汇储备			
投资类指标	全社会固定资产投资总额				财政指标	财政收入			
	实际利用外资总额					财政支出			
消费类指标	社会消费品零售总额					赤字或结余			

第七章 证券投资技术分析

学习目标

通过本章的学习，可以系统地了解证券投资技术分析的主要理论，掌握技术分析的主要方法与指标，理解技术分析的假设前提，并认识到技术分析的作用及其局限性。本章的学习为进行证券投资技术分析提供了理论与方法。

课前阅读

“上下影线”凸显玄机

2016 年 7 月 1 日沪市低开，上证指数开盘报 2 931.8 点，其后股指震荡回调，截至收盘，上证指数报 2 932.48 点，涨 0.1%，成交额为 1730 亿元。在 K 线图上留下了一个带上下影线的十字星（见图 7.1），这个十字星包含怎样的含义呢？

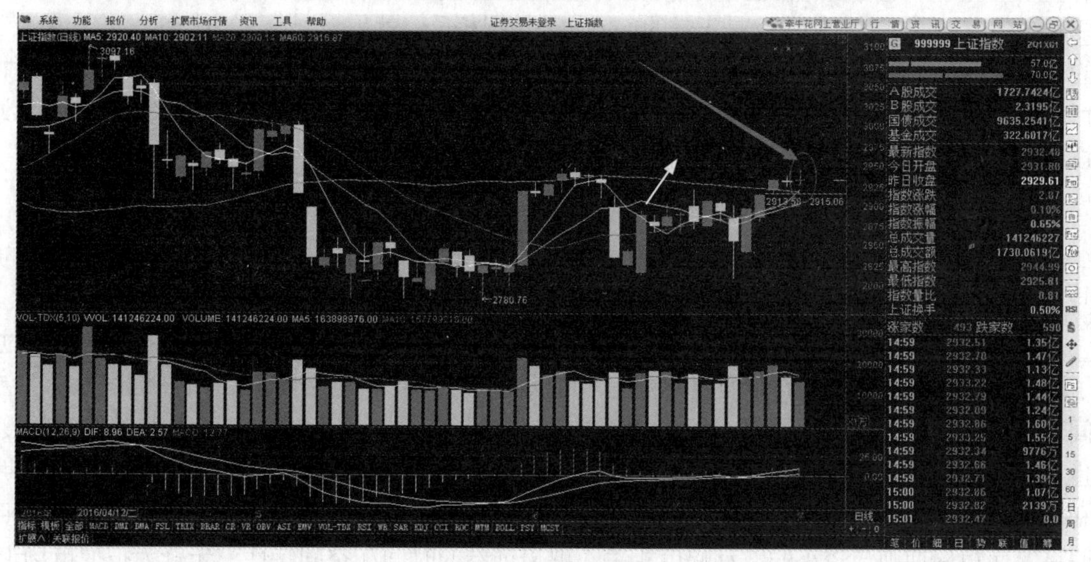

图 7.1 十字星图形

启示：对于大盘指数留下的上下影线十字星，有人认为 3 000 点附近会有持续反弹，还有人认为十字星表示上方压力沉重，只有回调后市场才会重新选择方向，不排除下跌的可能。当然仁者见仁，智者见智。这个上下影线的十字星让你想到了什么呢？要想明白其含义，我们还得学习技术分析的相关知识。本章就将解开此惑。

第一节 技术分析概述

技术分析是指以证券的市场行为为分析对象，对证券市场价格的未来变动趋势进行预测的方法。技术分析的要点在于对市场行为的观察与研究。证券的市场行为指证券在市场中的表现，包括价格、成交量、时间和空间四要素。技术分析的内容就是对市场行为的四要素及其关系进行分析，以把握证券价格变动的规律，从而预测未来。

一、市场行为四要素

技术分析是对市场行为的分析，市场行为的四要素包括价格、成交量、时间和空间，这四个要素构成了技术分析的核心与支柱。

1. 价格和成交量是市场行为最基本的表现

价格和成交量是市场行为包含的两个基本要素，也是市场行为的最基本的外在表现形式。在一定时点上所形成的价格和成交量被视为买方和卖方力量的暂时平衡点，在该点上买卖双方的市场行为达成共识。这种量价平衡是暂时的，随着时间的流逝，买卖双方力量的对比发生变化，市场又重新建立起新的量价关系，即新的量价平衡点。在实践中，人们发现买卖双方对价格的认同程度可通过成交量的大小得到确认。认同程度小，成交量小；认同程度大，成交量大。因此，量价关系维持着一种基本规律：价升量增、价跌量减。价格的上升伴随着成交量的增长，这意味着价格走高有着量的支撑；反之，价格下跌的同时，成交量也逐渐萎缩。这种市场表现被人们认为是正常的，但如果情况相反，就另当别论了。比如，“价升量减”的现象被视为不正常的市场表现。究其原因，可能是因为某些有实力的机构投资者出于某种目的故意拉高价位所导致的。成交量与价格的这种基本关系成为技术分析的出发点，大多数技术分析方法将此作为研判市场的基础。

2. 时间和空间是市场行为的另一种表现

这里的“时间”指价格变动所需的时间，确切地说，指完成一个价格升降周期所需要的时间。“时间”往往与循环周期理论相联系，体现出事物发展和市场变化的周而复始的特性。一般来说，经济周期和行业发展周期会影响企业的发展，进而影响到证券价格的涨跌。通过了解和把握证券价格变化的时间周期特征，可以提高对未来价格高点与低点的预测能力。“空间”指价格变动的幅度和界限。不同的证券，甚至同一证券在不同的时期，价格的波动幅度也有着较大的差异。在技术分析中，时间和空间保持着密切的联系。例如，较长的波动周期和较短的波动周期在价格变动的空间上往往也不同。一般而言，长周期与较大的波动幅度相联系，而短周期则与较小的波动幅度相关。熟谙证券的时间和空间特性，无疑为把握市场走向和趋势提供了技术基础。

二、技术分析的理论基础

技术分析着眼于过去，用历史数据和变化规律预测价格的未来走向。该方法之所以能够以过去来研判未来，把握市场变化的节奏与规律，实际上离不开三大假设条件：市场行为包含一切信息；价格沿着趋势波动，并保持趋势；历史会重演。

1. *市场行为包含一切信息*

该假设是技术分析的前提基础，它认为影响证券价格的所有因素都反映在市场行为中。基于这样的假定，技术分析理所当然地以市场行为为研究对象。实际上，技术分析者并不关心影响证券价格的因素有哪些，而只是对市场行为所包含的相关要素予以充分的关注。

2. *价格沿着趋势波动，并保持趋势*

证券价格的运动遵循一定的规律，按照趋势进行，并保持着一定的惯性。该假设正是对证券价格变动规律的总结。证券价格的上涨或下跌是买卖双方力量对比的真实写照和反映，当买方力量占据主导地位时，价格步步攀升，如果没有新的消息或新的外力的介入，这种局面得以继续维持，反之亦然。

3. *历史会重演*

该假设基于统计学和心理学方面的认知。从统计学的角度来看，借助于统计方法与手段，能够帮助我们把握价格变动的规律，从而为预测提供了可能性。从心理学方面来说，市场行为是投资者行为的综合体现和展示，而人的行为离不开动机。心理学告诉我们，在特定情境下，如果人的某种决策和行为取得了良好的结果，给自己带来满足感和成就感，这无疑是正向激励，以后如果出现同样的情景，引发行为的动机将再一次被触发，该行为得以重复发生。因此，“历史会重演”也就成为现实。

三、技术分析的局限性

技术分析有着自身的魅力和作用，大量的实践也证明技术分析的应用为投资者确定买卖时机和辨明趋势提供了有益的参考，提高了对市场未来走势的研判能力。但是，技术分析作为一种分析工具，有着自身的局限性。

如前所述，技术分析的合理性与正确性依赖于其三大假设前提，但实际上三个假设和实际有着较大的出入。首先，“市场行为包含一切信息”的假设过于理想化，在证券市场中信息损失是难以避免的，换言之，并非所有信息都能通过市场行为予以展现；其次，“价格沿着趋势波动，并保持趋势”的假设是基于没有外力影响的理想状态下。现实中，证券市场会经常遭受外力的冲击和影响，如宏观政策的变化、偶然事件等；最后，“历史会重演”是一个严格的假定，但由于市场环境的千变万化，基本上不可能出现完全一样的市场情境，因而相同的市场表现也就难以出现了。鉴于以上的分析，投资者应不能完全依靠技术分析方法做出决策，技术分析不能脱离基本面分析。技术分析和基本面分析各有优缺点，二者必须并重，缺一不可。

> **拓展阅读**
>
> 请阅读《运用技术分析的十原则》，尽可能把这些原则记下来，以备将来投资实践之用。
>
> 

第二节　技术分析的主要理论

在技术分析的发展史上，最有影响的当属道氏理论和波浪理论，它们是技术分析中最基础的理论，其他理论只是对它们进行的补充和修正。

一、道氏理论

道氏理论是最早、最著名的技术分析理论，由美国人查尔斯·道（Charles Dow）创立。为了反映市场总体趋势，查尔斯·道与琼斯（Jones）创立了著名的道·琼斯指数。查尔斯·道是《华尔街日报》（The Wall Street Journal）的创始人，他在该报上发表了一系列文章，经后人整理、归纳，成为今天的道氏理论。

1902 年查尔斯·道去世后，威廉姆·皮特·汉密尔顿（William Peter Hamilton）与罗伯特·雷亚（Robert Rhea）继承了他的理论，继续研究并解释股价变动趋势，撰写了大量有关道氏理论的文章，出版了《股市晴雨表》一书，将道氏理论系统化，最终使道氏理论得以确立。

（一）道氏理论的主要内容

道氏理论的主要内容体现在以下几个方面。

1. 市场平均价格指数能够解释和反映市场的大部分行为

为了反映股市的整体变化，道氏创建了平均价格指数，这为后来的各种指数奠定了基础。按照道氏理论，通过选择一些具有代表性的股票来编制平均指数，实际上是将投资者的各种行为综合起来，通过平均指数加以集中体现。换言之，平均价格指数是对市场行为的整体刻画和反映。

2. 市场存在三种波动趋势

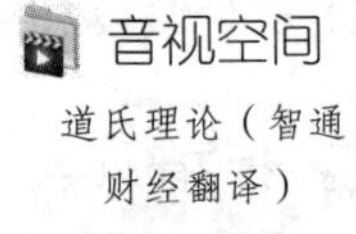

虽然价格波动的表现形式不同，但最终可以将其区分为三种趋势，即主要趋势、次要趋势和短暂趋势。主要趋势，亦称长期趋势、基本趋势，是指连续 1 年或 1 年以上的股价变动趋势，体现市场价格波动的最主要的方向；次要趋势，亦称中期趋势，它经常与长期趋势的运行方向相反，并对其产生一定的牵制作用，是对主要趋势的修正和调整；短期趋势，亦称日常趋势，是指股价的日常波动。

这种将价格趋势区分为不同等级的观点，为后来的波浪理论打下了基础。

3. 成交量在确定趋势中起着很重要的作用

一般来说，成交量跟随当前的主要趋势，体现出成交量对价格的验证作用。例如，牛市中，价格上升，成交量增加；价格回调，成交量萎缩。但是成交量并非总是跟随先前的主要趋势，如价升量减，此时成交量所提供的信息可以为确定反转趋势提供依据。不言而喻，寻找到趋势的反转点对于投资者意义重大。

4. 收盘价是最重要的价格

道氏理论非常关注收盘价，认为在所有价格中收盘价最重要。现实中，由于生活节奏的加快，收盘价可能是人们浏览、阅读财经类信息时最为关注的指标之一，收盘价被视为是对当天股价的最后评价，大部分投资者会根据该价位来做买卖的委托。

（二）道氏理论的确认原理

1. 两种指数必须相互验证

就同一个股市来说，某一单独的指数产生的变化不足以构成整个市场趋势改变的信号。查尔斯·道创建的道·琼斯指数由工业平均指数和铁路平均指数构成（现已发展为工业股指数、运输业指数和公共指数），除非两个指数都发出看涨或看跌的信号，否则市场基本运动的方向仍然处于不确定的状态。如果其中一个指数上涨，而另一个没有呼应而继续下降，那么整个市场就不能被这一上涨的指数带动起来，迟早这一过程也会结束，上涨的指数仍会回到下降通道之中。如果两个指朝着同一个方向运动，那么市场运动方向的判定就顺理成章了。在我国由于沪深两市相互影响，我们既可以运用道氏理论的原则，单独判定同一市场内部不同样本指数之间的相互验证状况，也可以比较两市的综合指数或成分指数的变动方向，从而发现基本运动轨迹的转折。

当然，两种指数的验证并不是说二者必须在时间上完全吻合，有时一种指数可能会滞后许多天、数周，甚至 1～2 个月，但只要二者趋于一致，就说明市场总体运动方向是可靠的。当然，更多的情况是两种指数会同时达到新的高点（或低点）。在不能相互验证的情况下，稳健的投资者最好保持耐心，等待市场给出明确的反转信号再选择买卖时机。

2. 交易量跟随趋势

“交易量跟随趋势”说明成交量对价格的验证作用，一般来说，当价格沿着基本运动的方向发展时，成交量也应随之递增。例如，牛市中，价格上升，成交量增加；价格回调，成交量萎缩。这一规律在次级运动中也同样适用，例如，熊市中的次级反弹，价格上涨时，成交量增加；而反弹结束后，价格下降时成交量减少。

成交量并非总是跟随趋势，例外的情况也并不少见，仅仅从一天或几天的交易量中得出有价值的结论，是缺乏依据的。道氏理论强调的是市场的总体趋势，是基本运动，其方向变化的结论性信号只能通过价格的分析得出，而交易量只是起辅助性的作用，是对价格运动变化的参照和验证。

3. 盘局可以代替中期趋势

一个盘局出现于一种或两种指数中，持续两个或三个星期，有时达数月之久，价位仅在约 5%的幅度波动，这种情况显示买进和卖出两者的力量是平衡的。当然，最后的情形之一是，在这个价位水准的卖方力量枯竭，那些想买进的人必须提高价位来诱使卖者出售。另一种情况是，本来想要以盘局价位水准卖出的人发觉买方力量削弱了，结果他们必须削价来卖出自己的股票。因此，价位向上突破盘局的上限是多头市场的征兆。相反，价位向下跌破盘局的下限是空头市场的征兆。一般来说，盘局的时间越长，价位波动幅度越窄，它最后的突破越容易。

盘局常发展成重要的顶部和底部，分别代表着出货和进货的阶段，但是，它们更常出现在主要趋势的休息和整理的阶段。在这种情形下，它们取代了正式的次级波动。

4. 把收盘价放在首位

道氏理论并不关注一个交易日当中的最高价、最低价，而只关注收盘价。因为收盘价是时间匆促的人看财经版唯一会关注的数字，是对当天股价的最后评价，大部分人根据这个价位做买卖的委托。这是又一个经过时间考验的道氏理论规则。

5. 在反转趋势出现之前主要趋势仍将发挥作用

股价波动的主要趋势是经常变化的，多头市场并不能永远持续下去，空头市场也总有到达底部的一天。当一个新的主要趋势第一次由两种指数确定后，如不管短期内的波动，趋势总体上会持续，但越往后这种趋势持续下去的可能性会越小。这条规则告诉人们：一个旧趋势的反转可能发生在新趋势被确认后的任何时间。作为投资人，一旦做出委托后，必须随时注意市场。

（三）道氏理论的评价

道氏理论作为最著名、最基本的股价理论，揭示了股市本身所固有的运动规律，指出了股市循环与经济周期变动的联系，在一定程度上能对股市的未来变动趋势做出预测和判断。同时，作为技术分析方法的鼻祖，后人在其基础上演绎出许多长期和中短期的技术分析方法。但是，作为最古老的股价理论和技术分析方法，道氏理论本身也存在一些不足之处，主要表现在以下几方面。

（1）道氏理论对中短期帮助甚少。道氏理论过于偏重长期分析而没能对股市变动的中短期做出分析，更没能指明最佳的买卖时机。因此，道氏理论主要适合于长期趋势的判断，对于中短期投资者帮助甚少。

（2）道氏理论预测股市变动有滞后性。它说明的只是看涨股市或看跌股市已经出现，或者还在继续，往往是在股市已经发生了实质性变化才发出趋势转变的信号，指出股市的转向，信号比较迟缓。

（3）由于道氏理论是依据工业股指数和运输业指数来观察和研判股市的变动，而时至今日，仅用工业股指数和运输业指数来判断股市的变动趋势及股市与整个经济景气程度的关系，是有一定局限性的。

（4）道氏理论虽能判断和预测股市的长期变动方向，但对选股没有帮助。

二、波浪理论

波浪理论（wave principle）的创始人——拉尔夫·纳尔逊·艾略特提出，社会、人类的行为在某种意义上呈可认知的形态。利用道·琼斯工业平均指数（Dow Jones Industrial Average, DJIA）作为研究工具，艾略特发现不断变化的股价结构性形态反映了自然和谐之美。根据这一发现他提出了一系列权威性的演绎法则用来解释市场的行为，并特别强调波动原理的预测价值，这就是久负盛名的艾略特波浪理论。

1. 波浪理论的基本模式

艾略特理论认为，股价轨迹以波浪形式运动，每一个上升或下降过程构成一个循环，如图 7.2 所示。每一个循环都可以分为上升 5 浪和下降 3 浪，共 8 浪构成。每一级浪分别有各自的符号，其中上升浪（推进浪）由数字 1、2、3、4、5 等表示，下降浪（调整浪）由字母 A、B、C 表示。

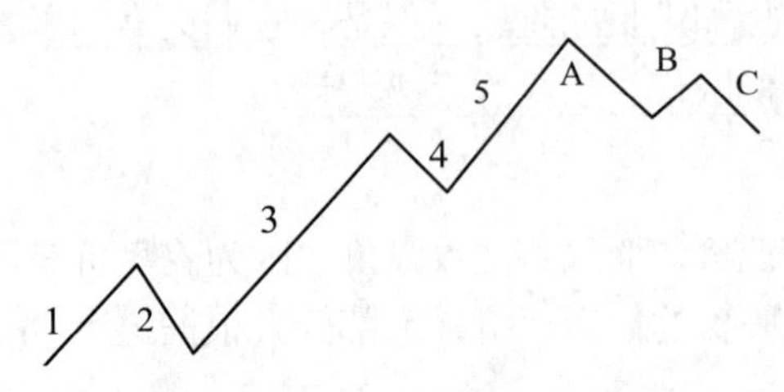

图 7.2　波浪结构的基本形态

在 5 个上升浪中，1、3、5 浪是推进浪，2、4 浪是上升过程中的调整浪；在 3 个下降浪中，A、C 浪属于下降过程中的推进浪，B 浪属于下降过程中的调整浪。这就是 8 浪循环的基本模式。

2. 波浪理论的特性

波浪的形态是艾略特波浪理论的理论基础，“数浪”的正确与否，对每一浪性质的认识对成功运用波浪理论至关重要。

第 1 浪：①几乎半数以上的第 1 浪，是属于营造底部形态的第一部分，第 1 浪是循环的开始，买方力量并不强大，加上空头继续存在卖压，因此，在此类第 1 浪上升之后出现第 2 浪调整回落时，其回档的幅度往往很深；②另外半数的第 1 浪，出现在长期盘整完成之后，在这类第 1 浪中，其行情上升幅度较大。从经验看来，第 1 浪通常是 5 浪中持续时间最短的行情。

第 2 浪：这一浪是下跌浪，由于市场人士误以为熊市尚未结束，其调整下跌的幅度相当大，几乎会吃掉第 1 浪的升幅。当行情在此浪中跌至接近底部（第 1 浪起点）时，市场出现惜售心理，抛售压力逐渐衰竭，成交量也逐渐缩小时，第 2 浪调整才会宣告结束，在此浪中经常出现转向形态，如头底、双底等。

第 3 浪：第 3 浪的涨势往往是最大，最有爆发力的上升浪，这段行情持续的时间往往是最长的，幅度也是最大的，市场投资者信心恢复，成交量大幅上升，常出现传统图表中的突破信号，如跳空高开等。这段行情走势非常激烈，一些图形上的关卡，非常轻易地被穿破，尤其在突破第 1 浪的高点时，是最强烈的买进信号，由于第 3 浪涨势激烈，经常出现“延长波浪”的现象。在第 1、3、5 浪中，第 3 浪不可以是最短的一个浪。

第 4 浪：第 4 浪是行情大幅劲升后的调整浪，通常以较复杂的形态出现，经常出现“倾斜三角形”的走势，但第 4 浪的低点不会低于第 1 浪的顶点。

第 5 浪：第 5 浪的涨势通常小于第 3 浪，且经常出现失败的情况，在第 5 浪中，二、三类股票通常是市场内的主导力量，其涨幅常常大于一类股（绩优蓝筹股、大型股），即投资人士常说的“鸡犬升天”，此时的市场情绪表现得相当乐观。

第 A 浪：在 A 浪中，市场投资人士大多数认为上升行情尚未逆转，此时仅为一个暂时的回档现象。实际上，A 浪的下跌，在第 5 浪中通常已有警告信号，如成交量与价格走势背离或技术指标上的背离等，但由于此时市场仍较为乐观，A 浪有时出现平势调整或者呈“之”字形态运行。

第 B 浪：B 浪表现经常是成交量不大，一般而言是多头的逃命线，然而由于是一段上升行情，很容易让投资者误以为是另一波段的涨势，形成“多头陷阱”，许多人在此段时期惨遭套牢。

第 C 浪：这是一段破坏力较强的下跌浪，跌势较为强劲，跌幅大，持续的时间较长，而且出现全面性下跌。

从以上来看，波浪理论似乎颇为简单和容易运用，实际上，由于每一个上升/下跌的完整过程中均包含有一个八浪循环，大循环中有小循环，小循环中有更小的循环，即大浪中有小浪，小浪中有细浪。因此，使数浪变得相当复杂和难于把握，再加上推动浪和调整浪经常出现延伸浪等变化形态和复杂形态，使得对浪的准确划分更加难以界定，因此波浪理论在实际运用中并不容易。

3. 波浪理论的缺陷

波浪理论在以下方面存在不足。

（1）波浪理论是一套主观分析理论，无客观依据。每一位运用波浪理论进行分析的投资者对现象的看法并不统一，包括艾略特本人，很多时候都会受一个问题的困扰，那就是一个浪是否已经完成而开始了另外一个浪呢？有时甲看是第一浪，乙看是第二浪。差之毫厘，谬以千里。看错的后果却可能十分严重。波浪理论的不确定性用在风险奇高的股市，一旦运用不当就足以使人损失惨重。

（2）怎样才算是一个完整的浪，波浪理论也无明确定义。股市的升跌大多时候并不会按五升三跌这个机械模式出现，但波浪理论家却曲解说有些升跌不应该算在某一浪里，说服力似乎不足。

（3）波浪理论有所谓的延伸浪，有时 5 个浪可以伸展成 9 个浪。但在什么时候或者在什么准则之下波浪可以延伸呢？艾略特却没有明言，使数浪这件事变得莫衷一是。

（4）波浪理论中浪的时间难以确定。根据波浪理论，浪中有浪，可以无限延伸，也就是升势是可以无限上升，都是在上升浪之中，一个巨型浪可以持续几十年。下跌浪也可能跌到很大幅度都仍然是在下跌浪阶段。只要是升势未完就仍然是上升浪，跌势未完就仍然是下跌浪。这样的理论有什么作用？能否推测浪顶浪底的运行时间非常可疑，等于纯粹猜测。

（5）波浪理论不能运用于个股的选择上。

第三节　技术分析的主要方法

资产价格的波动不是“趋势”就是“反转”，投资者借用技术分析进行买卖决策就是利用“价”“量”的历史信息来推断未来，因此，投资者离不开对趋势和反转形态的研判。本节主要介绍 K 线分析法、切线分析法和形态分析法。

一、K 线分析法

K 线又称为日本线或蜡烛线（candlestick line）。K 线是日本人最初在米市上用来表示米价涨跌情况的，后来被引入股市，用来分析股市走势。K 线较细腻表现了交易过程中买卖双方的强弱程度和价格波动状况，是目前股票技术分析的最基本工具。

（一）K 线的画法

K 线由实体、上影线和下影线组成，包含开盘价、最高价、最低价及收盘价 4 种价格。K 线的画法如下：①用两条横线分别标出开盘价和收盘价，然后用竖线将横线连接成一个矩形实体；②将最高价与实体的上端相连，称为上影线，将最低价与实体的下端相连，称为下影线；③如收盘价高于开盘价，其实体部分用白色或红色表示（本书用白色表示），称为阳线；收盘价低于开盘价，其实体部分用黑色或绿色表示（本书用黑色表示），称为阴线（见图 7.3）。

（二）K 线的基本形状

根据实体和影线的长短，K 线主要有以下几种形状。

1. 大阳线与大阴线

大阳线是上下影线均较短的长白实体。实体的长度表明收盘价和开盘价的差距，实体越长，表明买方力量越强劲。大阳线一般出现在上升趋势中，如果出现在下跌趋势中，也表明买方力量增强，存在反转趋势或反弹的可能。

大阴线是上下影线均较短的长黑实体。与大阳线正好相反，实体越长，表明卖方势力越强。大阴线一般出现在下降趋势或上升行情转为下降行情时，表明卖方力量强劲（见图 7.4）。

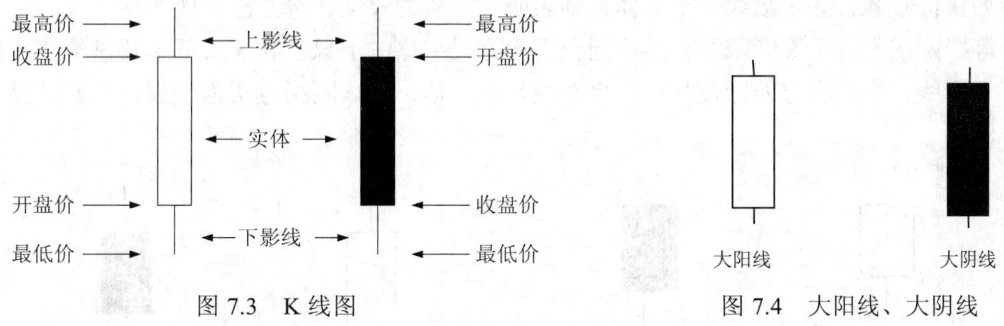

图 7.3　K 线图　　图 7.4　大阳线、大阴线

2. 小阳线与小阴线

小阳线与小阴线实体均较短，表明价格波动区间狭小。两者通常出现在盘整状态中，而且一般是交替出现的。小阳线表示买方力量略强于卖方，小阴线则表示卖方力量稍强（见图 7.5）。

3. 上影阳线与上影阴线

上影阳线表明股价在买方的力量作用下推升至最高位，但受到卖方打压，使股价上升气势受到抑制。实体与上影线的长短表现出买卖双方力量的强弱，实体越长，说明买方势力越强，上影线越长，说明卖方打压力量越大。

上影阴线也表明股价在买方的力量作用下推升至最高位，但卖方力量非常强大，将股价压至最低价收盘。该线实体越长，卖方力量越大。上影线越长越能显示买方的潜在实力（见图 7.6）。

4. 下影阳线与下影阴线

下影阳线表明开盘后股价曾一度遭到卖方打压至最低价后受到有力支持，股价回升，以当天的最高价收盘，买方获得决定性胜利。该阳线实体越长，买方越强，下影线越长，显示买方越有潜在实力。上影线很长的阳线预示股市可能转向下跌。

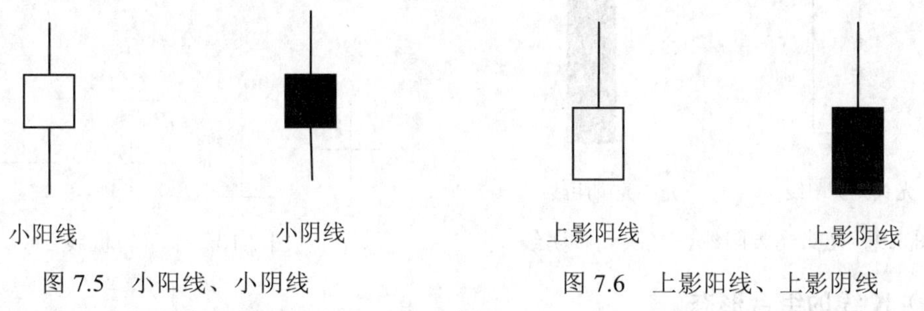

图 7.5　小阳线、小阴线　　图 7.6　上影阳线、上影阴线

下影阴线表明开盘后股价被打压至很低，但在低价位遇买盘介入，股价有所回升，但仍未超过开盘价。该线实体越长，卖方力量越强，下影线越长，买方力量越强。在下跌趋势中，如出现实体较短，下影线很长的下影阴线，同时有成交量配合，那么其很可能是股价反转的信号（见图 7.7）。

5. 等影阳线与等影阴线

等影阳线表明买卖双方争夺激烈，股价来回震荡，最终收盘价高于开盘价，买方获得小胜。可通过实体与影线长度的对比，来分析买卖双方力量的对比，如果实体长于影线，表明买方力量仍较强；如果影线长于实体，则表明卖方实力较强，买方已受挫。

等影阴线类似于等影阳线，其不同在于卖方最终略占上风，收盘价低于开盘价。如果实体长于影线，表明卖方力量较强；如果影线长于实体，则表明买方实力较强，卖方受挫（见图 7.8）。

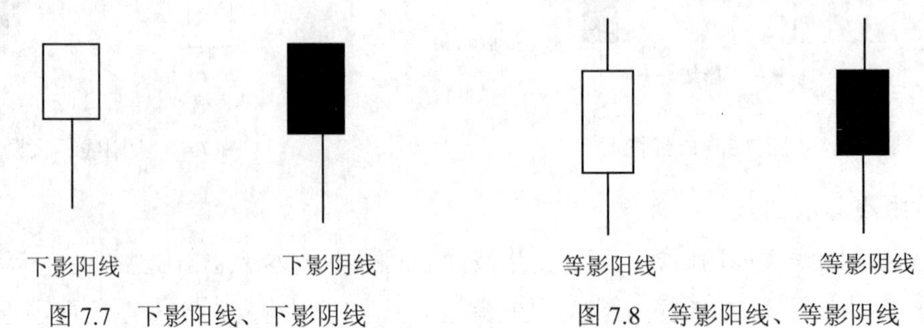

图 7.7　下影阳线、下影阴线　　图 7.8　等影阳线、等影阴线

6. 光头光脚阳线和光头光脚阴线

没有上影线和下影线的长阳线实体，即为光头光脚阳线；没有上下影线的长阴线实体，即为光头光脚阴线。两者类似于大阳线和大阴线，只不过买方或卖方力量更为强劲一些，光头光脚阳线通常被视为牛市继续或熊市反转形态的一部分，光头光脚阴线则相反（见图 7.9）。

7. 十字转机线

十字转机线指收盘价与开盘价相同的 K 线形态，其常常隐含着大势将转变的意义。根据上下影线的长短或有无，它可分为十字星线、墓碑线、T 形线、一字线四种图形（见图 7.10）。十字星线表明买卖双方几乎势均力敌，但如果十字线的上影线长于下影线，表示卖方力量较强，下影线长于上影线则表示买方力量较强。墓碑线表示当日的开盘价、收盘价、最低价相同。T 形线则表示当日开盘价、收盘价、最高价相同。而一字线表示当日的开盘价、收盘价、最高价、最低价四种价格均相同。

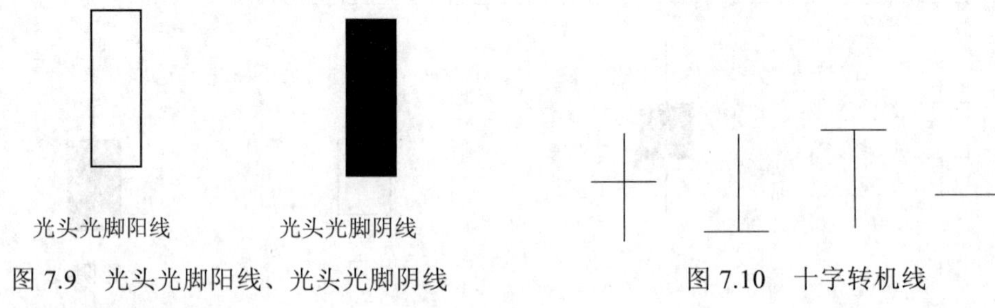

图 7.9　光头光脚阳线、光头光脚阴线　　图 7.10　十字转机线

（三）K 线的组合形态

了解了单根 K 线的走势特点后，还须将两根、三根及多根 K 线组合起来判断行情，这样才能真正把握股市整体的趋势。由于 K 线的种类较多，再将两根至多根 K 线组合在一起，就可演化出几十种乃至上百种不同的组合。下面以一些比较典型的三日 K 线组合形态为例，了解 K 线组合的基本判断技巧。

1. 早晨之星

在股市中，K 线图上的早晨之星即预示着跌势将尽，大盘处于拉升的前夜，行情摆脱下跌的阴影，逐步走向光明。

早晨之星一般由三个交易日的三根 K 线构成，如图 7.11 和图 7.12 所示。

第一天，股价继续下跌，并且由于恐慌性的抛盘，出现一根巨大的阴线。

第二天，跳空下行，但跌幅不大，实体部分较短，形成早晨之星的主体部分，既可以是阴线，也可以是阳线。

第三天，一根长阳线拔地而起，价格收复第一天的大部分失地，发出明显的看涨信号。

图 7.11 为 K 线组合中出现的“早晨之星”见底模式。注意 2012 年 3 月 30 日前后的 3 根 K 线：3 月 29 日，长城信息（000748）在承接前一日跌势之后继续惯性下滑；第 2 日股价在 3 月 29 日收盘价附近 5.21 元开盘，尾市收盘在 5.22 元，第 3 日股价高开高走并伴随着成交量的放大。早晨之星揭示了股价翻转向上的信号，在随后的交易中再次证明该反转信号的有效性，2012 年 4 月 23 日该股出现涨停，并创出阶段性新高 6.71 元。

图 7.12 为金丰投资（600606）2012 年 3 月 29 日的一根中阴线，3 月 30 日跳空低开的十字星和 4 月 5 日，跳空长阳线一起构成“早晨之星”形态。首先我们可以看到在形态之初，即下跌末期的阴线是缩量的，其次形态随后的阳线实体也比较长。

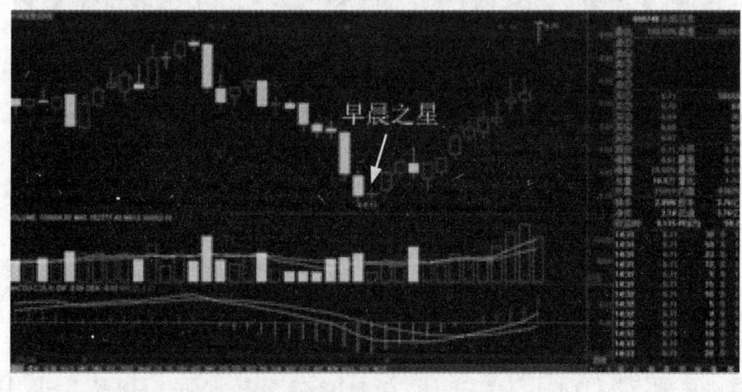

图 7.11　早晨之星（一）

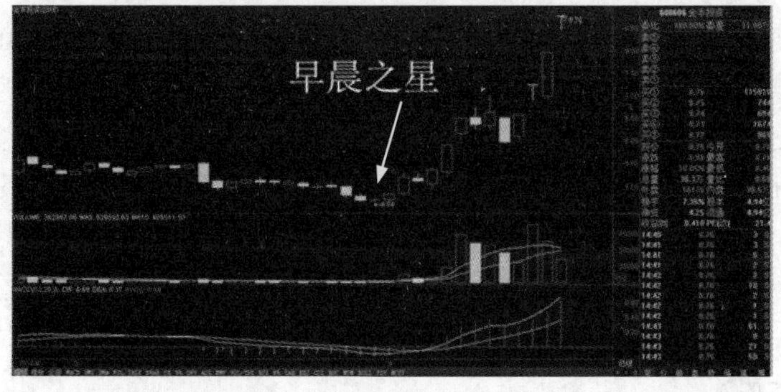

图 7.12　早晨之星（二）

2. 黄昏之星

黄昏之星也称幕星，其形成过程含义正好与早晨之星相反。“夕阳无限好，只是近黄昏”。夕阳西下，黄昏之星来临，夜幕随之降临。因此，黄昏之星形态，代表涨势可能回落，卖出股票的时候到了。

黄昏之星由 3 根 K 线组成，如图 7.13 所示。第一天，市场在一片狂欢声中继续上涨，并且拉出一根长阳线。第二天，继续冲高，但尾盘回落，形成上影线，并且拉出一根长阳线。第三天，突然下跌，间或出现恐慌性抛压，拉出长阴线，抹去了前两天大部分走势。

黄昏之星充当顶部的概率非常高，在牛市后期，要特别警惕这种反转信号。

图 7.13 是宁夏建材（600449）2012 年 3 月 5 日出现的黄昏之星，结合走势来看，此十字星充当了股票阶段性的顶部，十字星的反转信号应该受到重视。

3. 连续三阳

图 7.14（a）是由三条几乎相同的中长阳线组成的，表明买方占绝对优势，但由于连续三日都以中阳或长阳出现，表明涨幅已大，会有大量获利盘回吐，可考虑暂时卖出观望。这种连续三条光头光脚的阳线出现的次数很少，只有上市公司业绩大幅度提高或有其他特大利好时才出现。

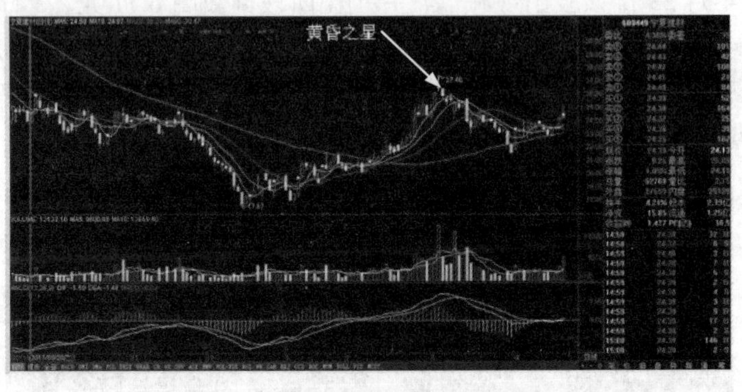

图 7.13　黄昏之星

图 7.14（b）是由三根连续的阳线组成的，但阳线实体的长度越来越小，并伴有上、下影线出现。此种形态表明，行情在第一日出现大涨后，随之涨势逐渐减弱，虽第二、三日仍以阳线收盘，但跟进的买盘力量不大，且卖方力量在逐渐加强，可暂时退出观望。

4. 连续三阴

图 7.15（a）是由三根连续中长阴线组成的。这种情况常在整个股市或单个股票有大的利空情况下出现。卖方借利空大量抛出股票，行情一路下跌，造成连续三根阴线，市场笼罩在悲观气氛中。不过，由于连日下跌，股价价位已偏低，投资者卖出股票的意愿逐渐减弱，投资者的心态日趋平静，过一段时间市场将酝酿一波反弹，但反弹的高度短期内不会太高。

图 7.15（b）是由三根实体逐渐减小的连续阴线组成的。这种情况表明股市经过一段跌势后，第三根阴线的开盘价高于第二根阴线的收盘价，而且股价未创新低，明显看出由于卖方的能量已经释放殆尽，下跌态势已经被遏制。不久买方很可能将进场组织一轮反弹行情。

5. 两阳夹一阴

图 7.16（a）属于下跌抵抗型。两根阳线虽然夹击一根阴线，但第三根阳线的股价又创新低，表明买方力量不大。只是抵抗，卖方还是占据了上风。

图 7.16（b）属于上升抵抗型。两根阳线夹击一根阴线，第三根阳线又创新高，表明买方的力量较强大。此形态若出现在上升阶段，第二根阴线只不过是上涨途中的回档洗盘，随

即行情很可能将步入强势。

6. 两阴夹一阳

图 7.17（a）属于下跌抵抗型。两根阴线夹击一根阳线，而且第三根阴线收盘价和最低价均创新低，表明买方虽然在下跌时进行抵抗，但终究因卖方势力过于强大而失败，行情仍将继续跌势。

图 7.17（b）属于上升抵抗型。中间阳线比前一根阴线长，表明买方力量已增强，而第三根阴线比阳线要短，表明卖方力量已减弱，预示行情可能还将向上。

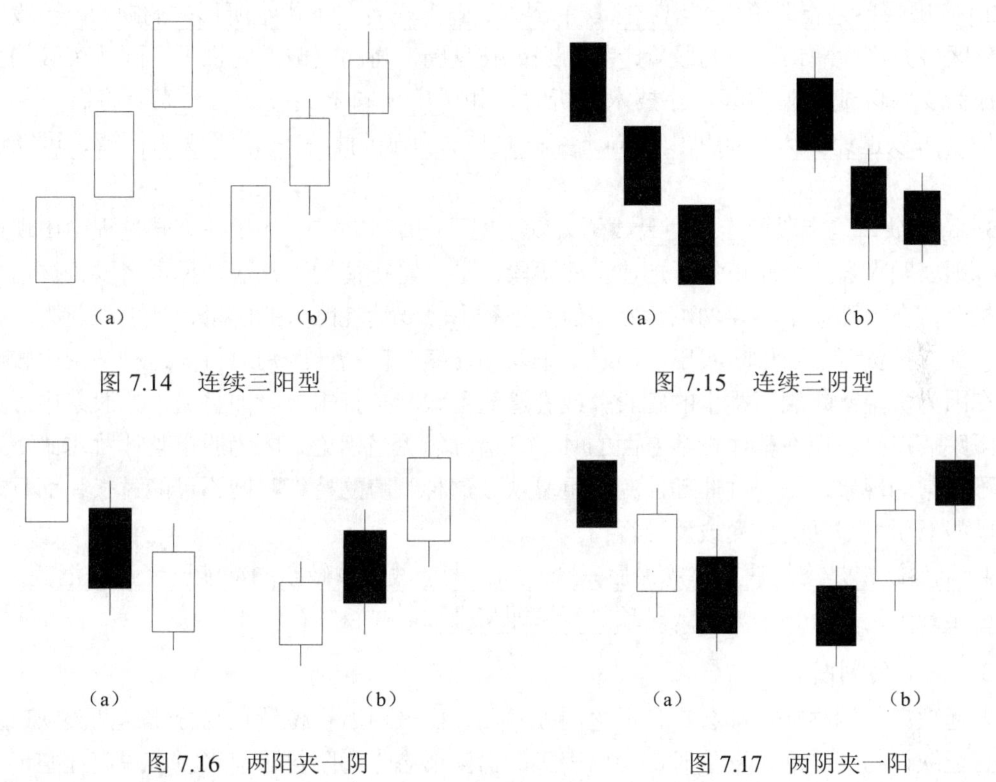

（a）（b）

图 7.14 连续三阳型

（a）（b）

图 7.15 连续三阴型

（a）（b）

图 7.16 两阳夹一阴

（a）（b）

图 7.17 两阴夹一阳

（四）K 线缺口

缺口是指相邻的两根 K 线间没有发生任何交易，由于突发消息的影响，或者投资者比较看多或看空时，股价在走势图上出现的空白区域，这就是跳空缺口。缺口一般都会被未来的股价的变动封闭，称为补缺。

1. 缺口的意义

缺口的出现是多空方力量对比悬殊的表现，而补缺是双方力量发生转变的结果。从技术分析来说，分析缺口是很重要的，投资者可以从中根据缺口的部位及大小等来预测股价的走势，寻找最佳的买入和卖出时机。

2. 缺口的类型

缺口可以按多种方式分类。

（1）上升缺口和下降缺口。上升缺口是指在上升过程中形成的缺口，表示趋势较强；下降缺口是在下降过程中形成的缺口，表示趋势较弱。

（2）正向缺口和反向缺口。正向缺口表示股价跳空的方向与股价运行整体趋势相同；反之，为反向缺口。正向缺口将加强原来的趋势，而趋势下跌时的反向缺口意味着反弹或反转，趋势上行时的反向缺口则意味着回调或见顶。

（3）普通缺口、突破缺口、持续缺口和竭尽缺口。

1）普通缺口常出现在股价整理形态中，特别是矩形和对称三角形中。它的特征是股价虽然跳空，但并未改变股价整理形态，仍然是盘局，并且缺口在短期内就会被封闭。出现普通缺口，几乎没有技术操作上的意义。

2）突破缺口是指股价破了盘整区域的界限，向上或者向下跳空所形成的缺口。当股价跳出盘整区域并产生缺口，表明股价走势已经突破盘局，将向突破方向推进，同时突破的盘整区域成为支撑区或者阻力区。在技术分析时，如果出现向上突破缺口，表明将有一段上升的行情，可以迅速买入；如果出现向下突破缺口，则表明将有一段下跌的行情，可以迅速出逃。

3）持续缺口是指股价连续两天或两天以上留下的跳空缺口。如果在上升过程中出现连续缺口，则表明大盘或个股正处于加速上涨阶段，是一轮行情的主升浪，投资者要把握这种难得的机会，在上涨途中不要匆忙卖出。但是这种上涨要消耗巨大的能量，当上涨乏力时极易形成头部，投资者需要果断卖出。而对于下跌的连续缺口需要区别对待。这种情况比较容易出现在因为资金链断裂而跳水的庄股，或者遭遇重大利空打击或者即将退市的股票中。如果连续下跌缺口是出现在整体指数方面的时候，情况应另当别论，因为股市整体跳水式下跌是一种不正常的现象，是一种非理性的严重暴跌，这种跌势的持续时间不可能过长，而且非理性暴跌极易引发强劲的反弹或反转行情。

4）竭尽缺口是连续缺口后的最后一个缺口，表示做多或做空的动能已经过度消耗，行情发展已是强弩之末，预示见底或见顶的行情即将来临。

3. 缺口的判断

普通缺口与竭尽缺口都会在几天之内被封闭，由缺口所在位置极易分辨这两类缺口。

普通缺口与突破缺口发生时都会由密集的盘整形态作为陪衬，前者没有脱离盘整形态而后者则是股价已经脱离盘整形态；持续缺口没有密集形态伴随，而是在股价急速变动中，也就是在行情上升或者下降途中出现的。

突破缺口表明一种股价移动的开始，持续缺口是股价快速移动或者接近于中点的标志，竭尽缺口则是股价移动已经接近尾声或者到达终点的信号。前两种缺口可以借助股价形态和它们所处的位置来辨认，而竭尽缺口则很难立刻分辨和确认。

4. 缺口的运用

持续缺口与突破缺口在较长时间内不会被封闭，从时间跨度上看，普通缺口较竭尽缺口更容易被封闭，突破缺口则需要比持续缺口更长的时间被封闭。

向上突破的缺口产生后，如短期内该缺口不被封闭，并且股价有加速上升的势头，表示股价上涨信号非常强烈，可以迅速买入。如果股价缓慢上升，积极的投资者可以买入。持续缺口产生后，可以继续持股，并且根据缺口的位置预测未来股价可能到达的位置，在到达此股价前分批抛出股票。竭尽缺口出现后，则应该立即卖出所有股票。

股价向下跳空形成突破缺口时，应该全部卖出股票，直到股价出现反转。

5. 缺口理论与成交量的综合运用

出现向上突破的缺口后，成交量明显放大，可以加强缺口的可信度，可以立即买入。向下突破缺口则不需要大的成交量。

在上升或者下跌途中的缺口发生当天或者次日的成交量突然很大，而且预料短期内不容易维持或者再扩大成交量，则可能是竭尽缺口而不是持续缺口，应该立即卖出股票。

在下跌途中，缺口发生当日出现向下跳空 K 线，成交量极度萎缩，此缺口为竭尽缺口，应该卖出股票。

缺口理论更适合做中长期的操作，在短期内可信度并不高。

二、切线分析法

切线理论是用画辅助线的方法寻找股价运动的规律和未来运动的方向，从而使投资者对股价的变动趋势进行科学预测，选择买卖时机。切线理论中的切线主要包括趋势线、通道线等。

（一）趋势

趋势就是指价格波动在一定时期内保持的总体发展方向，或者说是证券市场运动的方向。价格运动轨迹就像一系列前仆后继的波浪，趋势就是由一系列连绵不断的波峰与波谷构成的，在技术分析中，趋势分析是较为重要的内容，顺势而为就是技术分析的目的。

1. 趋势的方向

趋势从其发展的方向看，可分为上升方向、下降方向和水平方向三种（见图 7.18）。如果价格波动图形中后面的峰与谷都高于前面的峰与谷，则表明趋势是上升方向。如果图形中后面的峰与谷都低于前面的峰与谷，则表明趋势是下降方向。如果价格图形中后面的峰与谷和前面的峰与谷相比没有明显的高低之分，几乎呈水平延伸，则表明趋势是水平方向。

2. 趋势的类型

按趋势运行的时间分类，趋势分为长期趋势、中期趋势和短期趋势三种类型。

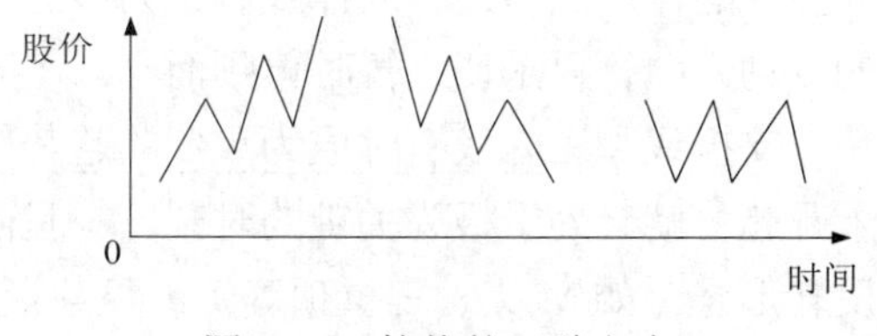

图 7.18 趋势的三种方向

长期趋势是股价变动的大方向，一般持续时间很长，可达半年甚至几年。对于投资者而言，只有了解并掌握了长期趋势，才能真正做到顺势而为。

中期趋势是股价在长期趋势运行过程中进行的调整，它一般不会改变长期趋势的发展方向，是总运动中的局部反方向运动过程，也就是常说的调整和反弹，时间跨度较短。

短期趋势是股价（股市）在短时间内的变动趋势，是对中期趋势的调整。时间一般很短，短则数小时，长则数天。

（二）趋势线

趋势线是表现证券价格波动趋势的直线，它是将一段时间内股价波动的低点或高点依次相连，形成一条向上或向下倾斜的直线。从趋势线的方向中，可以明确地看出价格波动的趋势。趋势线可分为上升趋势线和下降趋势线两种。在上升趋势中，将两个上升的低点连成一条直线，就得到上升趋势线；在下降趋势中，将两个下降的高点连成一条直线，就得到下降趋势线（见图 7.19）。

趋势线应用于技术分析可起到以下作用。

（1）对股价未来的变动起约束作用。趋势线使股价总是保持在这条线的上方（上升趋势线）或下方（下降趋势线）。实际上，就是起支撑和压力作用。

（2）对股价的走势起到反转作用。趋势线被有效突破后，就预示着股价下一步的走势将要反转。越重要、越有效的趋势线被突破后，其反转的信号越强烈。被突破后的趋势线原有的支撑和压力作用将会相互转换，原来的支撑线现在起压力作用，原来的压力线将起支撑作用，如图 7.20 所示。

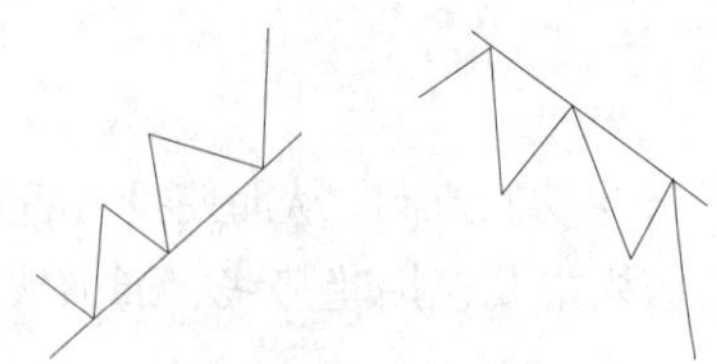

图 7.19　上升和下降趋势线

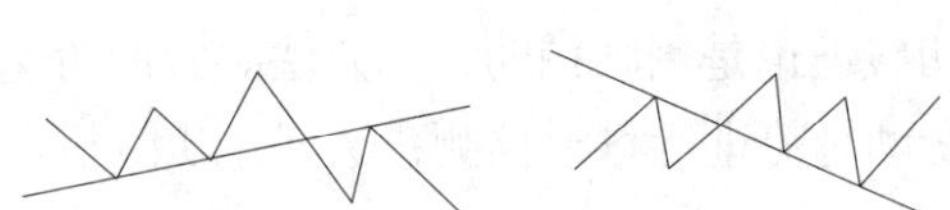

图 7.20　趋势线被突破后的转向作用

（三）支撑线与压力线

趋势线在性质上又可分为支撑线和压力线。

支撑线是股价在下跌到某一价位时，买盘增强，需求量增长，这个使股价受支撑的位置称为支撑位，从这个价位引一条水平线就称为支撑线。

压力线则是股价上涨到某一价位时，投资者纷纷抛售，阻止了股价的进一步上扬，这个使股价受到压力的位置称为压力位，从这个价位引一条水平线就称为压力线。

1. 支撑线与压力线的作用

支撑线起着阻止或暂时阻止股价继续下跌的作用，而压力线起着阻止或暂时阻止股价继续上升的作用。不过，支撑线和压力线迟早会被突破，它们不足以长久地阻止股价保持原来的变动方向，只是使之暂时停顿而已。

支撑线和压力线有时成为重要的趋势转折线。当一个长期的涨势受阻于某一压力位时，上升趋势就会处于极为关键的时刻，一旦随后的走势无力攻克前一压力位，则会演变成各种反转形态（如 M 头、三重顶等）或盘整形态，反之亦然（见图 7.21）。

2. 支撑线与压力线的相互转化

一条压力线被有效突破后，股价会上升，当股价再次下跌到该线时，该压力线将转化为支撑线。一条支撑线被有效跌破后，股价会下跌，当股价再次上升到该线时，该支撑线将转化为一条新的压力线（见图 7.22）。

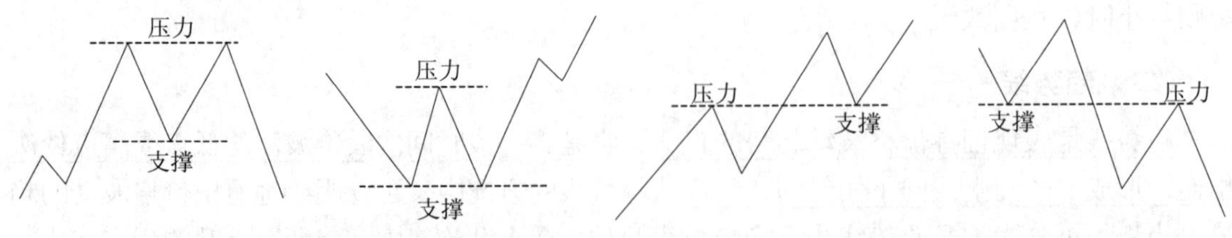

图 7.21　支撑线和压力线　　　图 7.22　支撑线与压力线的相互转化

（四）通道线

通道线又称轨道线或管道线，它分为上升通道和下降通道（如图 7.23 所示）。在上升趋势上寻找其波动的第一个高点，以这个高点向上画一条与上升趋势线平行的直线，两者合称为上升通道。在下降趋势上寻找其波动的第一个低点，以这个低点向下画一条与下降趋势线平行的直线，两者合称为下降通道。

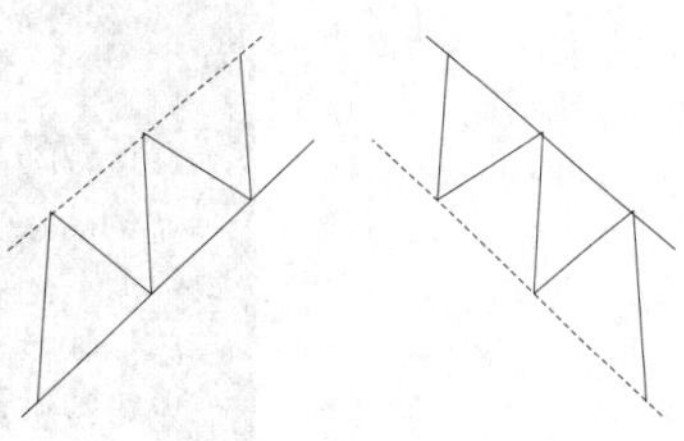

图 7.23　上升通道和下降通道

1. 通道线的作用

通道线的作用主要体现在以下两个方面。

（1）限制价格的变动范围。一个通道一旦得到确认，在一定时间内，价格将在这个通道内变动。如果通道上面的或下面的直线被突破，就意味着价格将有一个大的变化。

（2）趋势转向的预警。如果在一次波动中未触及通道线，离得很远就开始掉头，这往往是原有趋势将要改变的信号，因为市场已经没有继续维持原有的上升或下降的力度了。

投资者应利用通道一方面观察通道的变化，另一方面决定何时在通道内买入或卖出。在一个确定的上升通道中，价格回落到趋势线时，是买入的时机，而股价升到上升通道线时，便是短线获利了结的时机，反之亦然。

2. 通道线的突破

当通道线被市场快速、有效突破后，并不是趋势反向的开始，而是原来趋势加速的开始。即原来的趋势线的斜率将会增加，趋势线的方向将会更加陡峭。上升通道的上线被突破后，应是加码买入的好机会；下降通道的下线被突破后，则是卖出的好机会。

（五）黄金分割线

黄金分割线是股市中最常见、最受欢迎的切线分析工具之一，主要运用黄金分割来揭示上涨行情的调整支撑位或下跌行情中的反弹压力位。不过，黄金分割线没有考虑到时间变化对股价的影响，所揭示出来的支撑位和压力位较为固定，投资者不知道什么时候会达到支撑位与压力位。因此，如果股票指数或股价在顶部或底部横盘运行的时间过长，其参考作用则要打一定的折扣。

黄金分割线就是利用黄金分割比率进行的切线画法，在行情发生转势后，无论是止跌转升或止升转跌，以近期走势中重要的高点和底点之间的涨跌额作为计量的基数，将原涨跌幅按 0.191、0.382、0.5、0.618、0.809 的比率将其分割为五个黄金点，股价在反转后的走势将有可能在这些黄金分割点上遇到暂时的阻力或支撑。黄金分割率的原理源自弗波纳奇神奇数字即大自然数字。黄金分割率中运用最经典的数字是 0.382、0.618，极易产生支撑和压力（见图 7.24）。

1. 对上涨途中的调整行情分析

假设一只上涨的股票，由 10 元涨到 15 元，呈现一种强势，然后出现回调，那么在回调过程中，黄金分割率 0.382 位的价格为 13.09 元，0.5 位的价格为 12.50 元，0.618 位的价格为 11.91 元，这三个价位就是该股的 3 个支撑位。

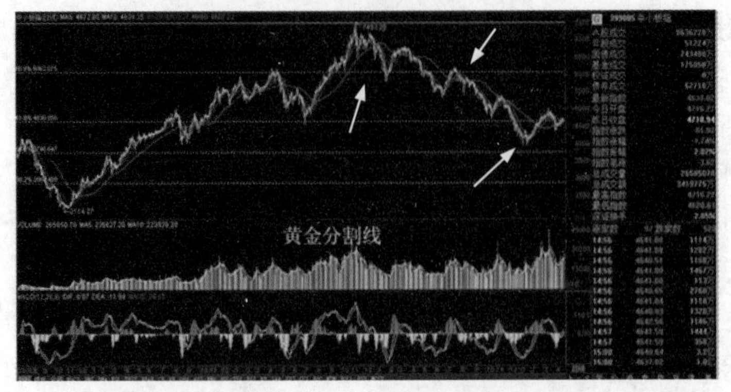

图 7.24　受到整个下跌幅度的黄金分割位压制

如果股价在 13.09 元附近获得支撑，该股强势不改，后市突破 15 元创新高的概率较大。若创了新高，该股就运行在第三主升浪中。能冲到什么价位呢？用一个 0.382 位的价格即 16.9[(15–13.09)+15]=16.91 元作为第一压力位；用两个 0.382 位的价格即=[(15–13.09)×2+15]= 18.82 元作为第二个压力位；第三个压力位为 10 元的 2 倍即 20 元。

如果该股从 15 元开始下调至 12.50 元附近获得支撑，则该股的强势特征已经趋弱，后市突破 15 元的概率较小，若突破，高点一般能达到一个 0.382 位的价格即 16.91 元左右；若不能突破，往往形成 M 头，后市行情将趋于走弱。

如果该股从 15 元下调至 0.618 位即 11.91 元，甚至更低才获得支撑，则该股已经由强转弱，突破 15 元再创新高的可能性较小，大多仅反弹到下调空间的 0.5 位附近（假设回调至 11.91 元），反弹目标位大约在[(15–11.91)×0.5+11.91]=13.46 元，然后再行下跌，运行该股的下跌 C 浪。大约下跌的第一支撑位是[11.91–(15–13.09)]=10 元，也是前期低点；第二支撑位是[11.91–(15–13.09)×2]=8.09 元。

2．对下跌途中的反弹行情分析

假设一只下跌的股票由 40 元跌至 20 元，然后出现反弹，黄金分割率的 0.382 位为 27.64 元；0.5 位为 30 元；0.618 位为 32.36 元。

如果该股仅反弹至 0.382 位 27.64 元附近即遇阻回落，则该股的弱势特性不改，后市下破 20 元创新低的概率较大。

如果该股反弹至 0.5 位 30 元遇阻回落，则该股的弱势股性已经有转强的迹象，后市下破 20 元的概率一般。大多在 20 元之上再次获得支撑，形成 W 底，此后逐步恢复强势行情。

如果该股反弹至 0.618 位 32.36 元附近才遇阻回落，则该股的股性已经由弱转强，后市可能会下破[(32.36–20)×0.5 + 20] = 26.18 元，然后再逐步走强。

黄金分割法对具有明显上升或下跌趋势的个股有效，对盘整的个股无效，使用时需要加以区分。

（六）百分比线

百分比线考虑问题的出发点是人们的心理因素和一些整数的分界点。

当价格持续上涨，肯定会遇到压力，遇到压力后，就要回调，回调的位置是很重要的。百分比线同样可以提供一些参考价位，如图 7.25 所示。

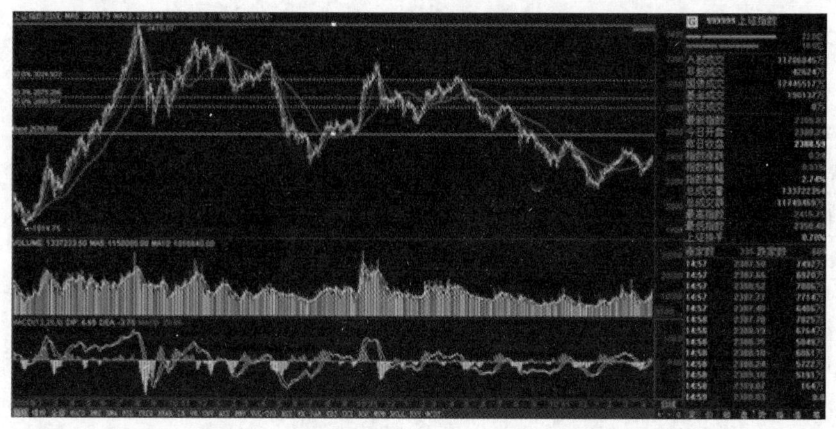

图 7.25　百分比线

以一轮上涨行情开始的最低点和最高点两者之间的差，分别乘上几个特别的百分比数，就可以得到未来支撑位出现的位置。这些百分比数一共有 9 个，它们分别是 1/8、1/4、3/8、1/2、5/8、3/4、7/8、1/3、2/3。

在这些百分比线中，1/2、1/3、2/3 这 3 条线最为重要。在很大程度上，回落到 1/2、1/3、2/3 是投资大众的一种倾向心理。如果没有回落到 1/2、1/3、2/3 以下，投资者就会感觉没有回落到位；如果已经回落到 1/2、1/3、2/3，多数投资者就会认为回落的深度已经到位了。

之所以用分数表示，是为了突破使用整数的习惯。这 9 个数字中有些很接近，如 3/8 和 1/3、2/3 和 5/8。在应用时以 1/3、2/3 为主。

对于下降行情中的向上反弹，百分比线同样也适用。其方法与上升时的情况完全相同。

值得注意的是：百分比线中有几条线非常接近或等于黄金分割线。如百分比线 3/8×100%=37.5%，与黄金分割线 0.382 非常接近；1/2 等于黄金分割线的 50%。实际应用中，这几条线可以互相替代，并且有很高的使用价值，每当行情运行到这一带时常常会遇到阻力或遇到支撑。这是百分比线应用中的一种特殊情况。

三、形态分析法

股价形态是记录股价表现为某种形状的图形。这种形状的出现和突破，对未来股价运动的方向和变动幅度有着很大的影响，投资者可以从某些经常出现的形态中分析多空双方力量对比的变化，找出一些股价运行的规律，借以指导其投资活动。

（一）形态分析五要素

形态分析一般有五个要素。

1. 形态构成

形态构成是指对形态出现的位置、形状姿态等方面的具体要求。有哪些标志，不能想当然地看着像，就认为是某个形态。

2. 成交量在形态中的表现

通过形态的形成过程就可以看出投资者的情绪，股价运行到关键位置，市场参与者对它的认可程度都可以通过成交量反映出来。所以，成交量是形态分析中必不可少的确认条件。

如果不符合相应成交量的要求，就有可能是主力庄家画的图形，成为诱导技术分析人士的陷阱。

3. 颈线及其突破

颈线就是通过股价平衡点位置（也就是形态中最重要的位置）画出的一条线。股价在颈线之上说明正在构筑突破形态的过程中，突破颈线当日或刚刚突破不久，说明平衡已经打破，至此确认整个形态完成。

4. 买卖原则

不同的形态有不同的买卖原则，但只有当有利于自己的交易机会出现时才能进行买卖，所以必须弄清楚形态的买卖位置在哪里，不能有一点含糊。

5. 预测作用

形态完成之后，本身对趋势会起到确认作用，或持续或反转。但同时由于形态历经时间较长、震荡幅度较大，筹码相对较为集中，这样在形态完成前后介入的投资者对股价未来上涨或下跌会有一个预期，所以依据形态对股价的后期走势还能起到一定的预测作用。

股价形态主要分成两大类。一类是反转形态。这种形态表示股价的原有走势将要被逆转，也就是将要改变原先的股价走势方向，例如，由原来的上升趋势变成下降趋势，或由原来的下降趋势变成上升趋势。反转形态的典型图形有头肩形、双重形、三重形、圆形和V形等。另一类是调整形态。这类形态显示股价走势将要停顿下来做一些休整，并不改变原先的股价走势，经过一段时间的盘整，股价可能继续向原先的走势发展。调整形态的典型图形有三角形、旗形、矩形和楔形等。

（二）顶部反转形态

顶部反转形态是股价形态中最重要的卖出形态，它在一定程度上可以发出股价走势已经到顶、即将反转向下的信号，这对于投资者判断股价走势、确定卖出时机有很大的帮助。一般而言，顶部反转形态主要包括头肩顶、双重顶、三重顶、圆形顶和V形顶五大类。

1. 头肩顶

头肩顶形态是一个典型的股价见顶形态，由一个最高点（头）和两个次高点（左肩和右肩）组成，如图7.26所示，有时也会出现两个最高点或两个左肩和两个右肩，这称为复合头肩顶，在头肩顶形态中，由两个或多个峰底连成的支撑线被称为颈线。颈线一旦被跌破，而且回抽未再超过颈线，头肩顶反转形态便可确立。

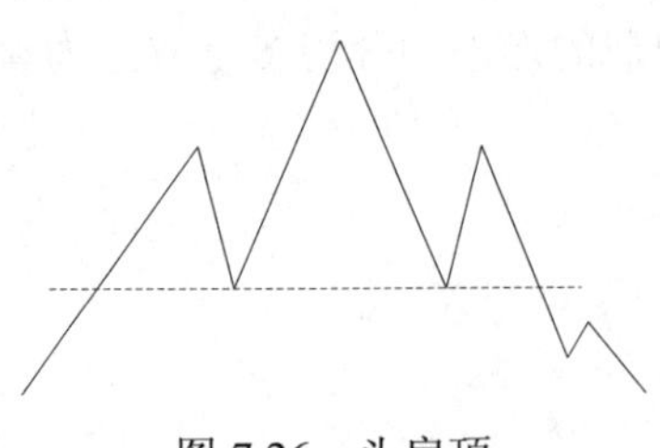

图7.26　头肩顶

在头肩顶的图形中，交易量从左肩到右肩一直呈下降趋势，尤其是右肩形成后，交易量会有明显的下降，显示市场主力开始退出，股市买方人气减弱。当股票的收盘价跌破颈线幅度超过股票市价的3%时为有效突破，这时成交量不一定放大，但反弹至颈线附近时成交量会放大，并且在以后的下跌过程中成交量会继续放大。投资者可在右肩形成后卖出手中持有的股票，跌破颈线时，继续卖出，直至清仓。

2. 双重顶

双重顶也称M头，一般是由两个高点和一个低点构成的，是股市中一种较为常见的反转形态，图 7.27 所示即为这种形态的简单形式。从图中可以看出，这种形态一共要出现两个顶和一个底，也就是要出现两个高点和一个低点，以低点所做的水平线称为颈线。

双重顶的形成过程：股价从底部启动，经过一段涨势后股价攀升至第一个高点附近开始回落，跌至低点企稳后再度冲高，但由于力量不够，在前期高点附近遇到压力又见顶回落，在颈线位附近没有获得支撑，股价从此一路下跌，整个下跌趋势基本形成。

当第二个高点形成后，即是卖出的信号，颈线的突破是卖出的强烈信号。当股价以收盘价向下跌破颈线超过股票市价的 3%时，是有效突破，股价突破双重顶的颈线无须成交量放大，但以后继续下跌时，成交量会放大。颈线一旦被跌破，就成了股价反弹的压力线。在理论上，股价下跌幅度至少为峰顶至颈线的垂直距离。

3. 三重顶

三重顶形态也是比较常见的顶部反转形态之一，它是双重顶和头肩顶的扩展形式，如图 7.28 所示。从图中可以看出，这种形态一共要出现三个顶和两个底，以两个低点中的最低点所做的水平线称为颈线。

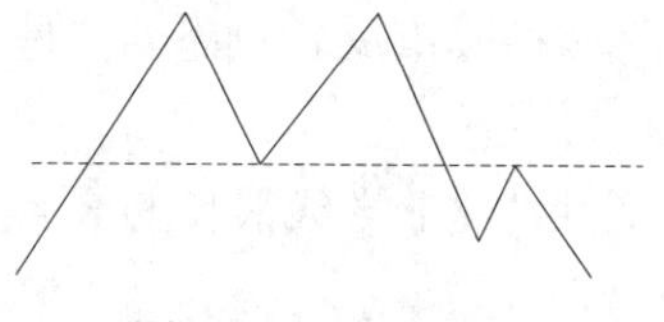

图 7.27 双重顶

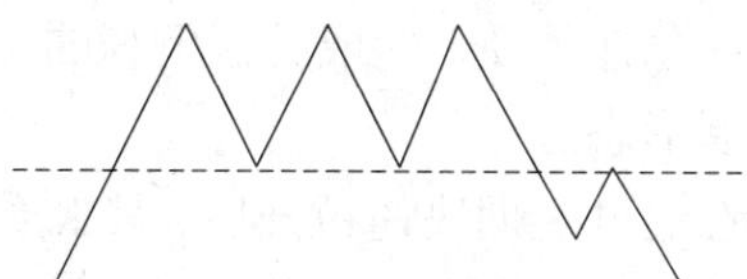

图 7.28 三重顶

股价从底部启动，经过一段涨势后股价攀升至第一个顶点附近开始回落，跌至第一个低点后再度冲高，到达第二个高点附近。这时抛盘压力开始增大，股价再度下跌，股价跌至第二个低点附近后再度企稳回升，随着新的买盘介入，股价再次冲高，但涨到前两个高点附近时，由于买盘不济，股价创出第三个高点后，再次下跌，跌至颈线位附近，由于主力已经完成出货任务，股价失去主力关照，因此股价立刻再次掉头向下，跌破颈线，股价跌破颈线位一定幅度后（一般为 5%～10%），由于还有一些中小主力没有来得及出货，股价重新反抽颈线位，但由于大部分主力已经完成出货，因此，股价没能向上突破颈线位，股价再次下跌并加剧了市场上的悲观气氛，投资者纷纷卖出股票，股价开始大跌，三重顶形态形成。

三重顶形态中的颈线位在实战中具有重要的参考意义。股价在颈线以上就有强劲的支撑，可以持股或买入股票；股价一旦有效向下突破颈线位，应及时卖出股票或持币观望，而且这条颈线位会对股价的反弹构成较强的压力。当股票的收盘价向下跌破颈线幅度超过 3%，并有比较大的成交量放出，而且不能在三个交易日内重新站上颈线，为有效跌破。颈线位一旦被有效跌破，股价将开始进入一个较长时期的下跌过程。

4. 圆形顶

圆形顶也叫圆弧顶、蝶形顶，如图 7.29 所示。圆形顶形态的各个顶高度相差无几而且数目较多。它的形成过程：股价经过一段快速而比较大的涨势，上升到一定高度后，买卖双方势均力敌，使股价维持一段时间的盘局。但随着买卖双方力量的转化，卖方力量逐渐占据优势，股价由刚开始的慢慢下滑逐渐演变为大幅下跌，股价走势构成了一个向下的圆形顶。

圆形顶形态的走势多属于爆发行情后期的反转行情。在形成圆形顶之前，股价涨势凶猛快速；圆形顶形成后，其出货的周期远远大于拉升的周期，最少的也要在一个月以上，最长的可超过半年的时间，而且圆形顶形态形成的周期越长，其以后的反转力度越大。

就成交量而言，圆形顶在形成过程中往往会两头多，中间少，即在股价拉升后期圆形顶形成之初，成交量会急剧放大，随后成交量慢慢递减，而到达顶部时成交量达到最少。当圆形顶形态在向下反转时成交量又会放大，但比圆形顶形成之初时的量要少。

5. V 形顶

V 形顶是表示股价走势在上升趋势中变化幅度较大，速度较快的一种形态，如图 7.30 所示。

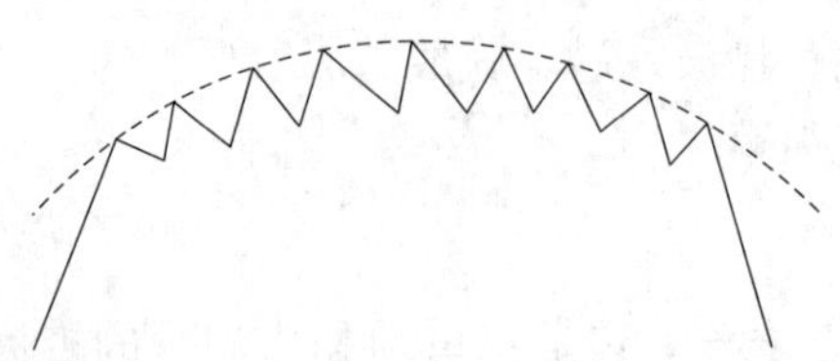

图 7.29　圆形顶

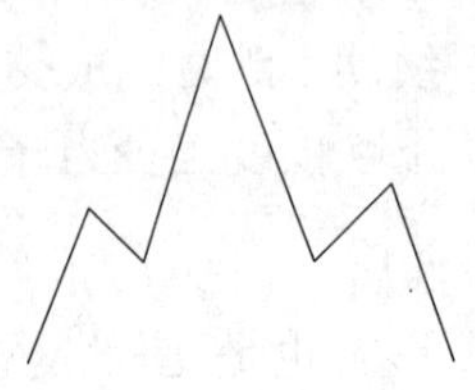

图 7.30　V 形顶

从图 7.30 可以看出，这种形态是股价在很短时间内攀升到一定高度后形成顶部，然后又在较短时间内急速下跌，形成类似倒写的英文字母 V 的一种股市反转形态。它是一种较难把握的走势发展形态。

当股价在经过短期快速拉升后，其 K 线形态出现大阴线或上影线很长的 K 线时，如果成交量也明显放大，投资者就应开始卖出股票。

（三）底部反转形态

1. 头肩底

头肩底是一种典型的进货形态，如图 7.31 所示。与头肩顶形态相反，这种形态一共出现三个底，即三个不同的低点。一般而言，中间的低点比两边低点低，是最低点，也被称为头，左侧的低谷称为左肩，右侧的低谷成为右肩，头部两侧高点连接而成的直线称为颈线。在头肩底形图形中，就成交量而言，左肩的成交量最小，头部次之，右肩特别是突破颈线位时的成交量最大。

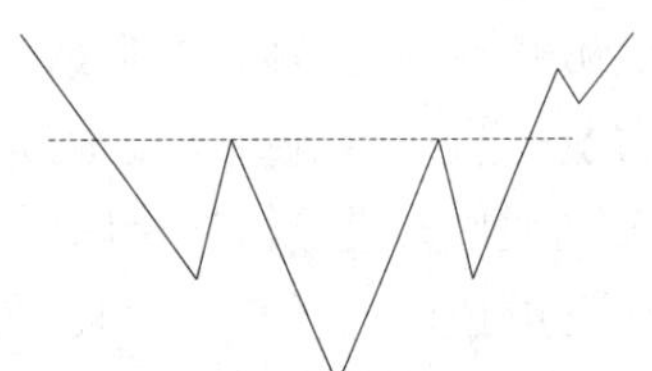

图 7.31　头肩底

当股价的收盘价向上突破颈线幅度超过 3%，并伴有大的成交量配合时，为有效突破。颈线一旦被有效突破，股价将进入一个较长的上涨时期。一般情况下，股价在完成突破后，都有一个向下回落以确认颈线是否有效突破的动作。而股价只要不跌破颈线就会很快加速上扬，投资者应抓住这个最好的中短线机会，增加持仓量。

2. 双重底

双重底也叫 W 底，是指股价连续两次下跌的低点大致相同的形态，如图 7.32 所示。可以看出，和双重顶相反，这种形态一共出现两个底和一个顶，通过两底之间的高点画一条与两底平行的直线，即为颈线。当股价有效向上突破颈线时，双重底形态形成。

双重底是股价见底的一种反转形态，当第二个低点形成后，便是买进的信号，颈线的突破是买进的强烈信号。当股价的收盘价向上突破颈线幅度超过 3%，并伴有大的成交量配合时，为有效突破。颈线一旦被有效突破，股价将进入一个较长的上涨时期。

3. 三重底

三重底形态一般是由底部的三个高度相近的低点和顶部的两个高度相近的高点构成的。这种形态一共出现三个底和两个顶。图 7.33 是这种形态的简单形式，它的形成与三重顶相反。

与前述头肩底和双重底形态一样，三重底形态的有效突破也是根据突破颈线幅度和成交量来加以判断的。当股价的收盘价向上突破颈线幅度超过 3%，并伴有大的成交量配合时，为有效突破。颈线一旦被有效突破后，股价将进入一个较长的上涨时期。

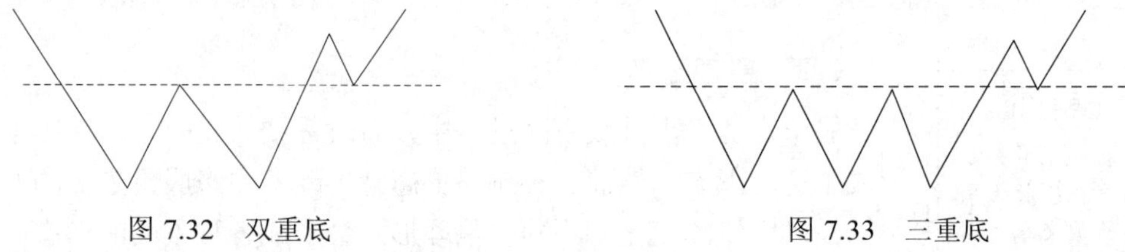

图 7.32 双重底　　图 7.33 三重底

一般情况下，股价在完成颈线突破后，都有一个短暂的向下回落过程（一般为三个交易周期时间），确认颈线是否有效突破。而股价只要不跌破颈线就会很快加速上扬，投资者应抓住这个最好的中短线机会，增加持仓量。

4. 圆形底

圆形底也叫圆弧底、蝶形底、碗形底，如图 7.34 所示。可以看出，将股价在一段时间的底部若干个局部低点用折线连接起来，就可以得到一条类似于圆弧的不规则弧线，这条弧线托在股价下面，这样就得出圆形底。

它的形成过程：股价经过一段快速而比较大的跌势，下跌到一定幅度后，卖盘逐渐减少而买盘也不是很多，股价维持较长一段时间的盘局。但随着买卖双方势力的转化，主动性买盘开始介入，买方力量逐渐占据优势，股价由刚开始的慢慢上升逐渐演变为大幅上涨，股价走势就构成了一个向上的圆弧底形。

圆形底形态的未来股价走势没有精确的测量方法。对于投资者来说，在股价刚刚探底企稳的初期到圆形底还没有形成之前的这段走势中，投资者应持币观望；而在圆形底的底部形态形成以后，投资者不要轻易买卖股票做短线，而应以分批建仓为主；在圆弧底向上突破的形态形成时，投资者则应积极买入股票或持股待涨。

股市有句谚语“横有多长，竖有多高”，如果圆形底在底部形成过程中的盘整时间越长，它上涨的可能性和力度会越大。另外，圆形底也可以结合均线理论分析，这样会更加准确、可靠。

5. V 形底

V 形底是股市不常见的一种反转形态，它一般出现在急剧动荡的市场中。如图 7.35 所示，V 形底的形成是股价从顶部下跌，经过一段较长时间的大幅下跌之后，股价下跌至最低点附近，然而股价再无力下跌，股价在低位稍做停留之后，便在消息面和成交量的配合下快速攀升，形成类似于英文字母 V 的一种股市反转走势。

V 形底的反转事先没有明显的征兆，一般是在市场出现比较大的利好条件或短期内股价跌幅太大的情况下产生的，因此，投资者只能从成交量和股价的涨幅程度来分析判断。当股价在经过一段时间的大幅下跌后，其 K 线形态出现大阳线或下影线很长的 K 线时，如果成交量也明显放大，投资者就应开始考虑买入股票。

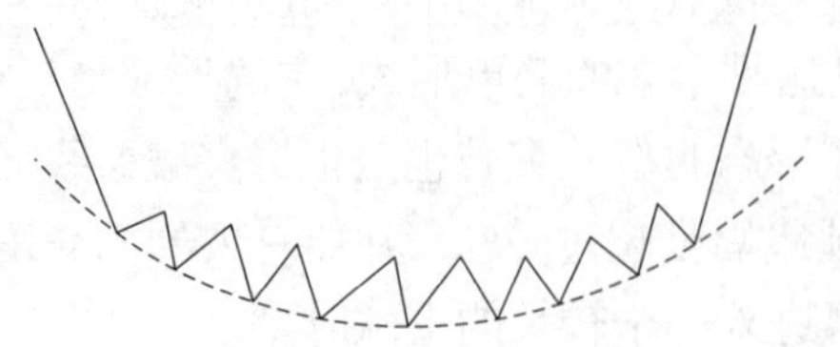

图 7.34　圆形底

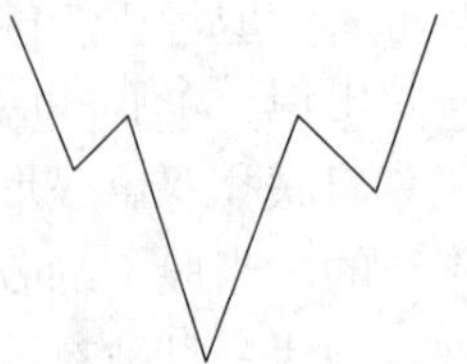

图 7.35　V 形底

> 拓展阅读
>
> 请阅读《为什么你炒了这么多年股还亏钱？真正的交易者只关心两件事》，学习股票操作技巧。
>
> 

（四）整理形态

股价走势在上升或下降过程中，有时需要休整一下，在图形上就形成了整理形态，然而这种调整形态并不改变原来股价走势的方向。由于技术力量的变化和不同，整理形态会形成各种不同的形态。

1. 三角形

三角形整理形态是股市整理形态中最常见的一种形态。当股价上涨或下跌到一定区域时，股价开始进入技术性盘整，形成一个价格震荡密集区，有时开始是上下振荡幅度很大，随之越来越窄，从形态看，犹如三角形，如图 7.36 所示。依据振荡的特点和方向的不同，三角形形态又可以分为对称三角形和直角三角形两大类。

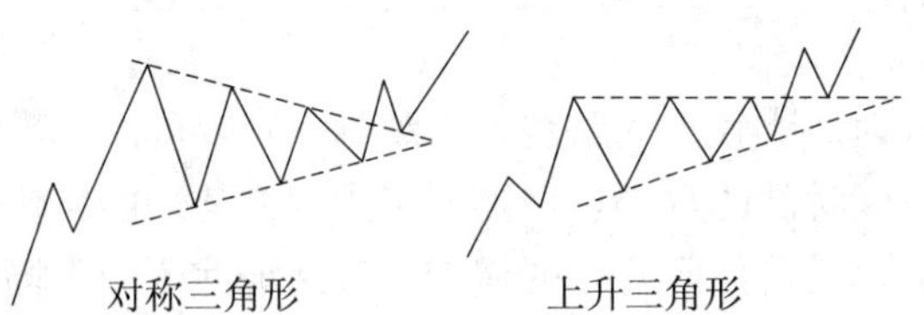

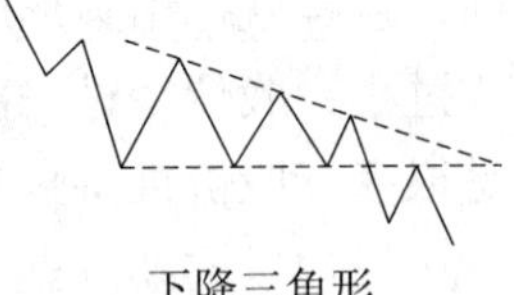

图 7.36　三角形

在股价盘整中，买卖双方的力量均衡，最高价渐次降低，最低价渐次提高，交易量也相应萎缩，从而形成了对称三角形形态。

在股价长期运动途中形成对称三角形后，股价未来的运动方向最大的可能是沿原有的大趋势运动。因此，在实际操作中，投资者应“顺势而为”。上升的对称三角形向上突破后应持股待涨，下降的对称三角形向下突破后应持币观望。

对称三角形的有效突破是以股价的收盘价为准。在上升趋势中，当股价的收盘价突破了三角形上边的压力线并有一定的涨幅（一般为超出三角形上边线的 3%左右），同时伴随着成交量放大的情况下，可初步确认对称三角形的向上突破有效；在下降趋势中，当股价的收盘价跌破了三角形下边的支撑线并有明显跌幅（一般为超出三角形下边线的 3%左右），可初步确认对称三角形向下突破有效。

直角三角形是由一条水平线与另一条斜线在顶端相交而成的，也可分为上升三角形和下降三角形两种。

上升三角形是股价上升趋势的中途整理形态，表现为最高价基本为同一水平线，最低价渐次提高，呈斜边向上的直角三角形状。在上升三角形中压力线是水平的，压力始终都是一样，没有变化，而支撑则是越撑越高。由此可见，上升三角形与对称三角形相比，有更强烈的上升意识。通常以三角形的向上突破水平压力线作为这个上升三角形过程终止的标志，这种图形是显示买进的信号。

下降三角形通常发生在下跌趋势中，它的基本情形与上升三角形相似，只是方向相反，这种图形是显示卖出的信号。

直角三角形的共同点是都可能有反抽，突破后上涨或下跌的幅度是第一个顶点或第一个低点到水平线的垂直距离。

2. 矩形

矩形一般是出现在股价上升或下降途中的一种整理形态，如图 7.37 所示。在矩形走势中，当股价上升到某一水平时遇到较大的阻力而掉头向下，但很快股价又在某一价位获得支撑而回升，回升到上次高点时再一次受阻，而当股价再次下跌到前期低点时又会再次获得支撑。将这些高点和低点分别连接起来，就可以得到一个近乎水平的价格轨道。这一轨道呈水平方向发展，即为矩形形态。矩形上边高点的连线为矩形整理的压力线，下边低点的连线为矩形整理的支撑线。

矩形整理形态突破的方向取决于多空双方力量的对比。在股价突破后有时会出现反抽来确认突破是否有效。随后股价仍按照原有趋势的方向运动。股价向上突破整理形态后，矩形上边界线将变成支撑线；而股价向下突破整理形态后，矩形的下边界线将变成压力线。

和对称三角形整理一样，在上升行情中，突破矩形整理形态的成交量将会明显放大，而在下跌行情里，股价向下突破则不需要成交量的明显放大。

矩形与其他大部分整理形态不同，它为投资者提供了“短线炒作”的机会。如果矩形的宽幅比较大，而在矩形形成的早期，又能够预计出价格将按矩形进行整理，那么就可以在价格接近矩形的下界线附近买入，在矩形的上界线附近抛出，来回做短线的进出。如果矩形的上下界线的距离比较远，这种短线的收益是相当可观的。

3. 旗形

旗形是在股价急速上升或下跌的中途出现的一种整理形态。股价急速上升或下跌过程像旗杆；当股价进入盘旋整理阶段时，买卖双方中仍有一方占据上风，使股价逐步上升或下跌，形成近似平行四边形的旗面。旗形形态根据股价运动方向的不同可分为上升旗形和下降旗形两种，如图 7.38 所示。

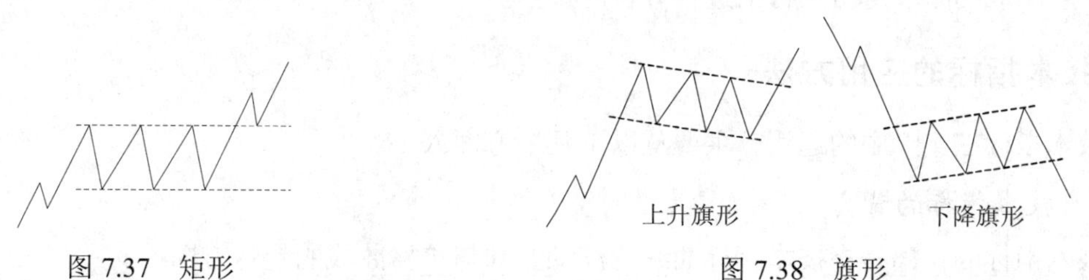

图 7.37　矩形　　　图 7.38　旗形

上升旗形的形成主要是股价经过一段短暂而急速的升势后，股价开始小幅盘跌，一波比一波低，形成向下倾斜的小平行四边形的旗形形态，成交量很小，股价看似要反转向下，但在旗形末端，突然放量上升，又恢复原来的上升趋势。上升旗形是后市极为看好的整理形态，是绝佳的买入机会。

下降旗形一般出现在下跌行情的途中，它的形成过程与上升旗形相反。下降旗形主要是出现在股价进入下降通道中，经过短期急速的下跌，股价暂时企稳，开始小幅攀升，形成向上倾斜的近乎平行四边形的旗形形态，成交量也减少，股价似乎有反转向上的态势，但在旗形末端突然放量下跌，又重回跌势。旗形整理形态的出现，可能是投资者卖出股票的一次机会。一般而言，空仓的投资者应以观望为主，不宜做短线，更不宜做中长线投资。已经买入或套牢的投资者应抓住这次整理机会，趁早逢高卖出股票。

旗形的上下两条平行线起着支撑和压力作用，这两条平行线的某一条被突破是旗形完成的标志，理论上，旗形突破的幅度等于旗杆的高度。

4. 楔形

楔形和旗形是两个极为相似的形态，都是由旗杆和旗面组成的，二者都发生在急速上升或下跌的中途。如果将旗形中上倾或下倾的平行四边形变成上倾和下倾的三角形，就形成了楔形，有时也被称为小旗形。它分为上升楔形和下降楔形，其基本形状见图 7.39。

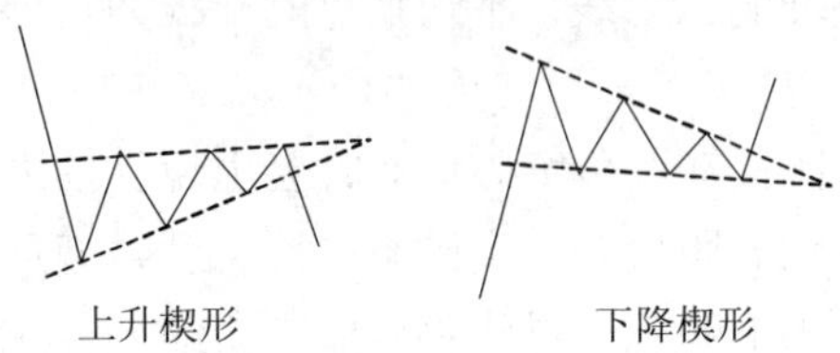

图 7.39 楔形

上升楔形是指旗面向上倾斜，其结果是股价会继续下跌。下降楔形是指旗面向下倾斜，其结果是股价继续上升。前者是卖出机会，后者是买入机会。

大多数情况下，楔形的突破一般发生在形态横向长度的 2/3 ~ 3/4 处，也有直到楔形末端才发生突破的情况。不过与三角形突破相比，楔形更倾向于在接近形态尖端部分才发生突破。理论上，突破后的幅度相当于旗杆的高度。需注意的是，下降楔形在突破上并不像上升楔形那样需要大成交量的配合。

第四节 技术指标分析概述

技术指标就是按照事先规定好的方法对证券市场的原始数据进行技术处理，处理后的结果就是某个具体数据，即技术指标值。技术指标分析是指将连续不断的技术指标值制成图表，并根据所制成的图表对市场行情进行分析的过程。

一、技术指标的应用方法

技术指标在实际中的运用，主要从以下几个方面入手。

1. 技术指标的背离

技术指标的背离是指技术指标曲线的波动方向与价格曲线的趋势方向不一致。实际中的背离有两种表现形式：第一种是“顶背离”，第二种是“底背离”。技术指标与价格走势背离表明，价格的波动没有得到技术指标的支持。技术指标的波动有超前于价格波动的“功能”。在价格还没有转折之前，技术指标提前指明未来的趋势。技术指标的背离是使用技术指标的最为重要的一点。对具有摆动性的技术指标来说，背离是不可缺少的。在后面的具体技术指标中将对此进行详细地解释和说明。

2. 技术指标的交叉

技术指标的交叉是指技术指标图形中的两条曲线发生了相交现象。实际中有两种类型的指标交叉：第一种是属于同一个技术指标的不同参数的两条曲线之间的交叉，常说的黄金交叉和死亡交叉就属于这一类；第二种是技术指标曲线与固定的水平直线之间的交叉。这里的水平直线通常是指横坐标轴。横坐标轴是技术指标取值正负的分界线。技术指标与横坐标轴的交叉表示技术指标将由正值变成负值或由负值变成正值。技术指标的交叉表明多方和空方力量对比发生了改变，至少说明原来的力量对比受到了“挑战”。

3. 技术指标的极端值

技术指标的极端值是指技术指标出现了极大值或极小值。技术术语上将这样的情况称为技术指标进入“超买区和超卖区”。大多数技术指标的“初衷”是用一个数字描述市场的某个方面的特征，如果技术指标值的数字太大或太小，就说明市场的某个方面已经达到了极端的地步，应该引起注意。

那么技术指标达到了何种程度就可以被认为是极端值呢？很显然，肯定不存在这样一个固定的数字，因为有多种因素影响极端值的确定。

（1）不同的股票，对同一个技术指标，它的极端值可能不一样。活跃的股票，其价格的波动较大、较频繁，这样会导致其技术指标的极端值会与其他的股票不同。

（2）参数的选择影响极端值的确定。多数情况下，计算技术指标需要涉及参数。选择不同的参数，得到的技术指标值肯定不一样，因而，极端值也不一样。

此外，同一股票在不同的时间区间也可能会有不同的极端值。对某个技术指标值是否是极端值的判断，在这里提供一点参考意见。我们可以这样想，既然是极端值，那么在实际中，极端值出现的机会应该不多。例如，一年四次或六次。对于某个值，只要在过去的历史中每年越过（或低于）这个数值的次数多于六次，我们就可以认为这个值不是极端值。

4. 技术指标的形态

技术指标的形态是指技术指标曲线的波动过程中出现了形态理论中所介绍的反转形态。在实际中，出现的形态主要是双重顶（底）和头肩顶（底）。个别时候还可以将技术指标曲线看成价格曲线，根据形态使用支撑压力线。

5. 技术指标的趋势

技术指标在图中也会出现一些像价格一样上下起伏的图形。有时可以像画趋势线一样，连接技术指标的高点和低点，画出技术指标的“趋势”。技术指标的趋势线指明了技术指标的趋势，进而为价格的趋势提供了基础。从这个意义上讲，趋势与背离有一些相似的地方。在实际中，技术指标背离的应用已基本取代了技术指标趋势的应用。

> **边学边练**
>
> 请阅读《短线操作如何做到快准狠》一文，结合所学理论，在交易软件上进行模拟演练。
>
> 

6. 技术指标的转折

技术指标的转折是指技术指标曲线在高位或低位“调头”。有时这种调头表明前面过于“极端”的运动已经走到了尽头，或者暂时遇到了“麻烦”。有时这种调头表明一个趋势将要结束，而另一个趋势将要开始。

二、技术指标的本质

每一个技术指标都是从某个特定的方面对市场进行反映。通过一定的数学公式产生技术指标，这个指标反映了市场某一方面深层的内涵，这些内涵仅仅通过原始数据是很难看出来的。

投资者在投资实践中会对市场有一些想法，有些基本的思想可能只停留在定性的程度，不能对其进行定量的分析。技术指标可以进行定量的分析，这样将使得具体操作时的精确度得以大大提高。例如，价格不断下跌时，当下跌“足够”的时候，总会出现一个反弹。那么跌到什么程度，才能被认为是“足够”呢？仅凭定性方面的知识是不能回答这个问题的，乖离率等技术指标所拥有的反映超买超卖的功能在很大程度上能帮助我们解决这一问题。尽管不能百分之百地解决问题，但至少能在采取行动前给予我们数据方面的帮助。

第五节　市场趋势指标和市场动量指标

趋势类指标是用于判断证券价格变动趋势的指标，常用的趋势指标有移动平均线（MA）和指数平滑异同平均线（MACD）；市场动量指标（也称超买超卖指标）是通过判断市场价格走势的强弱和超买超卖现象来判断短期和中期投资信号的一类指标，常见的有威廉指标（W%R）、随机指标（KDJ）和相对强弱指标（RSI）。

一、移动平均线

移动平均线（Moving Average，MA）是利用一定时期内股价的移动平均值而将股价的变动曲线化，并借以判断未来股价变动趋势的技术分析方法。它是道·琼斯理论的具体体现，也是K线图的重要补充，它不仅可以观察股价运动的动态过程，还可以指明买卖时机，是常用的技术分析方法之一。

（一）移动平均线的种类

移动平均线依时间长短可分为三种：短期移动平均线、中期移动平均线和长期移动平均线。从我国目前股市分析状况看，短期移动平均线有5日线、10日线和20日线等，中期移动平均线有30日线、45日线、60日线等，长期移动平均线有120日线、180日线和255日线等，各期的移动平均线记为MA（5）、MA（10）、MA（20）等。

移动平均线按数据处理方法不同可分为算术移动平均线、加权移动平均线和指数平滑移动平均线三种。在实际中，由于计算机的广泛应用，一般不需要人工计算。因此，对于普通投资者而言，不用掌握它们的计算方法，重要的是要学会如何利用移动平均线来判断行情。

（二）移动平均线的应用

1. 葛兰威尔移动平均线八大法则

美国股市分析家葛兰威尔（Granvile）根据200日移动平均线与每日股价平均值的关系，提出了著名的买卖股票的八大法则。这八大法则有四条是买进时机（买入信号），四条是卖出时机（卖出信号），具体分析如下。

（1）当移动平均线从下降逐渐走平或盘升，股价从移动平均线的下方向上突破平均线，是买入信号（见图 7.40 中第 1 点处）。

（2）股价持续上升走在平均线之上，然后突然下跌且向平均线靠近，但没有跌破平均线又再度上升，是买入信号（见图 7.40 中第 2 点处）。

（3）股价虽然跌破平均线，而平均线仍为继续上升趋势，不久股价又回升到平均线以上时，是买入信号（见图 7.40 中第 3 点处）。

（4）股价突然暴跌，跌破并远离平均线之时，如果股价这时开始回升，再趋向平均线，也是买入信号（见图 7.40 中第 4 点处）。

（5）股价在上升中且走在平均线之上，然后突然暴涨并远离平均线，上涨幅度相当可观，股价随时可能反转向下，是卖出信号（见图 7.40 中第 5 点处）。

（6）当平均线从上升转向走平或逐渐下跌，股价从平均线上方向下跌破平均线时，是重要的卖出信号（见图 7.40 中第 6 点处）。

（7）股价走在平均线之下，回升时未突破平均线又立即反转向下，是卖出信号（见图 7.40 中第 7 点处）。

（8）股价向上突破平均线后又放量跌回到平均线以下，而且平均线继续下移，是卖出信号（见图 7.40 中第 8 点处）。

经过长期实践，葛兰威尔认为八大法则中第 3 点及第 4 点很难准确运用，较具风险性，应小心运用。

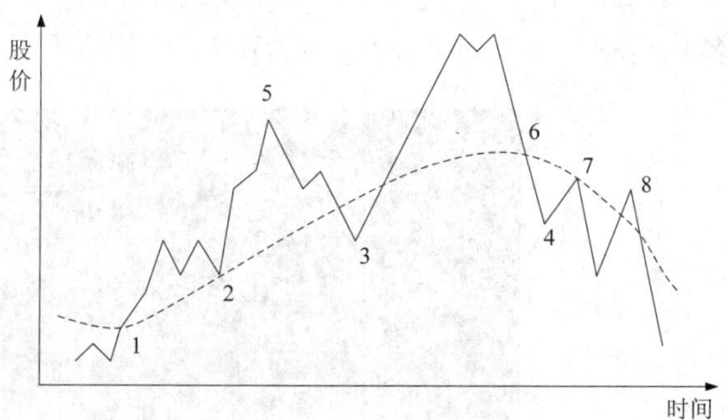

图 7.40　葛兰威尔移动平均线八大法则

2．短、中、长期移动平均线组合分析

投资者在实际操作中，可以将短、中、长期均线结合起来，分析它们的相互关系，从而判断股市趋势。

当短期移动平均线从下方迅速超越中、长期移动平均线向右上方移动，是买入信号。当中期移动平均线移至长期移动平均线上方，标志着行情进入上涨时期，而中期移动平均线穿越长期移动平均线的交点称为“黄金交叉点”，是买入信号（见图 7.41）。当短、中、长期移动平均线由上至下依次排列，并且都呈上升状态，这就是所谓的“多头排列”，是典型的上涨行情。

当短期移动平均线经过一段升势后逐渐趋缓并开始下跌，是卖出股票的好时机，而中期和长期移动平均线也先后显示下降趋势，短、中、长期移动平均线开始呈现缠绕交叉的状态时，应及时卖出股票。

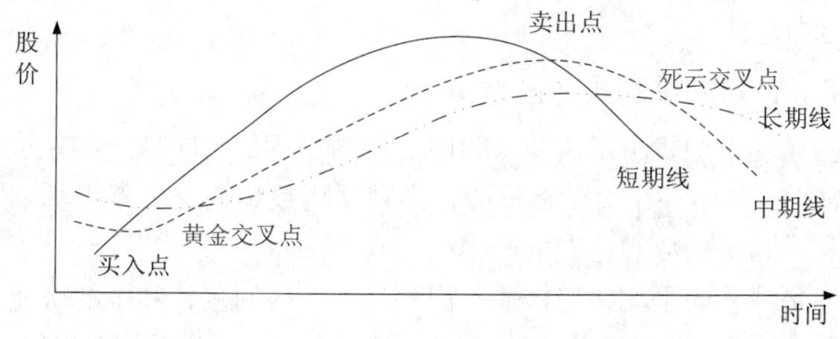

图 7.41　短、中、长期移动平均线组合图

随着短期移动平均线逐渐下跌到最下方，中期移动平均线也同样跌到长期移动平均线下方，均线组合呈“空头排列”。中期移动平均线下移与长期移动平均线相交的点称为“死亡交叉点”，它意味着上涨行情的终止。

3. 均线组合作用案例分析

如图 7.42 所示，2011 年 10 月底，深深宝 A 的 5 日均线上穿 20 日、30 日均线，10 日、20 日均线也上穿 30 日均线，形成黄金交叉，股价上涨，这些都是买入和持股信号。2011 年 11 月底股价下跌，5 日、10 日、20 日、30 日均线形成空头排列且股价位于长期均线之下，投资者这时必须卖出股票等待机会。2012 年 1 月中下旬股价下跌至底部时，空方抛压减轻，长线投资者进场吸纳股票使股价开始回升，5 日均线第一次向上穿过 10 日均线。这时股价也运行在 10 日均线的上方，表明短期内多头力量强于空头力量，10 天内买进的投资者小有盈利。在此效应的刺激下，会有更多的投资者进入并继续持股，5 日均线上穿 20 日、30 日均线，10 日、20 日均线也上穿 30 日均线，形成黄金交叉，这些都是强烈的买入和持股信号。至此，各均线成多头排列，一段上涨行情随即展开。

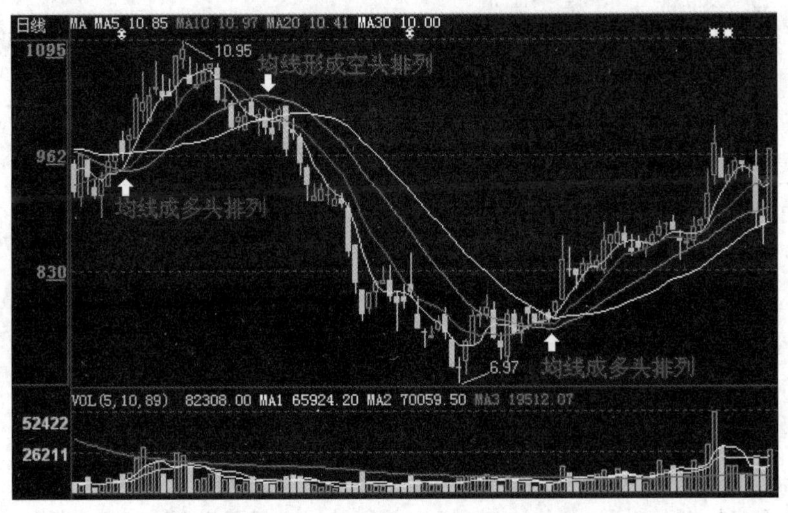

图 7.42 均线组合作用案例

二、指数平滑异同移动平均线

指数平滑异同移动平均线（Moving Average Convergence and Divergence，MACD）是利用快速移动平均线和慢速移动平均线的分离与聚合功能，在一段上涨或下跌行情中两线之间的差距拉大，而在涨势或跌势趋缓时两线又相互接近或交叉的特征，通过双重平滑运算后进行买卖时机判断的方法。

1. 指数平滑异同移动平均线的图形构成

指数平滑异同移动平均线由正负差（DIF）、异同平均数（DEA）和柱状线（BAR）三部分组成（见图 7.43），其中，正负差是核心，异同平均数是在正负差的基础上得到的，柱状线又是在正负差和异同平均数的基础上产生的。

正负差是快速平滑移动平均线与慢速平滑移动平均线的差，其中的快速线是短期线，慢速线是长期线。在持续的上升行情中，快速线在慢速线之上，并远离慢速线，正负差为正值，而且正负差的数值越来越大。反之，则正负差为负值，而且其绝对值越来越大。而当行情由上升转为下降或由下降转为上升时，正负差的绝对值将缩小，说明快速线和慢速线在接近。

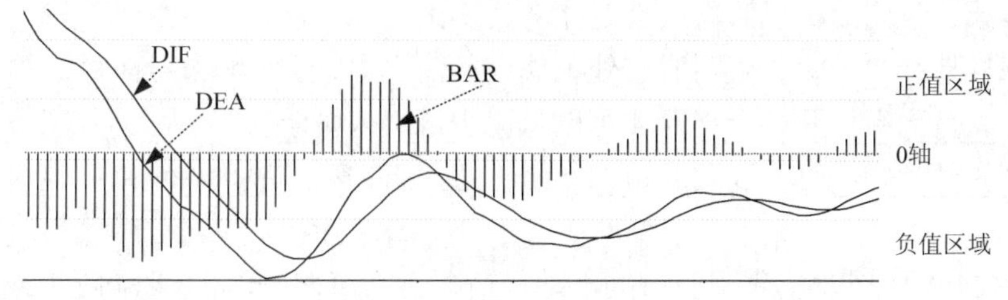

图 7.43　MACD 指标图

两条线在 0 轴上方运行说明市场处于多头市场，运行在 0 轴下方说明市场处于空头市场，这两条线会发生交叉。指数平滑异同移动平均线正是利用正负差线与其 9 日异同平均数线的交叉关系发出买卖信号。

2. 指数平滑异同移动平均线的计算公式

在实际应用中，常以 12 日为快速移动平均线[EMA（12）]，26 日为慢速移动平均线[EMA（26）]来计算指数平滑异同移动平均线，将两条线的交叉点作为买卖时机的判断依据。在计算指数平滑异同移动平均线（EMA）时加重了最近一日的分量权数。

今日 EMA（12）＝今日收盘价×2÷（12＋1）＋昨日 EMA（12）×（12－1）÷（12＋1）

今日 EMA（26）= 今日收盘价×2÷（26＋1）＋昨日 EMA（26）×（26－1）÷（26＋1）

DIF = EMA（12）－EMA（26）

今日 DEA = 2÷10×今日 DIF ＋ 8÷10×昨日 DEA

柱状线（BAR），分为绿色和红色两种。它的大小反映了正负差与其异同移动平均线异同平均数之间的差距，有点类似于股价与其移动平均线之间的差距，当正负差线在异同平均数线上方时，柱状线为红柱状，红柱越长，代表二者的差值越大，买方力量越强；当正负差线在异同平均数线下方时，柱状线为绿柱状，绿柱越长，代表二者的差值越大，卖方力量越强。柱状线数值的计算公式为

BAR = 2 ×（DIF －DEA）

3. 指数平滑异同移动平均线的应用法则

以正负差和异同平均数的取值和这两者之间的相对取值对行情进行预测。其应用法则如下。

（1）正负差和异同平均数均为正值时，属多头市场。正负差线向上突破异同平均数线是买入信号；正负差线向下跌破异同平均数线只能认为是回落，应作获利了结。

（2）正负差和异同平均数均为负值时，属空头市场。正负差线向下突破异同平均数线是卖出信号；正负差线向上突破异同平均数线只能认为是反弹，可作适量的补仓。

指标背离原则。如果正负差的走向与股价走向相背离，则此时是采取行动的信号。至于是卖出还是买入要依正负差的上升或下降而定。

4. 指数平滑异同移动平均线指标的柱状图分析

在股市分析软件中通常采用正负差值减异同平均数值并绘制成柱状图，用红绿柱来分析

行情，既直观明了又实用可靠。

（1）当红柱持续放大时，表明股市处于牛市行情中，股价将继续上涨，这时应持股待涨或短线买入股票，直到红柱无法再放大时才考虑卖出。

（2）当绿柱持续放大时，表明股市处于熊市行情之中，股价将继续下跌，这时应持币观望或卖出股票，直到绿柱开始缩小时才可以考虑少量买入股票。

（3）当红柱开始缩小时，表明股市的上涨行情即将结束，股价将下跌，这时应卖出部分股票。

（4）当绿柱开始缩小时，表明股市的下跌行情即将结束，股价将止跌向上（或进入盘整），这时可以少量进行长期战略性建仓而不要轻易卖出股票。

（5）当红柱消失、绿柱开始放出时，这是股市转势信号之一，表明股市的上涨行情（或高位盘整）即将结束，股价将开始加速下跌，这时应开始卖出大部分股票而不能买入股票。

（6）当绿柱消失、红柱开始放出时，这也是股市转势信号之一，表明股市的下跌行情（或低位盘整）即将结束，股价将开始加速上升，这时应开始加码买入股票或持股待涨。

指数平滑异同移动平均线的优点是除掉了移动平均线频繁出现的买入卖出信号，避免假信号的出现，用起来比移动平均线更有把握。

指数平滑异同移动平均线的缺点同移动平均线一样，在股市没有明显趋势而进入盘整时，失误的时候较多。另外，对未来股价上升和下降的深度不能提供有帮助的建议。

5. 指数平滑异同移动平均线的应用案例

如图 7.44 所示，2012 年 1 月底超华科技的股价从底部启动，正负差线与异同平均数线在 0 轴附近持续一段时间后一路上行，表明是多头市场，股价出现了一轮涨幅比较大的上升行情，并经过 2 月底 3 月初在上涨途中的中位整理，然后股价再次向上扬升，同时指数平滑异同移动平均线指标出现黄金交叉时，是中线买入信号。随着股价的快速攀升，红柱也持续放大增长。

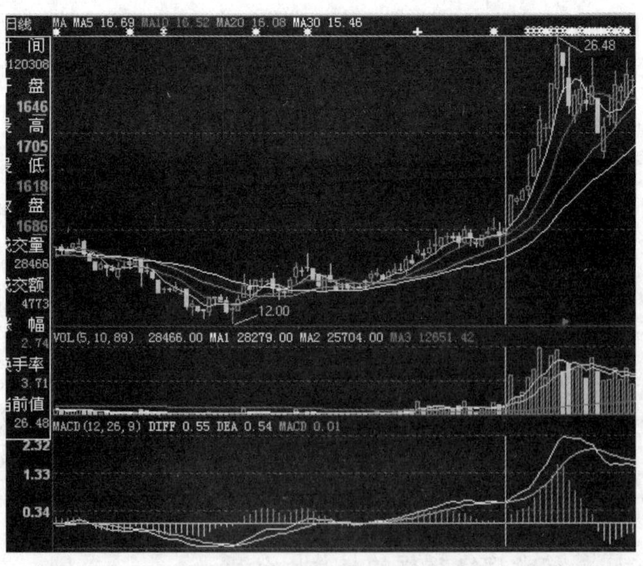

图 7.44　超华科技指数平滑异同移动平均线的应用案例

如图 7.45 所示为中新药业股价的走势图，2011 年 10 月中旬，指数平滑异同移动平均线指标中的正负差线和异同平均数线在远离 0 轴线以下区域同时向下运行一段时间后，正负差线开始向上接近异同平均数线，正负差线接着向上突破异同平均数线，形成黄金交叉。对于这种弱势黄金交叉，投资者应谨慎对待，在设置好止损价位的前提下可少量买入做短线反弹行情。随后股价迅速攀升，红柱也逐渐放大、缩小、放大，但红柱构成一顶比一顶低的形态，表明股价的上涨趋势可能要结束。12 月初两线形成死亡交叉，此时投资者应卖出股票，获利了结。随后绿柱放出并构成一底比一底低的双底形态，表明股价的中期下跌趋势已经开始。2012 年 2 月初，指数平滑异同移动平均线指标中的正负差线由下向上突破异同平均数线，形成第二次黄金交叉，它表示股价经过一段时间的急速下跌后，新的一轮涨势可能开始，是第二个买入信号。此时激进型投资者可以短线加码买入股票，稳健型投资者则可以继续持股待涨。

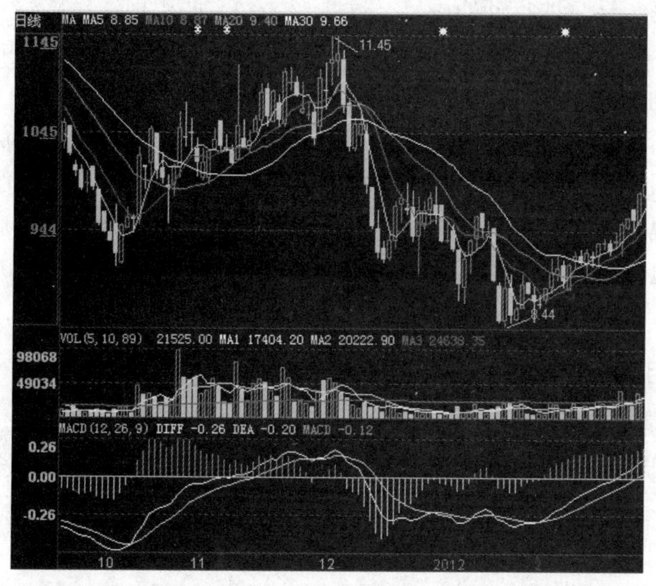

图 7.45　中新药业指数平滑异同移动平均线的应用案例

> **边学边练**
>
> 在股票交易软件中，打开贵州茅台（SH，600519）的日 K 线图界面，在指标处单击 RSI，看看 RSI（6,12,24）的值分别多少，并根据相对强弱指标的应用法则，对其股价走势做个判断。注意：（1）RSI 的参数个数可以在系统中设置；（2）积极与同学交流并向教师请教。

三、相对强弱指标

相对强弱指标（Relative Strength Index，RSI）是以一特定时期内股价的变动情况推测价格未来的变动方向，并根据股价涨跌幅度显示市场强弱的指标。

（一）计算公式

先找出包括当日在内的连续 $n+1$ 日的收盘价，用每日的收盘价减去上一日的收盘价，可得到 n 个数值。这 n 个数值中有正有负，记 $A=n$ 个数值中正数之和，$B=n$ 个数值中负数之和×（-1），则相对强弱指标的公式为

$$\text{RSI}(n)=A/(A+B)\times 100$$

相对强弱指标实际上是表示股价向上波动的幅度占总波动的百分比，如果比例大就是强市，否则就是弱市。其参数是天数 n，一般取 5 日、9 日、14 日等，相对强弱指标的取值范围介于 1～100。

（二）相对强弱指标的应用法则

（1）根据相对强弱指标取值的大小判断行情。将 100 分成 4 个区域，根据相对强弱指标的

取值落入的区域进行操作，划分的区域如表 7.1 所示。

表 7.1　RSI 区域划分

RSI 值	市场特征	投资操作
80～100	极强（超买）	卖出
50～80	强	买入
20～50	弱	观望
0～20	极弱（超卖）	买入

这里的“极强”“强”“弱”“极弱”只是一个相对的分析概念，是一个相对的区域，有的投资者也可把它们取值为30、70 或 15、85。

（2）两条或多条相对强弱指标曲线的联合使用。参数小的相对强弱指标为短期相对强弱指标线，参数大的相对强弱指标为长期相对强弱指标线，两条或多条相对强弱指标曲线的联合使用法则与两条移动平均线的使用法则相同。

（3）从相对强弱指标的曲线形状判断行情。当相对强弱指标在较高或较低的位置形成头肩顶（底）形和多重顶（底）形，是采取行动的信号。这些形态一定要出现在较高位置和较低位置，离 50 越远结论越可靠。另外，也可以利用相对强弱指标上升和下降的轨迹画趋势线，此时，起支撑线和压力线作用的切线一旦被突破，就是采取行动的信号。

（4）从相对强弱指标与股价的背离方面判断行情。相对强弱指标处于高位，并形成一峰比一峰低的两个峰，而此时，股价却对应的是一峰比一峰高，形成顶背离，这是比较强烈的卖出信号。与这种情况相反的是底背离，相对强弱指标在低位形成两个依次上升的谷底，而股价还在下降，是可以开始建仓的信号。相对而言，用相对强弱指标与股价的背离来判断行情的转向成功率较高。

（三）相对强弱指标的应用案例

图 7.46 所示为创新资源股价走势图，2011 年 7 月初，12 日、16 日和 24 日相对强弱指标曲线在 50 数位下方，几乎同时向上突破 50 数位的多空平衡线，形成黄金交叉，表明多头力量开始增强，股价将向上攀升，这也是相对强弱指标所指示的中线买入信号。7 月中下旬至 8 月初，相对强弱指标曲线进入超买区，形成背离 M 顶，表示涨势已见顶，股价将要回落，投资者此时应以卖出股票为主。8 月下旬时 12 日相对强弱指标曲线和 16 日相对强弱指标曲线从高位回落并下穿 24 日相对强弱指标曲线，形成死亡交叉，表明股价将大幅下跌，这也是相对强弱指标所释放的中线卖出信号。

四、威廉指标

威廉指标（W%R）是由拉里·威廉姆斯（Larry Williams）于 1973 年首创的，该指标通过分析一段时间内股价高低价位和收盘价之间的关系，来度量股市的超买超卖状态，以此作为短期投资信号的一种技术指标。目前，它已经成为中国股市中被广泛使用的指标之一。

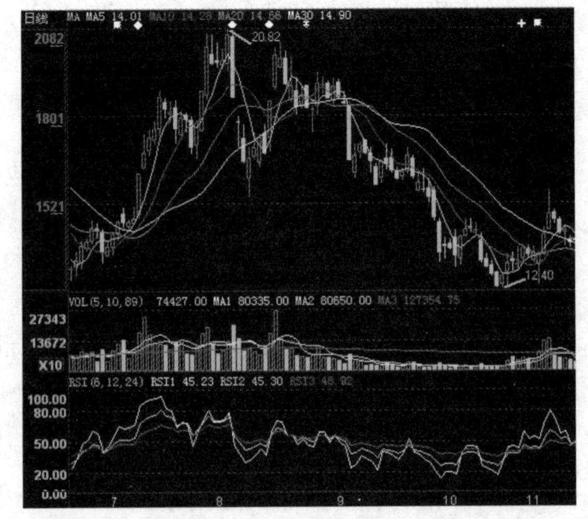

图 7.46　创新资源 RSI 案例

（一）威廉指标的计算公式

威廉指标的计算公式为

$$W\%R(n)=\frac{H_n-C}{H_n-L_n}\times100\%$$

式中，C 为当天的收盘价；H_n 为最近 n 日内（包括当天）出现的最高价；L_n 为最近 n 日内（包括当天）出现的最低价。

威廉指标表示的含义是当天的收盘价在过去一段时间的全部价格范围内所处的相对位置。如果威廉指标的值比较小，则当天的价格处在相对较高的位置，要提防回落；如果威廉指标的值较大，则说明当天的价格处在相对较低的位置，要注意反弹；威廉指标取值居中，在 50 左右，则价格上行或下行的可能性相当。

（二）威廉指标的应用法则

威廉指标的应用包括两个方面：一是威廉指标的数值；二是威廉指标曲线的形状。

1. 从威廉指标的取值考虑

如图 7.47 所示，威廉指标的值介于 0 ~ 100，以 50 为中轴将其分为上下两个区域，顶部数值为 0，底部数值为 100，与相对强弱指标（RSI）、随机指标（KDJ）指标区域划分相反。

（1）当威廉指标进入 80 ~ 100 区间时，是威廉指标的超卖区，表明市场处于超卖状态，股价已近底部，可考虑买入。W%R = 80 这一横线一般视为买入线。

（2）当威廉指标在 0 ~ 20 区间时，是威廉指标的超买区，表明市场处于超买状态，股价已进入顶部，可考虑卖出。W%R = 20 这一横线一般视为卖出线。

这里的 80 和 20 只是一个经验数字，不是绝对的，投资者可以根据各自的风险偏好选择不同的数值。

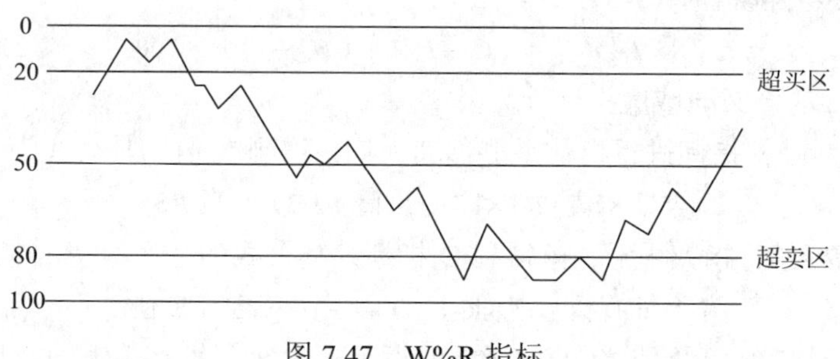

图 7.47　W%R 指标

2. 从威廉指标曲线的形状考虑

这里只介绍背离原则，以及触顶和触底次数的原则。

（1）威廉指标进入高位后一般要回头，如果这时股价继续上升，这就是顶背离，是卖出的信号。

（2）威廉指标进入低位后一般要反弹，如果这时股价继续下跌，这就是底背离，是买进的信号。

（3）威廉指标连续几次触顶（底），局部形成双重顶（底）或多重顶（底）形态，则是卖出（买进）的信号（见图 7.48）。

五、随机指标

随机指标（KDJ）是由 George Lane 首创的，是一种重要的短期分析工具。该指标通过计算当日或最近数日的最高价、最低价及收盘价的变动情况，反映股价走势的强弱情况和超买超卖情况。

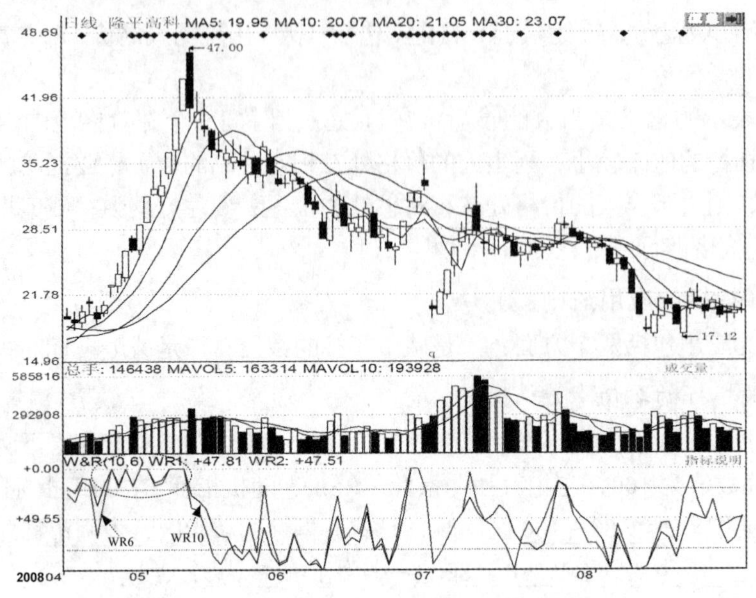

图 7.48 隆平高科 W%R 指标案例

（一）随机指标的计算公式

随机指标的计算过程分为以下三个步骤。

（1）产生未成熟随机值（RSV），其公式为

$$RSV(n)=(C-L_n)\div(H_n-L_n)\times 100$$

式中，C、H_n、L_n 的意义同威廉指标计算公式。

（2）对未成熟随机指标进行指数平滑移动平均，得到 K 值，其公式为

今日 K 值=2/3×昨日 K 值+1/3×今日 RSV

（3）对 K 指标进行指数平滑，就得到 D 指标，其公式为

今日 D 值=2/3×昨日 D 值+1/3×今日 K 值

公式计算出的 K 值和 D 值均在 0～100 间摆动，在第一次计算时，昨日 K 值和昨日 D 值都等于 50。

KD 还附带一个 J 指标，其公式为

$$J=3D-2K=D+2(D-K)$$

其实随机指标是三条曲线，如图 7.49 所示。K 线是一条快速线，十分敏感；D 线是一条慢速线，较为缓和；J 线反映 K、D 的位置关系（J 线在此图中省略）。

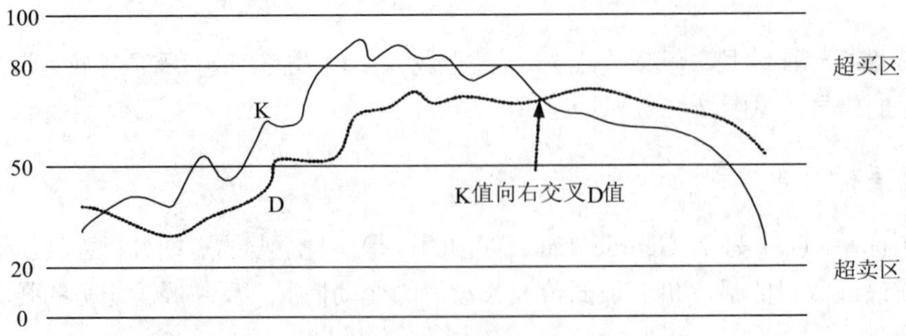

图 7.49 KDJ 指标

（二）随机指标的应用法则

在应用时主要从五个方面进行考虑：KD 取值的绝对数字；KD 曲线的形态；KD 指标的交叉；KD 指标的背离；J 指标的取值大小。

1. 从 KD 的取值方面考虑

KD 的取值范围都是 0～100，将其划分为几个区域：超买区、超卖区、徘徊区。按一般的划分法，80 以上为超买区，20 以下为超卖区，其余为徘徊区。

当 KD 超过 80 时，是卖出信号；低于 20 时，是买入信号。

应该说明的是，上述划分只是 KD 指标应用的初步过程，仅仅是信号，完全按这种方法进行操作很容易导致损失，真正做出买卖决定还必须从其他方面进行考虑。

2. 从 KD 指标曲线的形态方面考虑

当 KD 指标在较高或较低的位置形成了头肩顶（底）或多重顶（底）形态时，是采取行动的信号。注意，这些形态一定要在较高位置或较低位置出现，位置越高或越低，结论越可靠。

对于 KD 曲线也可以画趋势线，以明确 KD 的趋势。在 KD 的曲线图中仍然可以引进支撑和压力的概念，某一条支撑线或压力线被突破，也是行动的信号。

3. 从 KD 指标的交叉方面考虑

K 从下向上与 D 交叉为黄金交叉，为买入信号；K 从上向下与 D 交叉为死亡交叉，为卖出信号（见图 7.50）。对这里的 KD 指标交叉还附带有很多的条件：交叉的位置低比高好，一般 20 以下黄金交叉为好；相交的次数越多越好；右侧相交比左侧相交好。

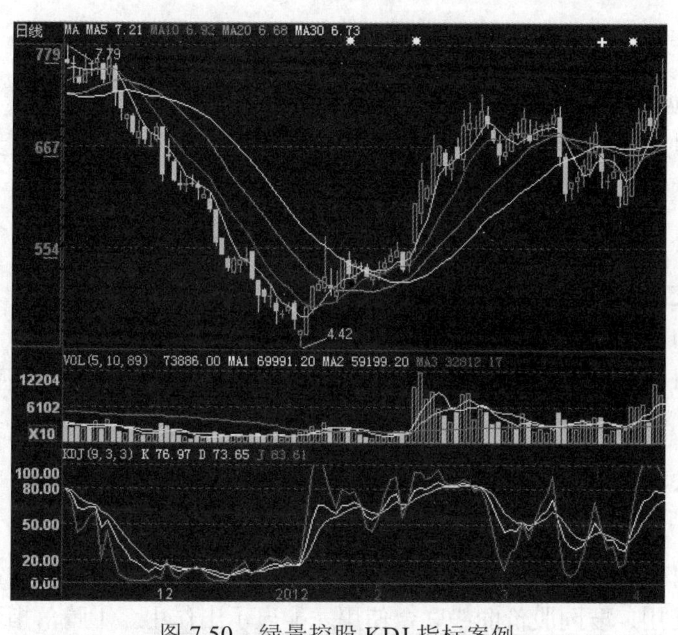

图 7.50 绿景控股 KDJ 指标案例

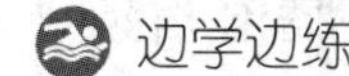

边学边练

请阅读《如何通过筹码分布图发现庄家踪迹》，学习什么是筹码分布，如何通过筹码分布发现市场主力的意图。其实，很多证券交易软件（包括手机版）都有筹码分布指标，尝试用你的手机或计算机打开这些软件，找一下筹码指标并进行研究，看看有哪些规律。

4. 从 KD 指标的背离考虑

如果股价不断创新高，而 KD 处在高位呈现一顶比一顶低的现象，就构成顶背离，是卖出的信号。与之相反，KD 处在低位，并形成一底比一底高的现象，而价格还在继续下跌，就构成底背离，是买入的信号。

5. 从 J 指标的取值大小考虑

J 指标取值超过 100 和低于 0，都属于价格的非正常区域。大于 100 为超买，是卖出的信号；小于 0 为超卖，是买入的信号。

投资者在实际运用中还应注意：股价一旦被中长期均线压制，无论 KDJ 怎样黄金交叉一般也只能做短线操作，这是 KDJ 使用的前提。若股价在长期均线下且远离均线，出现 KDJ 黄金交叉时，股价有超跌反弹的可能，可做短线操作。另外需注意的是，股票除权日后，KDJ 指标暂时失去研判功能，可能要 3 个月以后才能重新恢复原来的研判功能。

第六节　市场大盘指标和人气指标

市场人气就是指对市场关注和参与人数的多少。在股市中，成交活跃、成交量持续放大和个股换手率较高，就说明市场参与的人多，参与的资金量大，就是通常所说的人气旺，相反就是人气不旺。这类指标有乖离率（BIAS）、人气指标（AR）、买卖意愿指标（BR）、中间意愿指标（CR）和心理线（PSY）。

大多数技术指标既可应用于个股，又可应用于大盘指数；而市场大盘指标主要对整个证券市场的多空状况进行描述，它只能用于研判证券市场的整体形势，而不能应用于个股。这类指标有腾落指数（ADL）、涨跌比指标（ADR）、超买超卖指标（OBOS）。

一、腾落指数

腾落指数（Advance/Decline Line，ADL）是以股票每天上涨或下跌的个数作为观察对象，通过简单算术加减来比较每日上涨股票和下跌股票个数的累积结果，形成升跌曲线，并与综合指数相互对比，对大势的未来进行预测。

（一）腾落指数的计算公式

假设已经知道了上一个交易日的腾落指数取值，则今天的腾落指数值为

今日 ADL = 昨日 ADL + 当天所有股票上涨的个数 − 当天所有股票下跌的个数

涨跌的判断标准是以今日收盘价与上一日收盘价相比较（无涨跌者不计）。腾落指数的初始值可取为 0。

（二）腾落指数的应用法则

（1）腾落指数的应用重在相对走势，并不看重取值的大小。

（2）腾落指数只适用于对大势未来走势变动的参考，不能对选择股票提供有益的帮助。

（3）腾落指数不能单独使用，要同股价曲线联合使用才能显示出作用。①腾落指数与股价同步上升（下降），创新高（低），则可以验证大势的上升（下降）趋势，短期内反转的可能性不大；②腾落指数连续上涨（下跌）了很长时间（一般是 3 天），而指数却向相反方向下跌（上升）了很长时间，这是买进（卖出）信号，至少有反弹存在，这是背离的现象；③在指数进入高位（低位）时，腾落指数并没有同步行动，而是开始走平或下降（上升），这是趋势进入尾声的信号，这也是背离现象；④腾落指数保持上升（下降）趋势，指数却在中途发

生转折，但很快又恢复原有的趋势，并创新高（低），这是买进（卖出）信号，是后市多方（空方）力量强盛的标志。

（4）形态学和切线理论的内容也可以用于腾落指数曲线。

（5）经验证明，腾落指数对多头市场的应用比对空头市场的应用效果好。

二、涨跌比指标

涨跌比指标（Advance/Decline Ratio，ADR）是根据股票的上涨个数和下跌个数的比值，推断证券市场多空双方力量的对比，进而判断出证券市场的实际情况。

涨跌比指标的计算公式为

$$\text{ADR}(N)=N\text{日内股票上涨个数之和}\div N\text{日内股票下跌个数之和}$$

参数 N 的选择，完全由人为决定，比较常用的参数为 10。

涨跌比指标的图形以 1 为中心上下波动，波动幅度取决于参数的选择。参数选择得越小，涨跌比指标波动的空间就越大，曲线的起伏就越剧烈；参数选择得越大，涨跌比指标波动的幅度就越小，曲线上下起伏越平稳。

涨跌比指标的应用法则如下。

（1）从涨跌比指标的取值看大势。涨跌比指标在 0.5～1.5 是常态。此时，多空双方处于均衡状态。超过了涨跌比指标常态状况的上下限，就是采取行动的信号，表示上涨或下跌的势头过于强烈，股价将有回头的可能。涨跌比指标处于常态时，买进或卖出股票都没有太大的把握。

（2）涨跌比指标可与综合指数配合使用，其应用法则与腾落指数相同，也有一致与背离两种情况。

（3）从涨跌比指标曲线的形态上看大势。涨跌比指标从低向高超过 0.5，并在 0.5 上下徘徊，就是空头进入末期的信号。涨跌比指标从高向低下降到 0.75 之下，是短期反弹的信号。

涨跌比指标先下降到常态状况的下限，但不久就上升并接近常态状况的上限，则说明多头市场已具有足够的力量将综合指数拉上一个台阶。

（4）在大势短期反弹方面，涨跌比指标有先行警示作用。若股票指数与涨跌比指标相背离，则大势即将反转。

三、超买超卖指标

超买超卖指标（Over Bought Over Sold，OBOS）同涨跌比指标一样，是用一段时间内上涨和下跌股票个数的差距来反映当前股市多空双方力量的对比和强弱。涨跌比指标选择的方法是将两者相除，而超买超卖指标选择的方法是将两者相减，与涨跌比指标相比后者的含义更直观，计算更简便。

超买超卖指标的计算公式为

$$\text{OBOS}=N\text{日内股票上涨个数之和}-N\text{日内股票下跌个数之和}$$

式中，天数 N 一般选 10 天。

超买超卖指标的多空平衡位置为 0，超买超卖指标大于 0 或小于 0 就是多方或空方占优势，而涨跌比指标是以 1 为平衡位置。

超买超卖指标的应用法则如下。

（1）根据超买超卖指标的数值判断行情。当超买超卖指标的取值在 0 附近变化时，市场处于盘整时期；当超买超卖指标为正数时，市场处于上涨行情；当超买超卖指标为负数时，市场处于下跌行情。

（2）当超买超卖指标的走势与指数背离时，是采取行动的信号，大势可能反转。

（3）形态理论和切线理论中的结论也可用于超买超卖指标曲线。

（4）当超买超卖指标曲线第一次进入发出信号的区域时，应该特别注意是否出现错误。

（5）超买超卖指标比涨跌比指标的计算简单，意义直观易懂。在使用中应以超买超卖指标为主，以涨跌比指标为辅，完全放弃涨跌比指标不是明智之举。

（6）超买超卖指标只是针对综合指数的技术指标，对个股的选择没有任何指导意义。

四、乖离率

乖离率（BIAS）也称偏离度，它是由移动平均线派生出来的，是反映股价或指数的收盘价与某一时期的移动平均线之间偏离程度的一种技术指标。其基本原理是：如果股价偏离移动平均线太远，不管是在移动平均线上方或下方，都有向平均线回归的要求。

乖离率指标的计算公式为

$$\text{指数 BIAS}=\frac{\text{当日收盘指数}-N\text{日平均指数}}{N\text{日平均指数}}\times 100\%$$

$$\text{个股 BIAS}=\frac{\text{当日收盘价}-N\text{日平均价}}{N\text{日平均价}}\times 100\%$$

式中，N 为设定参数，可根据选用的移动平均线天数确定，分别用以判断短、中、长期走势。

1. 乖离率指标的取值

乖离分为正乖离和负乖离，股价在移动平均线上方为正乖离，反之则为负乖离。当股价与移动平均线一致时，乖离率为零，随着股价的涨跌，乖离率随之波动。一般来说，正乖离率越大，表明短期间获利回吐的压力越大，为卖出信号；负乖离率越大，表明空头回补的可能性也越大，为买入信号。

但乖离率达到何种程度为正确的买入点或卖出点，目前并无统一的标准，投资者可凭经验和对行情强弱的判断得出综合的结论。以下仅作参考。

10 日乖离率：大于 5%是卖出时机；小于−4.5%是买入时机。

20 日乖离率：大于 8%是卖出时机；小于−7%是买入时机。

60 日乖离率：大于 10%是卖出时机；小于−10%是买入时机。

2. 乖离率曲线与股价运行曲线的配合使用

当股价曲线与乖离率曲线从低位同步上升，表示短期内股价有望触底反弹或继续上涨趋势，此时投资者可逢低买入或持股待涨。当股价曲线与 BIAS 曲线从高位同步下降，表示短期内股价将形成头部或继续下跌趋势，此时投资者应及时逢高卖出股票或持币观望。

如图 7.51 所示，2011 年 10 月 25 日当欣旺达（300207）股价曲线与乖离率曲线从低位同步上升，表示短期内股价有望触底反弹或继续上涨趋势，此时投资者可逢低买入或持股待涨。2011 年 11 月 16 日后当该股价曲线与乖离率曲线从高位同步下降，表示短期内股价将形成头部或继续下跌趋势，此时投资者应及时逢高卖出股票或持币观望。

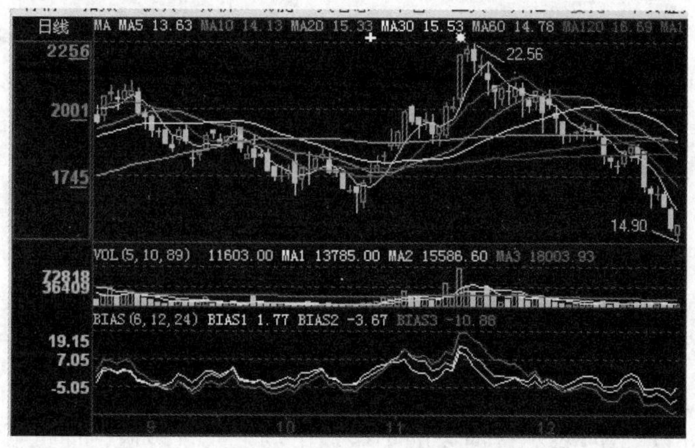

图 7.51　欣旺达 BIAS 指标

当乖离率曲线从下向上突破 0 值线，同时股价也突破短期均线的压力时，表明股价短期将强势上涨，此时投资者应及时买入股票。当乖离率曲线从上向下突破 0 值线，同时股价也跌破中长期均线时，表明股价的中长期下跌行情已经开始，投资者应及时离场观望。

当乖离率曲线与股价曲线出现“顶（底）背离”现象时，投资者应高度警惕。

3. 乖离率曲线的形态分析

乖离率曲线出现的各种形态也是判断行情走势、决定买卖时机的一种分析方法。

（1）当乖离率曲线在高位形成 M 头或三重顶等顶部反转形态时，可能预示着股价由强势转为弱势，股价即将大跌，应及时卖出股票。如果股价曲线也出现同样形态则更可确认，其跌幅可以用 M 头或三重顶等形态来研判。

（2）当乖离率曲线在低位出现 W 底或三重底等底部反转形态时，可能预示着股价由弱势转为强势，可以逢低少量吸纳股票。如果股价曲线也出现同样的形态更可确认，其涨幅可以用 W 底或三重底形态来研判。

（3）在乖离率曲线的形态中，M 头和三重顶形态的准确性要大于 W 底和三重底形态。

五、人气指标、买卖意愿指标和中间意愿指标

人气指标（AR 指标）、买卖意愿指标（BR 指标）和中间意愿指标（CR 指标）是衡量市场上多空双方力量对比变化的最重要指标。它们可以单独使用，更多情况下则是一同使用，是对中长期趋势进行技术分析的工具。

1. 人气指标

人气指标以当日开盘价为平衡点来衡量买卖气势的强弱，以最高价到开盘价的距离描述多方向上的力量，以开盘价到最低价的距离描述空方向下的力量，从而反映市场买卖人气的技术指标，其计算公式为

$$\mathrm{AR}(N)=\frac{N\text{日内}(H-O)\text{之和}}{N\text{日内}(O-L)\text{之和}}\times 100\%$$

式中，H 为当日最高价；L 为当日最低价；O 为当日开盘价；N 为设定的时间参数，一般原始参数日设定为 26 日。

从公式中可以看出，人气指标表示这 26 天以来多空双方总的强度比值。人气指标越大表示多方的强度越大，人气指标越小表示空方的强度越大，多空双方强弱的分界线是 100，100 以上是多方占优，100 以下是空方占优，正好为 100 说明多空双方力量相等。

人气指标应用法则如下。

（1）人气指标值以 100 为买卖气势强弱的均衡状态，当人气指标值在 80～120 时，属于盘整行情，股价走势平稳，不会出现大幅上升或下降。

（2）人气指标值走高时表示行情活跃，人气旺盛。而该值过高则意味着股价已进入高价区，应随时卖出股票。在实际走势中，一般情况下人气指标值大于 180 时预示着股价可能随时会大幅回落下跌，应及时卖出获利了结。

（3）人气指标值走低时表示行情萎靡不振，市场上人气衰退，而过低时则意味着股价可能已跌入低谷，随时可能反弹。一般情况下人气指标值小于 40 时，预示着股价已严重超卖，可考虑逢低介入。

（4）人气指标值也有领先股价到达峰顶和谷底的功能。当人气指标值到达顶峰并回头时，如果股价还在上涨是获利了结的信号；如果人气指标值到达低谷后回头向上时，而股价还在继续下跌，就是考虑逢低买入的时机。

2. 买卖意愿指标

买卖意愿指标（BR）是通过比较一段周期内的收盘价在该周期价格波动中的地位，来反映市场买卖意愿程度的技术指标，其计算公式为

$$BR(N)=\frac{N\text{日内}(H-C)\text{之和}}{N\text{日内}(C-L)\text{之和}}\times 100\%$$

式中，H 为当日最高价，L 为当日最低价，C 为上一个交易日的收盘价，N 为设定的时间参数，一般原始参数日设定为 26 日。

买卖意愿指标应用法则如下。

（1）买卖意愿指标值为 100 时表示买卖意愿的强弱呈平衡状态。

（2）买卖意愿指标值的波动比人气指标值敏感，当买卖意愿指标值介于 70～150 波动时，属于盘整行情，投资者应以观望为主。

（3）当买卖意愿指标值大于 300 时，表示股价进入高价区，可能随时下跌，应择机卖出。

（4）当买卖意愿指标值小于 30 时，表示股价已经严重超跌，可能随时会反弹向上，应逢低买入。

3. 中间意愿指标

中间意愿指标（CR）是同 AR、BR 指标类似的指标，它们的计算公式、原理和应用法则均相似。区别在于取值的大小有些不同，应用时掌握的界限不同。

中间意愿指标（CR）所确定的多空双方的均衡价格是上一交易日的中间价。BR 指标选择收盘价有可能因为仅以收盘价描述上一个交易日的多空均衡价格而引起错误，由于偶然的外部因素，可能使价格在接近收市很短的时间之内出现大幅度的上升或下降，这样，以收盘价作为均衡价格可能并不能代表当日价格走势的实际情况。中间意愿指标（CR）指标选择中间价作为均衡价格，在一定程度上弥补了 BR 在这方面的不足。

另外，中间意愿指标不但能够测量人气的热度、价格动量的潜能，而且还能够显示出股

价的压力带和支撑带，为分析预测股价未来的变化趋势、判断股票买卖的时机提供重要的参考。其计算公式为

$$CR(N)=\frac{N\text{日内}(H-PM)\text{之和}}{N\text{日内}(PM-L)\text{之和}}\times 100\%$$

式中，H 为当日最高价；L 为当日最低价；PM 为上一个交易日的中间价，PM=（最高价＋最低价＋收盘价）/3，PM 还有其他几种计算方法，此处省略；N 为设定的时间参数。

（1）中间意愿指标比买卖意愿指标更容易出现负值，当出现负值时，最简单的方法就是将负值的中间意愿指标一律视作 0。

（2）与人气指标、买卖意愿指标一样，当中间意愿指标数值为 100 时也表示中间的意愿，买卖呈平衡状态。

（3）当中间意愿指标数值在 80～150 波动时，表明股价属于盘整行情，投资者应以观望为主。

（4）当中间意愿指标数值大于 300 时，表明股价已经进入高价区，可能随时下跌，应逢高卖出。

（5）当中间意愿指标数值在 0 以下时，表明股价已经严重超跌，可能随时向上反弹，投资者可逢低吸纳。

（6）当中间意愿指标第一次发出行动信号时，往往容易出错误，投资者应谨慎对待。

六、心理线

心理线（Psychological Line，PSY）是将一定时期内投资者看多或看空的心理事实转化为数值，来分析股票市场上的人气状况、研判股价未来趋势的指标。

1. 心理线的计算公式

心理线的计算公式为

$$PSY(N)=N\text{日内股价上涨的天数}\div N\times 100$$

心理线的取值范围是 0～100，以 50 为中心，50 以上是多方市场，50 以下是空方市场。

2. 心理线的应用法则

（1）心理线的取值在 25～75 时，说明多空双方基本处于平衡状态。如果取值超出了这个平衡状态，则是超卖或超买。

（2）心理线的取值过高或过低，都是行动的信号。一般来说，如果 PSY＜10 或 PSY＞90 这两种极端情况出现，是强烈的买入和卖出信号。

（3）心理线的取值第一次进入采取行动的区域时，往往容易出错。一般要求 PSY 进入高位或低位两次以上才能采取行动。

（4）心理线的曲线如果在低位或高位出现大的 W 底或 M 头，也是买入或卖出的行动信号。

（5）心理线一般可同股价曲线配合使用。

本章小结

技术分析的要点在于对市场行为的观察与研究。证券的市场行为指证券在市场中的表现，包括价格、成交量、时间和空间四要素。

技术分析离不开三大假设条件：市场行为包含一切信息；价格沿着趋势波动，并保持趋势；历史会重演。道氏理论和波浪理论是技术分析中最基础的理论，其他理论只是对它们进行的补充和修正。

技术分析的基本方法主要有K线分析法、切线分析法、形态分析法和技术指标分析法。其中，K线是图表分析的基础，借助K线图，运用形态理论可以分析股价的中期变化特点，在形态理论中详细介绍了调整和反转两种形态；切线理论分析是技术分析方法中的精髓，其核心思想是通过画线找出价格运动的趋势，顺势而为。指标分析也是一种常用的技术分析方法，其优点是简单、明了、易用，在本章中介绍的主要指标，包括市场趋势指标、市场动量指标、市场大盘指标和市场人气指标。

综合练习

一、名词解释

技术分析　形态分析法　K线分析法　切线分析法　早晨之星　十字星　缺口　普通缺口　持续性缺口　黄金分割线　头肩顶　头肩底　背离　腾落指标　乖离率

二、单项选择题

1．证券价格是技术分析的基本要素之一，其中（　　）是技术分析最重要的价格指标。

A．开盘价　　B．收盘价

C．最高价　　D．最低价

2．当开盘价正好与最高价相等时出现的K线被称为（　　）。

A．光头阳线　　B．光头阴线

C．光脚阳线　　D．光脚阴线

3．K线图中十字线的出现，表明（　　）。

A．买方力量还是比卖方力量大一点

B．卖方力量还是比买方力量大一点

C．买卖双方的力量不相上下

D．行情将继续维持以前的趋势

4．与楔形最相似的整理形态是（　　）。

A．对称三角形　　B．直角三角形

C．矩形　　D．旗形

5. 当开盘价和收盘价分别与最高价和最低价相等时出现的K线被称为（ ）。

A. 光头光脚阳线　　B. 光头光脚阴线

C. 十字线　　D. 一字线

6. 趋势线被突破后，这说明股价（ ）。

A. 会上升　　B. 走势将反转

C. 会下降　　D. 走势将加速

7. 头肩顶形态的形态高度是指（ ）。

A. 头的高度　　B. 左、右肩连线的高度

C. 头到颈线的距离　　D. 颈线的高度

8. 出现在顶部的看跌形态是（ ）。

A. 头肩顶　　B. 旗形

C. 楔形　　D. 三角形

9. 在双重顶反转突破形态中，颈线是（ ）。

A. 上升趋势线　　B. 下降趋势线

C. 支撑线　　D. 压力线

10. 大多数技术指标既可以应用到个股，又可以应用到综合指数，（ ）只能用于综合指数。

A. ADR　　B. PSY

C. BIAS　　D. W%R

11. 描述股价与股价移动平均线相距远近程度的指标是（ ）。

A. PSY　　B. BIAS

C. RSI　　D. W%R

12. 表示市场处于超卖或超买状态的技术指标是（ ）。

A. PSY　　B. BIAS

C. RSI　　D. W%R

三、多项选择题

1. 按道氏理论的分类，趋势分为（ ）等类型。

A. 长期趋势　　B. 中期趋势　　C. 短期趋势

D. 无趋势　　E. 熔断

2. 市场行为最基本的表现有（ ）。

A. 成交价　　B. 资金量　　C. 股指涨跌幅度

D. 成交量　　E. 人气

3. 如果股市处于（ ）阶段，则宜做空头。

A. 价涨量稳　　B. 价稳量缩　　C. 价跌量缩

D. 价涨量缩　　E. 成交量剧增

4. 趋势的方向有三种，即（ ）。

A. 上升方向　　B. 下降方向　　C 主要方向

D. 水平方向　　E. 无方向

5．K 线图又称蜡烛线，其基本种类有（　　）。

A．阳线　　B．阴线　　C．十字线

D．影线　　E．一字线

6．整理形态的类型很多，除了三角形外，还有（　　）等形态。

A．矩形　　B．旗形　　C．菱形

D 楔形　　E．V 形

7．光头光脚大阳线的出现说明（　　）。

A．多方占优势　　B．股价涨了　　C．市场波动很大

D．空方占优势　　E．人气足

8．三角形态是属于持续整理形态的一类形态。三角形主要分为（　　）。

A．对称三角形　　B．等边三角形　　C．上升三角形

D．下降三角形　　E．特殊三角形

9．（　　）属于趋势型指标。

A．RSI　　B．MACD　　C．MA

D．W%R　　E．BOLL

10．以下指标只能用于综合指数分析，而不能用于个股的是（　　）。

A．ADR　　B．ADL　　C．OBOS

D．W%R　　E．BOLL

四、简答题

1．简述 K 线的分类。

2．简述移动平均线的应用法则。

3．技术分析的局限性有哪些？

4．颈线位突破如何进行确认？

5．简述缺口理论的应用法则。

五、实训题

1．某只股票三天内的股价情况如表 7.2 所示。要求计算星期五的三日威廉指标值，并提出投资建议。

2．某只股票最近六天的收盘价如表 7.3 所示。要求计算 5 日的 BIAS，并提出投资建议。

表 7.2　示例　　（单位：元）

项　目	星期三	星期四	星期五
开盘价	12.35	12.2	12.5
最高价	13.45	13	13.4
最低价	11.45	11.5	11.95
收盘价	12.2	12.5	13.05

表 7.3　示例　　（单位：元）

第 1 天	第 2 天	第 3 天	第 4 天	第 5 天	第 6 天
18.26	16.85	16.65	19.25	17.9	19.45

3．根据图 7.52 中所给的资料，试画出趋势线，并结合图中的各指标做出随后股价走势判断，以决定后市如何操作。

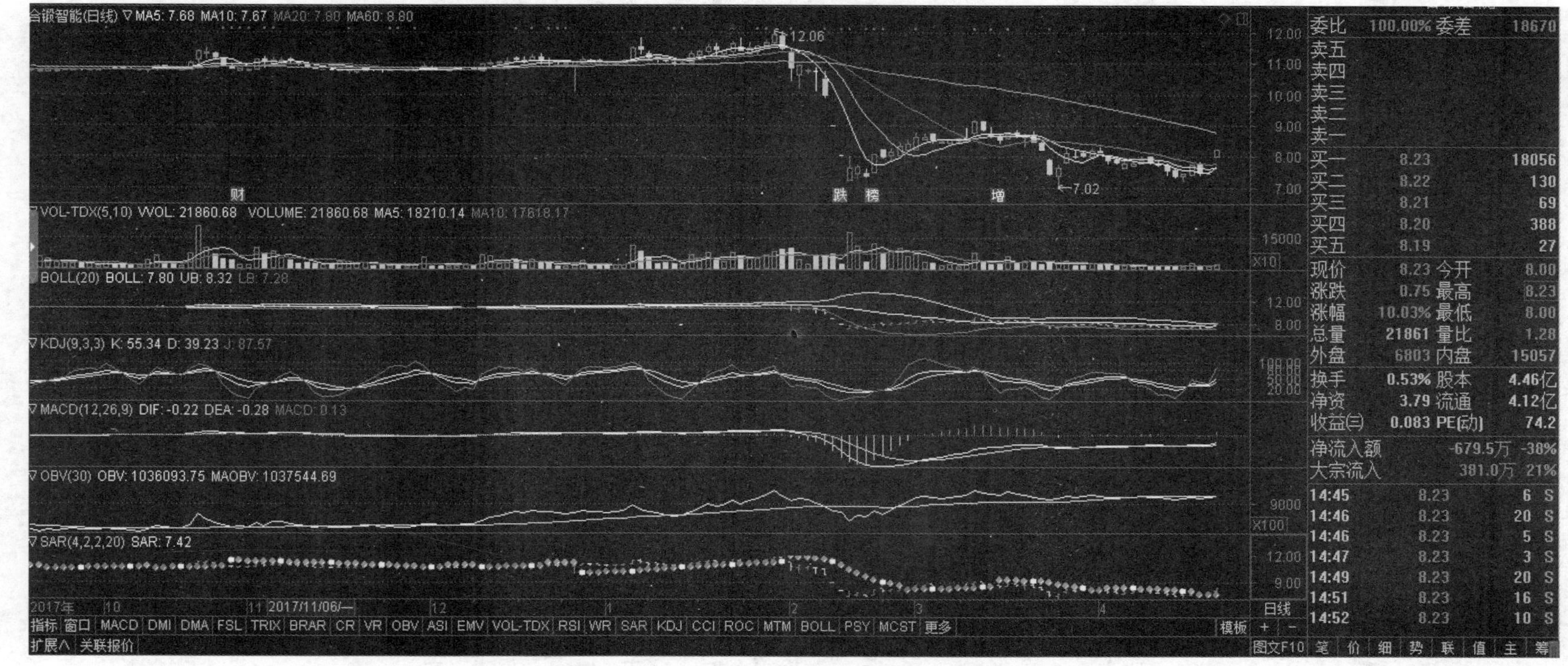

图 7.52 合锻智能股票走势

第八章　证券投资的收益和风险

学习目标

通过本章的学习，读者应掌握债券价值评估的基础知识以及各种债券的内在价值计算方法；掌握利率期限结构的含义、形态及利率期限结构理论；掌握债券定价原理；掌握股票价值评估的基础知识；掌握股利折现模型；了解基金、可转换债券、认股权证的价值评估或价值影响因素；了解风险含义及其分类。

课前阅读

高护城河类公司人气最旺，价值投资大行其道

2017 年，A 股市场最大的特点便是大市值蓝筹股支撑的“一九”行情。几个重要成分指数的涨跌更充分地反映了这一点。上证 50 指数 2017 年年初至 12 月 22 日，累计上涨 25.97%，而同期上证指数上涨 6.23%，深证成指上涨 9.01%，创业板指下跌 9.31%。

从市值增长角度来看，剔除 2017 年年初以来上市的次新股后，2017 年年初两市 A 股总市值为 51.12 万亿元，截至 2017 年 12 月 22 日的最新总市值为 53.46 万亿元，累计增长 2.34 万亿元。贵州茅台、中国平安、工商银行、招商银行、海康威视、顺丰控股、美的集团、五粮液、农业银行、中国人寿等前十大市值增长贡献股，2017 年以来累计市值增长就达到 2.58 万亿元。这 10 只个股全部属于沪深 300 指数成分股，有 6 只属于上证 50 指数成分股，这些数据更加凸显了 2017 年以“漂亮 50 指数”①为代表的超大盘蓝筹股的结构性行情。

启示：作为投资者，投资的目的是为了获得收益，如果我们不能对投资证券的内在价值做一个评价，将来不赚反亏也就在所难免了。本章将对证券投资的可能收益作科学的估算，并对可能的风险做出预判，尽可能做到收益最大化，风险最小化甚至提前规避风险。

第一节　证券投资的收益

证券投资收益是指投资者在一定时期内投资某种证券所带来的收益，是投资者关心的核

① “漂亮 50 指数”是美国股票投资史上特定阶段出现的一个非正式术语，用来指 20 世纪六七十年代在纽约证券交易所交易的 50 只备受追捧的大盘股。国内也有一些媒体或机构试图评选出自己的“漂亮 50 指数”榜单。

心问题之一。证券投资收益通常分为3个部分：①证券发行者经营的成果定期取得的收益，如债券利息、股息；②在证券流通市场上通过买卖证券所实现的资本损益，也称为差价收益；③一定的非货币收益，如重大决策的表决权、参与公司的经营管理权、公司的控制权、公司治理的改善等。非货币收益最终可以通过货币收益进行量化，因此证券投资收益分析主要是分析投资所带来的货币收益。

证券投资收益的成果一般用投资收益率衡量，即投资收益与初始投资额之比。下式是衡量投资收益率的基础，实际运用中要考虑未来现金流量的变化，收益率的计算远比该式复杂。

$$Y=\frac{W_1-W_0}{W_0}$$

式中，Y 为投资收益率；W_1 为期末财富；W_0 为期初财富。

音视空间

请观看宁夏卫视2011年8月26日财经早班车《上半年14家上市券商投资收益达62亿元》片段，分析券商收益的主要来源有哪些？各券商收益来源有何区别？

一、债券投资的收益

债券投资的收益来源主要有两个方面。一是债券的利息收入。因为债券还本付息的时间和数额通常是事先确定的，所以债券经常被称为固定收入证券。二是债券买入价格与卖出价格的差额即资本损益。一般情况下，债券收益率用年收益率表示。由于多种因素对债券的价格产生影响，债券价格处于不断变化之中，交易者进行交易后，所获得的价差也是收益的重要组成部分。如果考虑通货膨胀、信用风险、到期期限、市场利率的变化等因素，债券的收益就带有一定程度的不确定性，债券的收益率也就较为复杂。

（一）债券的价值和价格

1. 票面价格

债券的票面价格是债券上标明的金额，又称为面值。票面金额的不同，对于债券的发行成本、发行数额和持有者的分布都有影响。票面额较小，就方便收入低的小额投资者购买，市场就广阔一些，但票券印刷及发行工作量大，有可能增加发行费用；票面金额过大，就会超出小额投资者的能力范围，购买者就仅局限于少数大投资者，一旦这些投资者积极性不高不予认购，就可能导致发行失败。另外，票面价值对于发行者来说具有较为重要的意义，因为发行者是以它来计算所支付的利息和偿还本金的，它直接决定发行者筹资成本的高低。我国发行的债券一般是每张面值为100元人民币。

2. 发行价格

发行价格是指债券发行时投资者和发行者通过一定方式确定的价格，发行价格可能不等于债券的面值。当债券的发行价格高于面值时，称为溢价发行；当债券发行价格低于面值时，称为折价发行；当债券发行价格等于面值时，称为平价发行。一般来说，债券的发行价格取决于债券的现值，即债券到期应付的面值和各期应付的利息按市场利率折合的现值。债券发行人在考虑债券发行条件时通常会参照当时的市场利率来确定发行的票面利率，但是市场利率往往变化较快，因此发行时经常出现发行价格不等于面值的情况。

3. 交易价格

债券的交易价格也称为市场价格。债券发行后，债券在流通市场（二级市场）上按不同的价格进行交易。交易价格的高低，取决于公众对该债券的评价、市场利率以及人们对通货膨胀率的预期等，这给债券投资人的收益带来一定程度的不确定性，因此带来债券市场价格的波动。

（二）债券收益率的计算

债券收益率有票面收益率、直接收益率、持有期收益率、到期收益率和赎回收益率等，这些收益率分别反映投资者在不同买卖价格和持有年限下的不同收益水平。

1. 票面收益率

票面收益率（nominal yield）又称名义收益率或息票率，是印制在债券票面上的固定利率，即年利息收入与债券面额的比率。投资者如果将按面额发行的债券持至期满，则所获得的投资收益率与票面收益率是一致的，其计算公式为

$$Y_n = \frac{C}{V} \times 100\%$$

式中，Y_n表示票面收益率，C表示债券的年利息收入，V表示债券面额。

票面收益率的计算只适用于投资者按票面金额买入债券直至期满并按票面面额收回本金这种情况。它没有考虑到买入价格与票面额有可能不一致的情况，也没有考虑到债券有中途卖出的可能。由于债券的发行价格常常偏离债券面值，因此票面收益率难以反映债券的实际收益率情况，一般情况下只是作为参考，实际用途有限。

2. 直接收益率

直接收益率（current yield）又称本期收益率，指债券的年利息收入与债券的市场价格之比率。直接收益率反映了投资者的投资成本带来的收益，其计算公式为

$$Y_c = \frac{C}{P} \times 100\%$$

式中，Y_c表示直接收益率，P表示债券的市场价格，C表示债券年利息收入。

【例 8.1】 某种票面金额为 100 元的附息债券，现假定其发行价格为 102 元，票面年利息率为 8%，偿还期限为 5 年，则投资者在认购债券后到持至期满时可获得的直接收益率为

$$Y_c = \frac{100 \times 8\%}{102} \times 100\% = 7.8\%$$

投资者的直接收益率为 7.8%，略低于票面利率，这是因为投资者的购买成本高于面值。

【例 8.2】 某种票面金额为 100 元的附息债券，现假定其发行价格为 98 元，票面年利息率为 8%，偿还期限为 5 年，则投资者在认购债券后到持至期满时可获得的直接收益率为

$$Y_c = \frac{100 \times 8\%}{98} \times 100\% = 8.16\%$$

投资者的直接收益率为 8.16%，略高于票面利率，这是因为投资者的购买成本低于面值。

由上述两个例子可以看出，直接收益率反映了投资者的投资成本带来的收益。投资者购买债券的价格低于债券面额，直接收益率就高于票面利率。直接收益率对那些每年从债券投资中获得一定利息现金收入的投资者来说很有意义。直接收益率比票面收益率更接近投资者的实际收益率。直接收益率也有不足之处，它和票面收益率一样，不能全面反映投资者的实际收益，因为它忽略了债券持有的时间因素，没有反映不同期限债券的收益差别。票面收益率和直接收益率都是针对附息债券给投资者参考的，不能估计贴现债券的收益率。

3. 持有期收益率

持有期收益率（holding period yield）是指买入债券后持有一段时间，又在债券到期前将其出售而得到的收益率。它是包括持有债券期间的利息收入和资本损益（买入价和卖出价之间的差额）与买入价格之比。

到期一次还本付息债券没有中间支付利息问题，因此，其持有期收益率为

$$Y_h = \frac{(p_1 - p_0)/n}{p_0} \times 100\%$$

式中，Y_h 表示一次还本付息债券的持有期收益率；p_1 表示卖出价；p_0 表示买入价，n 表示持有年限。

【例 8.3】 投资者买入面额为 100 元的债券，到期一次还本付息，期限为 3 年，票面利率为 8%，买入价为 106 元，持有 2 年后于到期前以 112 元卖出，则持有期收益率为

$$Y_h = \frac{(112 - 106)/2}{106} \times 100\% = 2.83\%$$

我国大部分债券为到期一次还本付息债券，因此持有期的收益只是价差部分，其收益率的计算与债息没有直接关系，而买入并持有到期才存在债息的计算。

附息票债券的特点是在规定时间需要支付利息，而不是到期支付，因此，持有者持有时间只要跨越了一个利息支付期间，就获得了规定的利息收入，其持有期收益率为

$$Y_h = \frac{C + (p_1 - p_0)/n}{p_0} \times 100\%$$

式中，Y_h 表示一次还本付息债券的持有期收益率；C 表示年利息；p_1 表示债券卖出价；p_0 表示债券买入价，n 表示持有年限。

【例 8.4】 投资者以 118 元购买面值为 100 元的附息债券，期限为 8 年，年利率为 8%。持有 2 年，期间跨越 2 个附息周期，在到期前以 120 元卖出，则投资者的持有期收益率为

$$Y_h = \frac{100 \times 8\% + (120 - 118)/2}{118} \times 100\% = 7.63\%$$

贴现债券的特点是低于面值发行，在发行时已经支付利息，到期按面值偿还。贴现债券一般用于中、短期债券的发行，其持有期收益率为

$$Y_h = \frac{(p_1 - p_0)/n}{p_0} \times 100\%$$

式中，Y_h 表示持有期收益率，p_1 表示债券卖出价，p_0 表示债券买入价，n 表示持有年限。

【例 8.5】 投资者以 350 元的价格买入面值为 1 000 元的贴现债券，期限为 3 年，持有 2.5 年后以 450 元的市场价格卖出，则其持有期收益率为

$$Y_h = \frac{450 - 350}{350 \times 2.5} \times 100\% = 11.43\%$$

4. 到期收益率

债券到期收益率（maturity yield）又称最终收益率，是指买入债券后持有至期满得到的收益，包括利息收入和资本损益与买入债券的实际价格之比率。这里我们考虑的是单利到期收益率，不考虑利息再投资所获的收益，即没有考虑到期之前将附息债券的利息收入进行再

投资所获得的收益。

到期一次还本付息债券到期收益率为

$$Y_m = \frac{[V(1+I\times n_1)-p_0]/n_2}{p_0}\times 100\%$$

式中，Y_m表示到期收益率，p_0表示债券买入价，n_1表示到期年限，n_2表示购买后的到期年限，I表示票面利率，V表示债券面值。

【例 8.6】 某到期一次还本付息债券面值 100 元，期限 3 年，票面利率为 8%，投资者在债券发行后一年以 98 元购入，并持有至到期，则到期收益率为

$$Y_m = \frac{[100(1+8\%\times 3)-98]/2}{98}\times 100\% = 13.27\%$$

附息债券到期收益率为

$$Y_m = \frac{C+(V-p_0)/n}{p_0}\times 100\%$$

式中，Y_m表示到期收益率，C表示年利息，p_0表示债券买入价，n表示到期年限，V表示债券面值。

【例 8.7】 某附息债券面值 100 元，期限 3 年，票面利率为 8%，每年付息一次，投资者在债券发行后一年以 98 元购入，并持有到期，则到期收益率为

$$Y_m = \frac{100\times 8\%+(100-98)/2}{98}\times 100\% = 9.18\%$$

贴现债券到期收益率为

$$Y_m = \frac{(V-p_0)/n}{p_0}\times 100\%$$

式中，Y_m表示到期收益率，p_0表示债券买入价，n表示到期年限，V表示债券面值。

【例 8.8】 某贴现债券面值 100 元，期限一年。投资者在发行后半年以 95 元购入并持有到期，则到期收益率为

$$Y_m = \frac{(100-95)/0.5}{95}\times 100\% = 10.53\%$$

5. 可转换债券的转换升水和转换贴水

可转换债券的市场价格必须保持在它的理论价值和转换价值之上。如果价格在理论价值之下，该债券价格被低估，这是显然易见的；如果可转换债券价格在转换价值之下，购买该债券并立即转化为股票就有利可图，从而使该债券价格上涨直到转换价值之上。为了更好地理解这一点，我们引入转换平价这个概念。

转换平价是可转换债券持有人在转换期限内可以依据面值把债券转换成公司普通股票的每股价格，除非发生特定情形，如发售新股、配股、送股、派息、股份的分割（拆细）与合并，以及公司兼并、收购等情况，转换价格一般不作任何调整。前文所说的转换比率，实质上就是转换价格的另一种表示方式。

转换平价=可转换债券的市场价格/转换比率

转换平价是一个非常有用的概念，因为一旦实际股票价格上升到转换平价水平，任何进

一步的股价上升肯定会使可转换债券的价值增加。因此，转换平价可视为一个盈亏平衡点。

一般来说，投资者在购买可转换债券时都要支付一笔转换升水。每股的转换升水等于转换平价与普通股票当期市场价格（也称为基准股价）的差额，或说是可转换债券持有人在将债券转换成股票时，相对于当初认购转换债券时的股价（即基准股价）而做出的让步，通常被表示为当期市场价格的百分比，可用公式表示为

转换升水＝转换平价－基准股价

转换升水比率=转换升水÷基准股价

而如果转换平价小于基准股价，基准股价与转换平价的差额就被称为转换贴水，其公式为

转换贴水＝基准股价－转换平价

转换贴水比率=转换贴水÷基准股价

转换贴水的出现与可转换债券的溢价出售相关。

【例 8.9】 某公司的可转换债券，年利率为 10.25%，2018 年 12 月 31 日到期，其转换价格为 30 元，其股票基准价格为 20 元，该债券价格为 1 200 元。

转换比率=1 200÷30=40

转换升水 = 30 − 20 = 10

转换升水比率 = 10÷20 = 50%

【例 8.10】 以 × × 转债 2018 年 5 月 24 日收盘价 125.3 元为例（初始转股价 6.8 元，2018 年 3 月 15 日起因除权除息调整为 4.52 元），× × 收盘价 5.41 元（10 送 1 转增 4 股派 0.25 元，10 月 15 日除权除息），计算有无风险套利空间。

5.41 ×（100÷4.52）=119.69（元），低于市场价 125.3 元，因此无套利空间存在，投资者应继续等待股价上涨或者转债价格下跌。

（三）收益率曲线

根据债券的到期期限不同，可以将债券分为短期、中期和长期债券，到期期限越长，债券所隐含的不确定性也越大，因此在市场中，不同期限债券的收益率是不同的。债券收益率曲线（yield curve）是描述在某一时点上一组可交易债券的收益率与其剩余到期期限之间数量关系的一条曲线，即在直角坐标系中，以债券剩余到期期限为横坐标、债券收益率为纵坐标而绘制的曲线。

一条合理的债券收益率曲线将反映出某一时点上（或某一天）不同期限债券的到期收益率水平。研究债券收益率曲线具有重要的意义，对于投资者而言，可以用来作为预测债券的发行投标利率、在二级市场上选择债券投资券种和预测债券价格的分析工具；对于发行人而言，可为其发行债券、进行资产负债管理提供参考。

债券收益率曲线的形状可以反映出长短期利率水平之间的关系，它是市场对当前经济状况的判断及对未来经济走势的预期（包括经济增长、通货膨胀、资本回报率等）的结果。债券收益率曲线通常表现为四种情况：一是正向收益率曲线，表明在某一时点上债券的投资期限越长，收益率越高，也意味着社会经济处于增长期阶段；二是反向收益率曲线，表明在某一时点上债券的投资期限越长，收益率越低，也就意味着社会经济进入了衰退期；三是水平收益率曲线，表明收益率的高低与投资期限的长短无关，也就意味着社会经济出现了极不正常的情况；四是波动收益率曲线，表明债券收益率随投资期限不同而呈现波浪变动，也就意

味着未来经济有可能出现波动。

一般来说，市场在分析不同期限收益率时是以国债的收益率作为判断基础的，国债的收益率决定其他债券的收益率标准，我们把不同期限国债的利率水平（即收益率水平）称为债券的利率期限结构（interest term structure）。

1. 正向收益率曲线

正向收益率曲线（normal yield curve）又称上升收益率曲线，表示正常情况下债券期限越长，利率越高（见图8.1）。在经济运行正常，没有通货膨胀和经济下行风险的情况下，市场上国债收益率会出现长债收益高于短债的情况。

2. 反向收益率曲线

反向收益率曲线（inverse yield curve）也称为下降收益率曲线，表示短期债券收益率较高，而长期债券收益率较低（见图8.2）。反向收益率曲线通常发生在紧缩信贷、抽紧银根的时候，由于短期资金偏紧，供不应求，造成短期利率急剧上升。抽紧银根又使人们对今后经济发展不很乐观，对长期资金需求下降，造成长期利率下降。

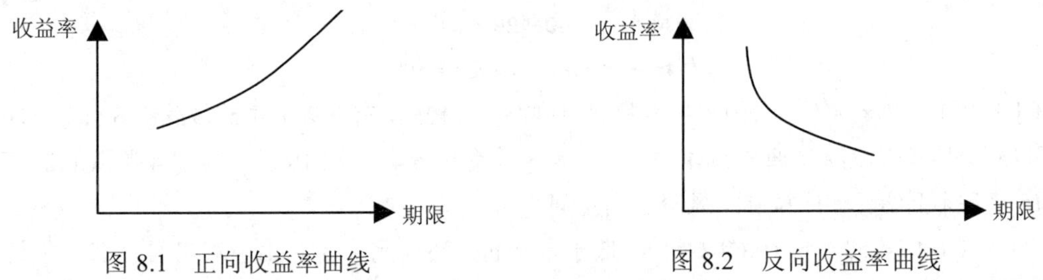

图8.1 正向收益率曲线　　图8.2 反向收益率曲线

3. 水平收益率曲线

在正反收益率曲线相互替代的变化过程中，会出现一种长、短期债券收益率接近相等的短暂过渡阶段，此时债券收益率曲线（par yield curve）同坐标系中的横轴趋于平行（见图8.3）。

4. 波动收益率曲线

波动收益率曲线（arch yield curve）又称峰形收益率曲线，表示在某一期限之前债券的利率期限结构是正收益率曲线，期限越长，收益率越高，在该期限之后却变成反收益率曲线，期限越长，收益率越低（见图8.4）。波动收益率曲线是在短期资金偏紧或在中央银行采取严厉的紧缩货币政策时，由于短期利率急剧上升所引起的利率期限结构现象。在西方经济极不稳定、市场利率起伏剧烈的20世纪70年代，波动收益率曲线成为美国债券市场和货币市场最常见的利率期限结构之一。

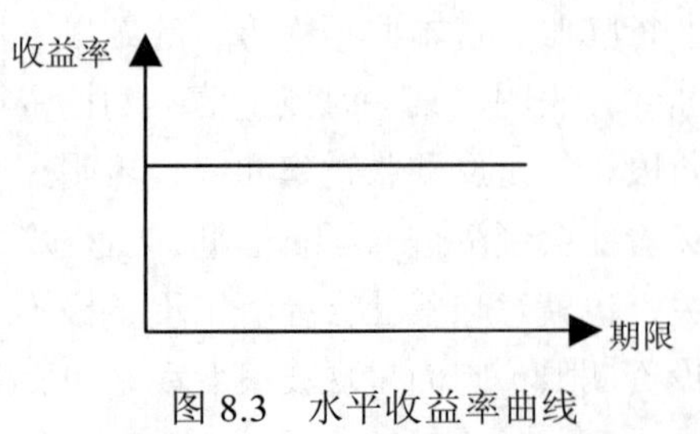

图8.3 水平收益率曲线

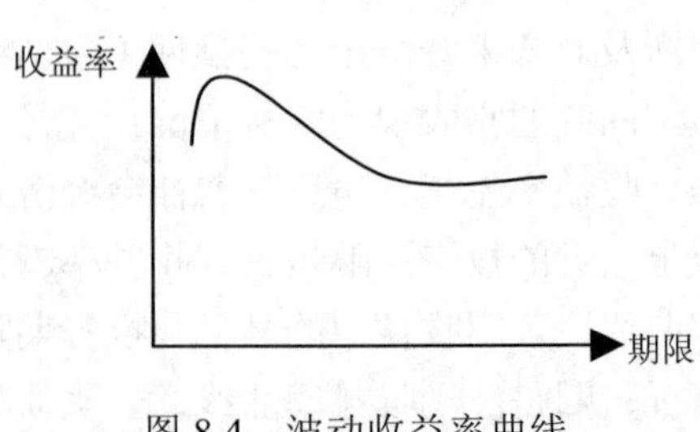

图8.4 波动收益率曲线

（四）利率期限结构理论

利率期限结构是指某个时点不同期限的即期利率与到期期限的关系。传统的利率期限结构理论主要包括无偏预期理论、流动性偏好理论、市场分割理论等。

1．无偏预期理论

无偏预期理论（纯预期理论）由费歇尔（Iving Fisher）提出，是最古老的利率期限结构理论。无偏预期理论认为，长期债券的现期利率是短期债券的预期利率的函数，长期利率与短期利率之间的关系取决于现期短期利率与未来预期短期利率之间的关系。如果以 $E_t[r(s)]$ 表示 t 时刻对未来时刻的即期利率的预期，那么无偏预期理论的到期收益可以表达为

$$R(t,T)=\frac{1}{T-t}\int_t^T E_t[r(s)]\mathrm{d}s$$

式中，$R(t,T)$ 为时刻 T 到期的债券的到期收益；$E_t[r(s)]$ 为时刻 t 对未来时刻即期利率的预期。

因此，如果预期的未来短期债券利率与现期短期债券利率相等，那么长期债券的利率就与短期债券的利率相等，其收益率曲线是一条水平线；如果预期的未来短期债券利率上升，那么长期债券的利率必然高于现期短期债券的利率，其收益率曲线是向上倾斜的曲线；如果预期的短期债券利率下降，则债券的期限越长，利率越低，其收益率曲线就向下倾斜。

无偏预期理论基于下列假设：①所有投资者都是利润最大化的追求者；②投资者认为各种期限的债券都是可以完全替代的；③持有和买卖债券没有交易成本；④绝大多数投资者都对未来利率形成准确的预期并依据这些预期指导投资行为；⑤具有完善的货币市场。

无偏预期理论的核心论点为：①在市场均衡条件下，远期利率代表了对市场未来时期的即期利率的预期。向上倾斜的收益率曲线意味着市场预期未来的短期利率会上升；②向下倾斜的收益率曲线意味着市场预期未来的短期利率将会下降；③水平收益率曲线意味着市场预期未来的短期利率将保持稳定；④峰型的收益率曲线则意味着市场预期较近的一段时期短期利率会上升，而在较远的将来，市场预期的短期利率将会下降。

【例 8.11】 假设 1 年的即期利率 r_1=8%，第二年的期望利率 $E(r_2)$=10%。如果债券按这样的利率结构定价，1 年期零息债券的价格应为 1 000 美元/1.08=925.93 美元，2 年期零息债券的价格为 1 000 美元/（1.08×1.10）=841.75 美元。一个只想投资 1 年的投资者至少可以有如下两种投资策略可以选择。

其一，购买 1 年期零息债券，因为 1 年到期时他可以肯定地得到 1 000 美元，所以他锁定了一个 8%的收益率。

其二，购买 2 年期零息债券，1 年后再将其出售，按照期望理论，第二年的利率为 10%，这意味着这个投资者可以以 1 000 美元/1.10=909.09 美元的价格卖出所持有的债券，他仍然可以得到［（909.09－841.75）/841.75］=8%的收益率。

2．流动性偏好理论

希克斯（John Richard Hicks）首先提出了不同期限债券的风险程度与利率结构的关系，较为完整地建立了流动性偏好理论。流动性偏好理论认为：投资者是厌恶风险的，由于债券的期限越长，利率风险就越大。因此，在其他条件相同的情况下，投资者偏好期限更短的债券。根据流动性偏好理论，不同期限的债券之间存在一定的替代性，这意味着一种债券的预期收益确实可以影响不同期限债券的收益。但是不同期限的债券并非是完全可替代的，因为

投资者对不同期限的债券具有不同的偏好。霍恩（Van Home）认为，远期利率除了包括预期信息之外，还包括了风险因素，它可能是对流动性的补偿。影响短期债券被扣除补偿的因素包括不同期限债券的可获得程度及投资者对流动性的偏好程度。在债券定价中，流动性偏好导致了价格的差别。

这一理论假定，大多数投资者偏好持有短期证券。为了吸引投资者持有期限较长的债券，必须向他们支付流动性补偿，而且流动性补偿应随着时间的延长而增加。因此，实际观察到的收益率曲线总是要比预期假说所预计的高。这一理论还假定投资者是风险厌恶者，他们只有在获得补偿后才会进行风险投资，即使投资者预期短期利率保持不变，其收益率曲线也是向上倾斜的。那么按照预期理论和流动性偏好理论，到期收益率为

$$R(t,T)=\frac{1}{T-t}\left\{\int_t^T E_t[r(s)]\mathrm{d}s+\int_t^T L(s,T)\mathrm{d}s\right\}$$

式中，$R(t, T)$ 为时刻 T 到期的债券的到期收益；$E_t[r(s)]$ 为时刻 t 对未来时刻即期利率的预期；$L(s, T)$ 为时刻 T 到期的债券在时刻 s 的瞬时期限溢价。流动性偏好理论对收益率曲线的解释：①水平收益率曲线，市场预期未来的短期利率将会下降，且下降幅度恰等于流动性报酬；②向下倾斜的收益率曲线，市场预期未来的短期利率将会下降，下降幅度比无偏预期理论更大；③向上倾斜的收益率曲线，市场预期未来的短期利率既可能上升，也可能不变。

3. 市场分割理论

市场分割理论的产生源于市场的非有效性（或非完美性）和投资者的有限理性，它的最早倡导者是卡伯特森（Culbertson，1957）。市场分割理论认为：由于法律制度、文化心理、投资偏好的不同，投资者会比较固定地投资于某一期限的债券，这就形成了以期限为划分标志的细分市场。而且不同期限的债券之间完全不能替代。

由于法律、偏好或其他因素的限制，投资者和债券的发行者都不能无成本地实现资金在不同期限的证券之间的自由转移。因此，证券市场并不是统一的、无差别的市场，而是存在着短期市场、中期市场和长期市场。不同市场上的利率分别由各市场的供给和需求决定。当长期债券供给曲线与需求曲线的交点高于短期债券供给曲线与需求曲线的交点时，债券的收益率曲线向上倾斜；相反，当长期债券供给曲线与需求曲线的交点低于短期债券供给曲线与需求曲线的交点时，债券的收益率曲线向下倾斜。

即期利率水平完全由各个期限债券的市场上供求力量决定，单个市场上的利率变化不会对其他市场上的供求关系产生影响。

市场分割理论把金融市场分为短期、中期和长期三大市场：①短期市场的主要参与者是商业银行、非金融机构和货币市场基金等，它们更关注的是本金的确定性（或者说安全性）而不是收入的确定性；②长期市场的参与者主要是那些债务期限比较长的机构，如人寿保险公司、养老基金等，这些机构具有较强的风险回避态度，更注重收入的确定性；③虽然短期市场和长期市场的投资者的投资动机和目标各有差异，但是两个市场的参与者都同样受到法律、规章制度的制约，以及降低风险的压力而集中于不同期限的市场，因此，这两个市场形成的市场分割基本上是强式的，参与者通常不会进行投资期限之间的转换。相比之下，中期市场的参与者身份就比较复杂，没有一群占主导地位的“忠实”的参与者，因而其功能是弱式的。

市场分割理论对收益率曲线的解释：①向下倾斜的收益率曲线，短期债券市场的均衡利

率水平高于长期债券市场的均衡利率水平；②向上倾斜的收益率曲线，短期债券市场的均衡利率水平低于长期债券市场的均衡利率水平；③峰型收益率曲线，中期债券收益率最高；④水平收益率曲线，各个期限的市场利率水平基本不变。

债券收益率曲线是静态的，随着时点的变化债券收益率曲线也随之变化。但是，通过对债券交易的历史数据的分析，找出债券收益率与到期期限之间的数量关系，形成合理、有效的债券收益率曲线，从而可以用来分析和预测当前不同期限的收益率水平。

个人投资者在进行债券投资时，可以利用某些专业机构提供的收益率曲线进行分析，作为自主投资的一个参考。如中央国债登记结算公司在中国债券信息网上提供的收益率曲线，该曲线是根据银行间债券市场所选取的一些基准债券的收益率所形成的。该网站提供的每日以基准债券的市场价格绘制成的收益率曲线，可为投资者分析在银行柜台债券市场交易的债券的价格提供参考。投资者在其收益率曲线界面上，只要输入债券的剩余到期期限，就可得到相应的收益率水平。通过该收益率水平可计算出相应债券的价格，由此可作为投资者的交易参考。

投资者还可以根据收益率曲线不同的预期变化趋势，采取相应的投资策略。如果预期收益率曲线基本维持不变，且目前收益率曲线是向上倾斜的，则可以买入期限较长的债券；如果预期收益率曲线变陡，则可以买入短期债券，卖出长期债券；如果预期收益率曲线将变得较为平坦时，则可以买入长期债券，卖出短期债券。如果预期正确，上述投资策略可以为投资者降低风险，提高收益。

二、股票投资的收益

股票投资收益通常分为三个部分：①股份公司经营的成果定期取得的收益，如红利和股息；②在股票流通市场上通过买卖股票所实现的资本损益，也称为差价收益；③一定的非货币收益，如重大决策的表决权、参与公司的经营管理权、公司的控制权、公司治理的改善等。非货币收益最终可以通过货币收益进行量化，因此证券投资收益分析主要是分析投资所带来的货币收益。

（一）股票的内在价值和价格

股票的内在价值是指股票本身应该具有的价值，而不是它的市场价格。股票的内在价值可以用股票每年股利收入的现值之和来评价。最基本的股票内在价值评价模型是股利贴现估价模型（简称股利贴现模型）。这种评价方法的根据是，如果你永远持有这个股票，那么你逐年从公司获得的股利就是这个股票的价值。根据这个思想来评价股票的方法称为股利贴现模型（DDM）。

股利贴现模型是研究股票内在价值的重要模型，可用公式表示为

$$V=\sum_{t=1}^{\infty}\frac{D_t}{(1+k)^t}$$

式中，V为每股股票的内在价值，D_t是第 t 年每股股票股利的期望值，k 是股票的期望收益率。公式表明，股票的内在价值是其逐年期望股利的现值之和。

股价是市场供求关系的结果，不一定反映该股票的真正价值。股票的价值应该在股份公司持续经营中体现。

从股票的涨跌中赚取利润，是股票投机的一面。股票还有更本质的一面，即投资的一面。

音视空间

高送转股票对股票投资收益有什么影响？推荐观看视频以解决这个问题。

股份公司通常由众多的股东出资创办，他们通过购买公司股票将自己的资金投入公司中去，这些股东（应该是大股东）投资公司的根本目的是想通过对公司的经营来获取自己应得的一份利润。这些股东认为从办好公司中获得的长期收益比在证券市场上投机获得的收益更稳定、更大，也更有成就感。正是这些股东使公司长期存在并得以发展。设想一下，如果公司所有的股东都是今天买入明天卖出，公司的董事会如何建立？又会有谁去关心公司今后的发展？公司的股东们按持有股份的比例分享公司的经营利润，以此获得公司经营成果的回报。因此，公司股票的价值是由公司逐年发放的股利所决定的，而股利多少与公司的经营业绩有关，股票的内在价值是由公司的业绩决定的，这就是股利贴现模型的意义。

（二）零息增长的股利贴现模型

零息增长的股利贴现估价模型是最简单的股价估计模型，即企业支付的股利增长率为零，零息增长的股利贴现模型可用公式表示为：

$$V=\sum_{t=1}^{\infty}\frac{D_0}{(1+k)^t}=\frac{D_0}{k}$$

式中，D_0为每年的股利。

零息增长的股利贴现模型的应用似乎受到相当的限制，毕竟假定对某一种股票永远支付固定的股利是不合理的。但在特定的情况下，在决定普通股票的价值时，这种模型也是相当有用的，尤其是在决定优先股的内在价值时。因为大多数优先股支付的股利不会因每股收益的变化而发生改变，而且由于优先股没有固定的生命期，预期支付显然是能永远进行下去的。

（三）不变增长条件下的股利贴现模型

投资者买入一只股票时，至少是期望股利支付金额应该是不断增长的。释放每期股利固定不变的假设条件，假定股利每期按一个不变的增长比率g增长，我们将得到不变增长条件下的股利贴现模型（简称不变增长模型），即

$$g_t=g(t=1,2,\cdots)$$

得到

$$g=\frac{D_t-D_{t-1}}{D_{t-1}},\cdots$$

$$D_t=(1+g)D_{t-1}=(1+g)^2D_{t-2}=\cdots=(1+g)^tD_0$$

$$V=\sum_{t=1}^{\infty}\frac{D_t}{(1+k)^t}=\sum_{t=1}^{\infty}\frac{(1+g)^tD_0}{(1+k)^t}=\frac{D_1}{k-g}$$

不变增长模型也是比较简单的模型，因为任何一家公司股利都不会是严格的常数增长型，但是分析人士相信，从整个股市的角度考虑问题时，不变增长模型是估计股市公平价值的一个有用方法。原因十分简单，股市作为国民经济的浓缩和反映，其增长应该与国内生产总值同步，不变增长模型对股市是一个比较合理的假设。

【例 8.12】 设某公司今年每股股票发放股利$D_0=0.52$元，并且以后每年以6%的速度增长，一直到永远，公司股票的期望收益率为12%，求这只股票的内在价值。

解：根据不变增长模型，将有关数据代入，得

$$V = 0.52 \times \frac{1+6\%}{12\% - 6\%} = 9.19 \text{（元）}$$

这只股票的内在价值为 9.19 元。

（四）股票收益率的计算

1. 股利收益率

股利收益率（dividend yield）又称本期股利收益率，是股份公司以现金派发的股利与投资者的股票购买价格的比率，一般以一年为计算单位，对长期投资者有一定帮助。其计算公式为

$$Y_d = \frac{D}{p_0} \times 100\%$$

式中，Y_d表示股利收益率，D表示年现金股利，p_0表示投资者的股票购买价格。

2. 持有期收益率

持有期收益率（holding period yield）是投资者买入股票持有一定时间后卖出股票的时期的收益率，反映了投资者的资本损益情况，其计算公式为

$$Y_h = \frac{(p_1 - p_0) + D}{p_0} \times 100\%$$

式中，Y_h表示股票的持有期收益率，D表示年现金股利，p_1表示卖出价，p_0表示买入价。

投资者要提高股票投资的收益率，关键在于品种、时间的选择，所以在做出投资决策时要全面考虑相关因素。

三、基金投资的收益

基金是当今世界上一种重要的投资方式，发展十分迅速。

（一）基金的价值

基金单位净值（net asset value，NAV）即每份基金单位的净值，等于基金的市场价值减去总负债后的余额再除以基金份额。基金单位净值是能够比较准确地反映基金实际价值的，基金单位净值是基金经营业绩的指标器，也是基金单位买卖价格的计算依据。基金单位净值可用如下公式表示：

$$\text{基金单位净值} = \frac{\text{基金的市场价值} - \text{总负债}}{\text{基金份额}}$$

基金单位净值与基金单位价格的变动是一致的，基金单位净值越高，基金单位价格也越高；反之，基金单位价格就越低。

1. 开放式基金的价格决定

开放式基金的规模是不固定的，因经常按投资者要求赎回或者出售基金，所以，开放式基金的价格分为申购价格和赎回价格两种。

开放式基金的流通买卖是在证券交易场所外进行的。投资者买入基金时，除支付基金单位净值外，还要支付一定的附加费用。因此，开放式基金的申购价格公式为

$$申购价格 = \frac{基金单位净值}{1-附加费率}$$

如果是不计附加费用的开放式基金，则

$$申购价格=基金单位净值$$

开放式基金承诺在任何时候可以根据投资者的个人意愿赎回基金证券。收费型的开放式基金的赎回价格为

$$赎回价格 = \frac{基金单位净值}{1+赎回费率}$$

对不收附加费用开放基金而言，其赎回价格为

$$赎回价格=基金单位净值$$

2. 封闭式基金的价格决定

封闭式基金的价格除受到基金单位净值的影响以外,还受到市场上基金供求状况的影响。由于封闭式基金不承担购回基金的义务，基金只能在交易市场上进行交易才能转让，这使封闭式基金的交易价格如同股票的价格一样，存在着很大的波动性。封闭式基金的价格决定可以利用普通股股票的价格决定公式。

（二）基金投资的收益率

衡量基金收益率最重要的指标是基金投资收益率，即基金投资实际收益与投资成本的比率。投资收益率的值越高，则基金的收益能力越强。如果基金的购买与赎回要交纳手续费，则计算时应考虑手续费因素。收益率计算公式如下：

$$收益率=收益/本金$$

如欲计算基金投资的收益，则需先计算申购份额：

$$申购份额 = \frac{本金}{（1+申购费率）\times 申购日基金单位净值}$$

根据申购份额、赎回日基金单位净值和赎回费率可得赎回金额：

$$赎回金额=申购份额\times 赎回日基金单位净值\times（1-赎回费率）$$

则，基金投资的收益为

$$\begin{aligned}收益 &= 赎回金额-本金\\ &= \frac{本金}{（1+申购费率）\times 申购日基金单位净值}\times 赎回日基金单位净值\times（1-赎回费率）-本金\end{aligned}$$

需要说明的是，申购费率因不同的申购渠道而有不同的费率，赎回费率因持有基金时间的长短不同而不同。

【例8.13】设以10 000元申购某基金，申购时基金单位净值为5.123元，申购费率为1.5%；赎回时基金单位净值为5.421元，赎回费率为0.5％，试计算本笔投资收益和收益率。

解：

$$收益= \frac{本金}{（1+申购费率）\times 申购日基金单位净值}\times 赎回日基金单位净值\times（1-赎回费率）-本金$$

$$=\frac{10\,000}{（1+1.5\%）\times 5.123}\times 5.421\times（1-0.5\%）-10\,000\approx 373.18（元）$$

$$收益率=\frac{收益}{本金}=\frac{373.18}{10\,000}\approx 3.73\%$$

第二节　证券投资风险的识别与控制

投资收益是未来的收入，因此存在一定的不确定性，这个不确定性称为风险。在证券投资活动中，投资者投入一定数量的本金，目的是能得到预期的若干收益。从时间上看，投入本金是当前的行为，其数额是确定的，而取得收益是在未来，其数额是无法确定的。在持有证券这段时间内，有很多因素可能使预期收益减少甚至使本金遭受损失，而且相隔时间越长，预期收益变动的可能性越大，因此，证券投资的风险是普遍存在的。

> 音视空间
> 推荐学习本部分内容前观看《来福学投资·股票市场风险》，简单了解证券投资风险。
>
> 

证券投资的风险是指证券的预期收益变动的可能性及变动幅度。与证券投资相关的所有风险统称为总风险，总风险可分为系统风险和非系统风险两大类。

一、系统风险

系统风险是指由于某种全局性的因素引起的投资收益的可能变动，这种因素以同样的方式对所有证券的收益产生影响。在现实生活中，所在公司都受全局性因素的影响，这些因素包括社会、政治、经济等各个方面。由于这些风险因素来自公司外部，是公司无法控制和回避的，因此又叫不可回避风险。这些共同的风险因素会对所有公司产生不同程度的影响，不能通过多样化投资而分散，因此又称为不可分散风险。系统风险包括政策风险、经济周期性波动风险、利率风险和购买力风险三种。

1. 政策风险

政策风险是指政府有关证券市场的政策发生重大变化或是有重要的举措、法规出台，引起证券市场的波动，从而给投资者带来的风险。政府对本国证券市场的发展通常有一定的规划和政策，借以指导市场的发展和加强对市场的管理。证券市场政策应当是在尊重证券市场发展规律的基础上，充分考虑证券市场在本国经济中的地位、与社会经济其他部门的联系、整体经济发展水平及政治形势、证券市场发展现状等多方面因素后制定的。政府关于证券市场发展的规划和政策应该是长期稳定的，在规划和政策既定的前提条件下，政府应运用法律手段、经济手段和必要的行政管理手段引导证券市场健康、有序地发展。但是，在某些特殊的情况下，政府也可能会改变发展证券市场的战略部署，出台一些扶持或抑制市场发展的政策，制定出新的法规或交易规则，从而改变市场原先的运行轨迹。特别是在证券市场发展的初期，由于主管部门对证券市场发展的规律认识不足、法规体系不健全、管理手段不充分，更容易较多地使用政策手段来干预市场。由于证券市场政策是政府指导、管理整个证券市场的手段，一旦出现政策风险，几乎所有的证券都会受到影响，因此属于系统风险。

2. 经济周期性波动风险

经济周期性波动风险是指证券市场行情周期性变动而引起的风险。这种行情变动不是指证券价格的日常波动和中级波动，而是指证券行情长期趋势的改变。证券行情变动受多种因素的影响，但决定性的因素是经济周期的变动。经济周期是指社会经济阶段性的循环和波动，是经济发展的客观规律。经济周期的变化决定了企业效益，从而从根本上决定了证券行情，特别是股票行情的变动趋势。

证券行情随经济周期的循环而起伏变化，总体趋势可分为看涨市场（或称多头市场、牛市）和看跌市场（或称空头市场、熊市）两大类型。

在看涨市场中，随着经济回升，股价从低谷逐渐回升，随着交易量的扩大，交易日渐活跃，股价持续上升并可维持较长一段时间，待股价升至较高水平，资金大量涌入并进一步推动股价上升，但成交量不能进一步放大时，股价开始盘旋并逐渐下降，标志着看涨市场的结束。

看跌市场是从经济繁荣的后期开始，伴随着经济衰退，股价也从高点开始一直呈下跌趋势，并在达到某个低点时结束。

看涨市场和看跌市场是指股票行情变动的大趋势。实际上，在看涨市场中，股价并非直线上升，而是大涨小跌，不断出现盘整和回档行情；在看跌市场中，股价也并非直线下降，而是小涨大跌，不断出现盘整和反弹行情。但在这两个变动趋势中，一个重要的特征是，在整个看涨或看跌行市中，几乎所有的股票价格都会上涨，或下跌只是涨跌的程度不同而已。

3. 利率风险

利率风险是指市场利率变动引起证券投资收益变动的可能性。市场利率的变化会引起证券价格变动，并进一步影响证券收益的确定性。利率与证券价格呈反方向变化，即利率提高，证券价格水平下降；利率下降，证券价格水平上升。

利率从如下两方面影响证券价格。

第一，改变资金流向。当市场利率提高时，会吸引一部分资金流向银行储蓄、商业票据等其他金融资产，对证券的需求减少，使证券价格下降；当市场利率下降时，一部分资金流回证券市场，对证券的需求增加，刺激证券价格上涨。

第二，影响公司的盈利。利率提高，公司融资成本提高，在其他条件不变的情况下，净盈利下降，派发股息减少，引起股价下降；利率下降，融资成本下降，净盈利和股息相应增加，股价上涨。

利率是中央银行的货币政策工具，中央银行根据金融宏观调控的需要调节利率水平。当中央银行调整利率时，各种金融资产的利率和价格都会灵敏地做出反应，而且利率风险对不同证券的影响是不相同的。

4. 购买力风险

购买力风险又称通货膨胀风险，是指由于通货膨胀、货币贬值给投资者带来实际收益水平下降的风险。在发出通货膨胀时，物价普遍上涨，社会经济运行秩序混乱，企业生产经营的外部条件恶化，证券市场也难免深受其害，所以购买力风险是难以回避的。在通货膨胀条件下，随着商品价格的上涨，证券价格也会上涨，投资者的货币收入有所增加，会使他们忽视通货膨胀风险的存在，并产生一种货币幻觉。其实，由于货币贬值，货币购买力水平下降，投资者的实际收益不仅没有增加，反而有所减少。一般来说，可通过计算实际收益率来分析

购买力风险

$$实际收益率=名义收益率-通货膨胀率$$

这里的名义收益率是指债券的票面利息率或股票的股息率。例如，某投资者购买了一张年利率为10%的债券，其名义收益率为10%。若一年中通货膨胀率为5%，投资者的实际收益率为5%；当年通货膨胀率为10%时，投资者的实际收益率为0；当年通货膨胀率超过10%时，投资者不仅没有得到收益，反而有所亏损。可见，只有当名义收益率大于通货膨胀率时，投资者才有实际收益。

购买力风险对不同证券的影响是不同的。最容易受其损害的是固定收益证券，如优先股、债券。因为它们的名义收益率是固定的，当通货膨胀率升高时，其实际收益率就会明显下降，所以，固定利息率和股息率的证券购买力风险较大。同样是债券，长期债券的购买力风险又要比短期债券大。相比之下，浮动利率债券或保值贴补债券的购买力风险较小。

对普通股股票来说，购买力风险相对较小。当发生通货膨胀时，由于公司产品价格的上涨，股份公司的名义收益率会增加，特别是当公司产品价格的上涨幅度大于生产费用的涨幅时，公司净盈利增加，此时股息会增加，股价也会随之提高，普通股股东可得到较高收益，可部分减轻通货膨胀带来的损失。但需要指出的是，购买力风险对不同股票的影响是不同的。

音视空间

推荐扫描二维码观看《证券投资风险》第一集《系统性风险　国事　天下事　事事关心》，对“系统风险”做更多了解。在上海证券交易所投资者教育官网“网络资本市场学院→风险教育专题”页面内有更多教学视频，可供读者学习时参考。

二、非系统风险

非系统风险是指只对某个行业或个别公司的证券产生影响的风险，它通常是由某一特殊的因素引起，与整个证券市场的价格不存在系统、全面的联系，而只对个别或少数证券的收益产生影响。这种因行业或企业自身因素改变而带来的证券价格变化与其他证券的价格、收益没有必然的内在联系，不会因此而影响其他证券的收益。这种风险可以通过分散投资来抵消。若投资者持有多样化的不同证券，当某些证券价格下跌、收益减少时，另一些证券可能正好价格上升、收益增加，这样就使风险相互抵消。非系统风险可以抵消或回避，因此，又称为可分散风险或可回避风险。非系统风险包括信用风险、经营风险、财务风险等。

1. 信用风险

信用风险又称违约风险，是指证券发行人在证券到期时无法还本付息而使投资者遭受损失的风险。证券发行人如果不能支付债券利息、优先股股息或偿还本金，哪怕仅仅是延期支付，都会影响投资者的利益，使投资者失去再投资和获利的机会，遭受损失。信用风险实际上揭示了发行人在财务状况不佳时出现违约和破产的可能，它主要受证券发行人的经营能力、盈利水平、事业稳定程度及规模大小等因素影响。债券、优先股、普通股都可能有信用风险，但程度有所不同。债券的信用风险是十分明显的，这里谈谈股票的信用风险。股票没有还本要求，普通股股息也不固定，但仍有信用风险，不仅优先股股息有缓付、少付甚至不付的可能，而且如果公司不能按期偿还债务，会立即影响股票的市场价格。更不用说当公司破产时，该公司的股价会接近于零，无信用可言。在债券和优先股发行时，要进行信用评级，投资者回避信用风险的最好办法是参考证券信用评级的结果。信用级别高的证券信用风险小，信用级别越低，违约的可能性越大。

2. 经营风险

经营风险是指公司的决策人员与管理人员在经营管理过程中出现失误而导致公司盈利水平变化，从而使投资者的预期收益下降的可能。经营风险来自内部因素和外部因素两个方面。公司的内部因素主要有：①项目投资决策失误，未对投资项目做可行性分析，草率上马；②不注意技术更新，使自己在行业中的竞争实力下降；③不注意市场调查，不注意开发新产品，仅满足于目前公司产品的市场占有率和竞争力，满足于目前的利润水平和经济效益；④销售决策失误，过分地依赖大客户、老客户，没有花力气打开新市场，寻找新的销售渠道。另外，还有公司的主要管理者因循守旧、不思进取、机构臃肿、人浮于事，对可能出现的天灾人祸没有采取必要的防范措施等。外部因素是公司以外的客观因素，如政府产业政策的调整、竞争对手的实力变化使公司处于相对劣势地位，引起公司经营管理水平的相对下降等。但是，经营风险主要还是来自于公司内部的决策失误或管理不善。

公司的经营状况最终表现为盈利水平的变化和资产价值的变化。经营风险主要通过盈利变化产生影响，对不同证券的影响程度也有所不同。经营风险是普通股票的主要风险，公司盈利的变化既会影响股息收入，又会影响股价。当公司盈利增加时，股息增加，股价上涨；当公司盈利减少时，股息减少，股价下降。经营风险对优先股的影响要小些，因为优先股的股息率是固定的，盈利水平的变化对价格的影响有限。公司债的还本付息受法律保障，除非公司破产清理，一般情况下不受其经营状况的影响。但是，公司盈利的变化同样可能使公司债的价格呈同方向幅度变动，因为盈利增加使公司的债务偿还更有保障，信用提高，债券价格也会相应上升。

3. 财务风险

财务风险是指公司财务结构不合理、融资不当而导致投资者预期收益下降的风险。

负债经营是现代企业常见的经营策略，通过负债经营可以弥补自有资本的不足，还可以用借贷资金来实现盈利。股份公司在营运中所需要的资金一般都来自发行股票和债务两个方面，其中，债务（包括银行贷款、发行企业债券、商业信用）的利息负担是一定的。如果公司资金总量中债务比重过大，或是公司的资金利润率低于利息率，就会使股东的可分配盈利减少，股息下降，使股票投资的财务风险增加。例如，当公司的资金利润率为 10%，公司向银行贷款的利率或发行债券的票面利率为 8%时，普通股股东所得权益将高于 10%；如果公司的资金利润率低于 8%时，公司须按 8%的利率支付贷款或债券利息，普通股股东的收益就将低于资金利润率。实际上，公司融资产生的财务杠杆作用犹如一把双刃剑，当融资产生的利润大于债息率时，给股东带来的是收益增长的效应；反之，就是收益减少的财务风险。

三、收益和风险的关系

收益和风险是证券投资的核心问题。投资者投资的目的是为了得到收益，与此同时又不可避免地面临着风险，证券投资的理论和实战技巧都围绕着如何处理这两者的关系而展开。

收益与风险的基本关系是：收益与风险相对应，也就是说，风险较大的证券，其要求的收益率相对较高；反之，收益率较低的投资对象，风险相对较小。但是，绝不能因为收益与风险有着这样的基本关系，就盲目地认为风险越大，收益就一定越高。

收益与风险相对应的原理只是揭示两者这种内在的本质关系：收益与风险共生共存，承担风险是获取收益的前提；收益是风险的成本和报酬。收益和风险的上述本质联系可以表述为

$$预期收益率=无风险利率+风险补偿$$

预期收益率是投资者承受各种风险应得的补偿，无风险收益率是指把资金投资于某一没有任何风险的投资对象而能得到的利息率，这是一种理想的投资收益，我们把这种收益作为一种基本收益，再考虑各种可能出现的风险，使投资者得到应有的补偿。在现实生活中，不可能存在没有任何风险的理想证券，但可以找到某种收益变动小的证券来代替。

在美国，一般将联邦政府发行的短期国库券当作无风险证券，把短期国库券利率当作无风险利率。这是因为美国短期国库券由政府发行，联邦政府有征税权和货币发行权，债券的还本付息有可靠保障，因此没有信用风险。政府债券没有财务风险和经营风险。同时，短期国库券以 91 天期国库券为代表，只要在 91 天的期间内没有严重通货膨胀，联邦储备银行没有调整利率，则这种债券几乎没有购买力风险和利率风险。短期国库券的利率很低，其利息可以视为投资者牺牲目前消费、让渡货币使用权的补偿。

在短期国库券无风险利率的基础上，我们可以发现收益和风险的关系有以下几种情况。

（1）一般情况下，同一种类型的债券，长期债券利率比短期债券高，这是对利率风险的补偿。例如同是政府债券，两者都没有信用风险和财务风险，但长期债券的利率要高于短期债券。这是因为短期债券没有利率风险，而长期债券却可能受到利率变动的影响，两者之间利率的差额就是对利率风险的补偿。

（2）不同债券的利率不同，这是对信用风险的补偿。通常，在期限相同的情况下，政府债券的利率最低，地方政府债券利率稍高，其他依次是金融债券和企业债券。在企业债券中，信用级别高的债券利率较低，信用级别低的债券利率较高，这是因为它们的信用风险不同。

（3）在通货膨胀严重的情况下，会发行浮动利率债券。我国政府曾对 3 年以上的国债进行保值补贴，就是对购买力风险的补偿。

（4）股票的收益率一般高于债券。这是因为股票面临的经营风险、财务风险和市场风险比债券大得多，必须给投资者相应的补偿。在同一市场上，许多面值相同的股票也有截然不同的价格。这是因为不同股票的经营风险、财务风险相去甚远，市场风险也有差别，投资者以出价和要价来评价不同股票的风险，调节不同股票的实际收益，使风险大的股票价格相对较低，风险小的股票价格相对较高。

当然，收益与风险的关系并非如此简单。证券投资除以上几种主要风险以外，还有其他次要风险。引起风险的因素及风险的大小程度也在不断变化之中，并且，影响证券投资收益的因素也有很多。所以，这种收益率对风险的替代只能粗略地、近似地反映两者之间的关系。更进一步说，只有加上证券价格的变化，才能更好地反映两者的动态替代关系。

四、证券交易过程中的风险

上述两类风险使投资者每天都要面对股价的涨跌变化，而股票投资运作的复杂性则使投资者面临另一种风险，即投资者由于自己不慎或券商失职而导致股票被盗卖、资金被冒提、保证金被挪用等风险。

对于前两类风险，投资者应多学习证券市场投资知识，多了解、分析和研究宏观经济形

势及上市公司经营状况，增强风险防范意识，掌握风险防范技巧，提高抵御风险的能力。这里我们主要针对第三类风险即证券交易过程中的风险，提醒读者注意有关事项，学会自我保护，尽可能地降低证券交易过程中的风险。

1. 选择一家信誉好的证券公司的营业部

投资者买卖股票必须通过证券公司下属营业部进行，因此，证券公司及其营业部管理和服务质量的好坏直接关系到投资者交易的效率和安全性。根据国家规定，证券公司及其证券营业部的设立要经过主管部门的批准。投资者在确定其合法性后，可再依据其他客观标准来选择令自己放心投资的证券营业部。

这些客观标准主要包括证券公司的规模、信誉、服务质量、软硬件及配套设施、内部管理状况。如果投资者随意选择一家证券公司的营业部，就有可能遇到以下风险：因证券公司经营不善招致倒闭的风险；因证券公司经营不规范造成保证金及利息被挪用、股息被拖欠的风险；因证券公司管理不善导致账户数据泄密的风险。

2. 签订有关协议

投资者选择了一家证券公司的营业部作为股票交易代理人时，必须与其签订《证券买卖代理协议》，形成委托代理的合同关系，双方依约享有协议所规定的权利和义务。

为保护自己的合法权益，投资者在与证券公司签订协议时要了解协议的内容，并需对以下条款予以足够注意：证券公司营业部的业务范围和权限；指定交易有关事项；买卖股票和资金存取所需证件及其有效性的确认方式和程序；委托、交割的方式、内容和要求；委托人保证金和股票管理的有关事项；证券营业部对委托人委托事项的保密责任；双方违约责任和争议解决办法。

3. 认真核对交割单和对账单

目前 A 股市场采用“T+1”交收制度，即当天买卖，次日交割。投资者应在交易日后一天查看交割单，以核对自己的买卖情况。如投资者发现资金账户里的资金与实有资金存在差异，应立即向证券营业部申请查询核对，进行交涉。

4. 防止股票被盗卖和资金被冒提

投资者股票被第三人盗卖及保证金被冒提主要有两个原因：一是投资者的相关证件和交易资料发生泄露，使违法者有机可乘；二是因证券公司管理不严等因素使违法者得以进行盗卖。

为保障投资者的资金安全，维护正常的市场交易秩序，证券公司应建立规范的风险管理体系和健全的内控制度，而投资者自己也不可掉以轻心，必须在日常投资实践中增强风险防范意识，尤其要注意以下事项。在证券营业部开户时要预留“三证”（身份证、股东卡、资金卡）复印件和签名样本；细心保管好自己的“三证”和资金存取单据、股票买卖交割单等所有的原始凭证，以防不慎被人利用；经常查询资金余额和股票托管余额，发现问题及时处理，减少损失；注意交易密码和提款密码的保密；必须与排队等候的客户保持一米的距离，防止自己的姓名、资金账号、账户余额、密码等内容被别人看到；不定期修改密码；尽量采用相对安全的转账方式，注意指定银行卡的保存，减少柜台转账。

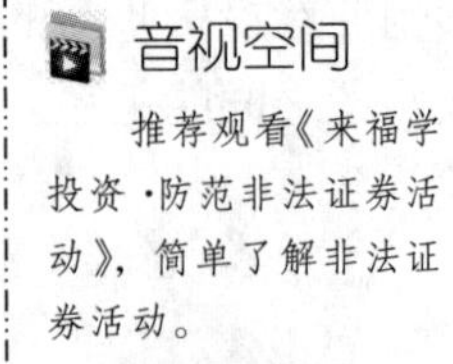

本章小结

证券的风险与收益是构成证券投资的最重要的两个要素，它是投资决策的基础。证券投资的目的在于获取收益，但是证券投资的收益具有不确定性，收益和风险并存。

衡量证券投资收益的工具是收益率，不同品种和期限的证券收益率计算方法不同。投资者应通过计算，确定自己的投资计划。

证券投资的风险来源于未来的不确定性，分为系统风险和非系统风险，系统风险包括政策风险、经济周期波动性风险、利率风险和购买力风险；非系统风险包括经营风险、信用风险和财务风险。风险和收益存在对应的关系。投资还要注意交易过程的风险，以免造成不必要的损失。

综合练习

一、名词解释

票面价格　发行价格　交易价格　票面收益率　直接收益率　持有期收益率　到期收益率　转换平价　转换贴水　转换升水　无偏预期理论　流动性偏好理论　市场预期理论　市场分割理论　系统风险　非系统风险

二、单项选择题

1．以下各种债券中，通常可以认为没有信用风险的是（　　）。

A．中央政府债券　B．公司债券　C．金融债券　D．垃圾债券

2．投资于政府债券要面对的风险是（　　）。

A．信用风险　B．经营风险　C．利率风险　D．财务风险

3．以下不属于决定债券价格的因素是（　　）。

A．预期的现金流量　B．必要的到期收益率

C．债券的发行量　D．债券的期限

4．关于债券票面利率与市场利率之间的关系对债券发行价格的影响，以下说法不正确的是（　　）。

A．债券票面利率等于市场利率时，债券采取平价发行的方式发行

B．债券票面利率高于市场利率时，债券采取折价发行的方式发行

C．债券票面利率低于市场利率时，债券采取折价发行的方式发行

D．债券票面利率高于市场利率时，债券采取溢价发行的方式发行

5．能够反映短期债券利率低于长期债券利率的收益率曲线是（　　）。

A．正收益率曲线　B．反收益率曲线

C．水平收益率曲线　D．波动收益率曲线

6．债券价值评估中所使用的折现率指的是（　　）。

A．债券的息票利率

B．经过通货膨胀预期调整的债券息票利率

C．经过风险溢价（如果有的话）调整的国债收益率

D．具有类似风险与期限的投资所能赚取的收益率

7．某债券的面值为 1 000 元，年息票利率为 8%，4 年后到期，每年年末支付利息。类似债券提供的年收益率为 6%。该债券现在的价格是（　　）。

A．1 069.31 元　　B．1 000.00 元　　C．9 712 元

D．927.66 元　　E．以上均不对

8．某债券的面值为 1 000 元，年息票利率为 10%，3 年后到期，每半年支付一次利息。投资者所要求的年收益率为 12%。该债券的现值是（　　）。

A．1 021 元　　B．1 000 元　　C．981 元

D．951 元　　E．以上均不对

9．某零息债券的面值是 1 000 000 元，到期期限为 10 年，投资者所要求的收益率为 9%。则该债券现在的价格是（　　）。

A．363 212 元　　B．385 500 元　　C．422 400 元

D．424 100 元　　E．以上均不对

10．某债券的面值为 1 000 元，5 年后到期，现在的市场价格是 892 元，每年年末支付利息 90 元。该债券的到期收益率是（　　）。

A．13%　　B．12%　　C．11 %　　D．10 %

11．（　　）的债券价格对利率变动最敏感。

A．高票息支付　　B．零票息支付　　C．低票息支付　　D．以上均不对

12．如果某金融机构的债券资产组合中（　　）所占比例相对较大，它将（　　）。

A．高票息债券；从利率的下降中获利更多

B．零票息或低票息债券；从利率的下降中获利更多

C．零票息或低票息债券；从利率的上涨中获利更多

D．完全不受利率上升的影响

13．与长期债券相比，短期债券的价格通常（　　）。

A．更易变　　B．同样易变

C．易变性更小　　D．A 和 C 出现的概率相等

14．假设未来的股利按照固定数量支付，合适的股票定价模型是（　　）。

A．不变增长模型　　B．零增长模型　　C．多元增长模型　　D．可变增长模型

15．以下等同于股票账面价值的是（　　）。

A．每股净收益　　B．每股价格　　C．每股净资产　　D．每股票面价值

16．以下属于股东无偿取得新股权的方式是（　　）。

A．公司送红股　　B．增资配股

C．送股同时又进行现金配股　　D．增发新股

17．可转换证券属于以下（　　）。

A．短期的股票看跌期权　　B．长期的股票看跌期权

C．短期的股票看涨期权　　D．长期的股票看涨期权

三、多项选择题

1．分析一国政府的债务负担是否过重，可以看（　　）。

A．国债依存度　　　　　　　　　　　　B．国债负担率

C．当年还本付息额占财政支出的比率

2．以下属于债券价格决定因素的是（　　）。

A．投资预期的现金收入流量　　　　　　B．必要的到期收益率

C．债券面值　　　　　　　　　　　　　D．债券期限

3．以下债券在国内金融市场发行时需要经过信用评级的是（　　）。

A．中央政府债券　　B．地方政府债券　　C．金融债券　　D．公司债券

4．以下属于解释利率期限结构理论的是（　　）。

A．有效市场假说　　　　　　　　　　B．期限结构预期说

C．流动性偏好说　　　　　　　　　　D．市场分割说

5．如果票面利率（　　）投资者所要求的收益率，那么债券的价格将（　　）债券面值。

A．等于；等于　　B．大于；低于　　C．小于；高于

D．B 和 C　　E．以上均不对

6．市场利率升高时，长期债券价格将（　　）。

A．上涨，其上涨幅度大于短期债券　　B．上涨，其上涨幅度等于短期债券

C．下跌，其下跌幅度大于短期债券　　D．下跌，其下跌幅度等于短期债券

E．下跌，其下跌幅度小于短期债券

四、简答题

1．如何分析公司债券的还本付息能力？

2．影响债券价格的主要因素有哪些？

3．债券信用评级的意义是什么？可将债券分为哪些等级？

4．债券收益率曲线的类型有哪几种？

5．“期限结构预期说”“流动性偏好说”和“市场分割说”的主要观点是什么？

6．影响股价变动的因素有哪些？

五、实训题

1．计算股票投资收益率。

假如某投资者以每股 52 元的价格买入 M 公司的股票，持有 12 个月后，以每股 60 元的价格卖出。那么，该投资者的投资收益率是多少？（保留小数点后两位）

2．除权除息报价的计算。

某上市公司 2015 年的利润分配方案为向全体股东每 10 股派 1 元人民币现金（含税；扣税后，QFII、RQFII 以及持有股改限售股、首发限售股的个人和基金每 10 股派 0.9 元）；同时，以资本公积金向全体股东每 10 股转增 15 股。股权登记日为 2016 年 7 月 5 日；除权除息日为 2016 年 7 月 6 日。2016 年 7 月 5 日该股票的收盘价格为 52.5 元。请回答下列问题。

（1）假如投资者 A 于 2016 年 7 月 5 日 13 : 40 买入该股票，则投资者 A 能参与此次利润分配吗？

（2）假如投资者 B 于 2016 年 7 月 6 日 9 : 40 买入该股票，则投资者 B 能参与此次利润分配吗？

（3）请计算 2016 年 7 月 6 日该股票的开盘参考价格是多少。

（4）假如投资者 C 于 2016 年 3 月 16 日以每股 35 元的价格买入该股票 1 000 股，并一直持有，那么截至 2016 年 7 月 6 日，其账户该股余额是多少？该投资者的每股平均成本是多少？

第九章　证券投资操作策略

学习目标

对本章的学习，要求掌握证券市场选股的基本策略；掌握证券投资规避风险的常用方法；了解牛市和熊市状态下的投资策略；掌握散户投资者的基本投资策略。

课前阅读

证券投资实战经验

坚持长期、定期投资。股票的长期收益率相对于中短期国债而言，存在着巨大的优越性，这就是股票投资可以抵御通货膨胀的内在特性。由于股票最终可以反映国家经济增长的成果，因此，长期持有的股票在大涨后抛出必然盈利。这就意味着，投资者要密切关注国家的经济成长，不仅是长期投资，而且还要坚持在这一过程中定期投入更多的资金。

“炒家”不如“藏家”。20 世纪 80 年代末，当投资大众还不知股票为何物时，第一批敢于吃螃蟹的投资者已经从中挖到了第一桶金。如今，当这些投资者从万科原始股东、苏宁电器原始股东成为亿元户的时候，大家才见识到了股市的魅力。1993 年，投资家邱永汉先生访问上海，杨怀定有幸受到邀请并同他进晚餐，席间两人交流心得体会，并得出一致结论：股票不是炒的，是用来捂的。炒家不如藏家，藏家不如捂家，这才是股市箴言。

无论是“炒”还是“藏”，选择股票一般都应注意以下四项因素。

（1）看龙头股。成为龙头股必须具备以下三个条件：①须有较大的流通市值，占指数的权重较大，对大盘走势有举足轻重的作用；②符合当前的炒作潮流，有较吸引人的题材；③从走势上看，会有实力机构的大规模介入。

（2）看成交量。通过成交量可以分析主力资金的动向和其吸筹方式。主力资金吸筹一般有三种方式：突峰式量能，多为短线主力；高举高打式进货量能；散兵坑式吸筹量能。

（3）看基本面。基本面包括宏观经济运行态势和上市公司基本情况。把握好基本面才能为以后的选股做好准备。把握好基本面后就要找出主力持有该股的理由，如新股上市无套牢盘等。

（4）看技术面。

启示：杨百万（杨怀定）是中国证券市场的一个标志性人物，他的成功肯定有其独到之处。我们每一个人要想投资成功，同样也得找到适合自己的策略和技巧。

第一节　证券市场选股策略

初次涉足证券[①]市场的投资者，总是带着兴奋、期盼以及几分忐忑的心情。他们迫不及待地想知道：①怎么才能买到股票？②该选择什么股票？前一个问题在前述章节中已经给出了操作程序和技巧，本节对后一问题以及相关内容做出回答。

要想成功地进行证券投资，不能随心所欲地出手，需掌握一些有效的、可以随机应变的投资策略和技巧。为了规避风险、获取收益，证券投资界前辈们总结出很多经验，形成了带有一些专业性的投资策略和技巧，值得投资者学习参考。

一、买蓝筹股

（一）什么是蓝筹股

蓝筹股（blue-chip stock）一词究其渊源，来自西方赌场。在西方赌场中，筹码分为蓝色、红色和白色三种颜色，其中蓝色筹码最为值钱。后来“蓝筹”一词在西方社会演化成一流、最好之意。这一概念引入证券市场后，最高内在价值的股票即被称为蓝筹股。美国证券交易所网站对蓝筹股的定义是：所谓蓝筹股是指那些以其产品或服务的品质、盈利能力和盈利可靠性而赢得全国声誉的企业的股票。从上述定义中可以推断出几个关键的字眼：知名的大公司、稳定的盈利记录、红利增长、管理素质和产品品质等。

一般来说，被称为蓝筹股的上市公司具有以下特征：①蓝筹股公司股本规模较大，其个股的表现足以对市场形成一定的冲击力；②蓝筹股公司有较好的盈利水平，业绩增长稳定；③蓝筹股公司具有较好的投资回报率；④蓝筹股公司具有极高的品牌价值，往往是行业内龙头企业，在国内或世界范围内有突出影响；⑤蓝筹股公司的未来走向较为清晰，其基本面明朗，盈利来源稳定，公司管理水平及服务质量较高，未来的发展一般具有可预测性。

（二）如何筛选蓝筹股

在大部分资深证券从业者眼中，“蓝筹”更适合定性分析。一般来说，可用四只“筛子”把值得投资的蓝筹股找出来。

1. 筛子一：稳定的现金红利

美国的通用电器（GE）、中国的格力电器依靠非常稳定的经营业绩和分红政策成为市场公认的蓝筹股。

值得注意的是部分公司即使在每股收益（EPS）小于零的时候，还会继续派发红利，比如AT&T、国际纸业等。在清华大学朱武祥教授对道·琼斯成分股1995—1999年财务特征的分析中发现，在此段时间中道·琼斯成分股每年的红利标准差大部分都小于 0.2。蓝筹股红利派发比较稳定，波动性不大，可以为投资者提供相对稳定的股利回报。

> **边学边练**
>
> 利用各种股票分析软件或在东方财富网的公开资料，查询格力电器（SZ,000651）自上市至今的现金分红情况，并对其自上市至今的融资及现金分红情况做对比，看看有什么发现？

2. 筛子二：良好的盈利能力

在对香港恒生指数成分股和道·琼斯指数的分析中，可以发现蓝筹股公司盈利能力相对

① 因普通证券投资者主要集中于股市，如无特殊说明，本章中的“证券”均指股票。

于各自行业的其他公司来说是比较强的。将近半数的公司超过行业平均水平的 1.1 倍，另有将近 1/3 的公司和行业平均水平持平。而在盈利持续性方面，蓝筹股公司凭借自身雄厚的资本实力、先进的研发力量、稳定的市场占有率，能够在 10 年或者更长的时间中保持利润的稳定性和持续性。

3．筛子三：投资风险低

与新兴企业的股票相比，蓝筹股拥有良好的抗跌能力。新兴企业可能由于持续的经营历史不够长，商业模式和生存能力未能经受足够长的时间考验，未来不确定性大，既可能高成长也可能高风险，股价容易暴涨暴跌。

蓝筹股股价相对稳定。在经济萧条、股市低迷的时期，蓝筹股的抗跌性就表现得尤为明显。当然，并不排除市场危机和市场走熊的时候，蓝筹股也会跟着下跌，甚至在市场暴跌或崩盘的时候蓝筹股往往还领跌，但优秀的蓝筹股会在行情好转时有强大的复原能力。

4．筛子四：估值合理

在选择股票时我们常常能听到“价值低估”四个字，价值低估也就是说该股票具有投资价值，巴菲特的选股原则就是买入股价低于实际价值的股票。

从价值低估和杠杆效率最大化的角度考虑，总市值规模越大、业绩增长越稳定、估值水平越低的大盘蓝筹股，将越受到投资者的青睐。比较 A 股与其他国家股票指数（可以理解为中国的蓝筹股和其他国家蓝筹股的比较），考虑到中国内地国内生产总值年均增长速度远远高于其他国家，因此，无论从市盈率（PE）角度估值水平还是从市净率（PB）角度估值水平分析，中国 A 股市场估值都存在向上的空间。理论上，沪深 300 指数市盈率水平与市净率水平上限分别可达到 25 倍和 2.5 倍。

基于以上原因，蓝筹股在股市中就具有了“定海神针”的功效。在股市低迷时，它们往往成为各类投资者青睐的对象。

（三）筛选蓝筹股具体操作方法

一般来说可以通过以下几种方式寻找蓝筹股。

（1）运用股票分析软件筛选。运用股票分析软件的选股组合策略功能，比如设定每股收益大于 1.5 元，每股净资产不低于 5 元，净资产收益率不低于 20%，按这些条件便可筛选出相应股票。

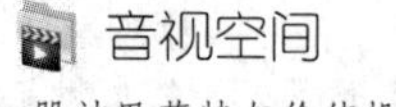

股神巴菲特与价值投资理论（凤凰卫视名言启示录节目视频片段）

（2）确认行业龙头。从公司规模栏目中可以查到所观察公司在行业的规模排名。如果排名靠前，结合检索公司市场占有率的相关资料，可以判断其是否具备行业龙头的资格。

（3）分析业绩水平。在使用股票分析软件时，按下 F10 功能键，可以看到公司的各项财务指标，可以帮助我们选择财务指标优秀的公司。

二、买低市盈率股

股票市盈率是用股票的市场价格除以每股收益。而市场价格可以看成投资者的投入，每股收益是投资的回报。假定公司一年分一次红，那么市盈率就可视为投资者的投资回收年限。

投资回收期越短，风险越小。因此，市盈率本质上反映了股票的投资风险，市盈率倍数越低，投资风险越小。

通常发达国家或地区的股市正常市盈率为 20 倍，因此股市总体市盈率不高于 20 倍时更具有投资价值，而超过 30 倍则表明市场风险开始显现。一般来说，市盈率越低，投资价值越易凸显。2011 年全球经济持续低迷，希腊债务危机、欧洲债务危机、美国就业率持续下滑以及中东地区诸国争夺石油资源导致全球股市持续走低，我国股市也是如此。到 2011 年 10 月中旬，上证指数点位从年初的 3 000 点跌至 2 300 余点，下跌幅度达 23%，相当多的股票市盈率为 10～15 倍。按照一般标准，我国当时的股市颇具投资价值，随后上证指数从 2013 年 6 月 25 日的 1 849.65 点涨到了 2015 年 6 月 15 日的 5 178.19 点，涨幅达到 180%。据中国证监会官网2018 年 2 月证券市场状况统计表显示,2018 年 2 月底上证 A 股的平均市盈率为 19.66 倍，颇具投资价值。

投资者还需注意市盈率的行业差异，不同行业、不同市场的合理市盈率会有较大差异，如银行股的平均市盈率会低于地产股的平均市盈率，这种差异是由各自的行业特性造成的。

同样，同行业的不同企业的市盈率也会有一些差异，业绩良好、抵御风险能力强、管理层业务水平高的企业股票的市盈率会更高一些。

市盈率的高低是相对概念，选股时只要参考股市的平均市盈率、行业的平均市盈率，并结合同行业企业做好“比较”工作，不难发现低市盈率股。

三、买高成长股

公司的成长性是选择股票的重要依据，而公司的成长性受宏观经济形势、行业发展前景及公司经营管理水平等多种因素影响。作为普通投资者，受专业性的约束、信息不对称的影响，对公司进行成长性分析难度会比较大。

考察公司成长性的一个简单、实用指标是公司的主营业务收入。因为一家公司的发展情况最终会反映到财务指标上，主营业务收入是一个重要的指标。收入是公司利润来源的根本，更是利润的先行指标。和利润相比，收入指标显得更“纯净” 。每家上市公司在公布利润时，可以说都经过了不同程度包装，如投资收益、公允价值变动、补贴收入、营业外收入等都可能是被“包装”过的，在分析利润时需要小心剔除这些因素的影响。而分析公司主营业务收入就要简单得多，如果收入持续稳定增长，基本上可以判定公司发展趋势是好的。

如果一家公司在外部经济环境恶劣的情况下，仍能保持较高的增长速度，那么就表示该公司的竞争力很强，值得投资者格外关注。可以通过下面三个条件选择成长性好的公司：①公司主营业务收入同比增长 30%以上；②季度主营业务收入环比增长 30%以上；③主营业务收入 3 年复合增长率为 30%以上。持股一年后，有什么结果呢？根据新东风无忧价值网选股平台的统计，符合上面条件的 26 家公司股价平均涨跌幅为 142%，为上证指数同期 73%涨幅的近一倍，说明采用主营业务收入这个指标确认高成长股票是有效的。当然，上述指标的下界确认可能对于牛市比较合适，而对于熊市则需做相应的降低调整。那么究竟如何找到高成长性的股票呢？

从国外的情况看，在美国股市 100 年的历史中，不同阶段有不同的表现突出的行业。20 世纪二三十年代，投资类股票迎合了美国当时的高投资增长，表现很好；四五十年代，则是大集团、跨国公司表现比较好；70 年代出现石油危机，能源股表现比较好；80 年代美国进入消费时代，消费类股票表现很好，沃尔玛开始成长为巨人公司；到 90 年代，以微软为代表的高科技公司表现非常好。

中国目前处于一个转型期，数字经济的发展正成为我国经济转型升级的重要驱动力。伴随数字化变革与智能化时代的到来，数字建模、传感互联、虚拟全息、增强交互、人工智能等技术广泛应用，一大批相关上市公司值得关注。还有新医药，中国医改后医药行业的消费会进入一个高增长的时期，新医药未来的市场空间也会很大。

近年来发展起来的新兴行业还有无人驾驶、教育培训、休闲娱乐、生活服务，成长性最好的企业仍集中在餐饮和零售行业。2017 年中国连锁行业及零售业态在互联网新技术的助推下出现了一些新的变化："移动支付＋互联网" 场景交互产生的数据商业新零售业态；垂直细分品类不断涌现强势品牌；小而美的便利店、无人店、无人货架遍地开花；共享经济正在改变零售的商业模式。荣登 2017 中国高成长连锁 50 强榜首的是互联网转型线下的连锁 "新秀"——小米之家。小米之家自 2016 年 2 月正式转型零售业态开始，仅用 19 个月的时间便在国内开张了超过 230 家门店（截至 2017 年 11 月初已开业 228 家门店，另外海外还有 180 家门店），单月销售量级均达数千万台设备。

音视空间

有些公司利用资本市场进行并购以实现快速扩张，这类公司的股票算是高成长股吗？推荐观看《资本的故事》第二季第十七集《世通的资本游戏》。

四、买政策股

所谓买政策股，就是买国家现行政策扶持行业的股票。我国政府在《中华人民共和国国民经济和社会发展第十三个五年规划纲要》中指出，加快突破新一代信息通信、新能源、新材料、航空航天、生物医药、智能制造等领域核心技术。加强深海、深地、深空、深蓝等领域的战略高技术部署。围绕现代农业、城镇化、环境治理、健康养老、公共服务等领域的瓶颈制约，制定系统性技术解决方案。强化宇宙演化、物质结构、生命起源、脑与认知等基础前沿科学研究。积极提出并牵头组织国际大科学计划和大科学工程，建设若干国际创新合作平台。

因此，在一波行情的低谷介入这些行业领域的上市公司的股票，中线或长线持有，一定时期之后应该可以得到丰厚的回报，即国家政策扶持红利的大礼包。

五、买概念股

概念股也称为题材股，是与业绩股相对而言的。业绩股需要有良好的业绩支撑，而概念股是有炒作题材的股票。这些题材可供炒作者（即所谓主力资金）借题发挥，从而引起市场大众跟风。例如，能源紧张了，一些替代性的生产酒精的、生产太阳能电池的工厂以及与页岩气、可燃冰等有关联的上市公司就成为炒作题材，称为新能源概念股；外资进入股市了，又出现了外资收购概念股；奥运申办成功了，立刻就出现了奥运概念股。总之，一切可以引起市场兴趣的话题，都是炒作题材，所涉及的股票也就成了题材股。

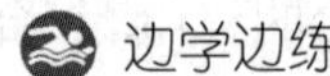

边学边练

在广发证券金融终端软件上，进入"板块—概念板块—独角兽"页面看看沪深两市与"独角兽概念"相关的股票有哪些；并对这些公司做比较分析。

概念股是指一类具有共同特征股票的总称。如奥运概念，指的就是承办奥运能为其带来商业机会的一类公司的总称。这样的概念还有许多，如互联网＋概念，5G 概念，国企改革概念，生物医药概念，整体上市概念，量子通信、虚拟现实、增强现实、石墨烯概念，独角兽概念等。但是在股市概念的内在含义却不仅仅是对某一股票类别的概括，其引申含义是一个市场共识。比如网络概念，在网络成为概念之前，涉及互联网的股票充其量只能称为一个板块，是一种中性的界定，但成为概念后含义就变了。概念是一个更为积极、含义更为肯定的投资共识。对于概念类股票的产业背景、投资机会以及未来的前景，投资人会进行非常细致地分析研究并抱以极大的信心。

股市中的概念具有非常强大的广告效应。一只股票自身或许没有多大吸引力，可一旦它被纳入某个概念后，就会受到全体投资者的密切关注。例如易尚展示（002751），这家公司是属于家具制造业，2015 年虚拟现实概念问世，该公司业务中有虚拟展示，虽然在其主营业务中仅为 1.43%，但成为虚拟现实概念股后，其股价从除权后的 29.01 元短期大幅上涨到 170.79 元，吸引了无数眼球。

现在很多股票分析软件都会根据市场的题材划分相应的板块，从而可以直接从这些板块中寻找合适的投资目标。

六、买超跌股

超跌股作为股票选择的一类品种，是指股价脱离大市作深度下调的股票。股票超跌有两种类型，一种是个股本身基本因素变化所导致的超跌，如公司业绩大幅下滑、配股方案与市场期望相去甚远等；另一种是技术性的超跌，即大市下行时，其跌得更深更快，或新股上市生不逢时，价格定位太高等。

无论哪一种类型的超跌股，除非公司业绩回升无望，或迟或早总会出现一个补涨行情，补涨动力来自多方：首先，股价超跌提供了股市中最有上涨潜力的因素——低价位；其次，介入超跌股的实力大户及股票发行公司可能会设法进行自救；最后，导致超跌的恶劣因素被改善甚至转好。

超跌股在每日的行情表上会清楚地反映出来。超跌股并不难找，重要的是要有超跌股存在。选择超跌股，需对其基本情况进行分析，从中选择一批业绩有潜力，并且技术面严重超跌调整到位的个股。具体选择依据如下。

（1）基本面良好，无明显利空影响而形成的超跌股，回避一些有问题的超跌股。

（2）短线回落幅度较大，跌幅远大于大盘跌幅，并且一直下跌，此前也未随大盘反弹，使该股多头能量集聚较好的个股。

（3）股价快速下跌，成交快速萎缩的个股，下跌动力释放充分，而目前在底部开始出现明显放量的态势，有短线上攻要求的股票。

大多分析软件都有搜索超跌股票的功能。比如连续下跌五天的股票，1 个月内下跌超过 30% 的股票等，都可以通过超跌股搜索功能将满足条件的股票全部搜索出来，然后再在这些股票中进一步分析以确定投资目标。

第二节　规避投资风险的常用方法

下面为初涉市场的投资者介绍一些常规、经典的市场操作方式，以帮助投资者尽快进入市场角色，逐步理解和掌握风险规避的方法和技巧。

一、顺势投资法

对于小额股票投资者来说，由于投资能力有限，对股市行情基本上不会产生什么影响，只能跟随股价走势，采取顺势投资法。当整个股市大势向上时，宜做多头交易或买进股票持有；而当股市不振或股市大势向下时，则宜卖出手中持有的股票，以持现待机而动。

顺势投资法只有在判明涨跌形成中期趋势或长期趋势时才可实施，而在只有短期趋势时，则不宜冒险跟进。有些时候，顺势投资也不尽如人意，如股价走势虽已明确为涨势，但已到涨势顶峰，此时若顺势买进，则可能因迅速的股市逆转而受损；当股价走势肯定为跌势，但也到了回升边缘，若这时顺势卖出，则同样可能因此而受损。因此，采用顺势投资法常常可能因看错趋势或落后于趋势而遭受损失。故此，采用这种方法必须注意两个基本前提：①是善于判断股市涨跌趋势；②是对于这些趋势及早确认，并及时采取行动。这就需要投资者细心观察，及时发现股市变化的征兆。

二、摊平投资法

投资者在买进股票后，如遇股市行情急剧下跌，便会在股价上遭受亏损，但在未卖出了结之前，还没有完全失败，只要经济发展前景仍有希望，耐心地持股等待，总会有扳回成本的时候，甚至还有可能扭亏为盈。如果投资者希望早日收回成本或赚取利润，就可运用摊平投资法。

摊平投资法就是指在投资者买进股票后，由于股价下跌，手中持股形成亏损状态，当股价再跌一段以后，投资者再以低价加码买进一定数量的股票以摊低成本的投资方法。摊平投资法主要有如下两种方式。

1. 逐次等数买进摊平法

当第一次买进股票后便被分档套牢，等股价下跌至一定程度后，分次买进与第一次数额相等的股票。使用这种方法，在第一次投资时，必须严格控制，只能投入全部资金的一部分，以便留存剩余资金作以后的等数摊平之用。如果投资者准备分三次来购买摊平，则第一次买入 1/3，第二次和第三次再各买进 1/3。采用这种方法，可能遇到股市行情变化及获利的机会有以下几种情况。

（1）第一次买进后行情下跌，第二次买进同等数量的股票后，行情仍下跌，就再做同等数量的股票第三次买进。其后，如果行情回到第一次买进的价位，即可获利。

（2）第一次、第二次、第三次买进之后，行情继续下跌，不过行情不可能永远只跌不涨，只要行情有机会回到第二次买入的价位，就可保本，略超过第二次买进价位便可获利。

2. 倍数买进摊平法

倍数买进摊平法方式是在第一次买进后，如果行情下跌，则第二次再买进第一次倍数的股票，以便摊平。倍数买进摊平可以做两次或三次，分别称为两次加倍买进摊平和三次加倍买进摊平。两次加倍买进摊平，即投资者把资金做好安排，在第一次买进后，如遇股价下跌，则用第一次倍数的资金做第二次买进，即第一次买进 1/3，第二次买进 2/3。例如，某投资者开始以每股 20 元的价格买进 1 000 股，现价格跌落到每股 14 元，投资者决定在此价位买进

2 000 股，这时平均成本降为每股 16 元。等股价回升超过每股 16 元时，即可获利。三次加倍买进摊平的操作方法是指在第一次买进后，遇股价下跌，第二次买进第一次倍数的股票，第三次再买进第二次倍数的股票，即三次买入股票金额的分布是：第一次 1/7，第二次 2/7，第三次 4/7。采用三次加倍买进摊平法，如果在第二次买进时就回升，则只要从第二次买进的价格回升 1/3 即可全部保本。如果行情到第三次买进后回升，则回升到第二次买进价格时即可获利。

三、“拔档子”投资法

“拔档子”投资法是多头降低成本、保持实力的操作方式之一。所谓“拔档子”，就是投资者卖出自己持有的股票，等股票价位下降后再补回来。投资者“拔档子”并非对股市看跌，也不是真正有意获利了结，只是希望在价位趋高时，先行卖出，以便先赚回一部分差价。通常“拔档子”卖出与买回之间不会相隔太久，最短时只有一两天，最长也不过一两个月。

具体来说，“拔档子”投资有两种方法：一是行情上涨一段后卖出，回降后补进，称为“挺升行进间拔档”。这是多头在推动股市行情上涨时，见价位已上涨不少，或者遇到沉重的压力区，就自行卖出，使股价略为回涨来化解上升阻力，以便于行情再度上升。二是行情下跌时，在价位仍较高时卖出，等下跌后再买回，称为“滑降间拔档子”。这是套牢的多头或多头自知实力弱于空头时，在股价尚未跌到底部之前先行卖出，等股价跌落后再买回反攻。

四、分段交易法

分段交易法包括分段买进法和分段获利法两种。

1. 分段买进法

许多投资者采取小心谨慎的策略，他们不是将手中拥有的资金一次性投入购买某种股票组合，而是将所有资金分成若干部分，多次分段买进股票，这就是所谓的分段买进法。具体有如下两种做法。

（1）当股价在某一价格水平时买进一批，然后等股价上涨一小段后再买进第二批，以后依次再陆续买进若干批次，这种分段买进法叫作买平均高。

（2）与前一种情况相反，在某一股价水平上买进一批，待股价下降一小段后再买进一批，以后再陆续买进若干批次，这种分段买进法叫作买平均低。

这两种做法的区别是买平均高可以在投入资金时就可同时获得利润，而买平均低则是在价格下跌时先购进，需要等到该股价反弹后方能获得利润。

2. 分段获利法

对于稳健保守的投资者来说，可以采用分段获利法。所谓分段获利法就是当所购买的股票创下新的高价行情时，便将部分股票卖掉，及时赚取相应的价差，再将剩下的股票保留下来，一旦买价呈现疲软时，即使股价下跌，也可以安心持有，因为已有赚得的部分差价，不至于赔得太多。

有时不少投资者发现所持股票的市场价格上涨时，便迫不及待地全部抛售，这种做法可能会赚钱很多，但如果估计失误，价位继续上升，就会失去赚更多钱的机会。相比之下，分段分次抛售股票虽然会因价格下落而减少所得利润，但比一次买卖要稳妥，而且如果股价居高不下，还有可能提高利润率。

五、保本投资法

在经济不景气，股价走势脱节，行情变化难以捉摸时，投资者可采用保本投资法来避免自己的本金遭受损失。采用保本投资法时，投资者应先估计自己的“本”，即投资者心目中主观认为在最坏情况下不愿损失的那部分金额，也即处于停止损失点的资金额，而不是购买股票时所支付的投资金额。

保本投资的关键在于做出卖出的决策。在制订出售股票的决策时，首先要定出心目中的“本”，要做好充分的亏损打算，而不愿亏损的那部分即为“本”；其次是要确定卖出点，即所谓停止损失点。

确定获利卖出点是针对行情上涨所采取的保本投资策略。获利卖出点是指股票投资者在获得一定数额的投资利润时，决定卖出的那一点。这里的卖出，不一定是将所有持股全部抛出，而是卖出其欲保的“本”的那一部分，例如，某投资者在开始投资时以每股 50 元的价格买进某种股票 100 股，这时的投资总额就是 5 000 元，如果该投资者将其所要保的“本”定为总投资额的 50%即 2 500 元，那么，在行情上升的市场上，当价格上升到使其所持有股票的总值达到投资额加上其所要保的“本”，即达到获利卖出点 7 500 元时（股价是每股 75 元），该投资者就可卖出原有持股的 1/3，收获 2500 元现金持股量为余下的 2/3，股价总值为 $100\times2/3\times75=5\ 000$（元）。也就是说，保本后持股数量虽然减少了，但其所持股票的价值仍与其最初投资总金额一样。实际上，投资者可将其所收回的“本”2 500 元视为投资利润。

在第一次保本以后，投资者还可以再确定要保的第二次“本”，其比例可以按第一次保本的比例来定，也可以按另一个比例来定，一般说来第二次保本比例可定低一些，等到价格上升到获利卖出点时，再卖出一部分，行情如果持续上升，可持续地卖出获利，以此类推，可以做多次获利卖出。

停止损失点是当行情下跌到投资者心中的“本”时，立即卖出，以保住其最起码的“本”的那一点。简言之，就是投资者在行情下跌到一定比例的时候，全部卖出所有持股，以免蒙受过多损失的做法。停止损失点是指当股价下降到持股总值仅等于投资总额减去要保的“本”时的那一点。假定上例中股价不是上升而是下降了，此时的停止损失点就是 $(5\ 000-2\ 500)\div100=25$（元），这时若把全部持股卖出，正好保住要保的“本”，即 $100\times25=2\ 500$（元）。

六、投资三分法

稳健的投资者在对其资金进行投资安排时，最常用的方法是“投资三分法”。这种方法是将其资金分为三个部分：第一部分资金存于银行，等待更好的投资机会出现或者用来弥补投资的损失；第二部分资金用于购买股票、债券等有价证券作长期投资，其中，1/3 用来购买安全性较高的债券或优先股，1/3 购买有发展前景的成长性股票，1/3 购买普通股；第三部分资金购置房屋、土地等不动产。投资三分法是投资组合原理的具体运用。购买债券或优先股尽管收益有限，但安全可靠。购买具有潜在增长能力的成长股，目的是获取预期丰厚的未来投资收益。购买普通股，目的是希望获得买卖差价收益。

第三节　牛市与熊市的操作策略

道·琼斯根据美国股市的经验数据，总结出牛市和熊市的不同市场特征，认为牛市和熊市可以各自分为三个不同期间，并给出了相应的操作要点。

一、牛市及其特征

所谓“牛市”，也称多头市场（bull market），指市场行情普遍看涨，延续时间较长的大升市。

（1）牛市第一期。它启动于熊市末期，往往是在熊市硝烟未尽、市场最悲观的情况下出现的。大部分投资者对市场心灰意懒，即使市场出现好消息也无动于衷，很多人开始不计成本地抛出所有的股票。有远见的投资者则通过对各类经济指标和形势的分析，预期市场情况即将发生变化，开始逐步选择优质股买入。市场成交逐渐出现微量回升，经过一段时间后，许多股票已从盲目抛售者手中流到理性投资者手中。市场在回升过程中偶有回落，但每一次回落的低点都比上一次的低点高，于是逐渐吸引新的投资者入市，整个市场交投开始活跃。这时候，上市公司的经营状况和公司业绩开始好转，盈利增加引起投资者的注意，进一步刺激人们入市的兴趣。

（2）牛市第二期。这时市况虽然明显好转，但熊市的惨跌使投资者心有余悸，中场出现一种非升非跌的僵持局面，但总的来说大市基调良好，股价力图上升。这段时间可维持数月甚至超过一年，主要视上次熊市造成的心理打击的严重程度而定。

（3）牛市第三期。经过一段时间的徘徊后，股市成交量不断增加，越来越多的投资者进入市场。大市的每次回落不但不会使投资者退出市场，反而吸引更多的投资者加入。市场情绪高涨，充满乐观气氛。此外，公司利好的新闻也不断传出，如盈利倍增、收购合并等；上市公司也趁机大举集资，或送红股或将股票拆细，以吸引中小投资者。在这一阶段的末期，市场投机气氛极浓，即使出现坏消息也会被作为投机热点炒作，变为利好消息。垃圾股、冷门股股价均大幅度上涨，而一些稳健的优质股反而被漠视。同时，炒股热潮席卷社会各个角落，各行各业、男女老幼均有人加入炒股大军。当这种情况达到某个极点时，市场就会出现转折。

二、熊市及其特征

所谓“熊市”，也称空头市场，指行情普遍看淡，延续时间相对较长的大跌市。通常当市场跌幅在20%以上时为熊市。

熊市中股市行情萎靡不振，交易萎缩，指数一路下跌。例如2015年6月15日到2016年1月27日，上证指数从5 178.19点下跌到2 638.3点，跌幅为49%，就是典型的熊市特征。这期间管理层频频出台利好政策救市，但股市仍然下跌，成交额屡屡缩小，无热点板块炒作，入市人数减少。再通俗一点解释的话，可以这样说，牛市的时候随便买哪只股票都能赚钱，哪怕是垃圾股；而熊市的时候买了股票就跌，长期无法解套。

熊市可分为三个时期。

1. 熊市第一期

熊市第一期就是牛市第三期的末段，往往出现在市场投资气氛最高涨的情况下，这时市场绝对乐观，投资者对后市变化完全没有戒心。市场上真真假假的各种利好消息到处都是，公司的业绩和盈利达到不正常的高峰，不少企业在这段时期内加速扩张，收购合并的消息频传。正当绝大多数投资者疯狂沉迷于股市升势时，少数明智的投资者和个别投资大户已开始将资金逐步撤离或观望。因此，市场的交投虽然十分炽热，但已有逐渐降温的迹象。这时如果股价再进一步攀升，成交量却不能同步跟上的活，大跌就可能出现。在这个时期，当股价下跌时，许多人仍然认为这种下跌只是上升过程中的调整。其实，这是股市大跌的开始。

2. 熊市第二期

熊市第二期，股市有风吹草动，都会触发“恐慌性抛售”。一方面市场上热点太多，想要买进的人反而因难以选择而退缩不前，处于观望状态；另一方面更多的人开始急于抛出，加剧股价下跌。在允许进行信用交易的市场中，从事买空交易的投机者遭受的打击更大，他们往往因偿还融入资金的压力而被迫抛售，于是股价越跌越急，一发不可收拾。经过一轮疯狂的抛售和股价急跌以后，投资者会觉得跌势有点过分，因为上市公司以为经济环境尚未达到如此悲观的地步，于是市场会出现几次较大的回升和反弹。这一段中期性反弹可能维持几个星期或者几个月，回升或反弹的幅度一般为整个市场总跌幅的 1/3。

> 音视空间
>
> “恐慌性抛售”连续发生会带来股灾，推荐观看视频了解历史上的股灾。
>
> 

3. 熊市第三期

经过一段时间的中期性反弹以后，经济形势和上市公司的前景趋于恶化，公司业绩下降，财务困难。各种真伪莫辨的利空消息又接踵而至，对投资者信心造成进一步打击。这时整个股市弥漫着悲观气氛，股价继反弹后出现较大幅度下挫。

在熊市第三期中，股价持续下跌，但跌势没有加剧。由于那些质量较差的股票已经在第一、第二期跌得差不多了，再跌的可能性已经不大，而这时由于市场信心崩溃，下跌的股票往往集中在业绩一向良好的蓝筹股和优质股上。这一阶段正好与牛市第一阶段的初段吻合，有远见和理智的投资者会认为这是最佳的吸纳机会，这时购入低价优质股，待大市回升后便可获得丰厚回报。

三、牛市市场操作要点

在不同市场状况下操作方法和技术的运用是截然不同的。牛市中，个股会普涨，如何挑选跑得更快、跳得更高的黑马，实现利润最大化，颇费思量。牛市的操作策略主要有如下几点。

1. 观望领涨股，介入初涨品种

牛市中应该避免的是“赚了指数不赚钱”的窘境，这就需要积极把握主力的运作节奏。我国股市早已从资源股的一枝独秀演变成全面开花的态势,所以应适当冷眼观望领涨龙头股，并以短中线积极介入尚处于上涨初期或主力机构新增持的品种。

2. 坚决买入并耐心持股

在当前强势上涨过程中，为避免陷入“赚了指数，赔了钱”的怪圈，把握操作节奏很重要。首先要坚持买入并持有策略，避免在同只股票上频繁波段操作；其次需冷静对待热点，避免出现被动跟着热点走的情况；最后要预留一定比例的现金，对波动幅度大的个股积极操作，降低成本。

3. 捂住强势股，不追涨杀跌

在牛市中不少投资者存在矛盾心理：其一，大盘高歌猛进，牛市特征非常明显；其二，市场出现明显的获利回吐压力。对此我们认为，如果手里有强势股的不妨紧紧捂住，只要大盘不发生突变，就不要担心市场调整；手中没有强势股的不宜追高，同时避免追涨杀跌。

4. 敢于持续看多

在实际操作中，要想正确应对大的牛市，首先是在思想上要敢于看多，克服“恐高症”，摒弃一涨就卖的思维方式。因为一旦行情得以确立，在消息面、资金面没有根本改变前，行情就不会轻易结束。如果本次行情在得到政策、资金配合，持续走高的情况下还是不敢看多，势必就会失去很多赚钱机会。

5. 紧盯龙头品种

一般而言，一波上涨行情当中，上涨幅度最大的肯定是领涨品种。因此在牛市操作过程中，一定要紧紧抓住龙头品种，并在资金配置上加大龙头品种的买入比例，只有这样，才能跑赢大盘。

6. 把握联动机会

如果在行情的初期，或者在领涨的龙头品种启动后没有及时介入，也没有太大关系。因为一个板块成为主流板块之后，在领涨龙头品种持续上涨的带动下，其他个股将会出现联动上涨，选择有重组题材或流通市值小的相同板块股票，一样可以获得较大收益。

7. 中线持股为主

操作过程中，一旦买入主流品种，就要抱着中线持股的心态，不宜频繁换股，更不宜短线操作。因为主流品种往往会走出持续上涨的行情。这种股票很少有短线机会，一旦过早卖出，便很难买回，最后会错过极好的获利机会。

8. 及时掉换股票

在行情初期，往往很难看清谁是龙头品种，但一旦看清主流板块和品种，就要把自己持有的非主流板块及时换成主流品种，如在有色金属启动之后，及时把钢铁、电力等非主流品种进行换股，相信会获得较好的收益。如果一味地拿着非主流热点股票不动，不去换股操作，那么即使大盘涨了许多，也只能落个“赚了指数不赚钱”的结果。

9. 善于追涨抢进

主流品种往往会持续上涨，操作中要善于追涨龙头品种，如在其刚刚出现放量拉升或在其刚刚突破一个平台时追进，也是很好的策略。操作中最忌讳的是即使龙头股有了一定涨幅也不敢追进，或不愿意买入，这将失去难得的机会。

10. 在调整时抄底

牛市中还要学会在调整中大胆抄底，尤其是对于领涨的主流品种，在其出现第一次大调整过程中，一旦出现缩量走稳，就可大胆介入。因为主流品种的第一次上涨往往都是建仓过程或是脱离主力资金成本过程，调整后才会展开最具爆发力的拉升行情，如果在调整末期及时抄底，随后的涨幅也会相当大。同时，要坚信牛市期间的每一次调整都是不错的介入机会。

四、熊市市场操作要点

1. 熊市六不原则

熊市中的操作要坚持以下六不原则。

（1）不要盲目杀跌。在股市暴跌中不计成本地盲目斩仓是不明智的，止损应该选择浅套而且后市反弹上升空间不大的个股进行，对于下跌过急的个股，不妨等待其出现反弹行情后再择机卖出。

（2）不要急于挽回损失。在股市暴跌时投资者往往被套严重，账面损失巨大，有的投资者急于挽回损失，随意增加操作频率或投入更多的资金，这不仅是徒劳无功的，还会造成亏损程度加重。

（3）不要过于急躁。在股市暴跌时，有些新股民容易自暴自弃，甚至有破罐破摔的赌气式操作。不要忘记，人无论怎么生气，过段时间都可以平息下来，而如果资金出现巨额亏损，则是很难弥补的。所以，投资者无论在什么情况下，都不能拿自己的资金账户出气。

（4）不要过于恐慌。在股市暴跌时，恐慌情绪是投资者最常出现的。其实，股市有涨有跌，有慢就有快，这是很自然的规律，只要股市始终存在，它就不会永远跌下去，会有上涨的时候。投资者应该趁着股市低迷的时候，认真学习研究，积极选股，及早做好迎接牛市的准备。

（5）不要过于后悔。后悔心理常常会使投资者陷入一种连续操作失误的恶性循环中，所以投资者要尽快摆脱后悔心理的枷锁，在失败中汲取教训，提高自己的操作水平，争取在以后的操作中不犯错误或少犯错误。

（6）不要急于抢反弹。在跌势未尽的行情中，抢反弹如同“火中取栗”，稍有不慎，就有可能引火上身，投资者千万不要因为贪图反弹的蝇头微利而冒被深套的风险。

2. 熊市操作策略

熊市操作策略如下。

（1）现金为王。如果股市由牛转熊，那么调整的时间通常会相当长，而且下跌的幅度会相当的大。例如 2015 年 6 月 15 日到 2016 年 1 月 27 日，绝大部分股票都跌了七八成，股民损失惨重。所以，投资者在应对熊市时，首先要转变在牛市中持续看多的思想观念，坚定地持续看空，以便把资金安全地带到熊市末期或牛市初期。

（2）长空短多。在反弹行情来临时，长线投资者不是绝对不可以参与操作，但绝对不宜动用大量资金；而短线投资者虽可积极参与操作，但也不宜重仓出击，更不可以满仓操作。因为在熊市中，投资者的持股信心整体不足，反弹行情随时有可能夭折，所以，无论是长线还是短线投资者，都应采取见好就收，落袋为安的策略。当然，反弹行情一旦结束，投资者就更应立即退出，即使手中股票处于被套牢的状态，也应果断抛出，以免遭受更大的损失。

（3）超跌股是机会。在牛市中，暴涨之后常会出现暴跌，同样在熊市中，暴跌之后常会出现暴涨。所以，在熊市中买进股票时，投资者可以挑选一些暴跌的品种。不过，同样属于暴跌的品种，跌得越深，离阻力位越远，将来反弹的力度也就越大。所以投资者应尽量选择一些超跌的股票，以便抓住更大的反弹，获得更多的收益。

（4）快进快出。在熊市中，因为空方的力量明显大于多方的力量，所以，股市即使有反弹，其幅度较小，时间一般也很短，再则反弹后常常还会继续下跌，迭创新低。所以，投资者在抢反弹时要眼明手快，千万不能拖泥带水，由原来的短线操作变成中长线持有，否则会赔了夫人又折兵。

（5）止盈是金，止损是银。在熊市中做股票犹如刀口舔血，十分危险，所以普通投资者不要轻易参与，此时保存实力最为重要。当然，对市场比较敏感，且掌握了较高短线操作技巧的投资者还是可以少量参与，但是在买进做多时，一定要做好随时撤退的心理准备。如果股价上涨到预先设定的止盈价位，投资者就应及时抛出，如果股价不涨反跌，跌到止损位，投资者应坚决抛空出局，以避免更大的损失。

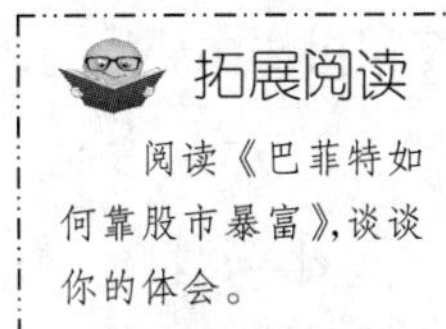

阅读《巴菲特如何靠股市暴富》，谈谈你的体会。

（6）逆向思维，逆向操作。在熊市中，下跌是主旋律，而反弹只是插曲，所以，一般要顺势而为，熊市中只宜作壁上观，以防买进被深度套牢。但是，在熊市有一种情况例外，此时需要采用适度的逆向思维，这就是：当股价连续大幅下跌，利空消息频传，市场出现一片恐慌时，应抓住有利时机，积极做多，抢进大级别的反弹。这种熊市中大级别的反弹条件是：市场中绝大部分人感到恐慌绝望，股价出现严重超跌。此时，投资者若能在众人谈股色变，对股票唯恐避之不及之时勇于分批承接，且跌得越深，买得越多，那么就很有可能在短时间获得不菲的投资收益。暴跌之后出现的暴涨是熊市中常有的现象，投资者不妨好好加以利用。

（7）重在绩优。在熊市中，没有业绩支撑的股票抗跌性较差，容易遭到投资者的抛弃，成为冷门股，而质地优良的股票因为有业绩作支撑而抗跌性较强，在反弹时容易受到投资者关注，成为热门股。所以投资者在抢反弹时应尽可能在超跌股票中选择一些质地优良的股票做多，这样获利的概率更大。

第四节　散户操盘策略

一、股市八大真理

这里所说的“真理”不是自然科学中的物理现象所遵从的法则和定律，而是引领投资者战胜自我同时战胜市场所必须认真领悟的“制胜法宝”。

1. 物极必反

“物极必反”被放在八大真理之首，显示了它“至高无上”的地位。世界上没有只涨不跌的股市，也没有只跌不涨的股市。无论地域年代、古今中外，都无一例外，股市永远服从“物极必反”这条真理。这条真理不仅给了我们“乐极必然生悲”的告诫和“苦尽总有甘来”的抚慰，同时也指明了证券市场“悲极”买入、“乐极”卖出的准确时机。“物极必反”这一真理指出了“低位要坚决建仓，高位要果断出货”的不败之股市迷津。

2. 价虚量实

如果说“物极必反”是一条世界万物都遵从的法则，那么“价虚量实”就是股市独有的、颠扑不破的真理。任何时候，股价都是看“交易量”的脸色行事的。如果价格在上涨，而且成交量也在涨，则股价将继续上涨；如果价格上涨，成交量开始萎缩，有“勾头向下”的态势，则后市十有八九要跟着“勾头向下”。反之如果价格在下跌，并且成交量也在萎缩，则股价将继续下跌；如果价格下跌，成交量开始放大，有“扭头向上”的态势，则后市十有八九要“扭头向上”。投资人以“量”决策自己的投资一般不会出错。

3. 不买最低，不卖最高

“不买最低，不卖最高”要理解为一般投资者买到最低或卖到最高的概率微乎其微。在什么时间什么价位上出现最高或最低，即使是职业操盘手也很难捕捉到手，这是因为股市“最高”位和“最低”位大都是“瞬间即逝”。为了在高位大量快速“出货”，必须在“瞬间”迅速调低价位；同理为了在低位能够大量买进股票，也只有“瞬间”迅速拉抬股价。所以相对来讲次高、次低价位持续的时间会更长一些，也更容易被投资者捕捉到。毕竟，“最高”“最低”是“点”的概念，而次高、次低则是“线”的概念，后者的操作机会当然要更大些。

4. 暴跌是机会

暴跌是指股市大幅度下跌一日或连续下挫数日。每一次暴跌之后，都会有一个相应幅度的反弹紧随其后，所以投资者可以备战大跌之后的行情。那么跌多少点为“暴跌”呢？要看市场当前的状态而定：在低迷、疲软，指数点位较低时，上证指数跌 50 点左右就是暴跌；而指数点位较高，如 2007 年的 6 000 点市场，下跌 100 点左右甚至超过 100 点才算暴跌。就 2011 年我国股市而言，大盘上证指数 2 368 点，如果下跌 2%左右，应该算暴跌了。

可见“暴跌是机会”，这一真理在不同时期的不同市场需要作“变通”。例如，2008 年我国股市从 2007 年上证指数的 6 124 点暴跌至 1 664 点，一年时间跌去股市的 70%左右。从局部微观看，其间几乎是坐“滑梯”一跌到底的，几乎没有像样的反弹。而也出乎人们意料的是，当全球经济还处在冰雪交融、地冻天寒的时候，我国股市却迎来了一片艳阳天，2009 年我国股市上证指数从 2008 年 10 月的最低位 1 664 点高歌猛进至 3 200 多点。这是“暴跌之后是机会”的最鲜活的例子。

5. 龙头股是机会

龙头股就是行业老大，一般是行业固定资产规模最大，销售收入最高，所生产的产品质量、技术水平最高，市场占有份额最大的公司。这类公司的股票中长线持有不会存在问题。

一般而言，龙头股不随股市行情的变化而变化或变化较小。国际市场的微软公司、苹果公司、通用汽车等属各行业龙头股。我国股市中，家电板块龙头股有格力电器、青岛海尔等，医药板块龙头股有康美药业、云南白药等，钢铁板块龙头股有宝钢股份、包钢股份等，商业板块龙头股有苏宁易购、永辉超市等，汽车板块龙头股有上汽集团、比亚迪等，影视动漫板块龙头股有万达电影、中国电影等，房地产板块龙头股有万科 A、绿地控股等。

6. 止盈是赢，止损是盈

投资者学习“止损”“止盈”策略，不仅是在学习操作技术，而且是磨砺投资者的心理承受力。“止损”考验投资人的风险承受力，在遭到损失时，要当机立断，勇于“割肉”，避免损失进一步扩大；“止盈”是指要“收敛”投资人的贪婪盲目，在获取了一定回报时，要根据市场的势态和投资预期，该放就放，要尽可能保持“胜利果实”。一旦学会了“止损”“止盈”技术技巧，就能在茫茫股海中“闲庭信步”，遨游自如。

7. 空仓是金

“空仓是金”是指在一波上升行情即将结束，下跌行情即将到来之时要及时抛出手中全部或大部分的股票，以备下一轮行情再战。不要已经看到行情岌岌可危，还盲目恋战。2007 年 10 月后上证指数从 6 124 高点跌到 5 000 点乃至 4 000 点时，很多投资者仍抱有大盘转向的“一厢情愿”，死守阵地，决不退出，最后导致前期成果平均损失超过 70%，投资者财富大幅缩水，投资积极性被强烈挫伤。

8. 落袋为安

“落袋为安”这一真理不言而喻，就是把“浮盈”变为“实盈”，把账面价值变为口袋里的现金。熊市里面要短平快操作，牛市也要见好就收。不要行情好的时候眉开眼笑，赚得盆满钵满；行情一走，“一切都是浮云”，囊中依然空空如也。

> **音视空间**
>
> 股市有风险，投资需谨慎！专业投资者尚有失手的时候（如《资本的故事》第二季第十五集所介绍的巴林银行倒闭案），经验、知识、资金都无优势的散户更应谨慎！
>
> 

二、股票投资经典方法

学习股票投资，首先要学会洞察市场变化，对市场的变化趋势做出判断，以正确决定是否入市、继续持有还是立即抛售股票。以下给出六点股票投资经典方法供学习者参考。

1. 缩量震荡看小盘股

大盘稳健但能量不足时是小盘股的活跃期，因大盘能量不能供规模性热点的施展，所以个股行情“星星点火”，其中又以小能量下小盘股行情更为“靓丽”。由于小能量难以满足行情的持续性，因此小盘股行情往往涨势较迅捷，持续周期较短，适于短线操作。

2. 突发利好看次新股

无论大盘处于什么状态，若遇突发性重大利好公布，往往是价低次新股的活跃期。因为老股中往往有老资金进驻或者受困，新资金既不愿为老资金抬轿，更不愿为老资金解套。所以，重大利好公布后，上市不久的次新股群往往成为新资金“先入为主”的攻击对象。

3. 调整时期看庄股

大盘调整时是庄股的活跃周期。由于市场热点早已湮灭，庄股或因主力受困自救，或是潜在题材趁疲弱市道超前建仓。疲弱市道中的庄股犹如夜幕中的一盏盏“油灯”，虽不能照亮整个市场，但也能使投资大众不至于绝望。同时，多少还能诱惑“投资小众”一起来“往豆油灯里添加燃油”，或者是引来“飞蛾扑火”。

4. 波段急跌看指标股

大盘波段性急跌后是大盘指标股的活跃期。急跌后能令大盘迅速复位的，必然是能牵动全局的指标股。因为“四两拨千斤”的功效大，也因为低价股护盘的成本低。

5. 调整尾声看超跌低价股

大波段调整进入尾声后是超跌低价股的活跃期。因为前期跌幅最大的超跌低价股风险释放最干净，技术性反弹要求最强烈。由于大势进入调整的尾声，尚未反转，新的热点难以形成，便给了超跌低价股表现的机会。

6. 牛市确立看高价股

牛市行情是高价股的活跃期。高价股是市场的“贵族阶层”，位居市场最顶层，在大盘进入牛市阶段后，需要它们打开上档空间，为市场创造牛市空间，给中低价股起到“传、帮、带”的作用。

三、工薪族股票投资要则

针对一般工薪族收入有限、上班要守时以及市场分析非专业的特点，给出以下工薪族股票投资要则供参考。

（一）工薪族股票投资基本思路

工薪阶层一年下来，除吃用之外还能有积蓄。这些钱是工薪阶层的血汗钱，所以投入股市买卖股票时要慎之又慎。

1. 什么时候买入股票？

（1）大盘相对低点时买入股票。一般股民想在最低点买入股票，实际上这是办不到的（即使做到也是偶然的），能做到在大盘相对低点，或者说在大盘处于低位时入市是比较安全的。

（2）公司的业绩没有完全释放，遇到市场冷落的时候。例如，公司要扩大产量，新建厂房，招募工人，研发新的产品，这会消耗掉公司很多财力和物力，会造成短暂的亏损与盈利减少。市场的表现或许会很糟糕，这个时候，就是我们进入的时机。

（3）当公司出现一些不影响经营的黑天鹅事件的时候，股价会出现大跌，这个时候就是不错的买入时机。例如，光大证券的乌龙指事件，当年的利润为亏损，光大证券的股价一度被打压到 8 元，但是这并不影响它的经营，之后光大证券继续积极开展业务，股价翻了数倍。又例如贵州茅台，茅台酒销量受外部因素影响，2013 年底至 2014 年初股价一度跌到 97 元，但是茅台酒的工艺和质量没有变，它积极扩展销路，销量又上来了，而且茅台酒并不愁卖，2018 年 6 月 6 日贵州茅台股价已突破 800 元。

2. 买什么股票？

（1）买基金。保险基金进入证券市场的第一步是购买基金，说明购买基金是相对安全的。新股民进入证券市场首先考虑的是资金的安全性，其次才是资金的收益性。当然，买入基金也有被套牢的，但是只要在低位或次低位买入，一年中获利 20%～30%的可能性是非常大的。

（2）买有稳定业绩的绩优股。买股票一定要看准股票业绩。所买股票的业绩要稳定，千万不要买业绩大起大落的股票（业绩大起大落的股票适于炒作，不适于工薪阶层投资），以避免股票业绩下降，股价下降，被深度套牢。

（3）买成长性好的高科技股。这类股票既应是高科技企业又必须具有成长性，否则作为工薪的投资者不要买，风险过大。

（4）与同类股票相比较，买价位相对低的股票。例如有几个股票行业性质相同，业绩差不多，盘子基本相同，而其中一只价位偏低，市盈率低，那么这个股票可以介入。

买股票要再三考虑、分批建仓。当大盘低迷时，某股票业绩稳定、价位低，就可开始分散分批建仓。

3. 什么时候卖出股票？

（1）根据牛市或熊市态势，设定一个合适的盈利点。例如盈利20%出局，假如某一股票10元，该股票涨到12元多一点即可卖出。

（2）设定一个止损点。如止损点为10%～15%，20元购进的股票，考虑下跌2～3元就割肉止损。

（3）当大盘进入某一高位，市场人气火爆时，就应该卖出。

卖出时一定要果断，切勿留恋。

拓展阅读

请阅读一位老股民的炒股心得，看看对你有何启发。

（二）工薪族股票投资原则

工薪族股票投资要遵循如下原则。

（1）分散投资。切不可将全部积蓄投入股市，以免错过其他的投资机会，或亏得血本无归，影响家庭的正常生活。最好以1/3的积蓄做股票投资，行情好时，也不宜超过一半。

（2）要科学分配资金。在投资股市的资金中，可用1/3的资金打新股，虽然中签的概率比较小，但没有风险，一年里总会中签一两次，中签的股票一旦上市，收益会十分可观；用1/3的资金做长线，购买绩优股或成长股，长线持有，不论行情如何变化，最终可成为赢家；用1/3的资金做短线，可根据基本面和消费面，追涨杀跌，快进快出，有10%以上的收益时即可抛出，切不可贪高而追悔莫及。

（3）要制订合适的股票投资计划。精心选股，可采用市盈率法、历史最高最低股价法等，选择合适的介入时间。

（4）要合理选择个股。应注意选择朝阳行业，市盈率较低、净资产较高、连续盈利且逐年增大、流通盘较小、市场成交活跃的股票，这类股票一般升值潜力较大。

（5）要间断性做股票投资。股市在一年中的大部分时间都是在盘整，暴跌暴涨的时间毕竟较短，而且长期泡在股市，既影响工作又会让自己看不清大势，可能会屡买屡套。因此，最好一年中只做两三拨行情，股市一年内大多会出现几次较大行情，如能适时介入，可获利丰厚。

（6）谨防被主力资金操控的股票套牢。虽然现在监管越来越严格，对操控股市行为的处罚越来越严厉，但总会有一些大户铤而走险，试图通过操控某些股票股价获利。鉴于信息、资金、专业性的差距，散户很难从被主力资金控制的股票中获利，读者应加强学习，防止被骗。

本章小结

蓝筹股、低市盈率股、超跌股、成长股、政策股、概念股等，各有特点，读者可根据自身的偏好，参考一定的标准进行选择。

证券市场风险巨大，投资者可选用顺势投资法、摊平投资法、“拔档子”投资法、分段投资法、保本投资法以及投资三分法来规避市场风险。

牛市和熊市可以各自分为三个不同期间。投资者应掌握它们的规律性，准确进行市场操作。

市场主力和散户投资者，由于资金、信息等条件的不同，在市场的地位也不一样，只有知己知彼，才能百战不殆。

综合练习

一、名词解释

蓝筹股　低市盈率股　顺势投资法　加码买进摊平法　“拔档子”投资法　分段获利法　保本投资法　进三退一制胜法

二、单项选择题

1．蓝筹股的（　　）。

A．股本较大　B．股本较小　C．成长性好　D．市盈率较高

2．考察公司成长性的最简单实用的指标是（　　）。

A．主营业务收入　B．股本扩张的速度　C．股价的涨幅　D．以上都不对

3．通常发达国家或地区的股市正常市盈率为（　　）倍。

A．30　B．20　C．40　D．10

4．通常，当市场跌幅在（　　）以上时称为熊市。

A．30%　B．10%　C．20%　D．40%

5．一般来说，牛市行情是（　　）股的活跃期。

A．小盘　B．高价　C．低价　D．次新

6．（　　）是指在较短时间内表现好的股票将会持续其好的表现，而表现不好的股票也将会持续其不好的表现。

A．一月效应　B．小公司效应　C．动量效应　D．反转效应

三、多项选择题

1．蓝筹股的选择可考虑的要素有（　　）。

A．稳定的现金红利　B．良好的盈利能力

C．估值合理　D．投资风险低

E．以上均不对

2．以下属于熊市操作策略的是（　　）。

A．现金为王　B．长空短多　C．超跌股是机会

D．快进快出　E．选股重在绩优

3．选择超跌股，需要对其范本情况进行分析。具体选择依据有（　　）。

A．基本而良好的个股　B．短线股价回落幅度较大的个股

C．股价快速下跌，成交快速萎缩的个股　D．底部出现明显放量的个股

E．有问题的超跌股

4．以下属于牛市操作策略的是（　　）。

A．观望领涨股，介入初涨品种　　B．坚决买入并耐心持有

C．捂住强势股，不追涨杀跌　　D．敢于持续看多

E．善于追涨抢进

四、简答题

1．简述你的投资理念。你比较喜欢的选股策略有哪几种?

2．你是如何理解高成长股的?

3．谈谈你对低市盈率选股策略的理解。

4．简述牛市和熊市的特征及其操作要则。

5．谈谈你对风险规避方法的认识，你觉得哪种方法易于操作呢?

五、实训题

1．根据相关指标，选择四只成长股，填入表 9.1 中。

表 9.1　成长股相关指标

股票名称	当年主营业务收入同比增长率	季度主营业务收入同比增长	主营业务收入 3 年环比增长

2．选择一只股票，分别用分段获利法、加码买进摊平法、进一退三制胜法制订你的操作计划。

附　　录

证券常用英文简写释义

自测试卷 1

自测试卷 2

主要参考文献

[1] 安东尼·M. 桑托莫罗. 2004. 金融市场、工具和机构. 大连：东北财经大学出版社.

[2] 王朝晖. 2016. 证券投资学. 北京：人民邮电出版社.

[3] 陈文汉. 2010. 证券投资学. 北京：机械工业出版社.

[4] 邓威帝，方旭. 2008. 证券投资学. 上海：立信会计出版社.

[5] 余学斌，翟中伟. 2016. 证券投资学. 2 版. 北京：科学出版社.

[6] 吴晓求. 2014. 证券投资学. 4 版. 北京：中国人民大学出版社.

[7] 刘少波. 2017. 证券投资学. 3 版. 广州：暨南大学出版社.

[8] 弗兰克·J. 法伯兹. 2005. 金融市场与机构通论. 康卫华，译. 大连：东北财经大学出版社.

[9] 胡金焱. 2017. 证券投资学. 3 版. 北京：高等教育出版社.

[10] 胡学文. 2012-2-1. 战略性新兴产业指数系列今日发布. 证券时报.

[11] 邢天才，王玉霞. 2017. 证券投资学. 4 版. 大连：东北财经大学出版社.

[12] 黄贞贞. 2017. 证券投资学. 重庆：重庆大学出版社.

更新勘误表和配套资料索取示意图

说明：本书配套资料可在 http://www.ryjiaoyu.com/下载，其中配套学习资料注册后可直接下载；**教学用资料**仅供采用本书授课的教师下载，**教师身份**、**用书教师身份**需网站后台审批（咨询邮箱 13051901888@163.com）。

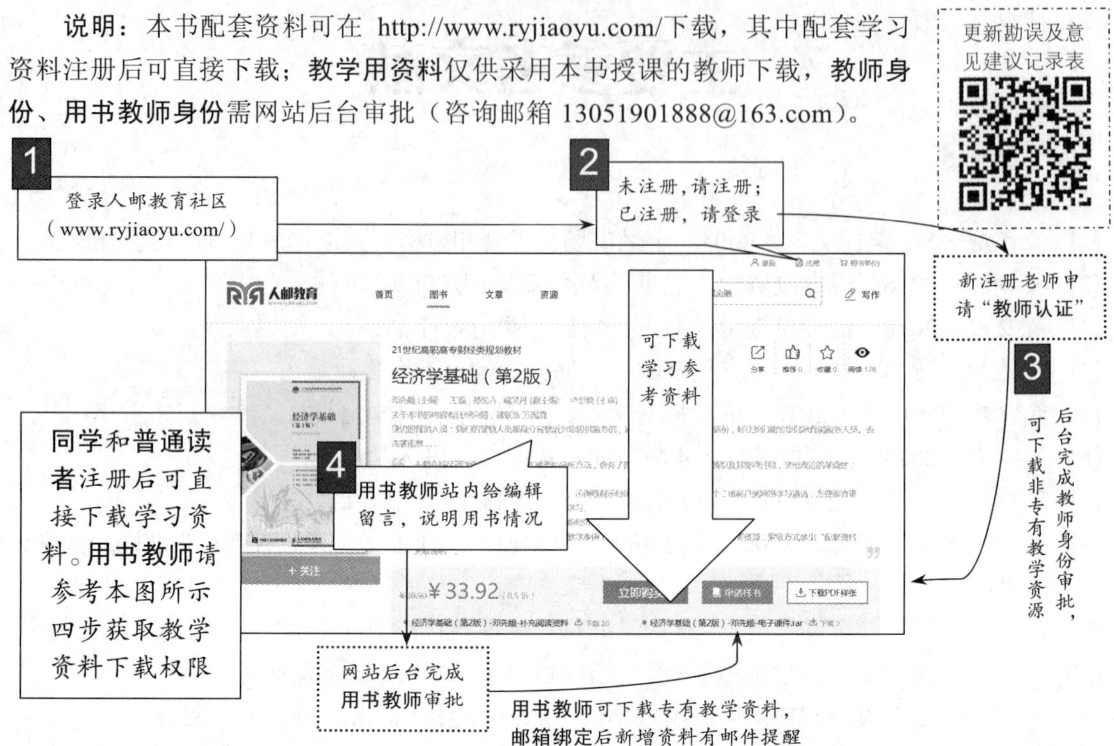

部分 21 世纪高等院校经济管理类规划教材推荐

书　名	主　编	书　号	编辑推荐
金融法（第 2 版）	李良雄 王琳雯	978-7-115-48886-2	文字案例与视频案例并存，思考讨论与视野拓展同在；提供课件、教案、大纲、视频案例、参考答案、补充练习题、模拟试卷等
保险学（第 2 版）	刘永刚	978-7-115-43687-0	以大量案例解读相关内容；保险理论与保险业务并重；二维码链接网络学习资源；提供课件、答案、案例、试卷等
证券投资学（第 2 版）	杨兆廷 刘　颖	978-7-115-34302-4	省级精品课程配套教材；根据 2013 年证券业变化调整相应内容，集合证券业从业资格考试重点，提供课件、教案、视频案例、答案等
外汇交易原理与实务（第 2 版）	刘金波	978-7-115-38372-3	着重突出外汇实际业务，二维码打造立体化阅读环境，有外汇交易模拟操作指导手册；提供课件、教案、答案、试卷、习题册、实训指导
期货交易实务（第 2 版）	曾啸波	978-7-115-49503-7	内嵌视频、高清彩图等；数十个项目式作业方便实践；有配套课程网站，登录方式见前言；提供教学计划、教案、大纲、课时安排、教学要点、补充习题库、视频案例和模拟试卷等
国际金融理论与实务（第 3 版）	孟　昊	978-7-115-46037-0	以二维码展现了大量视频短片、高清图片等；提供教案、大纲、课件、视频及文字教学案例、参考答案、习题库、试卷等
金融专业英语	刘铁敏	978-7-115-39042-4	旁注、尾注和大量练习提升学习效率，以二维码指出丰富的网络学习资源；提供课件、部分译文、答案和试卷等
财政学（第 2 版）	唐祥来	978-7-115-46103-2	借助二维码链接网络学习资源；用“课堂金话筒”“练习与思考”等催生读者问题意识；提供课件、教案、习题答案、视频案例和试卷等
财政与金融	袁晓梅 陈　宁	978-7-115-40465-7	集中阐述基础知识、理论和实务；数百案例理论联系实际；百余二维码链接网络资源；提供课件、教案、视频和文字案例、答案、试卷等